BARRON'S
FOREIGN LANGUAGE GUIDES

501 RUSSIAN VERBS

THIRD EDITION

Fully conjugated in all the tenses in a new, easy-to-learn format, alphabetically arranged

by

Thomas R. Beyer, Jr.
Professor of Russian
Middlebury College
Middlebury, Vermont

To Bernard MacQuillen of Xaverian H.S.,
Robert Lager of Georgetown University,
Joseph Conrad of the University of Kansas

and

for Dorothea, Carina, Stefanie, and Alexandra,
who give it all meaning.

All inquiries should be addressed to:
Barron's Educational Series, Inc.
250 Wireless Boulevard
Hauppauge, New York 11788
http://www.barronseduc.com

Library of Congress Control Card 2007018997
ISBN-13: 978-0-7641-3743-3
ISBN-10: 0-7641-3743-3

Library of Congress Cataloging-in-Publication Data

Beyer, Thomas R.
501 Russian verbs : fully conjugated in all the tenses, alphabetically arranged / by Thomas R. Beyer, Jr. — 3rd ed.
p. cm.
Includes index.
ISBN-13: 978-0-7641-3743-3 (alk. paper)
ISBN-10: 0-7641-3743-3
1. Russian language—Verb. I. Title. II. Title: Five hundred one Russian verbs. III. Title: Five hundred and one Russian verbs.

PG2271.B48 2007
491.782'421—dc21

2007018997

PRINTED IN CANADA
20 19 18 17 16 15 14 13

Acknowledgments

I am indebted to the hundreds of my students whose efforts to learn Russian continually remind me how complex the verbal system is. Many other authors have prepared the way for this work. Patricia Anne Davis's *201 Russian Verbs* (© 1968, 1970, Barron's Educational Series, Inc.) has served generations of teachers and students well. I frequently have consulted the standard reference source, *A Dictionary of Russian Verbs,* E. Daum and W. Schenk, 2d ed. (© 1983, VEB Enzyklopaedie Verlag Leipzig). My own list of 501 Russian verbs was derived in part from *5000 Russian Words with All Their Inflected Forms,* Richard L. Leed and Slava Paperno (© 1986, Slavica Publishers, Inc.). I have also consulted a number of major textbooks used in American high schools and colleges at the basic, intermediate, and advanced levels. Particularly helpful was *Russian: A Practical Grammar with Exercises,* I. Pulkina, E. Zakhava-Nekrasova, 4th ed. (1988, Russky Yazyk Publishers).

Many of my colleagues at the Middlebury College Russian School, especially Robert Channon, Kathryn Henry, Alina Israeli, Olga Kagan, Maria Polinsky, and Richard Robin, have been generous with their time and constructive comments and criticism. Many improvements are the result of their efforts. Any errors are mine alone.

The original book was prepared on a Macintosh® IIsi using Microsoft® Word 4.0, Avtor © III.2, and the BiRussian © font.

In preparing the second edition of *501 Russian Verbs,* I was guided by comments from faithful users over the past decade. I also consulted the most popular texts for the teaching of Russian developed in the 1990s by my colleagues and friends in the field. Finally, I tried to keep abreast of the dramatic changes in Russian life and language by following the contemporary press and, more recently, the wealth of resources on the Internet.

This third edition of *501 Russian Verbs* preserves the changes embodied and described in the section **Russian Verbs in the Twenty-First Century**. It also includes three new features: examples of Russian verbs in context at the bottom of each page; a new collection of 55 Essential Verbs with many more examples for each of these verbs; and a set of **501 Verb Drills and Exercises** with answers and explanations. In preparing these materials I have consulted traditional sources, such as printed dictionaries, but I have also tried to find current day language provided in passages, both classical and contemporary, that can be found on the Internet and that were identified and verified by using electronic search engines *(www.google.ru, www.rambler.ru).* In most examples and drills I have not provided the Russian **ё.** Native speakers and students are expected to know where that pronunciation prevails. The two dots are normally omitted in printed materials. The letter **ё** is found in the complete conjugation of each verb.

The result, I hope, is a contemporary revision that represents the Russian language and its verbs as they have been and continue to be used today.

Changes in the language are inevitable. Technology can help us keep up with them. Please send your comments and suggestions to *tom.beyer@middlebury.edu.*

Contents

How To Use This Book

On pages ix–xi, we provide examples of a transitive verb without the reflexive particle, a verb with the optional particle (-ся), and a verb of motion. The following conventions apply:

The first line contains the imperfective infinitive separated by a slash / from the perfective infinitive. When the (-ся) is optional, it is enclosed in parentheses ( ). If the parentheses are not provided, the use of -ся is required. For the verb of motion, the multidirectional imperfective form is separated by a dash – from the unidirectional imperfective form. The imperfective forms are separated by a slash / from the perfective infinitive form.

On the next line, possible translations are given. When the verb with -ся has a different meaning, it is given in parentheses ( ). If the perfective form conveys a meaning distinct from that of the imperfective, that meaning follows the slash.

The infinitives (INF.) of imperfective verbs appear in the left column, of perfective verbs in the right column. For verbs of motion, the multidirectional precedes the unidirectional; they are followed by the perfective form.

The present tense (PRES.) forms correspond to the personal pronouns, listed in the following order:

я	заменя́ю	открыва́ю (сь)	хожу́	иду́
ты	заменя́ешь	открыва́ешь (ся)	хо́дишь	идёшь
он / она / оно	заменя́ет	открыва́ет (ся)	хо́дит	идёт
мы	заменя́ем	открыва́ем (ся)	хо́дим	идём
вы	заменя́ете	открыва́ете (сь)	хо́дите	идёте
они	заменя́ют	открыва́ют (ся)	хо́дят	иду́т

The past tense (PAST) forms for both imperfective and perfective are listed in the traditional order: masculine, feminine, neuter, and plural. Sometimes more than one stress is possible in the past tense. Such cases are noted by two stress marks. In instances where the stress of the reflexive (-ся) forms differs from the normal stress of the past tense, these forms also have been supplied.

The future (FUT.) is divided into the compound future for imperfective and the simple future for perfective verbs, listed in the same order as the present tense.

The conditional (COND.) is listed by masculine, feminine, neuter singular, and plural. These forms correspond to the forms of the past tense plus the particle бы.

The imperative (IMP.) is listed in the singular, followed on the next line by the plural.

DEVERBALS (verbal adjectives and verbal adverbs) are listed as follows:

The present active verbal adjective (PRES. ACT.) of imperfective verbs.

The present passive verbal adjective (PRES. PASS.) of imperfective verbs.

The past active verbal adjective (PAST ACT.) of imperfective and perfective verbs.

The past active verbal adjective (PAST PASS.) for perfective verbs (with a few imperfectives). The long form is given. When the stress of the short forms is identical to that of the long form, the short forms are not provided. If the stress of the short form shifts from the stem to the ending, only the masculine and feminine singular forms are listed when the stress on the neuter and plural is identical to that of the feminine. If the neuter and plural forms have stress like the masculine, the neuter form is listed after the feminine to show the return of the stress to the stem.

Note: The verbal adjectives or participles, as they are called by some, are declined as adjectives, agreeing with the noun that they modify in gender, number and case. Only the masculine nominative singular form is provided. A complete set of verbal adjective endings can be found on pages xii–xiv.

VERBAL ADVERBS are listed according to their aspects. In a few instances, alternative forms of the verbal adverbs are listed.

Basic information on the cases which are governed or determined by the verbs is given at the bottom of the page. Certain verbs require specific cases of the nouns and pronouns that accompany them. Transitive verbs, for example, take a direct object in the accusative case and may have a second object in another case. Certain verbs are accompanied by nouns or pronouns in cases other than the accusative. Some verbs are normally followed by prepositions. We have used the Russian method of providing the pronouns кто – что in the appropriate case. You can identify the case required as follows:

кого – что	accusative
кого – чего	genitive
ком – чём	prepositional
кому – чему	dative
кем – чем	instrumental

заменя́ть / замени́ть
to replace, take the place of

	IMPERFECTIVE ASPECT	PERFECTIVE ASPECT
INF.	заменя́ть	замени́ть
PRES.	заменя́ю заменя́ешь заменя́ет заменя́ем заменя́ете заменя́ют	
PAST	заменя́л заменя́ла заменя́ло заменя́ли	замени́л замени́ла замени́ло замени́ли
FUT.	бу́ду заменя́ть бу́дешь заменя́ть бу́дет заменя́ть бу́дем заменя́ть бу́дете заменя́ть бу́дут заменя́ть	заменю́ заме́нишь заме́нит заме́ним заме́ните заме́нят
COND.	заменя́л бы заменя́ла бы заменя́ло бы заменя́ли бы	замени́л бы замени́ла бы замени́ло бы замени́ли бы
IMP.	заменя́й заменя́йте	замени́ замени́те
	DEVERBALS	
PRES. ACT.	заменя́ющий	
PRES. PASS.	заменя́емый	
PAST ACT.	заменя́вший	замени́вший
PAST PASS.		заменённый заменён, заменена́
VERBAL ADVERB	заменя́я	замени́в

заменя́ть кого – что кем – чем, кому – чему

открыва́ть (ся) / откры́ть (ся)
to open, discover

	IMPERFECTIVE ASPECT	PERFECTIVE ASPECT
INF.	открыва́ть (ся)	откры́ть (ся)
PRES.	открыва́ю (сь) открыва́ешь (ся) открыва́ет (ся) открыва́ем (ся) открыва́ете (сь) открыва́ют (ся)	
PAST	открыва́л (ся) открыва́ла (сь) открыва́ло (сь) открыва́ли (сь)	откры́л (ся) откры́ла (сь) откры́ло (сь) откры́ли (сь)
FUT.	бу́ду открыва́ть (ся) бу́дешь открыва́ть (ся) бу́дет открыва́ть (ся) бу́дем открыва́ть (ся) бу́дете открыва́ть (ся) бу́дут открыва́ть (ся)	откро́ю (ся) откро́ешь (ся) откро́ет (ся) откро́ем (ся) откро́ете (сь) откро́ют (ся)
COND.	открыва́л (ся) бы открыва́ла (сь) бы открыва́ло (сь) бы октрыва́ли (сь) бы	откры́л (ся) бы откры́ла (сь) бы откры́ло (сь) бы откры́ли (сь) бы
IMP.	открыва́й (ся) открыва́йте (сь)	откро́й (ся) откро́йте (сь)
	DEVERBALS	
PRES. ACT.	открыва́ющий (ся)	
PRES. PASS.	открыва́емый	
PAST ACT.	открыва́вший (ся)	откры́вший (ся)
PAST PASS.		откры́тый
VERBAL ADVERB	открыва́я	откры́в (шись)

открыва́ть кого – что

	MULTIDIRECTIONAL	UNIDIRECTIONAL	PERFECTIVE ASPECT
INF.	ходи́ть	идти́	пойти́
PRES.	хожу́	иду́	
	хо́дишь	идёшь	
	хо́дит	идёт	
	хо́дим	идём	
	хо́дите	идёте	
	хо́дят	иду́т	
PAST	ходи́л	шёл	пошёл
	ходи́ла	шла́	пошла́
	ходи́ло	шло́	пошло́
	ходи́ли	шли́	пошли́
FUT.	бу́ду ходи́ть	бу́ду идти́	пойду
	бу́дешь ходи́ть	бу́дешь идти́	пойдёшь
	бу́дет ходи́ть	бу́дет идти́	пойдёт
	бу́дем ходи́ть	бу́дем идти́	пойдём
	бу́дете ходи́ть	бу́дете идти́	пойдёте
	бу́дут ходи́ть	бу́дут идти́	пойду́т
COND.	ходи́л бы	шёл бы	пошёл бы
	ходи́ла бы	шла́ бы	пошла́ бы
	ходи́ло бы	шло́ бы	пошло́ бы
	ходи́ли бы	шли́ бы	пошли́ бы
IMP.	ходи́	иди́	пойди́
	ходи́те	иди́те	пойди́те

DEVERBALS

PRES. ACT.	ходя́щий	иду́щий	
PRES. PASS.			
PAST ACT.	ходи́вший	ше́дший	поше́дший
PAST PASS.			
VERBAL ADVERB	ходя́ – ходи́в	идя́	пойдя́

ходи́ть – идти́ во что, на что, к кому – чему, за кем – чем, в чём

With an imperfective infinitive, **пойти́** can mean ***start to.***

Verbal Adjective Endings

The verbal adjectives in Russian must agree with the noun they modify in gender, number, and case. In verbs with the reflexive particle, -ся is used after both consonants and vowels.

PRESENT ACTIVE VERBAL ADJECTIVE

	Singular			Plural
	Masculine	Neuter	Feminine	All Genders
Nom.	де́лающий	де́лающее	де́лающая	де́лающие
Acc.	де́лающий де́лающего	де́лающее	де́лающую	де́лающие де́лающих
Gen.	де́лающего	де́лающего	де́лающей	де́лающих
Prep.	де́лающем	де́лающем	де́лающей	де́лающих
Dat.	де́лающему	де́лающему	де́лающей	де́лающим
Instr.	де́лающим	де́лающим	де́лающей	де́лающими

	Singular			Plural
	Masculine	Neuter	Feminine	All Genders
Nom.	стро́ящийся	стро́ящееся	стро́ящаяся	стро́ящиеся
Acc.	стро́ящийся стро́ящегося	стро́ящееся	стро́ящуюся	стро́ящиеся стро́ящихся
Gen.	стро́ящегося	стро́ящегося	стро́ящейся	стро́ящихся
Prep.	стро́ящемся	стро́ящемся	стро́ящейся	стро́ящихся
Dat.	стро́ящемуся	стро́ящемуся	стро́ящейся	стро́ящимся
Instr.	стро́ящимся	стро́ящимся	стро́ящейся	стро́ящимися

PRESENT PASSIVE VERBAL ADJECTIVE

	Singular			Plural
	Masculine	Neuter	Feminine	All Genders
Nom.	дели́мый	дели́мое	дели́мая	дели́мые
Acc.	дели́мый	дели́мое	дели́мую	дели́мые
	дели́мого			дели́мых
Gen.	дели́мого	дели́мого	дели́мой	дели́мых
Prep.	дели́мом	дели́мом	дели́мой	дели́мых
Dat.	дели́мому	дели́мому	дели́мой	дели́мым
Instr.	дели́мым	дели́мым	дели́мой	дели́мыми

PAST ACTIVE VERBAL ADJECTIVE

	Singular			Plural
	Masculine	Neuter	Feminine	All Genders
Nom.	бра́вший	бра́вшее	бра́вшая	бра́вшие
Acc.	бра́вший	бра́вшее	бра́вшую	бра́вшие
	бра́вшего			бра́вших
Gen.	бра́вшего	бра́вшего	бра́вшей	бра́вших
Prep.	бра́вшем	бра́вшем	бра́вшей	бра́вших
Dat.	бра́вшему	бра́вшему	бра́вшей	бра́вшим
Instr.	бра́вшим	бра́вшим	бра́вшей	бра́вшими

	Singular			Plural
	Masculine	Neuter	Feminine	All Genders
Nom.	бри́вшийся	бри́вшееся	бри́вшаяся	бри́вшиеся
Acc.	бри́вшийся	бри́вшееся	бри́вшуюся	бри́вшиеся
	бри́вшегося			бри́вшихся
Gen.	бри́вшегося	бри́вшегося	бри́вшейся	бри́вшихся
Prep.	бри́вшемся	бри́вшемся	бри́вшейся	бри́вшихся
Dat.	бри́вшемуся	бри́вшемуся	бри́вшейся	бри́вшимся
Instr.	бри́вшимся	бри́вшимся	бри́вшейся	бри́вшимися

PAST PASSIVE VERBAL ADJECTIVE

	Singular			Plural
	Masculine	Neuter	Feminine	All Genders
Nom.	сде́ланный	сде́ланное	сде́ланная	сде́ланные
Acc.	сде́ланный сде́ланного	сде́ланное	сде́ланную	сде́ланные сде́ланных
Gen.	сде́ланного	сде́ланного	сде́ланной	сде́ланных
Prep.	сде́ланном	сде́ланном	сде́ланной	сде́ланных
Dat.	сде́ланному	сде́ланному	сде́ланной	сде́ланным
Instr.	сде́ланным	сде́ланным	сде́ланной	сде́ланными

	Singular			Plural
	Masculine	Neuter	Feminine	All Genders
Nom.	откры́тый	откры́тое	откры́тая	откры́тые
Acc.	откры́тый откры́того	откры́тое	откры́тую	откры́тые откры́тых
Gen.	откры́того	откры́того	откры́той	откры́тых
Prep.	откры́том	откры́том	откры́той	откры́тых
Dat.	откры́тому	откры́тому	откры́той	откры́тым
Instr.	откры́тым	откры́тым	откры́той	откры́тыми

The Russian Verb

One of the most important parts of speech in Russian is the verb. Because Russian is an inflected language, that is, the forms change to convey grammatical meaning, Russian verbs have numerous forms, all of which are presented for you in this book. The most distinguishing feature of the Russian verb, one of the major differences between it and the English verb, is **aspect.** Like English verbs, Russian verbs have **moods:** indicative, conditional, and imperative. Verbs have **tenses:** past, present, and future. Many Russian verbs can form verbal adjectives and verbal adverbs.

Aspect. All Russian verbs have aspect. The word for aspect in Russian is "вид" from the verb "видеть," meaning *"to see or view."* A Russian uses aspect to describe how he or she sees or perceives an action. There are two aspects: imperfective and perfective. You will find that Russian verbs frequently come in aspectual pairs. In our book we have listed the forms of the imperfective aspect first, followed by those of the perfective aspect. It is essential that you know to which aspect a Russian verb belongs.

The Parts of a Verb. Russian verbal forms have at least two parts: a stem and an ending. There is an infinitive (past) stem and a non-past (present/future) stem. Sometimes these stems are identical, as in the verb читать, where to the stem чита-, the infinitive ending -ть, the past tense endings -л, -ла, -ло, -ли, or the present tense endings -ю, -ешь, -ет, -ем, -ете, -ют can be added. In most cases, however, the two stems are different. To the basic verbs consisting of a stem plus endings, Russian can add prefixes such as по- to make new verbs, for example, почитать. Many perfective verbs are formed by adding a prefix such as по-, на-, про-, or с- to the imperfective verb. Russian verbs may also have suffixes such as -ыва- or -ва- after the stem but before the ending. Such verbs are most likely to be imperfective.

The Infinitive. In this book, as in most dictionaries and texts, verbs are listed in their infinitive form. You can recognize the Russian infinitive by looking at the ending. Infinitives end in -ть, ти́, or -чь. The -ть or -чь usually comes after a vowel. The ending -ти́ comes only after a consonant. The infinitive is made up of the stem, including any prefixes, and the endings above. The infinitive (or past) stem is the basis for the formation of the past tense, the past verbal adjectives, and the perfective verbal adverb. You can obtain the infinitive stem by dropping the endings -ть, -чь or -ти́. Note that some infinitive stems have a г or к in the stem that is not visible in the infinitive form, for example, мо́чь, пе́чь.

Infinitives are used after some verbs; in some impersonal constructions after modal words such as надо, можно; after some adjectives like рад, готов; and after some nouns like желание, умение.

The Indicative Mood—Tenses. In the indicative mood Russian has three tenses: present, past, and future.

The Present Tense is formed from imperfective verbs only. To form the present tense you need to know the non-past (present/future) stem and to which conjugation the verb belongs. In the present tense, the verb agrees with the subject of the sentence in person (first, second, third) and number (singular or plural).

The First Conjugation

The endings for the first conjugation are: -ю (-у), -ешь (-ёшь), -ет (-ёт), -ем (-ём), -ете (-ёте), -ют (-ут). The vowel letter ю is written after another vowel. The vowel letter у is written after consonants. The vowel letter ё occurs only when the ending is stressed.

я чита́ю	я узнаю́	я иду́
ты чита́ешь	ты узнаёшь	ты идёшь
он/она/оно чита́ет	он/она/оно узнаёт	он/она/оно идёт
мы чита́ем	мы узнаём	мы идём
вы чита́ете	вы узнаёте	вы идёте
они чита́ют	они узнаю́т	они иду́т

The Second Conjugation

The endings for the second conjugation are: -ю (-у), -ишь, -ит, -им, -ите, -ят (-ат). The vowel letters у and а are used after the consonants г, к, ж, ч, ш, щ.

я ве́рю	я спешу́
ты ве́ришь	ты спеши́шь
он/она/оно ве́рит	он/она/оно спеши́т
мы ве́рим	мы спеши́м
вы ве́рите	вы спеши́те
они ве́рят	они спеша́т

Because you need to know not only the aspect, but also the conjugation of each verb, the following tips will be helpful. Most verbs whose infinitives ending in -ать, -авать, -овать, -евать, -ывать, -еть, -уть and -ти are first conjugation verbs. Most infinitives ending in -ить are second conjugation verbs.*

In the conjugation of some verbs, there is consonant mutation (the consonant at the end of the stem changes before certain endings, for example, г → ж, д → ж, з → ж, к → ч, т → ч, с → ш, х → ш, ск → щ, ст → щ). After the five labial consonants (when the lips meet or the teeth touch the lips), б, в, м, п, ф, the letter л is added in the first person singular of the present tense. In second conjugation verbs only, if consonant mutation occurs, it occurs only in the first person singular form.

The non-past (present/future) stem can be identified by dropping the -ют (-ут) or -ят (-ат) of the third person plural form. You will need to know this stem to form the imperative, the present verbal adjective, and the imperfective verbal adverb.

In both conjugations the stress may fall on the stem or on the endings or switch from the ending to the stem. Stress has been indicated throughout the book by an accent mark or the vowel ё which is always stressed.

---

* A few infinitives ending in -ать belong to the second conjugation: гна́ть, держа́ть, дыша́ть, крича́ть, слы́шать. Seven ending in -еть are second conjugation: смотре́ть, ви́деть, ненави́деть, терпе́ть, оби́деть, верте́ть, зави́сеть, and verbs formed by adding a prefix to them. One infinitive ending in -ить is first conjugation: бри́ть (ся). The verbs би́ть, ли́ть, and пи́ть are also first conjugation.

The Past Tense is formed from the infinitive stem of imperfective and perfective verbs. In the past tense, the verbal forms agree with the subject in number (singular or plural) and gender (masculine, feminine, or neuter) in the singular. After dropping the infinitive ending -ть, чь, -ти́, add -л, -ла, -ло, -ли.

я/ты/он быва́л
я/ты/она быва́ла
оно быва́ло

они быва́ли

In some cases, the past tense stem may end in a consonant. In such instances, the -л in the masculine singular is omitted: везти → вёз. Verbs that have infinitives ending in -нуть normally preserve the -ну- in the past tense stem: отдохну́ть → отдохну́л. But a few verbs, for example, привы́кнуть → привы́к, omit the -ну- in the past.

The Future Tense has two forms in Russian. Imperfective verbs have a compound future, formed by adding the imperfective infinitive to conjugated forms of the verb бы́ть *"to be."*

я бу́ду смотре́ть
ты бу́дешь смотре́ть
она/он/оно бу́дет смотре́ть
мы бу́дем смотре́ть
вы бу́дете смотре́ть
они бу́дут смотре́ть

Perfective verbs form a simple future by using the conjugated forms without the auxiliary verb бы́ть.

я прочита́ю	я поговорю́
ты прочита́ешь	ты поговори́шь
он/она/оно прочита́ет	он/она/оно поговори́т
мы прочита́ем	мы поговори́м
вы прочита́ете	вы поговори́те
они прочита́ют	они поговоря́т

Tip: If the perfective verb is formed by adding a prefix to the imperfective, both will probably belong to the same conjugation.

The Imperative Mood is used to give commands. "Read!" "Leave!" The imperative is formed from the non-past (present/future) stem of the verb. Remember that you can identify this stem by dropping the ending of the third person plural form.

If the stem ends in a vowel add -й for the singular, -йте for the plural.

поезжа́ют → поезжа́ → поезжа́й or поезжа́йте
сове́туют → сове́ту → сове́туй or сове́туйте

If the stem ends in two or more consonants, add -и or -ите.

отдохну́ть → отдохн → отдохни́ or отдохни́те

If the stem ends in a single consonant and the stress falls on the ending of the first person singular present/future form, add -и́ or -и́те.

говоря́т → говор → говори́ or говори́те
спеша́т → спеш → спеши́ or спеши́те

If the stem ends in a single consonant, and the ending is never stressed in the present/future, then add -ь or -ьте.

гото́вят → гото́в → гото́вь or гото́вьте

(Perfective verbs beginning with the stressed prefix вы- constitute an exception to the above rule. Such verbs form the imperative based on the unprefixed form, while retaining the stress on the perfective prefix вы-.)

вы́разят → вы́раз → вы́рази or вы́разите

Infinitives with the suffix -ав- maintain the -ав- in the imperative form.

дава́ть → дава́й or дава́йте
узнава́ть → узнава́й or узнава́йте

To form the equivalent of "let's," Russians use the first person plural form of the verb.

Идём. *Let's go.*
Почита́ем. *Let's read a bit.*
Поговори́м. *Let's talk.*

To express "let her/him/them . . ." use the form пу́сть followed by the third person singular or plural form of the present or future tense.

Пусть он чита́ет. *Let him read.*
Пусть Ирина позвони́т. *Let Irina telephone.*
Пусть они заéдут. *Let them come by.*

The Conditional Mood is formed by adding the particle бы to the past tense form of the imperfective or perfective verb.

он бра́л бы	он взя́л бы
она брала́ бы	она взяла́ бы
оно бра́ло бы	оно взя́ло бы
они бра́ли бы	они взя́ли бы

The Particle (ся) is attached to some Russian verbs. A few Russian verbs do not have forms without (ся), whereas others never take the particle. The particle has several functions. It can give a reflexive meaning to a transitive verb; it can indicate reciprocal action; it can express the passive; or it can make a transitive verb intransitive.

In general, the participle is spelled ся after a consonant or the soft sign ь; after a vowel the participle is spelled сь. The verbal adjectives are an exception. After the active and passive, present and past verbal adjectives, the form is always spelled ся.

In this book we have indicated by use of (ся) in parentheses those verbs which can be found with or without the reflexive particle. Because the reflexive forms of several verbs are used only in the third person forms, in many of the tables reflexive forms for the first and second persons are omitted.

The Verbs of Motion are an essential part of a Russian's outlook. When describing motion, a speaker of Russian declares whether that action has one definite direction, (unidirectional) or not (multidirectional). These are also sometimes called determinate and indeterminate. Motion verbs come in pairs in the imperfective, with one multidirectional and one unidirectional verb. Some of the more common pairs are:

MULTIDIRECTIONAL	UNIDIRECTIONAL
ходи́ть	идти́
е́здить	е́хать
носи́ть	нести́
вози́ть	везти́
бе́гать	бежа́ть
лета́ть	лете́ть

In each pair, both verbs belong to the **imperfective aspect.**

A perfective verb, meaning *to begin walking, riding, running, flying,* etc., can be formed by adding the prefix по- to the unidirectional verb: пойти́, пое́хать, побежа́ть, полете́ть. Other prefixes can be added to the above pairs, forming an imperfective-perfective pair with a new meaning: приходи́ть / прийти́ *to come, arrive by foot,* убега́ть / убежа́ть *to run away.* Notice that the addition of a prefix to the multidirectional verb yields an imperfective form, while the addition of a prefix added to the unidirectional verb produces a perfective verb.*

Verbs of motion in our book are listed alphabetically under the multidirectional verb. The multidirectional and unidirectional imperfective pair and the perfective verb with the prefix по- are supplied. Other commonly used prefixed forms are listed alphabetically according to the imperfective infinitive.

The Verbal Adjective (Participle) derives from the verb, can be transitive or intransitive, and may have the particle (ся). It has aspect, and tense, can be active or passive, and governs nouns as a verb does. Like an adjective, the participle is declined and agrees with the noun in gender, number, and case.

---

* The topic of verbs of motion can and does occupy several books. This explanation provides only a few basic principles.

Present Active Verbal Adjective. The present active verbal adjective is formed from imperfective verbs by replacing the -т of the third person plural ending with -щ- and adding adjective endings.

читáют → читáющий, читáющая, читáющее, читáющие
живу́т → живу́щий, живу́щая, живу́щее, живу́щие
вéрят → вéрящий, вéрящая, вéрящее, вéрящие
спешáт → спешáщий, спешáщая, спешáщее, спешáщие

The reflexive particle for all verbal adjectives is (-ся), even when it follows a vowel letter.

занимáющийся, занимáющаяся, занимáющееся, занимáющиеся

Present Passive Verbal Adjective. The present passive verbal adjective is formed from transitive imperfective verbs by adding adjective endings to the first person plural form of the verb.

читáем → читáемый, читáемая, читáемое, читáемые
стрóим → стрóимый, стрóимая, стрóимое, стрóимые

Infinitives with -ав- (давать, узнавать, etc.) retain that suffix in forming the present passive verbal adjective.

даём → давáемый, давáемая, давáемое, давáемые
узнаём → узнавáемый, узнавáемая, узнавáемое, узнавáемые

Past Active Verbal Adjective. Past active verbal adjectives can be formed from imperfective and perfective verbs by adding -вш- and adjective endings to the infinitive (past tense) stem. (You can obtain this stem by dropping the -ть, -чь, -ти́ of the infinitive or the -л of the masculine singular past tense form.)

читáл → читáвший, читáвшая, читáвшее, читáвшие
писáл → писáвший, писáвшая, писáвшее, писáвшие
поговори́л → поговори́вший, поговори́вшая, поговори́вшее, поговори́вшие

When the past tense stem ends in a consonant (принёс, спас), -ший is added to the consonant.

принёс → принёсший, принёсшая, принёсшее, принёсшие
спáс → спáсший, спáсшая, спáсшее, спáсшие

The particle (ся) is used throughout the declension:

откры́вшийся, откры́вшаяся, откры́вшееся, откры́вшиеся.

Past Passive Verbal Adjective. The past passive verbal adjective is usually formed from transitive perfective verbs by adding -нн- or -т- to the past tense stem unless the stem ends in the vowel и or a consonant, in which case you add -енн- (-ённ-). Note that if consonant mutation occurs in the present/future, it will also occur in the past passive verbal adjective.

приговори́л → приговори́ → приговорённый
спа́с → спасённый
встре́тил → встре́ти (встре́чу) → встре́ченный

If the stem ends in a vowel other than и add -нн- plus regular adjective endings.

прочита́л → прочита́ → прочи́танный
уви́дел → уви́де → уви́денный

The suffix -т is added to stems ending in -ну-, many monosyllabic verb forms with prefixes, and a few others noted in the book.

дости́гнул → дости́гну → дости́гнутый
проби́л → проби́ → проби́тый

The past passive verbal adjective in Russian also has a complete set of short forms that agree with the noun in gender and number but are not declined. For example:

откры́тый → откры́т, откры́та, откры́то, откры́ты

They are used to form passive constructions. When the placement of stress of one or more of the short forms differs from that of the long form, these short forms are listed in the book.

The Verbal Adverb can be transitive or intransitive, governs nouns, and has aspect. Because it is an adverb, its form does not change.

The imperfective verbal adverb is formed from the present tense stem of imperfective verbs by adding -я after vowels and most consonants or -а after the consonants ш, щ, ж, ч.

чита́ют → чита́ → чита́я
говоря́т → говор → говоря́
спеша́т → спеш → спеша́

Imperfective infinitives with the suffix -ва retain the -ва- in the verbal adverb.

дава́ть → даю́т but дава́я
узнавать → узнаю́т but узнава́я

With verbal adverbs the reflexive particle will always be (сь) after the vowel: улыба́ясь, встреча́ясь.

The perfective verbal adverb is formed from the past stem of perfective verbs by adding -в after a vowel and -ши after a consonant.

открыл → открыв
показал → показав
взял → взяв
принёс → принёсши

In some cases, especially for prefixed forms of verbs of motion, the perfective verbal adverb is formed by adding -я to the future tense stem:

придут → придя,
принесут → принеся

With reflexive forms the verbal adverb ending is -вшись:

улыбнувшись
появившись

Alphabet and Pronunciation Guide

The Cyrillic alphabet has thirty-three letters. Many of them will be familiar to you from English; several others resemble Greek letters. As in English, each letter is only an approximation of how a sound is pronounced. The guide below lists the letters in alphabetical order.

RUSSIAN LETTER	ENGLISH SOUND	SYMBOL	RUSSIAN EXAMPLE
а	**a** as in Amen	A	да *DA*
б	**b** as in **b**at	B	банк *BANK*
в	**v** as in **v**ote	V	вот *VOT*
г	**g** as in **g**o	G	гол *GOL*
д	**d** as in **d**og	D	да *DA*
е	**ye** as in **ye**s	YE	нет *NYET*
ё	**yo** as in **yo**-yo	YO	полёт *paLYOT*
ж	**zh** as in azure	ZH	жена *zhiNA*
з	**z** as in **z**oo	Z	за *ZA*
и	**ee** as in b**ee**	I	ива *Iva*
й	**y** as in bo**y**	Y	мой *MOY*
к	**k** as in **k**ayak	K	касса *KAsa*
л	**l** as in **l**ot	L	лампа *LAMpa*
м	**m** as in **m**all	M	муж *MUSH*
н	**n** as in **n**ote	N	нос *NOS*
о	**o** as in hell**o**	O	но *NO*
п	**p** as in **p**apa	P	парк *PARK*
р	**r** as in **r**abbit	R	рот *ROT*
с	**s** as in **s**un	S	суп *SUP*
т	**t** as in **t**oe	T	такси *taKSI*
у	**u** as in r**u**le	U	ну *NU*
ф	**f** as in **f**und	F	фунт *FUNT*
х	**ch** as in Ba**ch**	KH	ах *AKH*
ц	**ts** as in **ts**ar	TS	царь *TSAR'*
ч	**ch** as in **ch**eap	CH	читает *chiTAyit*
ш	**sh** as in **sh**ow	SH	шапка *SHAPka*
щ	**sh** as in **sh**eep	SH	щи *SHI*
ъ	hard sign		not pronounced
ы	**y** as in hair**y**	Y	мы *MY*
ь	soft sign		not pronounced
э	**e** as in **e**cho	E	это *Eta*
ю	**u** as in **u**nion	YU	юмор *YUmar*
я	**ya** as in **ya**hoo	YA	я *YA*

Three Rules of Pronunciation

1) In each Russian word, only one syllable is stressed or under accent. Russians pronounce the "o" sound only when it is stressed. When some other vowel is stressed in a word, the letter "o" is pronounced "a" ко́т *(KOT)* but кота́ *(kaTA)*. When the letters "e" "я" and sometimes "a" are not stressed, they are pronounced as "**i**," in the English word "it."

2) Consonants can be hard ну *(NU)* or soft нет *(NYET)*. The soft "**n**" is like the sound in the word "o**n**ion." A consonant is hard unless it is followed by a soft vowel letter я, е, и, ё, ю or the soft sign ь.

3) At the end of a word or before voiced consonants, б, в, г, д, ж, and з become their voiceless counterparts: б → п, в → ф, г → к, д → т, ж → ш, з → с. Examples: ход *KHOT*, баб *BAP*, ног *NOK*, автомат *aftaMAT*, водка *VOTka*.

Spelling Rules and Conventions for Verbs

Many exceptions in the conjugation system can be attributed to conventions of Russian spelling. The following guidelines may be helpful:

1) The 8-7-5 Rule

After г, к, х, ш, ж, щ, ч, and ц, Russians write а instead of я, and у instead of ю.
After г, к, х, ш, ж, щ, and ч, Russians write и instead of ы.
After ш, ж, щ, ч, and ц, where an о would be expected, you write the letter е unless the о is stressed.

2) Rules for Consonant Change

When a change or mutation takes place in the imperfective present or perfective future form, the following are the normal and predictable changes:

г → ж	помогу, поможешь
д → ж	водить, вожу
з → ж	возить, вожу
к → ч	пеку, печешь
т → ч	отвечу, ответишь
с → ш	писать, пишу
х → ш	махать, машу
ск → щ	искать, ищу
ст → щ	чистить, чищу

3) Verbal Prefixes

Verbal prefixes may differ according to the initial consonant of the verb they precede.
a) The final letter of the prefix becomes the voiceless partner in front of another voiceless letter.

без → бес	бездействовать, беспокоить
вз → вс	взбить, всходить
воз → вос	возникать, воспитать
из → ис	избегать, исполнить
раз → рас	раздавать, рассказать

b) In front of a vowel or the letters л or р, some prefixes add the letter о.

в → во	входить, войти
вз → взо	вздыхать, взорвать
из → изо	издавать, изолгать
над → надо	надеть, надоесть

об → обо	обладать, обнимать, оборвать
от → ото	отнимать, оторвать
под → подо	поднимать, подождать
пред → предо	предложить, предоставить
раз → разо	разводить, разойтись
с → со	спросить, сохранять

c) In a few instances, preceding the vowels я or e, some prefixes add the hard sign ъ.

в → въ	входить, въехать
из → изъ	изучить, изъяснить
об → объ	обнимать, объяснить
раз → разъ	разбудить, разъяснить
с → съ	сходить, съесть

4) Vowel Changes After Prefixes

Some verbs, such as играть and искать, when preceded by a prefix ending in a consonant, change their initial и to ы.

вз	взыграть, взыскать
из	изымать, изыскать
об	обыграть, обыскать
раз	разыграть, разыскать
с	сыграть, сыскать

Alphabetical Listing of 501 Russian Verbs Fully Conjugated in All the Tenses

	IMPERFECTIVE ASPECT	PERFECTIVE ASPECT
INF.	аплоди́ровать	зааплоди́ровать
PRES.	аплоди́рую аплоди́руешь аплоди́рует аплоди́руем аплоди́руете аплоди́руют	
PAST	аплоди́ровал аплоди́ровала аплоди́ровало аплоди́ровали	зааплоди́ровал зааплоди́ровала зааплоди́ровало зааплоди́ровали
FUT.	бу́ду аплоди́ровать бу́дешь аплоди́ровать бу́дет аплоди́ровать бу́дем аплоди́ровать бу́дете аплоди́ровать бу́дут аплоди́ровать	зааплоди́рую зааплоди́руешь зааплоди́рует зааплоди́руем зааплоди́руете зааплоди́руют
COND.	аплоди́ровал бы аплоди́ровала бы аплоди́ровало бы аплоди́ровали бы	зааплоди́ровал бы зааплоди́ровала бы зааплоди́ровало бы зааплоди́ровали бы
IMP.	аплоди́руй аплоди́руйте	зааплоди́руй зааплоди́руйте
	DEVERBALS	
PRES. ACT.	аплоди́рующий	
PRES. PASS.		
PAST ACT.	аплоди́ровавший	зааплоди́ровавший
PAST PASS.		
VERBAL ADVERB	аплоди́руя	зааплоди́ровав

аплоди́ровать кому – чему за что

Все ему аплодировали.	Everyone applauded him.
Она готова была заплакать или зааплодировать.	She was ready to begin crying or applauding.
Громче аплодируйте.	Applaud louder!

арестóвывать / арестовáть

to arrest, seize

	IMPERFECTIVE ASPECT	PERFECTIVE ASPECT
INF.	арестóвывать	арестовáть
PRES.	арестóвываю арестóвываешь арестóвывает арестóвываем арестóвываете арестóвывают	
PAST	арестóвывал арестóвывала арестóвывало арестóвывали	арестовáл арестовáла арестовáло арестовáли
FUT.	бýду арестóвывать бýдешь арестóвывать бýдет арестóвывать бýдем арестóвывать бýдете арестóвывать бýдут арестóвывать	арестýю арестýешь арестýет арестýем арестýете арестýют
COND.	арестóвывал бы арестóвывала бы арестóвывало бы арестóвывали бы	арестовáл бы арестовáла бы арестовáло бы арестовáли бы
IMP.	арестóвывай арестóвывайте	арестýй арестýйте
	DEVERBALS	
PRES. ACT.	арестóвывающий	
PRES. PASS.	арестóвываемый	
PAST ACT.	арестóвывавший	арестовáвший
PAST PASS.		арестóванный
VERBAL ADVERB	арестóвывая	арестовáв

арестóвывать кого – что

Я арестую всех.	I am arresting everyone.
Активистов арестовывали.	They arrested the activists.
В Лондоне арестован убийца.	A murderer was arrested in London.

бе́гать – бежа́ть / побежа́ть

to run / start running

	MULTIDIRECTIONAL	UNIDIRECTIONAL	PERFECTIVE ASPECT
INF.	бе́гать	бежа́ть	побежа́ть
PRES.	бе́гаю	бегу́	
	бе́гаешь	бежи́шь	
	бе́гает	бежи́т	
	бе́гаем	бежи́м	
	бе́гаете	бежи́те	
	бе́гают	бегу́т	
PAST	бе́гал	бежа́л	побежа́л
	бе́гала	бежа́ла	побежа́ла
	бе́гало	бежа́ло	побежа́ло
	бе́гали	бежа́ли	побежа́ли
FUT.	бу́ду бе́гать	бу́ду бежа́ть	побегу́
	бу́дешь бе́гать	бу́дешь бежа́ть	побежи́шь
	бу́дет бе́гать	бу́дет бежа́ть	побежи́т
	бу́дем бе́гать	бу́дем бежа́ть	побежи́м
	бу́дете бе́гать	бу́дете бежа́ть	побежи́те
	бу́дут бе́гать	бу́дут бежа́ть	побегу́т
COND.	бе́гал бы	бежа́л бы	побежа́л бы
	бе́гала бы	бежа́ла бы	побежа́ла бы
	бе́гало бы	бежа́ло бы	побежа́ло бы
	бе́гали бы	бежа́ли бы	побежа́ли бы
IMP.	бе́гай	беги́	побеги́
	бе́гайте	беги́те	побеги́те
		DEVERBALS	
PRES. ACT.	бе́гающий	бегу́щий	
PRES. PASS.			
PAST ACT.	бе́гавший	бежа́вший	побежа́вший
PAST PASS.			
VERBAL ADVERB	бе́гая		побежа́в

Садись же, что ты вегаешь по комнате? — Sit down; why are you running around the room?

Я в лес бежал из города. — I ran to the forest from the city.

Она побежала в фитнес клуб. — She ran off to the fitness center.

бере́чь (ся) / побере́чь (ся)

guard, take care of (beware of)

	IMPERFECTIVE ASPECT	PERFECTIVE ASPECT
INF.	бере́чь (ся)	побере́чь (ся)
PRES.	берегу́ (сь) бережёшь (ся) бережёт (ся) бережём (ся) бережёте (сь) берегу́т (ся)	
PAST	берёг (ся) берегла́ (сь) берегло́ (сь) берегли́ (сь)	поберёг (ся) поберегла́ (сь) поберегло́ (сь) поберегли́ (сь)
FUT.	бу́ду бере́чь (ся) бу́дешь бере́чь (ся) бу́дет бере́чь (ся) бу́дем бере́чь (ся) бу́дете бере́чь (ся) бу́дут бере́чь (ся)	поберегу́ (сь) побережёшь (ся) побережёт (ся) побережём (ся) побережёте (сь) поберегу́т (ся)
COND.	берёг (ся) бы берегла́ (сь) бы берегло́ (сь) бы берегли́ (сь) бы	поберёг (ся) бы поберегла́ (сь) бы поберегло́ (сь) бы поберегли́ (сь) бы
IMP.	береги́ (сь) береги́те (сь)	побереги́ (сь) побереги́те (сь)
	DEVERBALS	
PRES. ACT.	берегу́щий (ся)	
PRES. PASS.		
PAST ACT.	берёгший (ся)	поберёгший (ся)
PAST PASS.	бережённый бережён, бережена́	побережённый побережён, побережена́
VERBAL ADVERB		поберёгши (сь)

бере́чь кого – что; бере́чься кого – чего

Плохо ела, берегла фигуру.	She ate poorly; she was watching her figure.
Берегись собаки!	Beware of the dog!
Я бы поберёглась на твоем месте.	I would be on my guard if I were in your place.

беспоко́ить (ся) / побеспоко́ить (ся)

to disturb, bother (become anxious, uneasy, worry about)

	IMPERFECTIVE ASPECT	PERFECTIVE ASPECT
INF.	беспоко́ить (ся)	побеспоко́ить (ся)
PRES.	беспоко́ю (сь) беспоко́ишь (ся) беспоко́ит (ся) беспоко́им (ся) беспоко́ите (сь) беспоко́ят (ся)	
PAST	беспоко́ил (ся) беспоко́ила (сь) беспоко́ило (сь) беспоко́или (сь)	побеспоко́ил (ся) побеспоко́ила (сь) побеспоко́ило (сь) побеспоко́или (сь)
FUT.	бу́ду беспоко́ить (ся) бу́дешь беспоко́ить (ся) бу́дет беспоко́ить (ся) бу́дем беспоко́ить (ся) бу́дете беспоко́ить (ся) бу́дут беспоко́ить (ся)	побеспоко́ю (сь) побеспоко́ишь (ся) побеспоко́ит (ся) побеспоко́им (ся) побеспоко́ите (сь) побеспоко́ят (ся)
COND.	беспоко́ил (ся) бы беспоко́ила (сь) бы беспоко́ило (сь) бы беспоко́или (сь) бы	побеспоко́ил (ся) бы побеспоко́ила (сь) бы побеспоко́ило (сь) бы побеспоко́или (сь) бы
IMP.	беспоко́й (ся) беспоко́йте (сь)	побеспоко́й (ся) побеспоко́йте (сь)
	DEVERBALS	
PRES. ACT.	беспоко́ящий (ся)	
PRES. PASS.	беспоко́имый	
PAST ACT.	беспоко́ивший (ся)	побеспоко́ивший (ся)
PAST PASS.		побеспоко́енный
VERBAL ADVERB	беспоко́я (сь)	побеспоко́ив (шись)

беспоко́ить кого – что; беспоко́иться о ком – о чём

Извините, что я вас беспокою. — Excuse me for disturbing you.

Он не особенно беспокоился о результате. — He was not particularly worried about the result.

Я вас больше не побеспокою. — I won't bother you any longer.

би́ть / поби́ть
to beat, hit, defeat

	IMPERFECTIVE ASPECT	PERFECTIVE ASPECT
INF.	би́ть	поби́ть
PRES.	бью́ бьёшь бьёт бьём бьёте бью́т	
PAST	би́л би́ла би́ло би́ли	поби́л поби́ла поби́ло поби́ли
FUT.	бу́ду би́ть бу́дешь би́ть бу́дет би́ть бу́дем би́ть бу́дете би́ть бу́дут би́ть	побью́ побьёшь побьёт побьём побьёте побью́т
COND.	би́л бы би́ла бы би́ло бы би́ли бы	поби́л бы поби́ла бы поби́ло бы поби́ли бы
IMP.	бе́й бе́йте	побе́й побе́йте
	DEVERBALS	
PRES. ACT.	бью́щий	
PRES. PASS.		
PAST ACT.	би́вший	поби́вший
PAST PASS.	би́тый	поби́тый
VERBAL ADVERB		поби́в

би́ть кого – что по чему, во что
The pair **побива́ть / поби́ть** also means ***to beat.***

Зачем ты бьешь брата? — Why are you hitting your brother?
Продажи бьют все рекорды. — Sales are breaking all records.
Россияне побили мировой рекорд. — The Russians broke the world record.

	IMPERFECTIVE ASPECT	PERFECTIVE ASPECT
INF.	благодари́ть	поблагодари́ть
PRES.	благодарю́ благодари́шь благодари́т благодари́м благодари́те благодаря́т	
PAST	благодари́л благодари́ла благодари́ло благодари́ли	поблагодари́л поблагодари́ла поблагодари́ло поблагодари́ли
FUT.	бу́ду благодари́ть бу́дешь благодари́ть бу́дет благодари́ть бу́дем благодари́ть бу́дете благодари́ть бу́дут благодари́ть	поблагодарю́ поблагодари́шь поблагодари́т поблагодари́м поблагодари́те поблагодаря́т
COND.	благодари́л бы благодари́ла бы благодари́ло бы благодари́ли бы	поблагодари́л бы поблагодари́ла бы поблагодари́ло бы поблагодари́ли бы
IMP.	благодари́ благодари́те	поблагодари́ поблагодари́те
	DEVERBALS	
PRES. ACT.	благодаря́щий	
PRES. PASS.		
PAST ACT.	благодари́вший	поблагодари́вший
PAST PASS.		
VERBAL ADVERB	благодаря́	поблагодари́в

благодари́ть кого – что за что

Президент благодарил Москву за помощь. — The president thanked Moscow for the aid.

Они поблагодарили за подарки. — They expressed their gratitude for the gifts.

Поблагодарите его от моего имени. — Thank him on my behalf.

бледне́ть / побледне́ть

to become pale, fade

	IMPERFECTIVE ASPECT	PERFECTIVE ASPECT
INF.	бледне́ть	побледне́ть
PRES.	бледне́ю бледне́ешь бледне́ет бледне́ем бледне́ете бледне́ют	
PAST	бледне́л бледне́ла бледне́ло бледне́ли	побледне́л побледне́ла побледне́ло побледне́ли
FUT.	бу́ду бледне́ть бу́дешь бледне́ть бу́дет бледне́ть бу́дем бледне́ть бу́дете бледне́ть бу́дут бледне́ть	побледне́ю побледне́ешь побледне́ет побледне́ем побледне́ете побледне́ют
COND.	бледне́л бы бледне́ла бы бледне́ло бы бледне́ли бы	побледне́л бы побледне́ла бы побледне́ло бы побледне́ли бы
IMP.	бледне́й бледне́йте	побледне́й побледне́йте
	DEVERBALS	
PRES. ACT.	бледне́ющий	
PRES. PASS.		
PAST ACT.	бледне́вший	побледне́вший
PAST PASS.		
VERBAL ADVERB	бледне́я	побледне́в

Как вы бледнеете. — How pale you are turning.

Душа бледнеет с горя. — The soul pales from grief.

Побледнеет луна, но звезды существуют во веки веков. — The moon will fade, but the stars exist for ever and ever.

	IMPERFECTIVE ASPECT	PERFECTIVE ASPECT
INF.	боле́ть	заболе́ть
PRES.	боле́ю боле́ешь боле́ет боле́ем боле́ете боле́ют	
PAST	боле́л боле́ла боле́ло боле́ли	заболе́л заболе́ла заболе́ло заболе́ли
FUT.	бу́ду боле́ть бу́дешь боле́ть бу́дет боле́ть бу́дем боле́ть бу́дете боле́ть бу́дут боле́ть	заболе́ю заболе́ешь заболе́ет заболе́ем заболе́ете заболе́ют
COND.	боле́л бы боле́ла бы боле́ло бы боле́ли бы	заболе́л бы заболе́ла бы заболе́ло бы заболе́ли бы
IMP.	боле́й боле́йте	заболе́й заболе́йте
	DEVERBALS	
PRES. ACT.	боле́ющий	
PRES. PASS.		
PAST ACT.	боле́вший	заболе́вший
PAST PASS.		
VERBAL ADVERB	боле́я	заболе́в

боле́ть чем, за кого – что

Я болею за Спартак.	I am rooting for Spartak.
Чем он болел?	What was he ailing from?
Мама заболела вчера.	Mom fell ill yesterday.

боле́ть / заболе́ть
to ache / begin to ache

	IMPERFECTIVE ASPECT	PERFECTIVE ASPECT
INF.	боле́ть	заболе́ть
PRES.	боли́т боля́т	
PAST	боле́л боле́ла боле́ло боле́ли	заболе́л заболе́ла заболе́ло заболе́ли
FUT.	бу́дет боле́ть бу́дут боле́ть	заболи́т заболя́т
COND.	боле́л бы боле́ла бы боле́ло бы боле́ли бы	заболе́л бы заболе́ла бы заболе́ло бы заболе́ли бы
IMP.		
	DEVERBALS	
PRES. ACT.	боля́щий	
PRES. PASS.		
PAST ACT.	боле́вший	заболе́вший
PAST PASS.		
VERBAL ADVERB		заболе́в

The pair **заболева́ть / заболе́ть** also means ***to begin to ache.***

У него спина болит.	His back hurts.
Я заболевал довольно часто на курсе.	I used to get sick quite often in the course.
Она вдруг заболела свинкой.	She suddenly came down with mumps.

	IMPERFECTIVE ASPECT	PERFECTIVE ASPECT
INF.	боро́ться	поборо́ться
PRES.	борю́сь	
	бо́решься	
	бо́рется	
	бо́ремся	
	бо́ретесь	
	бо́рются	
PAST	боро́лся	поборо́лся
	боро́лась	поборо́лась
	боро́лось	поборо́лось
	боро́лись	поборо́лись
FUT.	бу́ду боро́ться	поборю́сь
	бу́дешь боро́ться	побо́решься
	бу́дет боро́ться	побо́рется
	бу́дем боро́ться	побо́ремся
	бу́дете боро́ться	побо́ретесь
	бу́дут боро́ться	побо́рются
COND.	боро́лся бы	поборо́лся бы
	боро́лась бы	поборо́лась бы
	боро́лось бы	поборо́лось бы
	боро́лись бы	поборо́лись бы
IMP.	бори́сь	побори́сь
	бори́тесь	побори́тесь
	DEVERBALS	
PRES. ACT.	бо́рющийся	
PRES. PASS.		
PAST ACT.	боро́вшийся	поборо́вшийся
PAST PASS.		
VERBAL ADVERB	боря́сь	поборо́вшись

боро́ться с кем – чем, за кого – что, против кого – чего
The perfective verb **поборо́ть** means ***to defeat / overcome.***

Боремся за чистоту.	We are fighting for cleanliness.
С кем они боролись?	With whom did they fight?
Я бы поборолась за выходной день.	I would fight for a day off.

боя́ться / побоя́ться
to be afraid of

	IMPERFECTIVE ASPECT	PERFECTIVE ASPECT
INF.	боя́ться	побоя́ться
PRES.	бою́сь бои́шься бои́тся бои́мся бои́тесь боя́тся	
PAST	боя́лся боя́лась боя́лось боя́лись	побоя́лся побоя́лась побоя́лось побоя́лись
FUT.	бу́ду боя́ться бу́дешь боя́ться бу́дет боя́ться бу́дем боя́ться бу́дете боя́ться бу́дут боя́ться	побою́сь побои́шься побои́тся побои́мся побои́тесь побоя́тся
COND.	боя́лся бы боя́лась бы боя́лось бы боя́лись бы	побоя́лся бы побоя́лась бы побоя́лось бы побоя́лись бы
IMP.	бо́йся бо́йтесь	побо́йся побо́йтесь
	DEVERBALS	
PRES. ACT.	боя́щийся	
PRES. PASS.		
PAST ACT.	боя́вшийся	побоя́вшийся
PAST PASS.		
VERBAL ADVERB	боя́сь	побоя́вшись

боя́ться кого – чего, + infinitive

боя́ться / побоя́ться

Examples

Почему мы так боимся уколов?
Why are we so afraid of shots?

Если вы готовы, тогда не будете бояться.
If you are prepared, then you will not be afraid.

Не бойтесь мобильных телефонов.
Don't be afraid of mobile phones.

Они живут, не боясь депортации.
They live without fear of deportation.

Не побоюсь этого слова.
I will not be afraid of this word.

Депутаты побоялись обидеть президента.
The deputies were afraid to offend the president.

Они приняли резолюцию, не побоявшись последствий.
They passed the resolution without fearing the consequences.

Она боится темноты.
She is afraid of the dark.

Кого боялись римляне?
Whom did the Romans fear?

Она не побоялась спросить его.
She was not afraid to ask him.

Words and expressions related to this verb

Волка бояться, так и в лес не ходить.

Бойся, не бойся, а смерть у порога.

Бойся жить, а умирать не бойся.

боязнь

боязливый

бра́ть (ся) / взя́ть (ся)
to take (undertake)

	IMPERFECTIVE ASPECT	PERFECTIVE ASPECT
INF.	бра́ть (ся)	взя́ть (ся)
PRES.	беру́ (сь) берёшь (ся) берёт (ся) берём (ся) берёте (сь) беру́т (ся)	
PAST	бра́л (ся) брала́ (сь) бра́ло – брало́сь бра́ли – брали́сь	взя́л (ся) взяла́ (сь) взя́ло – взяло́сь взя́ли – взяли́сь
FUT.	бу́ду бра́ть (ся) бу́дешь бра́ть (ся) бу́дет бра́ть (ся) бу́дем бра́ть (ся) бу́дете бра́ть (ся) бу́дут бра́ть (ся)	возьму́ (сь) возьмёшь (ся) возьмёт (ся) возьмём (ся) возьмёте (сь) возьму́т (ся)
COND.	бра́л (ся) бы брала́ (сь) бы бра́ло – брало́сь бы бра́ли – брали́сь бы	взя́л (ся) бы взяла́ (сь) бы взя́ло – взяло́сь бы взя́ли – взяли́сь бы
IMP.	бери́ (сь) бери́те (сь)	возьми́ (сь) возьми́те (сь)
	DEVERBALS	
PRES. ACT.	беру́щий (ся)	
PRES. PASS.		
PAST ACT.	бра́вший (ся)	взя́вший (ся)
PAST PASS.		взя́тый взя́т, взята́, взя́то
VERBAL ADVERB	беря́, бра́вши (сь)	взя́в (шись)

бра́ть кого – что
бра́ться за что, + infinitive

бра́ть (ся) / взя́ть (ся)

Examples

Я беру себя в руки.
I am pulling myself together.

Откуда берутся дети?
Where do children come from?

Не берите за границу духи и лекарства.
Don't take perfumes and medicines abroad.

Расследование взято под контроль министра.
The investigation has been taken under the control of the minister.

Бравши книгу, она все поняла.
Having taken the book, she understood everything.

Я возьмусь переводить эту книгу.
I am going to take on translating this book.

Возьмите время.
Take time.

Возьми мою любовь.
Take my love.

Всю вину я беру на себя.
I take all the blame on myself.

Он не брал взятки.
He didn't take bribes.

Она взялась за его воспитание.
She undertook his upbringing.

Words and expressions related to this verb

Проси много, а бери что дают.

Бери с него пример.

Браться за руки

браться за оружие

взятка

взяточник

бри́ть (ся) / побри́ть (ся)

to shave someone (to get a shave)

	IMPERFECTIVE ASPECT	PERFECTIVE ASPECT
INF.	бри́ть (ся)	побри́ть (ся)
PRES.	бре́ю (сь) бре́ешь (ся) бре́ет (ся) бре́ем (ся) бре́ете (сь) бре́ют (ся)	
PAST	бри́л (ся) бри́ла (сь) бри́ло (сь) бри́ли (сь)	побри́л (ся) побри́ла (сь) побри́ло (сь) побри́ли (сь)
FUT.	бу́ду бри́ть (ся) бу́дешь бри́ть (ся) бу́дет бри́ть (ся) бу́дем бри́ть (ся) бу́дете бри́ть (ся) бу́дут бри́ть (ся)	побре́ю (сь) побре́ешь (ся) побре́ет (ся) побре́ем (ся) побре́ете (сь) побре́ют (ся)
COND.	бри́л (ся) бы бри́ла (сь) бы бри́ло (сь) бы бри́ли (сь) бы	побри́л (ся) бы побри́ла (сь) бы побри́ло (сь) бы побри́ли (сь) бы
IMP.	бре́й (ся) бре́йте (сь)	побре́й (ся) побре́йте (сь)
	DEVERBALS	
PRES. ACT.	бре́ющий (ся)	
PRES. PASS.		
PAST ACT.	бри́вший (ся)	побри́вший (ся)
PAST PASS.	бри́тый	побри́тый
VERBAL ADVERB	бре́я (сь)	побри́в (шись)

бри́ть кого – что

Я просто не бреюсь по субботам.	I simply don't shave on Saturdays.
Как правильно бриться?	What's the right way to shave?
Она брила ноги.	She shaved her legs.

броди́ть – брести́ / побрести́

to wander, amble

	MULTIDIRECTIONAL	UNIDIRECTIONAL	PERFECTIVE ASPECT
INF.	броди́ть	брести́	побрести́
PRES.	брожу́ бро́дишь бро́дит бро́дим бро́дите бро́дят	бреду́ бредёшь бредёт бредём бредёте бреду́т	
PAST	броди́л броди́ла броди́ло броди́ли	брёл брела́ брело́ брели́	побрёл побрела́ побрело́ побрели́
FUT.	бу́ду броди́ть бу́дешь броди́ть бу́дет броди́ть бу́дем броди́ть бу́дете броди́ть бу́дут броди́ть	бу́ду брести́ бу́дешь брести́ бу́дет брести́ бу́дем брести́ бу́дете брести́ бу́дут брести́	побреду́ побредёшь побредёт побредём побредёте побреду́т
COND.	броди́л бы броди́ла бы броди́ло бы броди́ли бы	брёл бы брела́ бы брело́ бы брели́ бы	побрёл бы побрела́ бы побрело́ бы побрели́ бы
IMP.	броди́ броди́те	бреди́ бреди́те	побреди́ побреди́те
		DEVERBALS	
PRES. ACT.	бродя́щий	бреду́щий	
PRES. PASS.			
PAST ACT.	броди́вший	бре́дший	побре́дший
PAST PASS.			
VERBAL ADVERB	бродя́	бредя́	побредя́ – побре́дши

Призрак бродит по Европе. — A spectre is haunting Europe.

Брели коровы густыми травами. — The cows wandered in the thick grasses.

Ты тихо пробрел по улицам. — You quietly ambled along the streets.

брoса́ть (ся) / бро́сить (ся)
to throw (rush toward)

	IMPERFECTIVE ASPECT	PERFECTIVE ASPECT
INF.	броса́ть (ся)	бро́сить (ся)
PRES.	броса́ю (сь) броса́ешь (ся) броса́ет (ся) броса́ем (ся) броса́ете (сь) броса́ют (ся)	
PAST	броса́л (ся) броса́ла (сь) броса́ло (сь) броса́ли (сь)	бро́сил (ся) бро́сила (сь) бро́сило (сь) бро́сили (сь)
FUT.	бу́ду броса́ть (ся) бу́дешь броса́ть (ся) бу́дет броса́ть (ся) бу́дем броса́ть (ся) бу́дете броса́ть (ся) бу́дут броса́ть (ся)	бро́шу (сь) бро́сишь (ся) бро́сит (ся) бро́сим (ся) бро́сите (сь) бро́сят (ся)
COND.	броса́л (ся) бы броса́ла (сь) бы броса́ло (сь) бы броса́ли (сь) бы	бро́сил (ся) бы бро́сила (сь) бы бро́сило (сь) бы бро́сили (сь) бы
IMP.	броса́й (ся) броса́йте (сь)	бро́сь (ся) бро́сьте (сь)
	DEVERBALS	
PRES. ACT.	броса́ющий (ся)	
PRES. PASS.	броса́емый	
PAST ACT.	броса́вший (ся)	бро́сивший (ся)
PAST PASS.		бро́шенный
VERBAL ADVERB	бросая́ (сь)	бро́сив (шись)

броса́ть кого – что; броса́ться на кого – что, во что

брoса́ть (ся) / бро́сить (ся)

Examples

Я бросаю пить.
I am giving up drinking.

Не бросайте родину.
Do not abandon your motherland.

Собака бросалась на людей.
The dog attacked people.

Я тебя никогда не брошу.
I will never abandon you.

В бой брошены последние силы.
The last forces were thrown into the battle.

Женщина бросилась под поезд.
The woman threw herself under the train.

Мы бросаем курить.
We are quitting smoking.

Они бросились с моста.
They jumped off the bridge.

Они бросят все силы на оборону города.
They are throwing all their efforts into the defense of the city.

Words and expressions related to this verb

Брось говорить глупости.

Чужого не хватай, своего не бросай.

Бросьте курить.

Бросаться в глаза

Бросание

Бросок

Бросовый

буди́ть / разбуди́ть
to wake up

	IMPERFECTIVE ASPECT	PERFECTIVE ASPECT
INF.	буди́ть	разбуди́ть
PRES.	бужу́ бу́дишь бу́дит бу́дим бу́дите бу́дят	
PAST	буди́л буди́ла буди́ло буди́ли	разбуди́л разбуди́ла разбуди́ло разбуди́ли
FUT.	бу́ду буди́ть бу́дешь буди́ть бу́дет буди́ть бу́дем буди́ть бу́дете буди́ть бу́дут буди́ть	разбужу́ разбу́дишь разбу́дит разбу́дим разбу́дите разбу́дят
COND.	буди́л бы буди́ла бы буди́ло бы буди́ли бы	разбуди́л бы разбуди́ла бы разбуди́ло бы разбуди́ли бы
IMP.	буди́ буди́те	разбуди́ разбуди́те
	DEVERBALS	
PRES. ACT.	будя́щий	
PRES. PASS.	буди́мый	
PAST ACT.	буди́вший	разбуди́вший
PAST PASS.		разбу́женный
VERBAL ADVERB	будя́	разбуди́в

буди́ть кого – что

Не хочу, чтобы меня будили.	I don't wish to be awakened.
Журналисты будили политиков.	The journalists woke the politicians.
Ты разбудишь меня рано утром.	You should wake me early in the morning

	IMPERFECTIVE ASPECT	PERFECTIVE ASPECT
INF.	бывáть	
PRES.	бывáю бывáешь бывáет бывáем бывáете бывáют	
PAST	бывáл бывáла бывáло бывáли	
FUT.	бýду бывáть бýдешь бывáть бýдет бывáть бýдем бывáть бýдете бывáть бýдут бывáть	
COND.	бывáл бы бывáла бы бывáло бы бывáли бы	
IMP.	бывáй бывáйте	
	DEVERBALS	
PRES. ACT.	бывáющий	
PRES. PASS.		
PAST ACT.	бывáвший	
PAST PASS.		
VERBAL ADVERB	бывáя	

Я часто бываю в Москве. — I am in Moscow often.
Она там бывала сто раз. — She was there a hundred times.
Бывайте здоровы. — Be well.

бы́ть
to be

	IMPERFECTIVE ASPECT	PERFECTIVE ASPECT
INF.	бы́ть	
PRES.	е́сть	
PAST	бы́л была́ бы́ло бы́ли	
FUT.	бу́ду бу́дешь бу́дет бу́дем бу́дете бу́дут	
COND.	бы́л бы бы́ла бы бы́ло бы бы́ли бы	
IMP.	бу́дь бу́дьте	

DEVERBALS

PRES. ACT.		
PRES. PASS.		
PAST ACT.	бы́вший	
PAST PASS.		
VERBAL ADVERB	бу́дучи	

Notice the accent on the negated forms: **нé был, не былá, нé было, нé были.**

Я буду на концерте. — I'll be at the concert.
Кто был дома? — Who was home?
Она не была готовой. — She was not prepared.

	IMPERFECTIVE ASPECT	PERFECTIVE ASPECT
INF.	вари́ть (ся)	свари́ть (ся)
PRES.	варю́ ва́ришь ва́рит (ся) ва́рим ва́рите ва́рят (ся)	
PAST	вари́л (ся) вари́ла (сь) вари́ло (сь) вари́ли (сь)	свари́л (ся) свари́ла (сь) свари́ло (сь) свари́ли (сь)
FUT.	бу́ду вари́ть (ся) бу́дешь вари́ть (ся) бу́дет вари́ть (ся) бу́дем вари́ть (ся) бу́дете вари́ть (ся) бу́дут вари́ть (ся)	сварю́ (сь) сва́ришь (ся) сва́рит (ся) сва́рим (ся) сва́рите (сь) сва́рят (ся)
COND.	вари́л (ся) бы вари́ла (сь) бы вари́ло (сь) бы вари́ли (сь) бы	свари́л (ся) бы свари́ла (сь) бы свари́ло (сь) бы свари́ли (сь) бы
IMP.	вари́ вари́те	свари́ свари́те
	DEVERBALS	
PRES. ACT.	варя́щий (ся)	
PRES. PASS.	вари́мый	
PAST ACT.	вари́вший (ся)	свари́вший (ся)
PAST PASS.	ва́ренный	сва́ренный
VERBAL ADVERB	варя́	свари́в (шись)

вари́ть что
The pair **сва́ривать / свари́ть** means ***to weld.***

Как варится борщ?	How do you make borscht?
Я всегда варю картошку.	I always boil the potatoes.
Так и не сварилось.	It never got cooked.

вводи́ть / ввести
to introduce / bring in

	IMPERFECTIVE ASPECT	PERFECTIVE ASPECT
INF.	вводи́ть	ввести́
PRES.	ввожу́ вво́дишь вво́дит вво́дим вво́дите вво́дят	
PAST	вводи́л вводи́ла вводи́ло вводи́ли	ввёл ввела́ ввело́ ввели́
FUT.	бу́ду вводи́ть бу́дешь вводи́ть бу́дет вводи́ть бу́дем вводи́ть бу́дете вводи́ть бу́дут вводи́ть	введу́ введёшь введёт введём введёте введу́т
COND.	вводи́л бы вводи́ла бы вводи́ло бы вводи́ли бы	ввёл бы ввела́ бы ввело́ бы ввели́ бы
IMP.	вводи́ вводи́те	введи́ введи́те
	DEVERBALS	
PRES. ACT.	вводя́щий	
PRES. PASS.	вводи́мый	
PAST ACT.	вводи́вший	вве́дший
PAST PASS.		введённый введён, введена́
VERBAL ADVERB	вводя́	введя́

вводи́ть кого – что

Страна вводит новые реформы.	The country is introducing new reforms.
ООН ввела санкции.	The U.N. introduced sanctions.
Россия введет миграционную карту.	Russia will introduce a migration card.

	IMPERFECTIVE ASPECT	PERFECTIVE ASPECT
INF.	вéрить	повéрить
PRES.	вéрю вéришь вéрит вéрим вéрите вéрят	
PAST	вéрил вéрила вéрило вéрили	повéрил повéрила повéрило повéрили
FUT.	бýду вéрить бýдешь вéрить бýдет вéрить бýдем вéрить бýдете вéрить бýдут вéрить	повéрю повéришь повéрит повéрим повéрите повéрят
COND.	вéрил бы вéрила бы вéрило бы вéрили бы	повéрил бы повéрила бы повéрило бы повéрили бы
IMP.	вéрь вéрьте	повéрь повéрьте
	DEVERBALS	
PRES. ACT.	вéрящий	
PRES. PASS.		
PAST ACT.	вéривший	повéривший
PAST PASS.		повéренный
VERBAL ADVERB	вéря	повéрив

вéрить в кого – что, кому – чему
The pair **поверя́ть / повéрить** means ***to trust, confide in.***
Мне не верится / верилось. ***I cannot / could not believe.***

Во что они верят?	What do they believe in?
Кому верить?	Whom do you trust?
Покупатели не верили в качество американской водки.	The buyers didn't trust the quality of American vodka.

ве́сить
to weigh, have a weight of

	IMPERFECTIVE ASPECT	PERFECTIVE ASPECT
INF.	ве́сить	
PRES.	ве́шу ве́сишь ве́сит ве́сим ве́сите ве́сят	
PAST	ве́сил ве́сила ве́сило ве́сили	
FUT.	бу́ду ве́сить бу́дешь ве́сить бу́дет ве́сить бу́дем ве́сить бу́дете ве́сить бу́дут ве́сить	
COND.	ве́сил бы ве́сила бы ве́сило бы ве́сили бы	
IMP.	ве́сь ве́сьте	

DEVERBALS

PRES. ACT.	ве́сящий	
PRES. PASS.		
PAST ACT.	веси́вший	
PAST PASS.		
VERBAL ADVERB	ве́ся	

Я вешу 85 килограмм. — I weigh 85 kilograms.
Новорожденный весит 13 килограмм. — The newborn weighs 13 kilograms.
Сколько весит снег? — How much does snow weigh?

	IMPERFECTIVE ASPECT	PERFECTIVE ASPECT
INF.	ве́шать (ся)	пове́сить (ся)
PRES.	ве́шаю (сь) ве́шаешь (ся) ве́шает (ся) ве́шаем (ся) ве́шаете (сь) ве́шают (ся)	
PAST	ве́шал (ся) ве́шала (сь) ве́шало (сь) ве́шали (сь)	пове́сил (ся) пове́сила (сь) пове́сило (сь) пове́сили (сь)
FUT.	бу́ду ве́шать (ся) бу́дешь ве́шать (ся) бу́дет ве́шать (ся) бу́дем ве́шать (ся) бу́дете ве́шать (ся) бу́дут ве́шать (ся)	пове́шу (сь) пове́сишь (ся) пове́сит (ся) пове́сим (ся) пове́сите (сь) пове́сят (ся)
COND.	ве́шал (ся) бы ве́шала (сь) бы ве́шало (сь) бы ве́шали (сь) бы	пове́сил (ся) бы пове́сила (сь) бы пове́сило (сь) бы пове́сили (сь) бы
IMP.	ве́шай (ся) ве́шайте (сь)	пове́сь (ся) пове́сьте (сь)
	DEVERBALS	
PRES. ACT.	ве́шающий (ся)	
PRES. PASS.	ве́шаемый	
PAST ACT.	ве́шавший (ся)	пове́сивший (ся)
PAST PASS.		пове́шенный
VERBAL ADVERB	ве́шая (сь)	пове́сив (шись)

ве́шать кого – что
The imperfective form can mean either ***to hang*** or ***to weigh [something].***
The perfective form **пове́сить** means ***to hang.***

Я вешал на ветки тяжелые сумки.	I hung the heavy bags on some branches.
Вчера повесили телевизор над Красной площадью.	Yesterday they put up a television in Red Square.
Никто не знал, почему он повесился.	No one knew why he hanged himself.

вздыха́ть / вздохну́ть
to sigh, long for

	IMPERFECTIVE ASPECT	PERFECTIVE ASPECT
INF.	вздыха́ть	вздохну́ть
PRES.	вздыха́ю вздыха́ешь вздыха́ет вздыха́ем вздыха́ете вздыха́ют	
PAST	вздыха́л вздыха́ла вздыха́ло вздыха́ли	вздохну́л вздохну́ла вздохну́ло вздохну́ли
FUT.	бу́ду вздыха́ть бу́дешь вздыха́ть бу́дет вздыха́ть бу́дем вздыха́ть бу́дете вздыха́ть бу́дут вздыха́ть	вздохну́ вздохнёшь вздохнёт вздохнём вздохнёте вздохну́т
COND.	вздыха́л бы вздыха́ла бы вздыха́ло бы вздыха́ли бы	вздохну́л бы вздохну́ла бы вздохну́ло бы вздохну́ли бы
IMP.	вздыха́й вздыха́йте	вздохни́ вздохни́те
	DEVERBALS	
PRES. ACT.	вздыха́ющий	
PRES. PASS.		
PAST ACT.	вздыха́вший	вздохну́вший
PAST PASS.		
VERBAL ADVERB	вздыха́я	вздохну́в

вздыха́ть по ком – чём, о ком – чём

Почему ты так тяжко вздыхаешь?	Why are you breathing so heavily?
Она вздыхала по другом.	She longed for her friend.
Мир вздохнул с облегчением.	The world sighed with relief.

	IMPERFECTIVE ASPECT	PERFECTIVE ASPECT
INF.	ви́деть	уви́деть
PRES.	ви́жу ви́дишь ви́дит ви́дим ви́дите ви́дят	
PAST	ви́дел ви́дела ви́дело ви́дели	уви́дел уви́дела уви́дело уви́дели
FUT.	бу́ду ви́деть бу́дешь ви́деть бу́дет ви́деть бу́дем ви́деть бу́дете ви́деть бу́дут ви́деть	уви́жу уви́дишь уви́дит уви́дим уви́дите уви́дят
COND.	ви́дел бы ви́дела бы ви́дело бы ви́дели бы	уви́дел бы уви́дела бы уви́дело бы уви́дели бы
IMP.	смотри́ смотри́те	уви́дь уви́дьте
	DEVERBALS	
PRES. ACT.	ви́дящий	
PRES. PASS.	ви́димый	
PAST ACT.	ви́девший	уви́девший
PAST PASS.	ви́денный	уви́денный
VERBAL ADVERB	ви́дя	уви́дев

ви́деть кого – что
For the imperative form of ***see, look*** use the verb **смотри́(те).**
Уви́димся! means ***We'll see each other soon.***

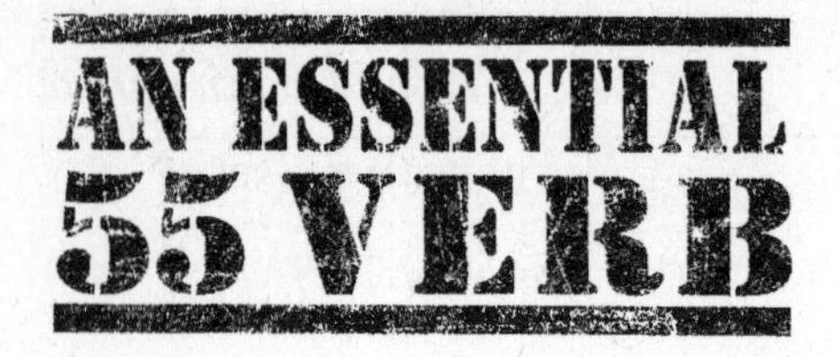

ви́деть / уви́деть

Examples

Я вижу ваши мысли.
I can see your thoughts.

Мы не видим и не понимаем.
We don't see and don't understand.

Как Земля видится с Марса?
How is Earth seen from Mars?

Все сами увидите.
You will see for yourself.

Спать полезнее не видя сна.
It's better to sleep without dreaming.

Увидевши обложку, о книге не суди.
Don't judge a book by its cover.

США не видят соперника.
The U.S. sees no rival.

Вы видели снег в мае?
Have you seen snow in May?

Приходите и сами увидите.
Come and see for yourself.

Words and expressions related to this verb

Одним глазом спит, другим видит.

Никто беса не видит, а всяк его ругает.

Рыбак рыбака видит издалека.

Увидимся.

видение

вид

видный

видимо

	IMPERFECTIVE ASPECT	PERFECTIVE ASPECT
INF.	висе́ть	повисе́ть
PRES.	вишу́	
	виси́шь	
	виси́т	
	виси́м	
	виси́те	
	вися́т	
PAST	висе́л	повисе́л
	висе́ла	повисе́ла
	висе́ло	повисе́ло
	висе́ли	повисе́ли
FUT.	бу́ду висе́ть	повишу́
	бу́дешь висе́ть	повиси́шь
	бу́дет висе́ть	повиси́т
	бу́дем висе́ть	повиси́м
	бу́дете висе́ть	повиси́те
	бу́дут висе́ть	повися́т
COND.	висе́л бы	повисе́л бы
	висе́ла бы	повисе́ла бы
	висе́ло бы	повисе́ло бы
	висе́ли бы	повисе́ли бы
IMP.	виси́	повиси́
	виси́те	повиси́те
	DEVERBALS	
PRES. ACT.	вися́щий	
PRES. PASS.		
PAST ACT.	висе́вший	повисе́вший
PAST PASS.		
VERBAL ADVERB	вися́	повисе́в

висе́ть над кем – чем

Висите на двух руках 10 секунд. — Hang by both arms for ten seconds.
Смог висел над городом. — Smog hung over the city.
Этот флаг повисел над Белым домом. — This flag flew over the White House.

включáть (ся) / включи́ть (ся)

to include, turn on

	IMPERFECTIVE ASPECT	PERFECTIVE ASPECT
INF.	включáть (ся)	включи́ть (ся)
PRES.	включáю (сь) включáешь (ся) включáет (ся) включáем (ся) включáете (сь) включáют (ся)	
PAST	включáл (ся) включáла (сь) включáло (сь) включáли (сь)	включи́л (ся) включи́ла (сь) включи́ло (сь) включи́ли (сь)
FUT.	бýду включáть (ся) бýдешь включáть (ся) бýдет включáть (ся) бýдем включáть (ся) бýдете включáть (ся) бýдут включáть (ся)	включý (сь) включи́шь (ся) включи́т (ся) включи́м (ся) включи́те (сь) включáт (ся)
COND.	включáл (ся) бы включáла (сь) бы включáло (сь) бы включáли (сь) бы	включи́л (ся) бы включи́ла (сь) бы включи́ло (сь) бы включи́ли (сь) бы
IMP.	включáй (ся) включáйте (сь)	включи́ (сь) включи́те (сь)
	DEVERBALS	
PRES. ACT.	включáющий (ся)	
PRES. PASS.	включáемый	
PAST ACT.	включáвший (ся)	включи́вший (ся)
PAST PASS.		включённый включён, включенá
VERBAL ADVERB	включая́ (сь)	включи́в (шись)

включáть кого – что во что

Включайте телевизор. Начался матч.	Turn on the television. The game has begun.
Все включено в каталог.	Everything is included in the catalogue.
Президент включился в переговоры.	The president took part in the negotiations.

	IMPERFECTIVE ASPECT	PERFECTIVE ASPECT
INF.	владе́ть	овладе́ть
PRES.	владе́ю владе́ешь владе́ет владе́ем владе́ете владе́ют	
PAST	владе́л владе́ла владе́ло владе́ли	овладе́л овладе́ла овладе́ло овладе́ли
FUT.	бу́ду владе́ть бу́дешь владе́ть бу́дет владе́ть бу́дем владе́ть бу́дете владе́ть бу́дут владе́ть	овладе́ю овладе́ешь овладе́ет овладе́ем овладе́ете овладе́ют
COND.	владе́л бы владе́ла бы владе́ло бы владе́ли бы	овладе́л бы овладе́ла бы овладе́ло бы овладе́ли бы
IMP.	владе́й владе́йте	овладе́й овладе́йте
	DEVERBALS	
PRES. ACT.	владе́ющий	
PRES. PASS.		
PAST ACT.	владе́вший	овладе́вший
PAST PASS.		
VERBAL ADVERB	владе́я	овладе́в

владе́ть кем – чем
The pair **овладева́ть / овладе́ть** means ***to seize control*** or ***take possession of.***

Каждый студент владеет двумя языками.	Every student is competent in two languages.
Она владела усадьбой.	She administered the estate.
Что овладело мной в тот момент?	What came over me at that moment?

влюбля́ть (ся) / влюби́ть (ся)
to make fall in love (fall in love)

	IMPERFECTIVE ASPECT	PERFECTIVE ASPECT
INF.	влюбля́ть (ся)	влюби́ть (ся)
PRES.	влюбля́ю (сь) влюбля́ешь (ся) влюбля́ет (ся) влюбля́ем (ся) влюбля́ете (сь) влюбля́ют (ся)	
PAST	влюбля́л (ся) влюбля́ла (сь) влюбля́ло (сь) влюбля́ли (сь)	влюби́л (ся) влюби́ла (сь) влюби́ло (сь) влюби́ли (сь)
FUT.	бу́ду влюбля́ть (ся) бу́дешь влюбля́ть (ся) бу́дет влюбля́ть (ся) бу́дем влюбля́ть (ся) бу́дете влюбля́ть (ся) бу́дут влюбля́ть (ся)	влюблю́ (сь) влю́бишь (ся) влю́бит (ся) влю́бим (ся) влю́бите (сь) влю́бят (ся)
COND.	влюбля́л (ся) бы влюбля́ла (сь) бы влюбля́ло (сь) бы влюбля́ли (сь) бы	влюби́л (ся) бы влюби́ла (сь) бы влюби́ло (сь) бы влюби́ли (сь) бы
IMP.	влюбля́й (ся) влюбля́йте (сь)	влюби́ (сь) влюби́те (сь)
	DEVERBALS	
PRES. ACT.	влюбля́ющий (ся)	
PRES. PASS.	влюбля́емый	
PAST ACT.	влюбля́вший (ся)	влюби́вший (ся)
PAST PASS.		влюблённый влюблён, влюблена́
VERBAL ADVERB	влюбля́я (сь)	влюби́в (шись)

влюбля́ть кого – что; влюбля́ться в кого – что

Как может человек влюбиться, а потом влюбляет другого?	How can a person fall in love and then make another fall in love?
Они влюбились с первого взгляда.	They fell in love at first sight.
Влюблю тебя в себя.	I will make you love me.

	IMPERFECTIVE ASPECT	PERFECTIVE ASPECT
INF.	вноси́ть	внести́
PRES.	вношу́ вно́сишь вно́сит вно́сим вно́сите вно́ся́т	
PAST	вноси́л вноси́ла вноси́ло вноси́ли	внёс внесла́ внесло́ внесли́
FUT.	бу́ду вноси́ть бу́дешь вноси́ть бу́дет вноси́ть бу́дем вноси́ть бу́дете вноси́ть бу́дут вноси́ть	внесу́ внесёшь внесёт внесём внесёте внесу́т
COND.	вноси́л бы вноси́ла бы вноси́ло бы вноси́ли бы	внёс бы внесла́ бы внесло́ бы внесли́ бы
IMP.	вноси́ вноси́те	внеси́ внеси́те
	DEVERBALS	
PRES. ACT.	вනося́щий	
PRES. PASS.	вноси́мый	
PAST ACT.	вноси́вший	внёсший
PAST PASS.		внесённый внесён, внесена́
VERBAL ADVERB	внося́	внеся́

вноси́ть кого – что

Я вношу предложение. — I am introducing a proposal.
Они внесли большой вклад в победу. — They made a great contribution to the victory.
Внесите вашу статью. — Bring in your article.

води́ть – вести́ / повести́
to lead, conduct, drive

	MULTIDIRECTIONAL	UNIDIRECTIONAL	PERFECTIVE ASPECT
INF.	води́ть	вести́	повести́
PRES.	вожу́	веду́	
	во́дишь	ведёшь	
	во́дит	ведёт	
	во́дим	ведём	
	во́дите	ведёте	
	во́дят	веду́т	
PAST	води́л	вёл	повёл
	води́ла	вела́	повела́
	води́ло	вело́	повело́
	води́ли	вели́	повели́
FUT.	бу́ду води́ть	бу́ду вести́	поведу́
	бу́дешь води́ть	бу́дешь вести́	поведёшь
	бу́дет води́ть	бу́дет вести́	поведёт
	бу́дем води́ть	бу́дем вести́	поведём
	бу́дете води́ть	бу́дете вести́	поведёте
	бу́дут води́ть	бу́дут вести́	поведу́т
COND.	води́л бы	вёл бы	повёл бы
	води́ла бы	вела́ бы	повела бы
	води́ло бы	вело́ бы	повело бы
	води́ли бы	вели́ бы	повели бы
IMP.	води́	веди́	поведи́
	води́те	веди́те	поведи́те
		DEVERBALS	
PRES. ACT.	водя́щий	веду́щий	
PRES. PASS.	води́мый	ведо́мый	
PAST ACT.	води́вший	ве́дший	пове́дший
PAST PASS.			поведённый поведён, поведена́
VERBAL ADVERB	водя́	ведя́	поведя́

води́ть – вести́ кого – что

водúть – вестú / повестú

Examples

Женщины водят машины лучше мужчин.
Women drive cars better than men.

Они ведут переговоры.
They are carrying on negotiations.

Они вели себя очень агрессивно.
They behaved very aggressively.

Поведите детей в парк.
Take the children to the park.

Нам повезло с гостиницей.
We got lucky with the hotel.

Встреча будет поведена по электронной почте.
The meeting will be conducted via e-mail.

По улицам слона водили.
An elephant was led along the streets.

Она ведет интернет-дневник.
She keeps an Internet diary.

Они повели себя глупо.
They behaved foolishly.

Words and expressions related to this verb

Ведите их.

Ведите нас обратно.

Им везёт.

водить за нос

вести себя

водитель

ведение

поведение

воева́ть / повоева́ть
to wage war

	IMPERFECTIVE ASPECT	PERFECTIVE ASPECT
INF.	воева́ть	повоева́ть
PRES.	вою́ю вою́ешь вою́ет вою́ем вою́ете вою́ют	
PAST	воева́л воева́ла воева́ло воева́ли	повоева́л повоева́ла повоева́ло повоева́ли
FUT.	бу́ду воева́ть бу́дешь воева́ть бу́дет воева́ть бу́дем воева́ть бу́дете воева́ть бу́дут воева́ть	повою́ю повою́ешь повою́ет повою́ем повою́ете повою́ют
COND.	воева́л бы воева́ла бы воева́ло бы воева́ли бы	повоева́л бы повоева́ла бы повоева́ло бы повоева́ли бы
IMP.	вою́й вою́йте	повою́й повою́йте
	DEVERBALS	
PRES. ACT.	вою́ющий	
PRES. PASS.		
PAST ACT.	воева́вший	повоева́вший
PAST PASS.		
VERBAL ADVERB	вою́я	повоева́в

воева́ть с кем – чем

Так не воюют.	That's not the way to wage war.
Любите, а не воюйте.	Love, and don't make war.
Они повоевали без потерь.	They waged war without losses.

возвраща́ть (ся) / возврати́ть (ся) – верну́ть (ся)
to return [something] (to return, come back)

	IMPERFECTIVE ASPECT	PERFECTIVE ASPECT	PERFECTIVE ASPECT
INF.	возвраща́ть (ся)	возврати́ть (ся)	верну́ть (ся)
PRES.	возвраща́ю (сь) возвраща́ешь (ся) возвраща́ет (ся) возвраща́ем (ся) возвраща́ете (сь) возвраща́ют (ся)		
PAST	возвраща́л (ся) возвраща́ла (сь) возвраща́ло (сь) возвраща́ли (сь)	возврати́л (ся) возврати́ла (сь) возврати́ло (сь) возврати́ли (сь)	верну́л (ся) верну́ла (сь) верну́ло (сь) верну́ли (сь)
FUT.	бу́ду возвраща́ть (ся) бу́дешь возвраща́ть (ся) бу́дет возвраща́ть (ся) бу́дем возвраща́ть (ся) бу́дете возвраща́ть (ся) бу́дут возвраща́ть (ся)	возвращу́ (сь) возврати́шь (ся) возврати́т (ся) возврати́м (ся) возврати́те (сь) возвратя́т (ся)	верну́ (сь) вернёшь (ся) вернёт (ся) вернём (ся) вернёте (сь) верну́т (ся)
COND.	возвраща́л (ся) бы возвраща́ла (сь) бы возвраща́ло (сь) бы возвраща́ли (сь) бы	возврати́л (ся) бы возврати́ла (сь) бы возврати́ло (сь) бы возврати́ли (сь) бы	верну́л (ся) бы верну́ла (сь) бы верну́ло (сь) бы верну́ли (сь) бы
IMP.	возвраща́й (ся) возвраща́йте (сь)	возврати́ (сь) возврати́те (сь)	верни́ (сь) верни́те (сь)
		DEVERBALS	
PRES. ACT.	возвраща́ющий (ся)		
PRES. PASS.	возвраща́емый		
PAST ACT.	возвраща́вший (ся)	возврати́вший (ся)	верну́вший (ся)
PAST PASS.		возвращённый возвращён, возвращена́	верну́тый
VERBAL ADVERB	возвраща́я (сь)	возврати́в (шись)	верну́в (шись)

возвраща́ть кого – что
The verb **верну́ть (ся)** is another perfective of this verb.

возвраща́ть (ся) / возврати́ть (ся) – верну́ть (ся)

Examples

Возвращаю вам ваш портрет.
I am returning your portrait to you.

Он возвратит ей эти рубли.
He will return these rubles to her.

Они возвратились с победой.
They returned with a victory.

Возвратите ключ.
Return the key.

Фото обратно вернёте?
Will you be returning the photo?

Вернувшись в столицу, он вел с ними переговоры.
Having returned to the capital, he conducted negotiations with them.

Я возвращался домой.
I returned home.

Они возвратились на родину.
They returned to their motherland.

Возвратите любовь.
Return love.

Words and expressions related to this verb

Никогда не возвращайтесь в прежние места.

Я не вернусь.

Верните нам Россию.

на возвратном пути

возвращение

возврат

возвратный глагол

	MULTIDIRECTIONAL	UNIDIRECTIONAL	PERFECTIVE ASPECT
INF.	вози́ть	везти́	повезти́
PRES.	вожу́	везу́	
	во́зишь	везёшь	
	во́зит	везёт	
	во́зим	везём	
	во́зите	везёте	
	во́зят	везу́т	
PAST	вози́л	вёз	повёз
	вози́ла	везла́	повезла́
	вози́ло	везло́	повезло́
	вози́ли	везли́	повезли́
FUT.	бу́ду вози́ть	бу́ду везти́	повезу́
	бу́дешь вози́ть	бу́дешь везти́	повезёшь
	бу́дет вози́ть	бу́дет везти́	повезёт
	бу́дем вози́ть	бу́дем везти́	повезём
	бу́дете вози́ть	бу́дете везти́	повезёте
	бу́дут вози́ть	бу́дут везти́	повезу́т
COND.	вози́л бы	вёз бы	повёз бы
	вози́ла бы	везла́ бы	повезла́ бы
	вози́ло бы	везло́ бы	повезло́ бы
	вози́ли бы	везли́ бы	повезли́ бы
IMP.	вози́	вези́	повези́
	вози́те	вези́те	повези́те
		DEVERBALS	
PRES. ACT.	возя́щий	везу́щий	
PRES. PASS.	вози́мый	везо́мый	
PAST ACT.	вози́вший	вёзший	повёзший
PAST PASS.			повезённый повезён, повезена́
VERBAL ADVERB	возя́	везя́	повезя́

вози́ть – везти́ кого – что

Я вожу ребенка домой. — I am driving the child home.
Мне везет в жизни. — I am lucky in life.
Ракета повезла его в космос. — The rocket took him into space.

возника́ть / возни́кнуть

to arise, spring up

	IMPERFECTIVE ASPECT	PERFECTIVE ASPECT
INF.	возника́ть	возни́кнуть
PRES.	возника́ю возника́ешь возника́ет возника́ем возника́ете возника́ют	
PAST	возника́л возника́ла возника́ло возника́ли	возни́к возни́кла возни́кло возни́кли
FUT.	бу́ду возника́ть бу́дешь возника́ть бу́дет возника́ть бу́дем возника́ть бу́дете возника́ть бу́дут возника́ть	возни́кну возни́кнешь возни́кнет возни́кнем возни́кнете возни́кнут
COND.	возника́л бы возника́ла бы возника́ло бы возника́ли бы	возни́к бы возни́кла бы возни́кло бы возни́кли бы
IMP.	возника́й возника́йте	возни́кни возни́кните
	DEVERBALS	
PRES. ACT.	возника́ющий	
PRES. PASS.		
PAST ACT.	возника́вший	возни́кший – возни́кнувший
PAST PASS.		
VERBAL ADVERB	возника́я	возни́кнув

Как возникает несогласие? — How does disagreement arise?
Трудности возникали каждый месяц. — Difficulties arose every month.
Может возникнуть масса вопросов. — Lots of problems can arise.

	IMPERFECTIVE ASPECT	PERFECTIVE ASPECT
INF.	возража́ть	возрази́ть
PRES.	возража́ю возража́ешь возража́ет возража́ем возража́ете возража́ют	
PAST	возража́л возража́ла возража́ло возража́ли	возрази́л возрази́ла возрази́ло возрази́ли
FUT.	бу́ду возража́ть бу́дешь возража́ть бу́дет возража́ть бу́дем возража́ть бу́дете возража́ть бу́дут возража́ть	возражу́ возрази́шь возрази́т возрази́м возрази́те возразя́т
COND.	возража́л бы возража́ла бы возража́ло бы возража́ли бы	возрази́л бы возрази́ла бы возрази́ло бы возрази́ли бы
IMP.	возража́й возража́йте	возрази́ возрази́те
	DEVERBALS	
PRES. ACT.	возража́ющий	
PRES. PASS.		
PAST ACT.	возража́вший	возрази́вший
PAST PASS.		
VERBAL ADVERB	возража́я	возрази́в

возража́ть кому – чему на что, против кого – чего

Родители не возражали.	The parents did not object.
Не возражайте.	Don't object.
Мне пожалуй возразят.	They will likely object to me.

волнова́ть (ся) / взволнова́ть (ся)

to worry, excite (be agitated, worry about)

	IMPERFECTIVE ASPECT	PERFECTIVE ASPECT
INF.	волнова́ть (ся)	взволнова́ть (ся)
PRES.	волну́ю (сь) волну́ешь (ся) волну́ет (ся) волну́ем (ся) волну́ете (сь) волну́ют (ся)	
PAST	волнова́л (ся) волнова́ла (сь) волнова́ло (сь) волнова́ли (сь)	взволнова́л (ся) взволнова́ла (сь) взволнова́ло (сь) взволнова́ли (сь)
FUT.	бу́ду волнова́ть (ся) бу́дешь волнова́ть (ся) бу́дет волнова́ть (ся) бу́дем волнова́ть (ся) бу́дете волнова́ть (ся) бу́дут волнова́ть (ся)	взволну́ю (сь) взволну́ешь (ся) взволну́ет (ся) взволну́ем (ся) взволну́ете (сь) взволну́ют (ся)
COND.	волнова́л (ся) бы волнова́ла (сь) бы волнова́ло (сь) бы волнова́ли (сь) бы	взволнова́л (ся) бы взволнова́ла (сь) бы взволнова́ло (сь) бы взволнова́ли (сь) бы
IMP.	волну́й (ся) волну́йте (сь)	взволну́й (ся) взволну́йте (сь)
	DEVERBALS	
PRES. ACT.	волну́ющий (ся)	
PRES. PASS.	волну́емый	
PAST ACT.	волнова́вший (ся)	взволнова́вший (ся)
PAST PASS.		взволно́ванный
VERBAL ADVERB	волну́я (сь)	взволнова́в (шись)

волнова́ть кого – что

Не волнуйте меня.	Do not disturb me.
В Париже взволновались студенты.	Students were in a ferment in Paris.
Власти взволнованы ростом преступности.	The authorities were worried by the increase of crime.

	IMPERFECTIVE ASPECT	PERFECTIVE ASPECT
INF.	воспи́тывать (ся)	воспита́ть (ся)
PRES.	воспи́тываю (сь) воспи́тываешь (ся) воспи́тывает (ся) воспи́тываем (ся) воспи́тываете (сь) воспи́тывают (ся)	
PAST	воспи́тывал (ся) воспи́тывала (сь) воспи́тывало (сь) воспи́тывали (сь)	воспита́л (ся) воспита́ла (сь) воспита́ло (сь) воспита́ли (сь)
FUT.	бу́ду воспи́тывать (ся) бу́дешь воспи́тывать (ся) бу́дет воспи́тывать (ся) бу́дем воспи́тывать (ся) бу́дете воспи́тывать (ся) бу́дут воспи́тывать (ся)	воспита́ю (сь) воспита́ешь (ся) воспита́ет (ся) воспита́ем (ся) воспита́ете (сь) воспита́ют (ся)
COND.	воспи́тывал (ся) бы воспи́тывала (сь) бы воспи́тывало (сь) бы воспи́тывали (сь) бы	воспита́л (ся) бы воспита́ла (сь) бы воспита́ло (сь) бы воспита́ли (сь) бы
IMP.	воспи́тывай (ся) воспи́тывайте (сь)	воспита́й (ся) воспита́йте (сь)
	DEVERBALS	
PRES. ACT.	воспи́тывающий (ся)	
PRES. PASS.	воспи́тываемый	
PAST ACT.	воспи́тывавший (ся)	воспита́вший (ся)
PAST PASS.		воспитанный
VERBAL ADVERB	воспи́тывая (сь)	воспита́в (шись)

воспи́тывать кого – что

Воспитывайте себя.	Educate yourself.
Наши матери воспитали поколение.	Our mothers raised a generation.
Она воспиталась на идее равенства.	She was raised on the idea of equality.

восхищáть (ся) / восхитúть (ся)
to delight, enrapture (admire)

	IMPERFECTIVE ASPECT	PERFECTIVE ASPECT
INF.	восхищáть (ся)	восхитúть (ся)
PRES.	восхищáю (сь) восхищáешь (ся) восхищáет (ся) восхищáем (ся) восхищáете (сь) восхищáют (ся)	
PAST	восхищáл (ся) восхищáла (сь) восхищáло (сь) восхищáли (сь)	восхитúл (ся) восхитúла (сь) восхитúло (сь) восхитúли (сь)
FUT.	бýду восхищáть (ся) бýдешь восхищáть (ся) бýдет восхищáть (ся) бýдем восхищáть (ся) бýдете восхищáть (ся) бýдут восхищáть (ся)	восхищý (сь) восхитúшь (ся) восхитúт (ся) восхитúм (ся) восхитúте (сь) восхитя́т (ся)
COND.	восхищáл (ся) бы восхищáла (сь) бы восхищáло (сь) бы восхищáли (сь) бы	восхитúл (ся) бы восхитúла (сь) бы восхитúло (сь) бы восхитúли (сь) бы
IMP.	восхищáй (ся) восхищáйте (сь)	восхитú (сь) восхитúте (сь)
	DEVERBALS	
PRES. ACT.	восхищáющий (ся)	
PRES. PASS.	восхищáемый	
PAST ACT.	восхищáвший (ся)	восхитúвший (ся)
PAST PASS.		восхищённый восхищён, восхищенá
VERBAL ADVERB	восхищáя (сь)	восхитúв (шись)

восхищáть кого – что; восхищáться кем – чем

Восхищайтесь мужем.	Admire your husband.
Ты мною восхищался.	You were enraptured by me.
Игра восхитила зрителей.	The game delighted the spectators.

	IMPERFECTIVE ASPECT	PERFECTIVE ASPECT
INF.	вра́ть	совра́ть
PRES.	вру́ врёшь врёт врём врёте вру́т	
PAST	вра́л врала́ вра́ло вра́ли	совра́л соврала́ совра́ло совра́ли
FUT.	бу́ду вра́ть бу́дешь вра́ть бу́дет вра́ть бу́дем вра́ть бу́дете вра́ть бу́дут вра́ть	совру́ соврёшь соврёт соврём соврёте совру́т
COND.	вра́л бы врала́ бы вра́ло бы вра́ли бы	совра́л бы соврала́ бы совра́ло бы совра́ли бы
IMP.	ври́ ври́те	соври́ соври́те
	DEVERBALS	
PRES. ACT.	врущий	
PRES. PASS.		
PAST ACT.	вра́вший	совра́вший
PAST PASS.		со́вранный
VERBAL ADVERB		совра́в

Ты врешь, не уйдешь. — You're lying, you're not going to leave.
Соврала . . . я его убила. — I lied . . . I killed him.
Они соврали инвесторам. — They lied to the investors.

вспомина́ть (ся) / вспо́мнить (ся)
to remember, recall, recollect

	IMPERFECTIVE ASPECT	PERFECTIVE ASPECT
INF.	вспомина́ть (ся)	вспо́мнить (ся)
PRES.	вспомина́ю вспомина́ешь вспомина́ет (ся) вспомина́ем вспомина́ете вспомина́ют (ся)	
PAST	вспомина́л (ся) вспомина́ла (сь) вспомина́ло (сь) вспомина́ли (сь)	вспо́мнил (ся) вспо́мнила (сь) вспо́мнило (сь) вспо́мнили (сь)
FUT.	бу́ду вспомина́ть бу́дешь вспомина́ть бу́дет вспомина́ть (ся) бу́дем вспомина́ть бу́дете вспомина́ть бу́дут вспомина́ть (ся)	вспо́мню вспо́мнишь вспо́мнит (ся) вспо́мним вспо́мните вспо́мнят (ся)
COND.	вспомина́л (ся) бы вспомина́ла (сь) бы вспомина́ло (сь) бы вспомина́ли (сь) бы	вспо́мнил (ся) бы вспо́мнила (сь) бы вспо́мнило (сь) бы вспо́мнили (сь) бы
IMP.	вспомина́й вспомина́йте	вспо́мни вспо́мните
		DEVERBALS
PRES. ACT.	вспомина́ющий (ся)	
PRES. PASS.	вспомина́емый	
PAST ACT.	вспомина́вший (ся)	вспо́мнивший (ся)
PAST PASS.		
VERBAL ADVERB	вспомина́я (сь)	вспо́мнив (шись)

вспомина́ть кого – что, о ком – чём; вспоминаться кому

Часто вспоминаю лето.	I often recall the summer.
Как вспомнить пароль?	How does one remember a password?
Вспомнились школьные дни.	The school days came to mind.

	IMPERFECTIVE ASPECT	PERFECTIVE ASPECT
INF.	вставáть	встáть
PRES.	встаю́ встаёшь встаёт встаём встаёте встаю́т	
PAST	вставáл вставáла вставáло вставáли	встáл встáла встáло встáли
FUT.	бу́ду вставáть бу́дешь вставáть бу́дет вставáть бу́дем вставáть бу́дете вставáть бу́дут вставáть	встáну встáнешь встáнет встáнем встáнете встáнут
COND.	вставáл бы вставáла бы вставáло бы вставáли бы	встáл бы встáла бы встáло бы встáли бы
IMP.	вставáй вставáйте	встáнь встáньте
	DEVERBALS	
PRES. ACT.	встаю́щий	
PRES. PASS.		
PAST ACT.	вставáвший	встáвший
PAST PASS.		
VERBAL ADVERB	вставáя	встáв

вставáть / встáть

Examples

Вставай на лыжи.
Get up on skis.

Встаньте в круг.
Stand in a circle.

Доноры встанут в очередь.
The donors will be lining up.

Встав на ее сторону, он нанёс себе вред.
By having taken her side, he harmed himself.

На какую сторону вы встанете?
Which side are you going to take?

Я не встану с кровати.
I will not get out of bed.

Я обычно встаю в 9.
I usually get up at 9.

Если не встанешь, я уйду от тебя.
If you don't stand up, I will leave you.

Тучи над городом встали.
Clouds rose above the city.

Words and expressions related to this verb

Упал, так и вставай.

Встал да пошёл.

Рано встала, да мало напряла.

Солнце встанет, да и утро настанет.

встать на сторону

не вставая с места

	IMPERFECTIVE ASPECT	PERFECTIVE ASPECT
INF.	встреча́ть (ся)	встре́тить (ся)
PRES.	встреча́ю (сь) встреча́ешь (ся) встреча́ет (ся) встреча́ем (ся) встреча́ете (сь) встреча́ют (ся)	
PAST	встреча́л (ся) встреча́ла (сь) встреча́ло (сь) встреча́ли (сь)	встре́тил (ся) встре́тила (сь) встре́тило (сь) встре́тили (сь)
FUT.	бу́ду встреча́ть (ся) бу́дешь встреча́ть (ся) бу́дет встреча́ть (ся) бу́дем встреча́ть (ся) бу́дете встреча́ть (ся) бу́дут встреча́ть (ся)	встре́чу (сь) встре́тишь (ся) встре́тит (ся) встре́тим (ся) встре́тите (сь) встре́тят (ся)
COND.	встреча́л (ся) бы встреча́ла (сь) бы встреча́ло (сь) бы встреча́ли (сь) бы	встре́тил (ся) бы встре́тила (сь) бы встре́тило (сь) бы встре́тили (сь) бы
IMP.	встреча́й (ся) встреча́йте (сь)	встре́ть (ся) встре́тьте (сь)
	DEVERBALS	
PRES. ACT.	встреча́ющий (ся)	
PRES. PASS.	встреча́емый	
PAST ACT.	встреча́вший (ся)	встре́тивший (ся)
PAST PASS.		встре́ченный
VERBAL ADVERB	встреча́я (сь)	встре́тив (шись)

встреча́ть кого – что; встреча́ться с кем – чем

Встречайте новый журнал.	Meet the new magazine.
Москвичи встретят Новый год на Красной площади.	Muscovites will see in the New Year in Red Square.
Президенты встретились в Санкт-Петербурге.	The presidents met in St. Petersburg.

всходи́ть / взойти́
to ascend, rise

	IMPERFECTIVE ASPECT	PERFECTIVE ASPECT
INF.	всходи́ть	взойти́
PRES.	всхожу́ всхо́дишь всхо́дит всхо́дим всхо́дите всхо́дят	
PAST	всходи́л всходи́ла всходи́ло всходи́ли	взошёл взошла́ взошло́ взошли́
FUT.	бу́ду всходи́ть бу́дешь всходи́ть бу́дет всходи́ть бу́дем всходи́ть бу́дете всходи́ть бу́дут всходи́ть	взойду́ взойдёшь взойдёт взойдём взойдёте взойдут
COND.	всходи́л бы всходи́ла бы всходи́ло бы всходи́ли бы	взошёл бы взошла́ бы взошло́ бы взошли́ бы
IMP.	всходи́ всходи́те	взойди́ взойди́те
	DEVERBALS	
PRES. ACT.	всходя́щий	
PRES. PASS.		
PAST ACT.	всходи́вший	взоше́дший
PAST PASS.		
VERBAL ADVERB	всходя́	взойдя́

When speaking of the sun, the moon, or the stars **восходи́ть / взойти́** is sometimes used.

Солнце всходит и заходит.	The sun rises and sets.
Всходите медленнее на высоты.	Ascend more slowly to the heights.
Почему не взошли семена?	Why did the seeds not come up?

	IMPERFECTIVE ASPECT	PERFECTIVE ASPECT
INF.	входи́ть	войти́
PRES.	вхожу́ вхо́дишь вхо́дит вхо́дим вхо́дите вхо́дят	
PAST	входи́л входи́ла входи́ло входи́ли	вошёл вошла́ вошло́ вошли́
FUT.	бу́ду входи́ть бу́дешь входи́ть бу́дет входи́ть бу́дем входи́ть бу́дете входи́ть бу́дут входи́ть	войду́ войдёшь войдёт войдём войдёте войду́т
COND.	входи́л бы входи́ла бы входи́ло бы входи́ли бы	вошёл бы вошла́ бы вошло́ бы вошли́ бы
IMP.	входи́ входи́те	войди́ войди́те
	DEVERBALS	
PRES. ACT.	входя́щий	
PRES. PASS.		
PAST ACT.	входи́вший	воше́дший
PAST PASS.		
VERBAL ADVERB	входя́	войдя́

входи́ть во что

Я в дверь вхожу и стою.	I come in the door and stand.
Входите, пожалуйста.	Please come in.
Она вошла в жюри фестиваля.	She was a member of the jury of the festival.

въезжа́ть / въе́хать
to enter, ride in, drive in

	IMPERFECTIVE ASPECT	PERFECTIVE ASPECT
INF.	въезжа́ть	въе́хать
PRES.	въезжа́ю въезжа́ешь въезжа́ет въезжа́ем въезжа́ете въезжа́ют	
PAST	въезжа́л въезжа́ла въезжа́ло въезжа́ли	въе́хал въе́хала въе́хало въе́хали
FUT.	бу́ду въезжа́ть бу́дешь въезжа́ть бу́дет въезжа́ть бу́дем въезжа́ть бу́дете въезжа́ть бу́дут въезжа́ть	въе́ду въе́дешь въе́дет въе́дем въе́дете въе́дут
COND.	въезжа́л бы въезжа́ла бы въезжа́ло бы въезжа́ли бы	въе́хал бы въе́хала бы въе́хало бы въе́хали бы
IMP.	въезжа́й въезжа́йте	
	DEVERBALS	
PRES. ACT.	въезжа́ющий	
PRES. PASS.		
PAST ACT.	въезжа́вший	въе́хавший
PAST PASS.		
VERBAL ADVERB	въезжа́я	въе́хав

въезжа́ть в / на что

Въезжайте в квартиру.	Move into the apartment.
Машины въезжали в тоннель.	The cars drove into the tunnel.
Старые грузовики в Россию не въедут.	Old trucks will not be able to drive into Russia.

	IMPERFECTIVE ASPECT	PERFECTIVE ASPECT
INF.	выбега́ть	вы́бежать
PRES.	выбега́ю выбега́ешь выбега́ет выбега́ем выбега́ете выбега́ют	
PAST	выбега́л выбега́ла выбега́ло выбега́ли	вы́бежал вы́бежала вы́бежало вы́бежали
FUT.	бу́ду выбега́ть бу́дешь выбега́ть бу́дет выбега́ть бу́дем выбега́ть бу́дете выбега́ть бу́дут выбега́ть	вы́бегу вы́бежишь вы́бежит вы́бежим вы́бежите вы́бегут
COND.	выбега́л бы выбега́ла бы выбега́ло бы выбега́ли бы	вы́бежал бы вы́бежала бы вы́бежало бы вы́бежали бы
IMP.	выбега́й выбега́йте	вы́беги вы́бегите
	DEVERBALS	
PRES. ACT.	выбега́ющий	
PRES. PASS.		
PAST ACT.	выбега́вший	вы́бежавший
PAST PASS.		
VERBAL ADVERB	выбега́я	вы́бежав

Они выбегают в костюмах и масках. — They come running out in costumes and masks.

Человек выбежал на поле. — The guy ran out onto the field.

Выбегите на улицу. — Run out to the street.

вы́бира́ть / вы́брать
to choose, select

	IMPERFECTIVE ASPECT	PERFECTIVE ASPECT
INF.	выбира́ть	вы́брать
PRES.	выбира́ю выбира́ешь выбира́ет выбира́ем выбира́ете выбира́ют	
PAST	выбира́л выбира́ла выбира́ло выбира́ли	вы́брал вы́брала вы́брало вы́брали
FUT.	бу́ду выбира́ть бу́дешь выбира́ть бу́дет выбира́ть бу́дем выбира́ть бу́дете выбира́ть бу́дут выбира́ть	вы́беру вы́берешь вы́берет вы́берем вы́берете вы́берут
COND.	выбира́л бы выбира́ла бы выбира́ло бы выбира́ли бы	вы́брал бы вы́брала бы вы́брало бы вы́брали бы
IMP.	выбира́й выбира́йте	вы́бери вы́берите
	DEVERBALS	
PRES. ACT.	выбира́ющий	
PRES. PASS.	выбира́емый	
PAST ACT.	выбира́вший	вы́бравший
PAST PASS.		вы́бранный
VERBAL ADVERB	выбира́я	вы́брав

выбира́ть кого – что

Каждый выбирает, что ему угодно. — Each chooses whatever he likes.
Я вернусь, только выберу день. — I'll return, only I'll choose the day.
Его выбрали год назад. — He was elected a year ago.

	IMPERFECTIVE ASPECT	PERFECTIVE ASPECT
INF.	выводи́ть	вы́вести
PRES.	вывожу́ выво́дишь выво́дит выво́дим выво́дите выво́дят	
PAST	выводи́л выводи́ла выводи́ло выводи́ли	вы́вел вы́вела вы́вело вы́вели
FUT.	бу́ду выводи́ть бу́дешь выводи́ть бу́дет выводи́ть бу́дем выводи́ть бу́дете выводи́ть бу́дут выводи́ть	вы́веду вы́ведешь вы́ведет вы́ведем вы́ведете вы́ведут
COND.	выводи́л бы выводи́ла бы выводи́ло бы выводи́ли бы	вы́вел бы вы́вела бы вы́вело бы вы́вели бы
IMP.	выводи́ выводи́те	вы́веди вы́ведите
	DEVERBALS	
PRES. ACT.	выводя́щий	
PRES. PASS.	выводи́мый	
PAST ACT.	выводи́вший	вы́ведший
PAST PASS.		вы́веденный
VERBAL ADVERB	выводя́	вы́ведя

выводи́ть кого – что

Выводили все войска из Сербии.	All troops were withdrawn from Serbia.
Мы выведем спутник на орбиту.	We will put a satellite into orbit.
Рынок вывели из стагнации.	The market emerged from stagnation.

вы́глядеть
to look, look like

	IMPERFECTIVE ASPECT	PERFECTIVE ASPECT
INF.	вы́глядеть	
PRES.	вы́гляжу вы́глядишь вы́глядит вы́глядим вы́глядите вы́глядят	
PAST	вы́глядел вы́глядела вы́глядело вы́глядели	
FUT.	бу́ду вы́глядеть бу́дешь вы́глядеть бу́дет вы́глядеть бу́дем вы́глядеть бу́дете вы́глядеть бу́дут вы́глядеть	
COND.	вы́глядел бы вы́глядела бы вы́глядело бы вы́глядели бы	
IMP.		

DEVERBALS

PRES. ACT.	вы́глядящий	
PRES. PASS.		
PAST ACT.	вы́глядевший	
PAST PASS.		
VERBAL ADVERB	вы́глядя	

вы́глядеть кем – чем
The pair **выгля́дывать / вы́глянуть** means ***to look out.***

Как я выгляжу?	How do I look?
Она выглядела королевой.	She looked like a queen.
Так выглядел первый номер журнала.	This is the way the first issue of the magazine looked.

to leave, depart, ride out

	IMPERFECTIVE ASPECT	PERFECTIVE ASPECT
INF.	выезжа́ть	вы́ехать
PRES.	выезжа́ю выезжа́ешь выезжа́ет выезжа́ем выезжа́ете выезжа́ют	
PAST	выезжа́л выезжа́ла выезжа́ло выезжа́ли	вы́ехал вы́ехала вы́ехало вы́ехали
FUT.	бу́ду выезжа́ть бу́дешь выезжа́ть бу́дет выезжа́ть бу́дем выезжа́ть бу́дете выезжа́ть бу́дут выезжа́ть	вы́еду вы́едешь вы́едет вы́едем вы́едете вы́едут
COND.	выезжа́л бы выезжа́ла бы выезжа́ло бы выезжа́ли бы	вы́ехал бы вы́ехала бы вы́ехало бы вы́ехали бы
IMP.	выезжа́й выезжа́йте	
	DEVERBALS	
PRES. ACT.	выезжа́ющий	
PRES. PASS.		
PAST ACT.	выезжа́вший	вы́ехавший
PAST PASS.		
VERBAL ADVERB	выезжа́я	вы́ехав

выезжа́ть на ком – чём

Я въезжаю и выезжаю без проблем.	I drive in and drive out without difficulties.
Они выехали на скользкую дорожку.	They drove out onto a slippery road.
Политики выехали на Чайке.	The politicians drove away in a Chayka.

выздора́вливать / вы́здороветь

to recover, get better

	IMPERFECTIVE ASPECT	PERFECTIVE ASPECT
INF.	выздора́вливать	вы́здороветь
PRES.	выздора́вливаю выздора́вливаешь выздора́вливает выздора́вливаем выздора́вливаете выздора́вливают	
PAST	выздора́вливал выздора́вливала выздора́вливало выздора́вливали	вы́здоровел вы́здоровела вы́здоровело вы́здоровели
FUT.	бу́ду выздора́вливать бу́дешь выздора́вливать бу́дет выздора́вливать бу́дем выздора́вливать бу́дете выздора́вливать бу́дут выздора́вливать	вы́здоровею вы́здоровеешь вы́здоровеет вы́здоровеем вы́здоровеете вы́здоровеют
COND.	выздора́вливал бы выздора́вливала бы выздора́вливало бы выздора́вливали бы	вы́здоровел бы вы́здоровела бы вы́здоровело бы вы́здоровели бы
IMP.	выздора́вливай выздора́вливайте	вы́здоровей вы́здоровейте
	DEVERBALS	
PRES. ACT.	выздора́вливающий	
PRES. PASS.		
PAST ACT.	выздора́вливавший	вы́здоровевший
PAST PASS.		
VERBAL ADVERB	выздора́вливая	вы́здоровев

Министр выздоравливает благодаря врачам. — The minister is getting better thanks to the doctors.

Я полностью выздоровела. — I have completely recovered.

Я знаю, что она скоро выздоровеет. — I know that she will soon recover.

	IMPERFECTIVE ASPECT	PERFECTIVE ASPECT
INF.	вызыва́ть	вы́звать
PRES.	вызыва́ю вызыва́ешь вызыва́ет вызыва́ем вызыва́ете вызыва́ют	
PAST	вызыва́л вызыва́ла вызыва́ло вызыва́ли	вы́звал вы́звала вы́звало вы́звали
FUT.	бу́ду вызыва́ть бу́дешь вызыва́ть бу́дет вызыва́ть бу́дем вызыва́ть бу́дете вызыва́ть бу́дут вызыва́ть	вы́зову вы́зовешь вы́зовет вы́зовем вы́зовете вы́зовут
COND.	вызыва́л бы вызыва́ла бы вызыва́ло бы вызыва́ли бы	вы́звал бы вы́звала бы вы́звало бы вы́звали бы
IMP.	вызыва́й вызыва́йте	вы́зови вы́зовите
	DEVERBALS	
PRES. ACT.	вызыва́ющий	
PRES. PASS.	вызыва́емый	
PAST ACT.	вызыва́вший	вы́звавший
PAST PASS.		вы́званный
VERBAL ADVERB	вызыва́я	вы́звав

вызыва́ть кого – что
The pair **вызыва́ться / вы́зваться** means ***to volunteer.***

Я вас вызываю на дебаты.	I challenge you to a debate.
Мы были вызваны на суд.	We were summoned to court.
На дуэль вызовете?	Will you challenge me to a duel?

вы́игрывать / вы́играть
to win

	IMPERFECTIVE ASPECT	PERFECTIVE ASPECT
INF.	вы́игрывать	вы́играть
PRES.	вы́игрываю вы́игрываешь вы́игрывает вы́игрываем вы́игрываете вы́игрывают	
PAST	вы́игрывал вы́игрывала вы́игрывало вы́игрывали	вы́играл вы́играла вы́играло вы́играли
FUT.	бу́ду вы́игрывать бу́дешь вы́игрывать бу́дет вы́игрывать бу́дем вы́игрывать бу́дете вы́игрывать бу́дут вы́игрывать	вы́играю вы́играешь вы́играет вы́играем вы́играете вы́играют
COND.	вы́игрывал бы вы́игрывала бы вы́игрывало бы вы́игрывали бы	вы́играл бы вы́играла бы вы́играло бы вы́играли бы
IMP.	вы́игрывай вы́игрывайте	вы́играй вы́играйте
	DEVERBALS	
PRES. ACT.	вы́игрывающий	
PRES. PASS.	вы́игрываемый	
PAST ACT.	вы́игрывавший	вы́игравший
PAST PASS.		вы́игранный
VERBAL ADVERB	вы́игрывая	вы́играв

вы́игрывать что у кого в чём, на чём, от чего

Как играть и выигрывать на бирже.	How to play and win in the stock market.
Российские сборные выиграли чемпионат.	The Russian all-stars won the championship.
Нами выиграно было все.	We won everything.

	IMPERFECTIVE ASPECT	PERFECTIVE ASPECT
INF.	выключа́ть	вы́ключить
PRES.	выключа́ю выключа́ешь выключа́ет выключа́ем выключа́ете выключа́ют	
PAST	выключа́л выключа́ла выключа́ло выключа́ли	вы́ключил вы́ключила вы́ключило вы́ключили
FUT.	бу́ду выключа́ть бу́дешь выключа́ть бу́дет выключа́ть бу́дем выключа́ть бу́дете выключа́ть бу́дут выключа́ть	вы́ключу вы́ключишь вы́ключит вы́ключим вы́ключите вы́ключат
COND.	выключа́л бы выключа́ла бы выключа́ло бы выключа́ли бы	вы́ключил бы вы́ключила бы вы́ключило бы вы́ключили бы
IMP.	выключа́й выключа́йте	вы́ключи вы́ключите
	DEVERBALS	
PRES. ACT.	выключа́ющий	
PRES. PASS.	выключа́емый	
PAST ACT.	выключа́вший	вы́ключивший
PAST PASS.		вы́ключенный
VERBAL ADVERB	выключа́я	вы́ключив

выключа́ть кого – что

Я выключаю телевизор.	I'm turning off the television.
Вы выключили свет?	Did you turn off the light?
Спам фильтер не выключен.	The spam filter isn't turned off.

вылета́ть / вы́лететь

to fly out, take off

	IMPERFECTIVE ASPECT	PERFECTIVE ASPECT
INF.	вылета́ть	вы́лететь
PRES.	вылета́ю вылета́ешь вылета́ет вылета́ем вылета́ете вылета́ют	
PAST	вылета́л вылета́ла вылета́ло вылета́ли	вы́летел вы́летела вы́летело вы́летели
FUT.	бу́ду вылета́ть бу́дешь вылета́ть бу́дет вылета́ть бу́дем вылета́ть бу́дете вылета́ть бу́дут вылета́ть	вы́лечу вы́летишь вы́летит вы́летим вы́летите вы́летят
COND.	вылета́л бы вылета́ла бы вылета́ло бы вылета́ли бы	вы́летел бы вы́летела бы вы́летело бы вы́летели бы
IMP.	вылета́й вылета́йте	вы́лети вы́летите
	DEVERBALS	
PRES. ACT.	вылета́ющий	
PRES. PASS.		
PAST ACT.	вылета́вший	вы́летевший
PAST PASS.		
VERBAL ADVERB	вылета́я	вы́летев

вылета́ть во что

Через неделю вылетаю. — I'm flying away in a week.
Два самолета вылетят туда завтра. — Two planes will fly there tomorrow.
Я вылетела из Москвы. — I flew from Moscow.

	IMPERFECTIVE ASPECT	PERFECTIVE ASPECT
INF.	вылечивать (ся)	вылечить (ся)
PRES.	вылечиваю (сь) вылечиваешь (ся) вылечивает (ся) вылечиваем (ся) вылечиваете (сь) вылечивают (ся)	
PAST	вылечивал (ся) вылечивала (сь) вылечивало (сь) вылечивали (сь)	вылечил (ся) вылечила (сь) вылечило (сь) вылечили (сь)
FUT.	буду вылечивать (ся) будешь вылечивать (ся) будет вылечивать (ся) будем вылечивать (ся) будете вылечивать (ся) будут вылечивать (ся)	вылечу (сь) вылечишь (ся) вылечит (ся) вылечим (ся) вылечите (сь) вылечат (ся)
COND.	вылечивал (ся) бы вылечивала (сь) бы вылечивало (сь) бы вылечивали (сь) бы	вылечил (ся) бы вылечила (сь) бы вылечило (сь) бы вылечили (сь) бы
IMP.	вылечивай (ся) вылечивайте (сь)	вылечи (сь) вылечите (сь)
	DEVERBALS	
PRES. ACT.	вылечивающий (ся)	
PRES. PASS.	вылечиваемый	
PAST ACT.	вылечивавший (ся)	вылечивший (ся)
PAST PASS.		вылеченный
VERBAL ADVERB	вылечивая (сь)	вылечив (шись)

вылечивать кого – что чем от чего

Одна доза вылечивает тебя.	One dose will cure you.
Можно грипп вылечивать одной таблеткой?	Can the flu be cured with a single pill?
И тебя вылечат, и меня вылечат.	Both you and I will be cured.

выноси́ть / вы́нести
to carry out, take out, endure

	IMPERFECTIVE ASPECT	PERFECTIVE ASPECT
INF.	выноси́ть	вы́нести
PRES.	выношу́ выно́сишь выно́сит выно́сим выно́сите выно́сят	
PAST	выноси́л выноси́ла выноси́ло выноси́ли	вы́нес вы́несла вы́несло вы́несли
FUT.	бу́ду выноси́ть бу́дешь выноси́ть бу́дет выноси́ть бу́дем выноси́ть бу́дете выноси́ть бу́дут выноси́ть	вы́несу вы́несешь вы́несет вы́несем вы́несете вы́несут
COND.	выноси́л бы выноси́ла бы выноси́ло бы выноси́ли бы	вы́нес бы вы́несла бы вы́несло бы вы́несли бы
IMP.	выноси́ выноси́те	вы́неси вы́несите
	DEVERBALS	
PRES. ACT.	выно́ся́щий	
PRES. PASS.	выноси́мый	
PAST ACT.	выноси́вший	вы́несший
PAST PASS.		вы́несенный
VERBAL ADVERB	вынося́	вы́неся

выноси́ть кого – что
The pair **вына́шивать / вы́носить** means ***to bring forth, carry to full-term pregnancy.***

Выношу предложение на обсуждение.	I'm bringing up the proposal for discussion.
Я чужих прикосновений не выношу.	I can't bear being touched by strangers.
Воры вынесли из квартиры деньги.	Thieves carried cash out of the apartment.

	IMPERFECTIVE ASPECT	PERFECTIVE ASPECT
INF.	выпада́ть	вы́пасть
PRES.	выпада́ю выпада́ешь выпада́ет выпада́ем выпада́ете выпада́ют	
PAST	выпада́л выпада́ла выпада́ло выпада́ли	вы́пал вы́пала вы́пало вы́пали
FUT.	бу́ду выпада́ть бу́дешь выпада́ть бу́дет выпада́ть бу́дем выпада́ть бу́дете выпада́ть бу́дут выпада́ть	вы́паду вы́падешь вы́падет вы́падем вы́падете вы́падут
COND.	выпада́л бы выпада́ла бы выпада́ло бы выпада́ли бы	вы́пал бы вы́пала бы вы́пало бы вы́пали бы
IMP.	выпада́й выпада́йте	вы́пади вы́падите
	DEVERBALS	
PRES. ACT.	выпада́ющий	
PRES. PASS.		
PAST ACT.	выпада́вший	вы́павший
PAST PASS.		
VERBAL ADVERB	выпада́я	вы́пав

Что делать, если выпадают волосы? — What do you do if your hair is falling out?

Выпал первый снег. — The first snow fell.

Я на неделю выпаду, не ищите меня. — I will be dropping out for a week; don't look for me.

выпи́сывать (ся) / вы́писать (ся)

to copy out, write out (check out)

	IMPERFECTIVE ASPECT	PERFECTIVE ASPECT
INF.	выпи́сывать (ся)	вы́писать (ся)
PRES.	выпи́сываю (сь) выпи́сываешь (ся) выпи́сывает (ся) выпи́сываем (ся) выпи́сываете (сь) выпи́сывают (ся)	
PAST	выпи́сывал (ся) выпи́сывала (сь) выпи́сывало (сь) выпи́сывали (сь)	вы́писал (ся) вы́писала (сь) вы́писало (сь) вы́писали (сь)
FUT.	бу́ду выпи́сывать (ся) бу́дешь выпи́сывать (ся) бу́дет выпи́сывать (ся) бу́дем выпи́сывать (ся) бу́дете выпи́сывать (ся) бу́дут выпи́сывать (ся)	вы́пишу (сь) вы́пишешь (ся) вы́пишет (ся) вы́пишем (ся) вы́пишете (сь) вы́пишут (ся)
COND.	выпи́сывал (ся) бы выпи́сывала (сь) бы выпи́сывало (сь) бы выпи́сывали (сь) бы	вы́писал (ся) бы вы́писала (сь) бы вы́писало (сь) бы вы́писали (сь) бы
IMP.	выпи́сывай (ся) выпи́сывайте (сь)	вы́пиши (сь) вы́пишите (сь)
	DEVERBALS	
PRES. ACT.	выпи́сывающий (ся)	
PRES. PASS.	выпи́сываемый	
PAST ACT.	выпи́сывавший (ся)	вы́писавший (ся)
PAST PASS.		вы́писанный
VERBAL ADVERB	выпи́сывая (сь)	вы́писав (шись)

выпи́сывать кого – что

Я вашу газету выписываю. — I subscribe to your newspaper.

Его выписали из больницы вчера. — He was discharged from the hospital yesterday.

Ты придумал конец сам или само по себе выписалось? — Did you invent the ending yourself or did it write itself?

	IMPERFECTIVE ASPECT	PERFECTIVE ASPECT
INF.	выполня́ть	вы́полнить
PRES.	выполня́ю выполня́ешь выполня́ет выполня́ем выполня́ете выполня́ют	
PAST	выполня́л выполня́ла выполня́ло выполня́ли	вы́полнил вы́полнила вы́полнило вы́полнили
FUT.	бу́ду выполня́ть бу́дешь выполня́ть бу́дет выполня́ть бу́дем выполня́ть бу́дете выполня́ть бу́дут выполня́ть	вы́полню вы́полнишь вы́полнит вы́полним вы́полните вы́полнят
COND.	выполня́л бы выполня́ла бы выполня́ло бы выполня́ли бы	вы́полнил бы вы́полнила бы вы́полнило бы вы́полнили бы
IMP.	выполня́й выполня́йте	вы́полни вы́полните
	DEVERBALS	
PRES. ACT.	выполня́ющий	
PRES. PASS.	выполня́емый	
PAST ACT.	выполня́вший	вы́полнивший
PAST PASS.		вы́полненный
VERBAL ADVERB	выполня́я	вы́полнив

выполня́ть что

Она всегда выполняет свои обещания. — She always keeps her promises.
Выполняйте приказ. — Carry out the order.
Они задачу не выполнили. — They did not perform the task.

выража́ть (ся) / вы́разить (ся)

to express, convey (express oneself)

	IMPERFECTIVE ASPECT	PERFECTIVE ASPECT
INF.	выража́ть (ся)	вы́разить (ся)
PRES.	выража́ю (сь) выража́ешь (ся) выража́ет (ся) выража́ем (ся) выража́ете (сь) выража́ют (ся)	
PAST	выража́л (ся) выража́ла (сь) выража́ло (сь) выража́ли (сь)	вы́разил (ся) вы́разила (сь) вы́разило (сь) вы́разили (сь)
FUT.	бу́ду выража́ть (ся) бу́дешь выража́ть (ся) бу́дет выража́ть (ся) бу́дем выража́ть (ся) бу́дете выража́ть (ся) бу́дут выража́ть (ся)	вы́ражу (сь) вы́разишь (ся) вы́разит (ся) вы́разим (ся) вы́разите (сь) вы́разят (ся)
COND.	выража́л (ся) бы выража́ла (сь) бы выража́ло (сь) бы выража́ли (сь) бы	вы́разил (ся) бы вы́разила (сь) бы вы́разило (сь) бы вы́разили (сь) бы
IMP.	выража́й (ся) выража́йте (сь)	вы́рази (сь) вы́разите (сь)
	DEVERBALS	
PRES. ACT.	выража́ющий (ся)	
PRES. PASS.	выража́емый	
PAST ACT.	выража́вший (ся)	вы́разивший (ся)
PAST PASS.		вы́раженный
VERBAL ADVERB	выража́я (сь)	вы́разив (шись)

выража́ть что; выража́ться в чём

Мы выражаем благодарность за подержку. — We are expressing our gratitude for the support.

Они выражали свои соболезнования. — They expressed their condolences.

Выразите свое мнение. — Express your own opinion.

	IMPERFECTIVE ASPECT	PERFECTIVE ASPECT
INF.	выра́щивать	вы́растить
PRES.	выра́щиваю выра́щиваешь выра́щивает выра́щиваем выра́щиваете выра́щивают	
PAST	выра́щивал выра́щивала выра́щивало выра́щивали	вы́растил вы́растила вы́растило вы́растили
FUT.	бу́ду выра́щивать бу́дешь выра́щивать бу́дет выра́щивать бу́дем выра́щивать бу́дете выра́щивать бу́дут выра́щивать	вы́ращу вы́растишь вы́растит вы́растим вы́растите вы́растят
COND.	выра́щивал бы выра́щивала бы выра́щивало бы выра́щивали бы	вы́растил бы вы́растила бы вы́растило бы вы́растили бы
IMP.	выра́щивай выра́щивайте	вы́расти вы́растите
	DEVERBALS	
PRES. ACT.	выра́щивающий	
PRES. PASS.	выра́щиваемый	
PAST ACT.	выра́щивавший	вы́растивший
PAST PASS.		вы́ращенный
VERBAL ADVERB	выра́щивая	вы́растив

выра́щивать кого – что

Родители выращивают детей.	Parents rear their children.
Кто выращивал грибы?	Who cultivated the mushrooms?
На ферме вырастили гигантскую тыкву.	On the farm they raised a gigantic pumpkin.

выступа́ть / вы́ступить

to come forward, go forward, appear, speak

	IMPERFECTIVE ASPECT	PERFECTIVE ASPECT
INF.	выступа́ть	вы́ступить
PRES.	выступа́ю выступа́ешь выступа́ет выступа́ем выступа́ете выступа́ют	
PAST	выступа́л выступа́ла выступа́ло выступа́ли	вы́ступил вы́ступила вы́ступило вы́ступили
FUT.	бу́ду выступа́ть бу́дешь выступа́ть бу́дет выступа́ть бу́дем выступа́ть бу́дете выступа́ть бу́дут выступа́ть	вы́ступлю вы́ступишь вы́ступит вы́ступим вы́ступите вы́ступят
COND.	выступа́л бы выступа́ла бы выступа́ло бы выступа́ли бы	вы́ступил бы вы́ступила бы вы́ступило бы вы́ступили бы
IMP.	выступа́й выступа́йте	вы́ступи вы́ступите
	DEVERBALS	
PRES. ACT.	выступа́ющий	
PRES. PASS.		
PAST ACT.	выступа́вший	вы́ступивший
PAST PASS.		
VERBAL ADVERB	выступа́я	вы́ступив

выступа́ть на чём с чем

Выступая в ООН, он критиковал США.	Speaking at the U.N., he criticized the U.S.
Против кого выступил президент?	Whom did the president speak out against?
Они выступили на телевидении.	They appeared on television.

	IMPERFECTIVE ASPECT	PERFECTIVE ASPECT
INF.	выта́скивать (ся)	вы́тащить (ся)
PRES.	выта́скиваю (сь) выта́скиваешь (ся) выта́скивает (ся) выта́скиваем (ся) выта́скиваете (сь) выта́скивают (ся)	
PAST	выта́скивал (ся) выта́скивала (сь) выта́скивало (сь) выта́скивали (сь)	вы́тащил (ся) вы́тащила (сь) вы́тащило (сь) вы́тащили (сь)
FUT.	бу́ду выта́скивать (ся) бу́дешь выта́скивать (ся) бу́дет выта́скивать (ся) бу́дем выта́скивать (ся) бу́дете выта́скивать (ся) бу́дут выта́скивать (ся)	вы́тащу (сь) вы́тащишь (ся) вы́тащит (ся) вы́тащим (ся) вы́тащите (сь) вы́тащат (ся)
COND.	выта́скивал (ся) бы выта́скивала (сь) бы выта́скивало (сь) бы выта́скивали (сь) бы	вы́тащил (ся) бы вы́тащила (сь) бы вы́тащило (сь) бы вы́тащили (сь) бы
IMP.	выта́скивай (ся) выта́скивайте (сь)	вы́тащи (сь) вы́тащите (сь)
	DEVERBALS	
PRES. ACT.	выта́скивающий (ся)	
PRES. PASS.	выта́скиваемый	
PAST ACT.	выта́скивавший (ся)	вы́тащивший (ся)
PAST PASS.		вы́тащенный
VERBAL ADVERB	выта́скивая (сь)	вы́тащив (шись)

выта́скивать кого – что

Она вытаскивает иголку в стоге сена.	She can pick a needle out of a haystack.
Пробка не вытаскивается.	The cork won't come out.
Вытащились все сотрудники.	All the employees were pulled out.

вытира́ть (ся) / вы́тереть (ся)

to wipe, wipe dry, wear out (wipe oneself)

	IMPERFECTIVE ASPECT	PERFECTIVE ASPECT
INF.	вытира́ть (ся)	вы́тереть (ся)
PRES.	вытира́ю (сь) вытира́ешь (ся) вытира́ет (ся) вытира́ем (ся) вытира́ете (сь) вытира́ют (ся)	
PAST	вытира́л (ся) вытира́ла (сь) вытира́ло (сь) вытира́ли (сь)	вы́тер (ся) вы́терла (сь) вы́терло (сь) вы́терли (сь)
FUT.	бу́ду вытира́ть (ся) бу́дешь вытира́ть (ся) бу́дет вытира́ть (ся) бу́дем вытира́ть (ся) бу́дете вытира́ть (ся) бу́дут вытира́ть (ся)	вы́тру (сь) вы́трешь (ся) вы́трет (ся) вы́трем (ся) вы́трете (сь) вы́трут (ся)
COND.	вытира́л (ся) бы вытира́ла (сь) бы вытира́ло (сь) бы вытира́ли (сь) бы	вы́тер (ся) бы вы́терла (сь) бы вы́терло (сь) бы вы́терли (сь) бы
IMP.	вытира́й (ся) вытира́йте (сь)	вы́три (сь) вы́трите (сь)
	DEVERBALS	
PRES. ACT.	вытира́ющий (ся)	
PRES. PASS.	вытира́емый	
PAST ACT.	вытира́вший (ся)	вы́терший (ся)
PAST PASS.		вы́тертый
VERBAL ADVERB	вытирая́ (сь)	вы́терев – вы́терши (сь)

вытира́ть что

Новый робот вытирает пыль.	The new robot wipes up dust.
Вытирайте, пожалуйста, ноги.	Please wipe your feet.
Мы помылись и вытерлись.	We bathed and dried ourselves.

	IMPERFECTIVE ASPECT	PERFECTIVE ASPECT
INF.	выходи́ть	вы́йти
PRES.	выхожу́ выхо́дишь выхо́дит выхо́дим выхо́дите выхо́дят	
PAST	выходи́л выходи́ла выходи́ло выходи́ли	вы́шел вы́шла вы́шло вы́шли
FUT.	бу́ду выходи́ть бу́дешь выходи́ть бу́дет выходи́ть бу́дем выходи́ть бу́дете выходи́ть бу́дут выходи́ть	вы́йду вы́йдешь вы́йдет вы́йдем вы́йдете вы́йдут
COND.	выходи́л бы выходи́ла бы выходи́ло бы выходи́ли бы	вы́шел бы вы́шла бы вы́шло бы вы́шли бы
IMP.	выходи́ выходи́те	вы́йди вы́йдите
	DEVERBALS	
PRES. ACT.	выходя́щий	
PRES. PASS.		
PAST ACT.	выходи́вший	вы́шедший
PAST PASS.		
VERBAL ADVERB	выходя́	вы́йдя

выходи́ть замуж за кого ***get married [said of a woman]***

выходи́ть / вы́йти

Examples

Дед Мороз, выходи.
Father Frost, come out.

За кого она вышла замуж?
Whom did she marry?

Она вышла победителем.
She emerged the victor.

Выхожу один я на дорогу.
Alone, I set out on the road.

Как вы выходите из конфликтов?
How can you get out of conflicts?

Не выходите из дома без косметики.
Don't leave home without cosmetics.

Выйдя из театра, мы пошли в кафе.
Upon leaving the theater, we went to a café.

Выхожу один я на дорогу.
Alone, I set out on the road.

Газета выходит раз в неделю.
The paper comes out once a week.

Вышла новая версия.
A new version came out.

Words and expressions related to this verb

Из этого ничего не выйдет.

Окна выходят в сад.

Книга вышла в продаже.

выйти замуж

выход

выйти из себя

выходной

выходка

	IMPERFECTIVE ASPECT	PERFECTIVE ASPECT
INF.	гла́дить	погла́дить
PRES.	гла́жу	
	гла́дишь	
	гла́дит	
	гла́дим	
	гла́дите	
	гла́дят	
PAST	гла́дил	погла́дил
	гла́дила	погла́дила
	гла́дило	погла́дило
	гла́дили	погла́дили
FUT.	бу́ду гла́дить	погла́жу
	бу́дешь гла́дить	погла́дишь
	бу́дет гла́дить	погла́дит
	бу́дем гла́дить	погла́дим
	бу́дете гла́дить	погла́дите
	бу́дут гла́дить	погла́дят
COND.	гла́дил бы	погла́дил бы
	гла́дила бы	погла́дила бы
	гла́дило бы	погла́дило бы
	гла́дили бы	погла́дили бы
IMP.	гла́дь	погла́дь
	гла́дьте	погла́дьте
	DEVERBALS	
PRES. ACT.	гла́дящий	
PRES. PASS.	гла́димый	
PAST ACT.	гла́дивший	погла́дивший
PAST PASS.	гла́женный	погла́женный
VERBAL ADVERB	гла́дя	погла́див

гла́дить кого – что по кому – чему
The pair **погла́живать / погла́дить** means ***to stroke with the hand.***

Мама еще гладит простыни.	Mom is still ironing the sheets.
Я гладила твои брюки.	I ironed your slacks.
Ее погладили по голове.	They stroked her on her head.

гляде́ть (ся) / погляде́ть (ся)

to see, look at (look at oneself)

	IMPERFECTIVE ASPECT	PERFECTIVE ASPECT
INF.	гляде́ть (ся)	погляде́ть (ся)
PRES.	гляжу́ (сь) гляди́шь (ся) гляди́т (ся) гляди́м (ся) гляди́те (сь) глядя́т (ся)	
PAST	гляде́л (ся) гляде́ла (сь) гляде́ло (сь) гляде́ли (сь)	погляде́л (ся) погляде́ла (сь) погляде́ло (сь) погляде́ли (сь)
FUT.	бу́ду гляде́ть (ся) бу́дешь гляде́ть (ся) бу́дет гляде́ть (ся) бу́дем гляде́ть (ся) бу́дете гляде́ть (ся) бу́дут гляде́ть (ся)	погляжу́ (сь) погляди́шь (ся) погляди́т (ся) погляди́м (ся) погляди́те (сь) поглядя́т (ся)
COND.	гляде́л (ся) бы гляде́ла (сь) бы гляде́ло (сь) бы гляде́ли (сь) бы	погляде́л (ся) бы погляде́ла (сь) бы погляде́ло (сь) бы погляде́ли (сь) бы
IMP.	гляди́ (сь) гляди́те (сь)	погляди́ (сь) погляди́те (сь)
	DEVERBALS	
PRES. ACT.	глядя́щий (ся)	
PRES. PASS.		
PAST ACT.	гляде́вший (ся)	погляде́вший (ся)
PAST PASS.		
VERBAL ADVERB	гля́дя – глядя́сь	погляде́в (шись)

гляде́ть на кого – что, за кем – чем; гляде́ться во что

The perfective verb **гля́нуть** means ***to glance at.***

AN ESSENTIAL 55 VERB

гляде́ть (ся) / погляде́ть (ся)

Examples

Ты на меня глядишь с недоумением.
You are looking at me in disbelief.

Глядите в оба.
Take a look at both.

Вы на себя поглядите.
Take a look at yourself.

Погляделся он в зеркало.
He looked at himself in the mirror.

Поглядев на пруд, не суди рыбу.
Don't judge the fish by looking at the pond.

Пойду в зеркало погляжусь.
I'm going to look at myself in the mirror.

Я поглядела ему прямо в глаза.
I looked him straight in the eye.

Печально я гляжу.
I glance sadly.

Еще вчера в глаза глядел.
I looked into those eyes only yesterday.

Они не могут поглядеться в зеркало.
They cannot look at themselves in a mirror.

Words and expressions related to this verb

Идти куда глаза глядят.

И глядит, да не видит.

Книга вышла в продаже.

Глаза глядят, а руки делают.

глядеть сквозь пальцы

глядеть в глаза

глядеться в зеркало

говори́ть / сказа́ть – поговори́ть
to speak, say, talk, tell – talk a little

	MULTIDIRECTIONAL	UNIDIRECTIONAL	PERFECTIVE ASPECT
INF.	говори́ть	сказа́ть	поговори́ть
PRES.	говорю́ говори́шь говори́т говори́м говори́те говоря́т		
PAST	говори́л говори́ла говори́ло говори́ли	сказа́л сказа́ла сказа́ло сказа́ли	поговори́л поговори́ла поговори́ло поговори́ли
FUT.	бу́ду говори́ть бу́дешь говори́ть бу́дет говори́ть бу́дем говори́ть бу́дете говори́ть бу́дут говори́ть	скажу́ ска́жешь ска́жет ска́жем ска́жете ска́жут	поговорю́ поговори́шь поговори́т поговори́м поговори́те поговоря́т
COND.	говори́л бы говори́ла бы говори́ло бы говори́ли бы	сказа́л бы сказа́ла бы сказа́ло бы сказа́ли бы	поговори́л бы поговори́ла бы поговори́ло бы поговори́ли бы
IMP.	говори́ говори́те	скажи́ скажи́те	поговори́ поговори́те
		DEVERBALS	
PRES. ACT.	говоря́щий		
PRES. PASS.			
PAST ACT.	говори́вший	сказа́вший	поговори́вший
PAST PASS.	говорённый говорён, говорена́	ска́занный	
VERBAL ADVERB	говоря́	сказа́в	поговори́в

говори́ть что о ком – чём; говори́ть по-русски, на другом языке

Говори́ть / сказа́ть – поговори́ть

Examples

Говорите с вашими детьми.
Talk with your children.

Честно говоря, мы не знаем его.
Honestly speaking, we don't know him.

Сначала скажите «Нет».
First say "No."

Сказано – спелано.
No sooner said than done.

Я скажу сам.
I'll say it myself.

Давай с тобой поговорим.
Let's have a chat.

Да что вы говорите?
What are you saying?

Говорите правду.
Tell the truth.

Что сказали ее глаза?
What did her eyes say?

Поговорим о прошлом.
Let's talk about the past.

Words and expressions related to this verb

Поменьше говори, побольше услышишь.

Золото не говорит, а много творит.

Мы говорим по–русски.

Как говорится.

говорят

говорение

говор

говорливый

гоня́ть – гна́ть / погна́ть
to drive, chase, urge on

	MULTIDIRECTIONAL	UNIDIRECTIONAL	PERFECTIVE ASPECT
INF.	гоня́ть	гна́ть	погна́ть
PRES.	гоня́ю	гоню́	
	гоня́ешь	го́нишь	
	гоня́ет	го́нит	
	гоня́ем	го́ним	
	гоня́ете	го́ните	
	гоня́ют	го́нят	
PAST	гоня́л	гна́л	погна́л
	гоня́ла	гнала́	погнала́
	гоня́ло	гна́ло	погна́ло
	гоня́ли	гна́ли	погна́ли
FUT.	бу́ду гоня́ть	бу́ду гна́ть	погоню́
	бу́дешь гоня́ть	бу́дешь гна́ть	пого́нишь
	бу́дет гоня́ть	бу́дет гна́ть	пого́нит
	бу́дем гоня́ть	бу́дем гна́ть	пого́ним
	бу́дете гоня́ть	бу́дете гна́ть	пого́ните
	бу́дут гоня́ть	бу́дут гна́ть	пого́нят
COND.	гоня́л бы	гна́л бы	погна́л бы
	гоня́ла бы	гнала́ бы	погнала́ бы
	гоня́ло бы	гна́ло бы	погна́ло бы
	гоня́ли бы	гна́ли бы	погна́ли бы
IMP.	гоня́й	гони́	погони́
	гоня́йте	гони́те	погони́те
		DEVERBALS	
PRES. ACT.	гоня́ющий	гоня́щий	
PRES. PASS.	гоня́емый	гони́мый	
PAST ACT.	гоня́вший	гна́вший	погна́вший
PAST PASS.		по́гнанный	
VERBAL ADVERB	гоня́я	гоня́	погна́в

гоня́ть – гна́ть кого – что

Почему милиция нас гоняет?	Why are the police chasing us?
Игроков гонят из интернета.	Gamblers are being chased off the Internet.
Ураган погнал рынок вверх.	The hurricane drove the market higher.

горди́ться / возгорди́ться

to be proud of

	IMPERFECTIVE ASPECT	PERFECTIVE ASPECT
INF.	горди́ться	возгорди́ться
PRES.	горжу́сь горди́шься горди́тся горди́мся горди́тесь гордя́тся	
PAST	горди́лся горди́лась горди́лось горди́лись	возгорди́лся возгорди́лась возгорди́лось возгорди́лись
FUT.	бу́ду горди́ться бу́дешь горди́ться бу́дет горди́ться бу́дем горди́ться бу́дете горди́ться бу́дут горди́ться	возгоржу́сь возгорди́шься возгорди́тся возгорди́мся возгорди́тесь возгордя́тся
COND.	горди́лся бы горди́лась бы горди́лось бы горди́лись бы	возгорди́лся бы возгорди́лась бы возгорди́лось бы возгорди́лись бы
IMP.	горди́сь горди́тесь	возгорди́сь возгорди́тесь
	DEVERBALS	
PRES. ACT.	гордя́щийся	
PRES. PASS.		
PAST ACT.	горди́вшийся	возгорди́вшийся
PAST PASS.		
VERBAL ADVERB	гордя́сь	возгорди́вшись

горди́ться кем – чем

Я горжусь нашим президентом. — I take pride in our president.
Они гордились дочкой. — They were proud of their daughter.
Пусть потомки нами возгордятся. — Let our descendants be proud of us.

горе́ть / сгоре́ть
to burn, be on fire, glow

	IMPERFECTIVE ASPECT	PERFECTIVE ASPECT
INF.	горе́ть	сгоре́ть
PRES.	горю́ гори́шь гори́т гори́м гори́те горя́т	
PAST	горе́л горе́ла горе́ло горе́ли	сгоре́л сгоре́ла сгоре́ло сгоре́ли
FUT.	бу́ду горе́ть бу́дешь горе́ть бу́дет горе́ть бу́дем горе́ть бу́дете горе́ть бу́дут горе́ть	сгорю́ сгори́шь сгори́т сгори́м сгори́те сгоря́т
COND.	горе́л бы горе́ла бы горе́ло бы горе́ли бы	сгоре́л бы сгоре́ла бы сгоре́ло бы сгоре́ли бы
IMP.	гори́ гори́те	сгори́ сгори́те
	DEVERBALS	
PRES. ACT.	горя́щий	
PRES. PASS.		
PAST ACT.	горе́вший	сгоре́вший
PAST PASS.		
VERBAL ADVERB	горя́	сгоре́в

Another imperfective for **сгоре́ть** is **сгора́ть.**

Горит химический завод.	A chemical plant is burning.
Школы закроют, чтобы они не горели.	They are closing the schools so that they don't burn.
В Киеве сгорела церковь.	A church burned down in Kiev.

to prepare, cook (get oneself ready)

Г

	IMPERFECTIVE ASPECT	PERFECTIVE ASPECT
INF.	гото́вить (ся)	пригото́вить (ся)
PRES.	гото́влю (сь) гото́вишь (ся) гото́вит (ся) гото́вим (ся) гото́вите (сь) гото́вят (ся)	
PAST	гото́вил (ся) гото́вила (сь) гото́вило (сь) гото́вили (сь)	пригото́вил (ся) пригото́вила (сь) пригото́вило (сь) пригото́вили (сь)
FUT.	бу́ду гото́вить (ся) бу́дешь гото́вить (ся) бу́дет гото́вить (ся) бу́дем гото́вить (ся) бу́дете гото́вить (ся) бу́дут гото́вить (ся)	пригото́влю (сь) пригото́вишь (ся) пригото́вит (ся) пригото́вим (ся) пригото́вите (сь) пригото́вят (ся)
COND.	гото́вил (ся) бы гото́вила (сь) бы гото́вило (сь) бы гото́вили (сь) бы	пригото́вил (ся) бы пригото́вила (сь) бы пригото́вило (сь) бы пригото́вили (сь) бы
IMP.	гото́вь (ся) гото́вьте (сь)	пригото́вь (ся) пригото́вьте (сь)
	DEVERBALS	
PRES. ACT.	гото́вящий (ся)	
PRES. PASS.		
PAST ACT.	гото́вивший (ся)	пригото́вивший (ся)
PAST PASS.		пригото́вленный
VERBAL ADVERB	гото́вя (сь)	пригото́вив (шись)

гото́вить кого – что к чему; гото́виться к чему, + infinitive
The pair **пригото́вляться / пригото́виться** also means ***to get ready.***

Готовимся к Новому Году.	We're getting ready for New Year's.
Не готовьте детей к сочинению.	Don't prepare your children for the composition.
Деревни приготовились к весне.	The countrysides prepared for spring.

гры́зть / разгры́зть

to gnaw, nibble, nag / crack [with the teeth]

	IMPERFECTIVE ASPECT	PERFECTIVE ASPECT
INF.	гры́зть	разгры́зть
PRES.	грызу́ грызёшь грызёт грызём грызёте грызу́т	
PAST	гры́з гры́зла гры́зло гры́зли	разгры́з разгры́зла разгры́зло разгры́зли
FUT.	бу́ду гры́зть бу́дешь гры́зть бу́дет гры́зть бу́дем гры́зть бу́дете гры́зть бу́дут гры́зть	разгрызу́ разгрызёшь разгрызёт разгрызём разгрызёте разгрызу́т
COND.	гры́з бы гры́зла бы гры́зло бы гры́зли бы	разгры́з бы разгры́зла бы разгры́зло бы разгры́зли бы
IMP.	грызи́ грызи́те	разгрызи́ разгрызи́те
	DEVERBALS	
PRES. ACT.	грызу́щий	
PRES. PASS.		
PAST ACT.	гры́зший	разгры́зший
PAST PASS.		разгры́зенный
VERBAL ADVERB	грызя́	разгры́зши

гры́зть кого – что

Ребенок грызет себе ногти. — The child is biting his nails.
Ее грызет раскаяние. — She is tormented by remorse.
Не разгрызут они его? — Won't they nag him?

	IMPERFECTIVE ASPECT	PERFECTIVE ASPECT
INF.	гуля́ть	погуля́ть
PRES.	гуля́ю гуля́ешь гуля́ет гуля́ем гуля́ете гуля́ют	
PAST	гуля́л гуля́ла гуля́ло гуля́ли	погуля́л погуля́ла погуля́ло погуля́ли
FUT.	бу́ду гуля́ть бу́дешь гуля́ть бу́дет гуля́ть бу́дем гуля́ть бу́дете гуля́ть бу́дут гуля́ть	погуля́ю погуля́ешь погуля́ет погуля́ем погуля́ете погуля́ют
COND.	гуля́л бы гуля́ла бы гуля́ло бы гуля́ли бы	погуля́л бы погуля́ла бы погуля́ло бы погуля́ли бы
IMP.	гуля́й гуля́йте	погуля́й погуля́йте
	DEVERBALS	
PRES. ACT.	гуля́ющий	
PRES. PASS.		
PAST ACT.	гуля́вший	погуля́вший
PAST PASS.		
VERBAL ADVERB	гуля́я	погуля́в

гуля́ть can also mean ***to enjoy oneself, fool around.***

Гуляйте с животными.	Walk with the animals.
Гуляли на свадьбе у друзей.	They enjoyed themselves at their friends' wedding.
Ничего страшного, если дети еще погуляют.	It's not terrible if the children are still taking a walk.

дава́ть / да́ть
to give, let, allow

	IMPERFECTIVE ASPECT	PERFECTIVE ASPECT
INF.	дава́ть	да́ть
PRES.	даю́ даёшь даёт даём даёте даю́т	
PAST	дава́л дава́ла дава́ло дава́ли	да́л дала́ да́ло да́ли
FUT.	бу́ду дава́ть бу́дешь дава́ть бу́дет дава́ть бу́дем дава́ть бу́дете дава́ть бу́дут дава́ть	да́м да́шь да́ст дади́м дади́те даду́т
COND.	дава́л бы дава́ла бы дава́ло бы дава́ли бы	да́л бы дала́ бы да́ло бы да́ли бы
IMP.	дава́й дава́йте	да́й да́йте
	DEVERBALS	
PRES. ACT.	даю́щий	
PRES. PASS.	дава́емый	
PAST ACT.	дава́вший	да́вший
PAST PASS.		да́нный, да́н, дана́
VERBAL ADVERB	дава́я	да́в

дава́ть кому – что, + infinitive
The negated forms of the perfective past can shift stress: **не́ дал, не дала́, не дало́, не да́ли.**

дава́ть / да́ть

Examples

Давайте работать.
Let's work.

Нам не дано понять.
We aren't destined to understand.

Что вам дано при рождении?
What are you given at birth?

Бог дал. Бог взял.
God gives, and God takes away.

Не давая ничего взамен.
Without giving anything in return.

Выиграли, не дав сопернику шанса.
They won without giving their opponent a chance.

Правильно ли вы даете чаевые?
Are you tipping correctly?

Ему давали по ложечке.
He was given spoonfuls.

Тепло дадут по очереди.
Heat will be provided on the basis of a waiting list.

Words and expressions related to this verb

Дают—бери.

Дать слово.

Дал ему в зубы.

Дай Бог. Не дай Бог.

Давай.

данные

дань

дача

дари́ть / подари́ть
to give a present

	IMPERFECTIVE ASPECT	PERFECTIVE ASPECT
INF.	дари́ть	подари́ть
PRES.	дарю́ да́ришь да́рит да́рим да́рите да́рят	
PAST	дари́л дари́ла дари́ло дари́ли	подари́л подари́ла подари́ло подари́ли
FUT.	бу́ду дари́ть бу́дешь дари́ть бу́дет дари́ть бу́дем дари́ть бу́дете дари́ть бу́дут дари́ть	подарю́ пода́ришь пода́рит пода́рим пода́рите пода́рят
COND.	дари́л бы дари́ла бы дари́ло бы дари́ли бы	подари́л бы подари́ла бы подари́ло бы подари́ли бы
IMP.	дари́ дари́те	подари́ подари́те

DEVERBALS

PRES. ACT.	даря́щий	
PRES. PASS.	дари́мый	
PAST ACT.	дари́вший	подари́вший
PAST PASS.		пода́ренный
VERBAL ADVERB	даря́	подари́в

дари́ть кого – что кому

Дарите подарки.	Give presents.
Ей дарили розы на день рождения.	She was given roses for her birthday.
Подарив картины музею, банк погасил свои долги.	By donating the paintings to the museum, the bank erased its debts.

	IMPERFECTIVE ASPECT	PERFECTIVE ASPECT
INF.	дви́гать (ся)	дви́нуть (ся)
PRES.	дви́гаю (сь) – дви́жу (сь) дви́гаешь (ся) – дви́жешь (ся) дви́гает (ся) – дви́жет (ся) дви́гаем (ся) – дви́жем (ся) дви́гаете (сь) – дви́жете (сь) дви́гают (ся) – дви́жут (ся)	
PAST	дви́гал (ся) дви́гала (сь) дви́гало (сь) дви́гали (сь)	дви́нул (ся) дви́нула (сь) дви́нуло (сь) дви́нули (сь)
FUT.	бу́ду дви́гать (ся) бу́дешь дви́гать (ся) бу́дет дви́гать (ся) бу́дем дви́гать (ся) бу́дете дви́гать (ся) бу́дут дви́гать (ся)	дви́ну (сь) дви́нешь (ся) дви́нет (ся) дви́нем (ся) дви́нете (сь) дви́нут (ся)
COND.	дви́гал (ся) бы дви́гала (сь) бы дви́гало (сь) бы дви́гали (сь) бы	дви́нул (ся) бы дви́нула (сь) бы дви́нуло (сь) бы дви́нули (сь) бы
IMP.	дви́гай (ся) дви́гайте (сь)	дви́нь (ся) дви́ньте (сь)
	DEVERBALS	
PRES. ACT.	дви́гающий (ся) – дви́жущий (ся)	
PRES. PASS.	дви́гаемый – дви́жимый	
PAST ACT.	дви́гавший (ся)	дви́нувший (ся)
PAST PASS.		дви́нутый
VERBAL ADVERB	дви́гая (сь)	дви́нув (шись)

дви́гать кого – что, чем

Двигаем сайт.	We are moving the site.
Шествие двигалось медленно по улицам.	The procession moved slowly through the streets.
Я не двинусь с этого места.	I shall not move from this place.

дежу́рить
to be on duty

	IMPERFECTIVE ASPECT	PERFECTIVE ASPECT
INF.	дежу́рить	
PRES.	дежу́рю дежу́ришь дежу́рит дежу́рим дежу́рите дежу́рят	
PAST	дежу́рил дежу́рила дежу́рило дежу́рили	
FUT.	бу́ду дежу́рить бу́дешь дежу́рить бу́дет дежу́рить бу́дем дежу́рить бу́дете дежу́рить бу́дут дежу́рить	
COND.	дежу́рил бы дежу́рила бы дежу́рило бы дежу́рили бы	
IMP.	дежу́рь дежу́рьте	

DEVERBALS

PRES. ACT.	дежу́рящий	
PRES. PASS.		
PAST ACT.	дежу́ривший	
PAST PASS.		
VERBAL ADVERB	дежу́ря, дежу́рив	

Вы сегодня дежурите? — Are you on duty today?

Таксисты обычно дежурат у отеля. — The taxi drivers usually stand outside the hotel.

Сотрудники милиции всю ночь дежурили на проспектах города. — The militia officers were on duty all night on the city's main streets.

де́йствовать / поде́йствовать

to act, function, effect

	IMPERFECTIVE ASPECT	PERFECTIVE ASPECT
INF.	де́йствовать	поде́йствовать
PRES.	де́йствую де́йствуешь де́йствует де́йствуем де́йствуете де́йствуют	
PAST	де́йствовал де́йствовала де́йствовало де́йствовали	поде́йствовал поде́йствовала поде́йствовало поде́йствовали
FUT.	бу́ду де́йствовать бу́дешь де́йствовать бу́дет де́йствовать бу́дем де́йствовать бу́дете де́йствовать бу́дут де́йствовать	поде́йствую поде́йствуешь поде́йствует поде́йствуем поде́йствуете поде́йствуют
COND.	де́йствовал бы де́йствовала бы де́йствовало бы де́йствовали бы	поде́йствовал бы поде́йствовала бы поде́йствовало бы поде́йствовали бы
IMP.	де́йствуй де́йствуйте	поде́йствуй поде́йствуйте
	DEVERBALS	
PRES. ACT.	де́йствующий	
PRES. PASS.		
PAST ACT.	де́йствовавший	поде́йствовавший
PAST PASS.		
VERBAL ADVERB	де́йствуя	поде́йствовав

де́йствовать на кого – что

Действую, как умею.	I function the best I can.
Действуйте смелее.	Act more boldly.
Угрозы подействовали на студенток.	The threats had an effect on the coeds.

де́лать (ся) / сде́лать (ся)

to do, make (become, grow, happen)

	IMPERFECTIVE ASPECT	PERFECTIVE ASPECT
INF.	де́лать (ся)	сде́лать (ся)
PRES.	де́лаю (сь) де́лаешь (ся) де́лает (ся) де́лаем (ся) де́лаете (сь) де́лают (ся)	
PAST	де́лал (ся) де́лала (сь) де́лало (сь) де́лали (сь)	сде́лал (ся) сде́лала (сь) сде́лало (сь) сде́лали (сь)
FUT.	бу́ду де́лать (ся) бу́дешь де́лать (ся) бу́дет де́лать (ся) бу́дем де́лать (ся) бу́дете де́лать ся) бу́дут де́лать (ся)	сде́лаю (сь) сде́лаешь (ся) сде́лает (ся) сде́лаем (ся) сде́лаете (сь) сде́лают (ся)
COND.	де́лал (ся) бы де́лала (сь) бы де́лало (сь) бы де́лали (сь) бы	сде́лал (ся) бы сде́лала (сь) бы сде́лало (сь) бы сде́лали (сь) бы
IMP.	де́лай (ся) де́лайте (сь)	сде́лай (ся) сде́лайте (сь)
	DEVERBALS	
PRES. ACT.	де́лающий (ся)	
PRES. PASS.	де́лаемый	
PAST ACT.	де́лавший (ся)	сде́лавший (ся)
PAST PASS.		сде́ланный
VERBAL ADVERB	де́лая (сь)	сде́лав (шись)

де́лать что; де́латься чем

де́лать (ся) / сде́лать (ся)

Д

Examples

Делай сам.
Do it yourself.

Она сделала шаг навстречу.
She took a step to meet halfway.

На что он сделал ставку?
What did he place his bet on?

Сделано в России.
Made in Russia.

Сделав результат, мы расслабились.
Having achieved the result, we relaxed.

Чего не сделаешь ради денег.
What won't you do for money.

Делайте ваши пожертвования.
Make your contributions.

Я делаю деньги, а ты следишь за домом.
I make the money, and you take care of the house.

Он сделался сотрудником газеты.
He was made an employee of the newspaper.

Words and expressions related to this verb

Дела не делай, а от дела не бегай.

Сделай мне милость.

Что мне с тобой делать?

Что делать?

Скоро говорится, а не скоро делается.

делать операцию

делать шаг

дело

делец

дели́ть (ся) / подели́ть (ся)

to divide, share (confide in)

	IMPERFECTIVE ASPECT	PERFECTIVE ASPECT
INF.	дели́ть (ся)	подели́ть (ся)
PRES.	делю́ (сь) де́лишь (ся) де́лит (ся) де́лим (ся) де́лите (сь) де́лят (ся)	
PAST	дели́л (ся) дели́ла (сь) дели́ло (сь) дели́ли (сь)	подели́л (ся) подели́ла (сь) подели́ло (сь) подели́ли (сь)
FUT.	бу́ду дели́ть (ся) бу́дешь дели́ть (ся) бу́дет дели́ть (ся) бу́дем дели́ть (ся) бу́дете дели́ть (ся) бу́дут дели́ть (ся)	поделю́ (сь) поде́лишь (ся) поде́лит (ся) поде́лим (ся) поде́лите (сь) поде́лят (ся)
COND.	дели́л (ся) бы дели́ла (сь) бы дели́ло (сь) бы дели́ли (сь) бы	подели́л (ся) бы подели́ла (сь) бы подели́ло (сь) бы подели́ли (сь) бы
IMP.	дели́ (сь) дели́те (сь)	подели́ (сь) подели́те (сь)
	DEVERBALS	
PRES. ACT.	деля́щий (ся)	
PRES. PASS.	дели́мый	
PAST ACT.	дели́вший (ся)	подели́вший (ся)
PAST PASS.		поделённый поделён, поделена́
VERBAL ADVERB	деля́ (сь)	подели́в (шись)

дели́ть кого – что с кем на что; дели́ться чем с кем

Как государство делят на части? — How can the state be divided into parts?

Врачи делились опытом с коллегами. — The doctors shared their experience with colleagues.

Поделитесь советом. — Share advice.

держа́ть (ся) / подержа́ть (ся)

to hold, keep, support

Д

	IMPERFECTIVE ASPECT	PERFECTIVE ASPECT
INF.	держа́ть (ся)	подержа́ть (ся)
PRES.	держу́ (сь) де́ржишь (ся) де́ржит (ся) де́ржим (ся) де́ржите (сь) де́ржат (ся)	
PAST	держа́л (ся) держа́ла (сь) держа́ло (сь) держа́ли (сь)	подержа́л (ся) подержа́ла (сь) подержа́ло (сь) подержа́ли (сь)
FUT.	бу́ду держа́ть (ся) бу́дешь держа́ть (ся) бу́дет держа́ть (ся) бу́дем держа́ть ся) бу́дете держа́ть ся) бу́дут держа́ть (ся)	подержу́ (сь) поде́ржишь (ся) поде́ржит (ся) поде́ржим (ся) поде́ржите (сь) поде́ржат (ся)
COND.	держа́л (ся) бы держа́ла (сь) бы держа́ло (сь) бы держа́ли (сь) бы	подержа́л (ся) бы подержа́ла (сь) бы подержа́ло (сь) бы подержа́ли (сь) бы
IMP.	держи́ (сь) держи́те (сь)	подержи́ (сь) подержи́те (сь)
	DEVERBALS	
PRES. ACT.	держа́щий (ся)	
PRES. PASS.		
PAST ACT.	держа́вший (ся)	подержа́вший (ся)
PAST PASS.	де́ржанный	поде́ржанный
VERBAL ADVERB	держа́ (сь)	подержа́в (шись)

держа́ть кого – что; держа́ться за кого – что на чём

держа́ть (ся) / подержа́ть (ся)

Examples

Не держите зрителей за идиотов.
Don't take your viewers to be idiots.

Держа бокал в руке, он поднял тост.
Holding the wine glass in his hand, he raised a toast.

Экономика держится на экспорте.
The economy is supported by exports.

Нулевая температура держится в Санкт-Петербурге.
Zero degree temperatures are holding in St. Petersburg.

Я решу, когда подержу в руках.
I'll decide, when I'm holding it in my hands.

Она держит себя в руках.
She keeps herself in hand.

Она держит первое место уже четвертый год.
She has held onto first place for four years.

Держись до конца.
Hold on till the end.

Они подержались всю неделю без хлеба.
They held out the entire week without bread.

Words and expressions related to this verb

Держи язык за зубами.

Не держал руками, а зубами не удержишь.

Она держит себя прилично в обществе.

держать в голове

держать пост

держать речь

подержанный

добавля́ть (ся) / доба́вить (ся)

to add (be added)

	IMPERFECTIVE ASPECT	PERFECTIVE ASPECT
INF.	добавля́ть (ся)	доба́вить (ся)
PRES.	добавля́ю добавля́ешь добавля́ет (ся) добавля́ем добавля́ете добавля́ют (ся)	
PAST	добавля́л (ся) добавля́ла (сь) добавля́ло (сь) добавля́ли (сь)	доба́вил (ся) доба́вила (сь) доба́вило (сь) доба́вили (сь)
FUT.	бу́ду добавля́ть бу́дешь добавля́ть бу́дет добавля́ть (ся) бу́дем добавля́ть бу́дете добавля́ть бу́дут добавля́ть (ся)	доба́влю доба́вишь доба́вит (ся) доба́вим доба́вите доба́вят (ся)
COND.	добавля́л (ся) бы добавля́ла (сь) бы добавля́ло (сь) бы добавля́ли (сь) бы	доба́вил (ся) бы доба́вила (сь) бы доба́вило (сь) бы доба́вили (сь) бы
IMP.	добавля́й добавля́йте	доба́вь доба́вьте
	DEVERBALS	
PRES. ACT.	добавля́ющий (ся)	
PRES. PASS.	добавля́емый	
PAST ACT.	добавля́вший (ся)	доба́вивший (ся)
PAST PASS.		доба́вленный
VERBAL ADVERB	добавля́я (сь)	доба́вив (шись)

добавля́ть что, чего

Добавляю информацию.	I am adding some information.
Добавьте соль и перец.	Add salt and pepper.
Добавились новые позиции.	New positions were added.

добива́ться / доби́ться
to get, obtain, achieve

	IMPERFECTIVE ASPECT	PERFECTIVE ASPECT
INF.	добива́ться	доби́ться
PRES.	добива́юсь добива́ешься добива́ется добива́емся добива́етесь добива́ются	
PAST	добива́лся добива́лась добива́лось добива́лись	доби́лся доби́лась доби́лось доби́лись
FUT.	бу́ду добива́ться бу́дешь добива́ться бу́дет добива́ться бу́дем добива́ться бу́дете добива́ться бу́дут добива́ться	добью́сь добьёшься добьётся добьёмся добьётесь добью́тся
COND.	добива́лся бы добива́лась бы добива́лось бы добива́лись бы	доби́лся бы доби́лась бы доби́лось бы доби́лись бы
IMP.	добива́йся добива́йтесь	добе́йся добе́йтесь
		DEVERBALS
PRES. ACT.	добива́ющийся	
PRES. PASS.		
PAST ACT.	добива́вшийся	доби́вшийся
PAST PASS.		
VERBAL ADVERB	добива́ясь	доби́вшись

добива́ться чего
The verbal pair **добива́ть / доби́ть кого – что** means ***to kill, break up something completely.***

Так добивались правды. — Thus they sought the truth.
Россия не добилась своих целей. — Russia did not achieve her goals.
Тех, кого мы не добили, добьем. — Whomever we didn't kill, we will kill.

	IMPERFECTIVE ASPECT	PERFECTIVE ASPECT
INF.	доводи́ть	довести́
PRES.	довожу́ дово́дишь дово́дит дово́дим дово́дите дово́дят	
PAST	доводи́л доводи́ла доводи́ло доводи́ли	довёл довела́ довело́ довели́
FUT.	бу́ду доводи́ть бу́дешь доводи́ть бу́дет доводи́ть бу́дем доводи́ть бу́дете доводи́ть бу́дут доводи́ть	доведу́ доведёшь доведёт доведём доведёте доведу́т
COND.	доводи́л бы доводи́ла бы доводи́ло бы доводи́ли бы	довёл бы довела́ бы довело́ бы довели́ бы
IMP.	доводи́ доводи́те	доведи́ доведи́те

DEVERBALS

PRES. ACT.	доводя́	
PRES. PASS.	доводи́мый	
PAST ACT.	доводи́вший	дове́дший
PAST PASS.		доведённый доведён, доведена́
VERBAL ADVERB	доводя́	доведя́

доводи́ть кого – что до чего

Автомобильные пробки доводят до инфаркта. — Traffic jams lead to heart attacks.

Декаданс довел его до самоубийства. — Decadence drove him to suicide.

Расследование будет доведено до конца. — The investigation will be brought to a conclusion.

догова́ривать (ся) / договори́ть (ся)

to finish talking (agree on)

	IMPERFECTIVE ASPECT	PERFECTIVE ASPECT
INF.	догова́ривать (ся)	договори́ть (ся)
PRES.	догова́риваю (сь) догова́риваешь (ся) догова́ривает (ся) догова́риваем (ся) догова́риваете (сь) догова́ривают (ся)	
PAST	догова́ривал (ся) догова́ривала (сь) догова́ривало (сь) догова́ривали (сь)	договори́л (ся) договори́ла (сь) договори́ло (сь) договори́ли (сь)
FUT.	бу́ду догова́ривать (ся) бу́дешь догова́ривать (ся) бу́дет догова́ривать (ся) бу́дем догова́ривать (ся) бу́дете догова́ривать (ся) бу́дут догова́ривать (ся)	договорю́ (сь) договори́шь (ся) договори́т (ся) договори́м (ся) договори́те (сь) договоря́т (ся)
COND.	догова́ривал (ся) бы догова́ривала (сь) бы догова́ривало (сь) бы догова́ривали (сь) бы	договори́л (ся) бы договори́ла (сь) бы договори́ло (сь) бы договори́ли (сь) бы
IMP.	догова́ривай (ся) догова́ривайте (сь)	договори́ (сь) договори́те (сь)
	DEVERBALS	
PRES. ACT.	догова́ривающий (ся)	
PRES. PASS.		
PAST ACT.	догова́ривавший (ся)	договори́вший (ся)
PAST PASS.		договорённый договорён, договорена́
VERBAL ADVERB	догова́ривая (сь)	договори́в (шись)

догова́ривать что; догова́риваться с кем о чём, до чего

Вы чего-то не договариваете. — You are not agreeing for some reason.

Не договорившись о цене, они решили не поехать. — Without having agreed to a price, they decided not to go.

Давайте договоримся. — Let's agree.

	IMPERFECTIVE ASPECT	PERFECTIVE ASPECT
INF.	доезжа́ть	дое́хать
PRES.	доезжа́ю доезжа́ешь доезжа́ет доезжа́ем доезжа́ете доезжа́ют	
PAST	доезжа́л доезжа́ла доезжа́ло доезжа́ли	дое́хал дое́хала дое́хало дое́хали
FUT.	бу́ду доезжа́ть бу́дешь доезжа́ть бу́дет доезжа́ть бу́дем доезжа́ть бу́дете доезжа́ть бу́дут доезжа́ть	дое́ду дое́дешь дое́дет дое́дем дое́дете дое́дут
COND.	доезжа́л бы доезжа́ла бы доезжа́ло бы доезжа́ли бы	дое́хал бы дое́хала бы дое́хало бы дое́хали бы
IMP.	доезжа́й доезжа́йте	
	DEVERBALS	
PRES. ACT.	доезжа́ющий	
PRES. PASS.		
PAST ACT.	доезжа́вший	дое́хавший
PAST PASS.		
VERBAL ADVERB	доезжа́я	дое́хав

доезжа́ть до чего

Доезжаем до моста, а потом поворачиваем налево.	Let's drive to the bridge, and then turn left.
Не заплатишь, не доедешь.	If you don't pay, you won't get there.
До кого доехала медицина?	Whom did the medicine reach?

дожида́ться / дожда́ться
to wait for, wait until

	IMPERFECTIVE ASPECT	PERFECTIVE ASPECT
INF.	дожида́ться	дожда́ться
PRES.	дожида́юсь дожида́ешься дожида́ется дожида́емся дожида́етесь дожида́ются	
PAST	дожида́лся дожида́лась дожида́лось дожида́лись	дожда́лся дождала́сь дожда́ло́сь дожда́ли́сь
FUT.	бу́ду дожида́ться бу́дешь дожида́ться бу́дет дожида́ться бу́дем дожида́ться бу́дете дожида́ться бу́дут дожида́ться	дожду́сь дождёшься дождётся дождёмся дождётесь дожду́тся
COND.	дожида́лся бы дожида́лась бы дожида́лось бы дожида́лись бы	дожда́лся бы дождала́сь бы дожда́ло́сь бы дожда́ли́сь бы
IMP.	дожида́йся дожида́йтесь	дожди́сь дожди́тесь
	DEVERBALS	
PRES. ACT.	дожида́ющийся	
PRES. PASS.		
PAST ACT.	дожида́вшийся	дожда́вшийся
PAST PASS.		
VERBAL ADVERB	дожида́ясь	дожда́вшись

дожида́ться кого – чего

Дожидаемся высыхивания клея.	We're waiting for the glue to dry.
Москвичи дождались потепления.	Muscovites waited for it to warm up.
Я тебя дождусь.	I'll wait for you.

	IMPERFECTIVE ASPECT	PERFECTIVE ASPECT
INF.	дополня́ть	допо́лнить
PRES.	дополня́ю дополня́ешь дополня́ет дополня́ем дополня́ете дополня́ют	
PAST	дополня́л дополня́ла дополня́ло дополня́ли	допо́лнил допо́лнила допо́лнило допо́лнили
FUT.	бу́ду дополня́ть бу́дешь дополня́ть бу́дет дополня́ть бу́дем дополня́ть бу́дете дополня́ть бу́дут дополня́ть	допо́лню допо́лнишь допо́лнит допо́лним допо́лните допо́лнят
COND.	дополня́л бы дополня́ла бы дополня́ло бы дополня́ли бы	допо́лнил бы допо́лнила бы допо́лнило бы допо́лнили бы
IMP.	дополня́й дополня́йте	допо́лни допо́лните
	DEVERBALS	
PRES. ACT.	дополня́ющий	
PRES. PASS.	дополня́емый	
PAST ACT.	дополня́вший	допо́лнивший
PAST PASS.		допо́лненный
VERBAL ADVERB	дополня́я	допо́лнив

дополня́ть кого – что

Вы дополняете друг друга.	You complement one another.
Я дополню список.	I will complete the list.
Фирма дополнила серию компьютеров.	The firm supplemented its series of computers.

достава́ть (ся) / доста́ть (ся)
to get, obtain, reach to

	IMPERFECTIVE ASPECT	PERFECTIVE ASPECT
INF.	достава́ть (ся)	доста́ть (ся)
PRES.	достаю́ (сь) достаёшь (ся) достаёт (ся) достаём (ся) достаёте (сь) достаю́т (ся)	
PAST	достава́л (ся) достава́ла (сь) достава́ло (сь) достава́ли (сь)	доста́л (ся) доста́ла (сь) доста́ло (сь) доста́ли (сь)
FUT.	бу́ду достава́ть (ся) бу́дешь достава́ть (ся) бу́дет достава́ть (ся) бу́дем достава́ть (ся) бу́дете достава́ть (ся) бу́дут достава́ть (ся)	доста́ну (сь) доста́нешь (ся) доста́нет (ся) доста́нем (ся) доста́нете (сь) доста́нут (ся)
COND.	достава́л (ся) бы достава́ла (сь) бы достава́ло (сь) бы достава́ли (сь) бы	доста́л (ся) бы доста́ла (сь) бы доста́ло (сь) бы доста́ли (сь) бы
IMP.	достава́й (ся) достава́йте (сь)	доста́нь (ся) доста́ньте (сь)
	DEVERBALS	
PRES. ACT.	достаю́щий (ся)	
PRES. PASS.	достава́емый	
PAST ACT.	достава́вший (ся)	доста́вший (ся)
PAST PASS.		
VERBAL ADVERB	достава́я (ся)	доста́в (шись)

достава́ть что, до чего; достава́ться кому – чему

Я доставляю товары на дом. — I deliver goods to your home.
Старикам не досталось угля. — The elderly didn't get any coal.
Почему они достались не всем, кому нужны? — Why weren't they delivered to everyone who needed them?

	IMPERFECTIVE ASPECT	PERFECTIVE ASPECT
INF.	достигáть	дости́гнуть – дости́чь
PRES.	достигáю достигáешь достигáет достигáем достигáете достигáют	
PAST	достигáл достигáла достигáло достигáли	дости́г дости́гла дости́гло дости́гли
FUT.	бýду достигáть бýдешь достигáть бýдет достигáть бýдем достигáть бýдете достигáть бýдут достигáть	дости́гну дости́гнешь дости́гнет дости́гнем дости́гнете дости́гнут
COND.	достигáл бы достигáла бы достигáло бы достигáли бы	дости́г бы дости́гла бы дости́гло бы дости́гли бы
IMP.	достигáй достигáйте	дости́гни дости́гните
	DEVERBALS	
PRES. ACT.	достигáющий	
PRES. PASS.	достигáемый	
PAST ACT.	достигáвший	дости́гший
PAST PASS.		дости́гнутый
VERBAL ADVERB	достигáя	дости́гнув, дости́гши

достигáть чего

Как вы достигаете своей цели? — How are you achieving your goal?
Они достигли своей квоты. — They reached their quota.
Достигнем, наконец, взаимопонимания. — We will achieve, finally, mutual understanding.

доходи́ть / дойти́
to reach, go as far as

	IMPERFECTIVE ASPECT	PERFECTIVE ASPECT
INF.	доходи́ть	дойти́
PRES.	дохожу́ дохо́дишь дохо́дит дохо́дим дохо́дите дохо́дят	
PAST	доходи́л доходи́ла доходи́ло доходи́ли	дошёл дошла́ дошло́ дошли́
FUT.	бу́ду доходи́ть бу́дешь доходи́ть бу́дет доходи́ть бу́дем доходи́ть бу́дете доходи́ть бу́дут доходи́ть	дойду́ дойдёшь дойдёт дойдём дойдёте дойду́т
COND.	доходи́л бы доходи́ла бы доходи́ло бы доходи́ли бы	дошёл бы дошла́ бы дошло́ бы дошли́ бы
IMP.	доходи́ доходи́те	дойди́ дойди́те
	DEVERBALS	
PRES. ACT.	доходя́щий	
PRES. PASS.		
PAST ACT.	доходи́вший	доше́дший
PAST PASS.		
VERBAL ADVERB	доходя́	дойдя́

дойти́ до кого – чего

Большая часть потерялась, не доходя до потребителя.	A large portion was lost without reaching the consumer.
Я дохожу до причины.	I am getting to the reason.
Женщины дошли до власти.	Women came to power.

	IMPERFECTIVE ASPECT	PERFECTIVE ASPECT
INF.	дра́ться	подра́ться
PRES.	деру́сь дерёшься дерётся дерёмся дерётесь деру́тся	
PAST	дра́лся драла́сь дра́ло́сь дра́ли́сь	подра́лся подрала́сь подра́ло́сь подра́ли́сь
FUT.	бу́ду дра́ться бу́дешь дра́ться бу́дет дра́ться бу́дем дра́ться бу́дете дра́ться бу́дут дра́ться	подеру́сь подерёшься подерётся подерёмся подерётесь подеру́тся
COND.	дра́лся бы драла́сь бы дра́ло́сь бы дра́ли́сь бы	подра́лся бы подрала́сь бы подра́ло́сь бы подра́ли́сь бы
IMP.	дери́сь дери́тесь	подери́сь подери́тесь
	DEVERBALS	
PRES. ACT.	деру́щийся	
PRES. PASS.		
PAST ACT.	дра́вшийся	подра́вшийся
PAST PASS.		
VERBAL ADVERB	деря́сь	подра́вшись

дра́ться с кем – чем за что
The imperfective verb **драть** means ***to tear up.***

За что дерутся девченки? — What are the girls fighting about?
Я дрался на истребителе. — I fought in a fighter plane.
Россияне подрались с иностранцами. — Russians clashed with foreigners.

дрожа́ть / дро́гнуть
to tremble, shiver

	IMPERFECTIVE ASPECT	PERFECTIVE ASPECT
INF.	дрожа́ть	дро́гнуть
PRES.	дрожу́ дрожи́шь дрожи́т дрожи́м дрожи́те дрожа́т	
PAST	дрожа́л дрожа́ла дрожа́ло дрожа́ли	дро́гнул – дро́г дро́гнула – дро́гла дро́гнуло – дро́гло дро́гнули – дро́гли
FUT.	бу́ду дрожа́ть бу́дешь дрожа́ть бу́дет дрожа́ть бу́дем дрожа́ть бу́дете дрожа́ть бу́дут дрожа́ть	дро́гну дро́гнешь дро́гнет дро́гнем дро́гнете дро́гнут
COND.	дрожа́л бы дрожа́ла бы дрожа́ло бы дрожа́ли бы	дро́гнул – дро́г бы дро́гнула – дро́гла бы дро́гнуло – дро́гло бы дро́гнули – дро́гли бы
IMP.	дрожи́ дрожи́те	дро́гни дро́гните
	DEVERBALS	
PRES. ACT.	дрожа́щий	
PRES. PASS.		
PAST ACT.	дрожа́вший	дро́гнувший
PAST PASS.		
VERBAL ADVERB	дрожа́	дро́гнув

дрожа́ть за кого – что
The imperfective verb **дро́гнуть** with past tense form **дро́г, дро́гла** means ***to freeze, be cold.***

Дрожит изображение на мониторе. — The image on the screen is wobbling.

Если дрогнешь, то дрогнут твои товарищи. — If you tremble, your friends will tremble too.

Сколько раз она дрогла до костей. — How often she shivered to the bone.

	IMPERFECTIVE ASPECT	PERFECTIVE ASPECT
INF.	дружи́ть (ся)	подружи́ться
PRES.	дружу́ (сь) дру́жишь (ся) дру́жит (ся) дру́жим (ся) дру́жите (сь) дру́жат (ся)	
PAST	дружи́л (ся) дружи́ла (сь) дружи́ло (сь) дружи́ли (сь)	подружи́лся подружи́лась подружи́лось подружи́лись
FUT.	бу́ду дружи́ть (ся) бу́дешь дружи́ть (ся) бу́дет дружи́ть (ся) бу́дем дружи́ть (ся) бу́дете дружи́ть (ся) бу́дут дружи́ть (ся)	подружу́сь подружи́шься подружи́тся подружи́мся подружи́тесь подружа́тся
COND.	дружи́л (ся) бы дружи́ла (сь) бы дружи́ло (сь) бы дружи́ли (сь) бы	подружи́лся бы подружи́лась бы подружи́лось бы подружи́лись бы
IMP.	дружи́ (сь) дружи́те (сь)	подружи́сь подружи́тесь
	DEVERBALS	
PRES. ACT.	дру́жа́щий (ся)	
PRES. PASS.		
PAST ACT.	дружи́вший (ся)	подружи́вшийся
PAST PASS.		
VERBAL ADVERB	дружа́ (сь)	подружи́вшись

дружи́ть с кем
The perfective form is used only with the reflexive **-ся.**

Даже старики дружат с Интернетом.	Even the elderly are making friends with the Internet.
Нас с тобой подружила Москва.	Moscow brought us together as friends.
Подружимся с новой компьютерной программой.	Let's make friends with the new computer program.

ду́мать / поду́мать
to think, intend

	IMPERFECTIVE ASPECT	PERFECTIVE ASPECT
INF.	ду́мать	поду́мать
PRES.	ду́маю	
	ду́маешь	
	ду́мает	
	ду́маем	
	ду́маете	
	ду́мают	
PAST	ду́мал	поду́мал
	ду́мала	поду́мала
	ду́мало	поду́мало
	ду́мали	поду́мали
FUT.	бу́ду ду́мать	поду́маю
	бу́дешь ду́мать	поду́маешь
	бу́дет ду́мать	поду́мает
	бу́дем ду́мать	поду́маем
	бу́дете ду́мать	поду́маете
	бу́дут ду́мать	поду́мают
COND.	ду́мал бы	поду́мал бы
	ду́мала бы	поду́мала бы
	ду́мало бы	поду́мало бы
	ду́мали бы	поду́мали бы
IMP.	ду́май	поду́май
	ду́майте	поду́майте
	DEVERBALS	
PRES. ACT.	ду́мающий	
PRES. PASS.		
PAST ACT.	ду́мавший	поду́мавший
PAST PASS.		
VERBAL ADVERB	ду́мая	поду́мав

ду́мать о чём, над чём, + infinitive

ду́мать / поду́мать

Examples

Она думает только о себе.
She thinks only of herself.

Подумайте только.
Just think!

Я так и думала.
I thought so.

Думая о том, что я вижу.
Thinking about what I see.

Не пиши, не подумав.
Don't write without thinking.

Подумано — сделано.
No sooner said than done.

Думай как миллиадер.
Think like a billionaire.

Конец ближе, чем мы думали.
The end is closer than we thought.

А ты хорошо подумал?
Have you thought it over well?

Words and expressions related to this verb

Думаю что нет.

Мне думается.

Думай, не думай, а сто рублей деньги.

Думай о других, не только о себе.

И не думано, и не гадано.

дума

думчивый

ду́ть / ду́нуть
to blow

	IMPERFECTIVE ASPECT	PERFECTIVE ASPECT
INF.	ду́ть	ду́нуть
PRES.	ду́ю ду́ешь ду́ет ду́ем ду́ете ду́ют	
PAST	ду́л ду́ла ду́ло ду́ли	ду́нул ду́нула ду́нуло ду́нули
FUT.	бу́ду ду́ть бу́дешь ду́ть бу́дет ду́ть бу́дем ду́ть бу́дете ду́ть бу́дут ду́ть	ду́ну ду́нешь ду́нет ду́нем ду́нете ду́нут
COND.	ду́л бы ду́ла бы ду́ло бы ду́ли бы	ду́нул бы ду́нула бы ду́нуло бы ду́нули бы
IMP.	ду́й ду́йте	ду́нь ду́ньте
	DEVERBALS	
PRES. ACT.	ду́ющий	
PRES. PASS.		
PAST ACT.	ду́вший	ду́нувший
PAST PASS.	ду́тый	
VERBAL ADVERB	ду́я	ду́нув

ду́ть что [glass]

Снова дует ветер перемен.	Once again the wind of change is blowing.
Дуйте в трубочку.	Blow into the tube.
Ветер дунул в паруса.	The wind blew in the sails.

	IMPERFECTIVE ASPECT	PERFECTIVE ASPECT
INF.	дыша́ть	подыша́ть
PRES.	дышу́ ды́шишь ды́шит ды́шим ды́шите ды́шат	
PAST	дыша́л дыша́ла дыша́ло дыша́ли	подыша́л подыша́ла подыша́ло подыша́ли
FUT.	бу́ду дыша́ть бу́дешь дыша́ть бу́дет дыша́ть бу́дем дыша́ть бу́дете дыша́ть бу́дут дыша́ть	подышу́ поды́шишь поды́шит поды́шим поды́шите поды́шат
COND.	дыша́л бы дыша́ла бы дыша́ло бы дыша́ли бы	подыша́л бы подыша́ла бы подыша́ло бы подыша́ли бы
IMP.	дыши́ дыши́те	подыши́ подыши́те
	DEVERBALS	
PRES. ACT.	ды́шащий	
PRES. PASS.		
PAST ACT.	дыша́вший	подыша́вший
PAST PASS.		
VERBAL ADVERB	дыша́	подыша́в

дыша́ть чем, на кого – что

Дышите глубже.	Breathe deeper.
Они дышат друг другу в спину.	They are breathing down each other's back.
Она подышала свежим воздухом.	She took a breath of fresh air.

е́здить – е́хать / пое́хать
to ride, drive, go by vehicle

	MULTIDIRECTIONAL	UNIDIRECTIONAL	PERFECTIVE ASPECT
INF.	е́здить	е́хать	пое́хать
PRES.	е́зжу е́здишь е́здит е́здим е́здите е́здят	е́ду е́дешь е́дет е́дем е́дете е́дут	
PAST	е́здил е́здила е́здило е́здили	е́хал е́хала е́хало е́хали	пое́хал пое́хала пое́хало пое́хали
FUT.	бу́ду е́здить бу́дешь е́здить бу́дет е́здить бу́дем е́здить бу́дете е́здить бу́дут е́здить	бу́ду е́хать бу́дешь е́хать бу́дет е́хать бу́дем е́хать бу́дете е́хать бу́дут е́хать	пое́ду пое́дешь пое́дет пое́дем пое́дете пое́дут
COND.	е́здил бы е́здила бы е́здило бы е́здили бы	е́хал бы е́хала бы е́хало бы е́хали бы	пое́хал бы пое́хала бы пое́хало бы пое́хали бы
IMP.	е́зди е́здите		пое́зжай пое́зжайте
		DEVERBALS	
PRES. ACT.	е́здящий	е́дущий	
PRES. PASS.			
PAST ACT.	е́здивший	е́хавший	пое́хавший
PAST PASS.			
VERBAL ADVERB	е́здя – е́здив	е́хав	пое́хав

Я езжу на новой машине.	I am driving a new car.
Ехали медведи на велосипеде.	Bears were riding bicycles.
Победители поедут в Москву.	The winners will go to Moscow.

	IMPERFECTIVE ASPECT	PERFECTIVE ASPECT
INF.	е́сть	съе́сть
PRES.	е́м е́шь е́ст еди́м еди́те едя́т	
PAST	е́л е́ла е́ло е́ли	съе́л съе́ла съе́ло съе́ли
FUT.	бу́ду е́сть бу́дешь е́сть бу́дет е́сть бу́дем е́сть бу́дете е́сть бу́дут е́сть	съе́м съе́шь съе́ст съеди́м съеди́те съедя́т
COND.	е́л бы е́ла бы е́ло бы е́ли бы	съе́л бы съе́ла бы съе́ло бы съе́ли бы
IMP.	е́шь е́шьте	съе́шь съе́шьте
	DEVERBALS	
PRES. ACT.	едя́щий	
PRES. PASS.		
PAST ACT.	е́вший	съе́вший
PAST PASS.		съе́денный
VERBAL ADVERB	е́вши	съе́в

е́сть кого – что

Кто ест дома, а кто ест на ходу?	Who eats at home, and who eats on the go?
Кошка съела рыбу.	The cat ate the fish.
Съедят ли они китайскую еду?	Will they eat Chinese food?

жале́ть / пожале́ть
to pity, feel sorry for, spare

INF.	жале́ть	пожале́ть
PRES.	жале́ю жале́ешь жале́ет жале́ем жале́ете жале́ют	
PAST	жале́л жале́ла жале́ло жале́ли	пожале́л пожале́ла пожале́ло пожале́ли
FUT.	бу́ду жале́ть бу́дешь жале́ть бу́дет жале́ть бу́дем жале́ть бу́дете жале́ть бу́дут жале́ть	пожале́ю пожале́ешь пожале́ет пожале́ем пожале́ете пожале́ют
COND.	жале́л бы жале́ла бы жале́ло бы жале́ли бы	пожале́л бы пожале́ла бы пожале́ло бы пожале́ли бы
IMP.	жале́й жале́йте	пожале́й пожале́йте
	DEVERBALS	
PRES. ACT.	жале́ющий	
PRES. PASS.	жале́емый	
PAST ACT.	жале́вший	пожале́вший
PAST PASS.		
VERBAL ADVERB	жале́я	пожале́в

жале́ть кого – что (чего), о ком – чём

Кто жалеет, и кого жалеют?	Who feels sorry, and for whom do they feel sorry?
Мать не жалела денег для детей.	The mother didn't grudge money for the children.
Пожалейте женщин.	Have pity on women.

	IMPERFECTIVE ASPECT	PERFECTIVE ASPECT
INF.	жа́ловаться	пожа́ловаться
PRES.	жа́луюсь жа́луешься жа́луется жа́луемся жа́луетесь жа́луются	
PAST	жа́ловался жа́ловалась жа́ловалось жа́ловались	пожа́ловался пожа́ловалась пожа́ловалось пожа́ловались
FUT.	бу́ду жа́ловаться бу́дешь жа́ловаться бу́дет жа́ловаться бу́дем жа́ловаться бу́дете жа́ловаться бу́дут жа́ловаться	пожа́луюсь пожа́луешься пожа́луется пожа́луемся пожа́луетесь пожа́луются
COND.	жа́ловался бы жа́ловалась бы жа́ловалось бы жа́ловались бы	пожа́ловался бы пожа́ловалась бы пожа́ловалось бы пожа́ловались бы
IMP.	жа́луйся жа́луйтесь	пожа́луйся пожа́луйтесь
	DEVERBALS	
PRES. ACT.	жа́лующийся	
PRES. PASS.		
PAST ACT.	жа́ловавшийся	пожа́ловавшийся
PAST PASS.		
VERBAL ADVERB	жа́луясь	пожа́ловавшись

жа́ловаться кому на кого – что

На жизнь не жалуюсь.	I am not complaining about life.
Жалуйтесь администратору.	Complain to the administrator.
Активисты пожаловались мэру города.	The activists complained to the city mayor.

жа́рить / зажа́рить
to roast, fry, cook

	IMPERFECTIVE ASPECT	PERFECTIVE ASPECT
INF.	жа́рить	зажа́рить
PRES.	жа́рю жа́ришь жа́рит жа́рим жа́рите жа́рят	
PAST	жа́рил жа́рила жа́рило жа́рили	зажа́рил зажа́рила зажа́рило зажа́рили
FUT.	бу́ду жа́рить бу́дешь жа́рить бу́дет жа́рить бу́дем жа́рить бу́дете жа́рить бу́дут жа́рить	зажа́рю зажа́ришь зажа́рит зажа́рим зажа́рите зажа́рят
COND.	жа́рил бы жа́рила бы жа́рило бы жа́рили бы	зажа́рил бы зажа́рила бы зажа́рило бы зажа́рили бы
IMP.	жа́рь жа́рьте	зажа́рь зажа́рьте
	DEVERBALS	
PRES. ACT.	жа́рящий	
PRES. PASS.		
PAST ACT.	жа́ривший	зажа́ривший
PAST PASS.	жа́ренный	зажа́ренный
VERBAL ADVERB	жа́ря	зажа́рив

жа́рить кого – что
Another perfective verb is **изжа́рить.**

На юге жарит, на севере льет.	It's roasting hot in the south, pouring in the north.
Вчера она жарила колбаски.	Yesterday she grilled sausages.
Зажарили самую длинную сосиску в мире.	They cooked the longest sausage in the world.

	IMPERFECTIVE ASPECT	PERFECTIVE ASPECT
INF.	жа́ть	пожа́ть
PRES.	хму́ жмёшь жмёт жмём жмёте жму́т	
PAST	жа́л жа́ла жа́ло жа́ли	пожа́л пожа́ла пожа́ло пожа́ли
FUT.	бу́ду жа́ть бу́дешь жа́ть бу́дет жа́ть бу́дем жа́ть бу́дете жа́ть бу́дут жа́ть	пожму́ пожмёшь пожмёт пожмём пожмёте пожму́т
COND.	жа́л бы жа́ла бы жа́ло бы жа́ли бы	пожа́л бы пожа́ла бы пожа́ло бы пожа́ли бы
IMP.	жми́ жми́те	пожми́ пожми́те
		DEVERBALS
PRES. ACT.	жму́щий	
PRES. PASS.		
PAST ACT.	жа́вший	пожа́вший
PAST PASS.		пожа́тый
VERBAL ADVERB	жа́вши	пожа́в

жа́ть кого – что; жа́ть кому руку shake someone's hand
The verbal pair **сжима́ть / сжа́ть** also means ***to press, squeeze.***

Новые туфли не жмут.	The new shoes are not too tight.
Жми руку человеку, сделавшему это чудо.	Shake the hand of the man who performed this miracle.
Они пожали друг другу руки.	They shook each other's hands.

жа́ть / сжа́ть
to reap, cut

	IMPERFECTIVE ASPECT	PERFECTIVE ASPECT
INF.	жа́ть	сжа́ть
PRES.	жну́ жнёшь жнёт жнём жнёте жну́т	
PAST	жа́л жа́ла жа́ло жа́ли	сжа́л сжа́ла сжа́ло сжа́ли
FUT.	бу́ду жа́ть бу́дешь жа́ть бу́дет жа́ть бу́дем жа́ть бу́дете жа́ть бу́дут жа́ть	сожну́ сожнёшь сожнёт сожнём сожнёте сожну́т
COND.	жа́л бы жа́ла бы жа́ло бы жа́ли бы	сжа́л бы сжа́ла бы сжа́ло бы сжа́ли бы
IMP.	жни́ жни́те	сожни́ сожни́те
	DEVERBALS	
PRES. ACT.	жну́щий	
PRES. PASS.		
PAST ACT.	жа́вший	сжа́вший
PAST PASS.	жа́тый	сжа́тый
VERBAL ADVERB	жа́вши	сжа́в

жа́ть что

Одни сеют, другие жнут.	Some sow, others reap.
Поле сжали небольшое.	The field they harvested was not large.
Скоро люди сожнут рожь.	Soon people will harvest the rye.

	IMPERFECTIVE ASPECT	PERFECTIVE ASPECT
INF.	жда́ть	подожда́ть
PRES.	жду́ ждёшь ждёт ждём ждёте жду́т	
PAST	жда́л ждала́ жда́ло жда́ли	подожда́л подождала́ подожда́ло подожда́ли
FUT.	бу́ду жда́ть бу́дешь жда́ть бу́дет жда́ть бу́дем жда́ть бу́дете жда́ть бу́дут жда́ть	подожду́ подождёшь подождёт подождём подождёте подожду́т
COND.	жда́л бы ждала́ бы жда́ло бы жда́ли бы	подожда́л бы подождала́ бы подожда́ло бы подожда́ли бы
IMP.	жди́ жди́те	подожди́ подожди́те
	DEVERBALS	
PRES. ACT.	жду́щий	
PRES. PASS.		
PAST ACT.	жда́вший	подожда́вший
PAST PASS.		
VERBAL ADVERB	жда́вши	подожда́в

жда́ть кого – что, кого – чего

жда́ть / подожда́ть

Examples

Ждём ребенка.
We are expecting a child.

Я не уйду, я тебя подожду.
I won't leave; I'll wait for you.

Подождал бы я.
I should have waited.

Подождав десять минут, нажать на кнопку.
Wait ten minutes, then press the button.

Зимы ждала, ждала природа.
Nature waited and waited for winter.

Жди меня, и я вернусь.
Wait for me, and I'll return.

Ее ждут трудности дома.
Difficulties await her at home.

Мы подождали до утра.
We waited until morning.

Words and expressions related to this verb

Век жить, век ждать.

Есть чего ждать, коли есть с кем ждать.

Жди меня и я вернусь.

Нежданый гость лучше жданого.

жданый

ожидание

	IMPERFECTIVE ASPECT	PERFECTIVE ASPECT
INF.	жела́ть	пожела́ть
PRES.	жела́ю жела́ешь жела́ет жела́ем жела́ете жела́ют	
PAST	жела́л жела́ла жела́ло жела́ли	пожела́л пожела́ла пожела́ло пожела́ли
FUT.	бу́ду жела́ть бу́дешь жела́ть бу́дет жела́ть бу́дем жела́ть бу́дете жела́ть бу́дут жела́ть	пожела́ю пожела́ешь пожела́ет пожела́ем пожела́ете пожела́ют
COND.	жела́л бы жела́ла бы жела́ло бы жела́ли бы	пожела́л бы пожела́ла бы пожела́ло бы пожела́ли бы
IMP.	жела́й жела́йте	пожела́й пожела́йте
	DEVERBALS	
PRES. ACT.	жела́ющий	
PRES. PASS.	жела́емый	
PAST ACT.	жела́вший	пожела́вший
PAST PASS.		
VERBAL ADVERB	жела́я	пожела́в

жела́ть кому кого – чего, + infinitive or **чтобы**

Желаю тебе удачи.	I wish you good luck.
Сто лет я всем желала добра.	For a hundred years I wished them all good fortune.
Всем пожелали успеха.	They wished them all success.

жени́ть (ся) / пожени́ть (ся)

to marry [said of a man] / (said of a couple)

	IMPERFECTIVE ASPECT	PERFECTIVE ASPECT
INF.	жени́ть (ся)	пожени́ть (ся)
PRES.	женю́ (сь) же́нишь (ся) же́нит (ся) же́ним (ся) же́ните (сь) же́нят (ся)	
PAST	жени́л (ся) жени́ла (сь) жени́ло (сь) жени́ли (сь)	пожени́л пожени́ла пожени́ло пожени́ли (сь)
FUT.	бу́ду жени́ть (ся) бу́дешь жени́ть (ся) бу́дет жени́ть (ся) бу́дем жени́ть (ся) бу́дете жени́ть (ся) бу́дут жени́ть (ся)	поженю́ поже́нишь поже́нит поже́ним (ся) поже́ните (сь) поже́нят (ся)
COND.	жени́л (ся) бы жени́ла (сь) бы жени́ло (сь) бы жени́ли (сь) бы	пожени́л бы пожени́ла бы пожени́ло бы пожени́ли (сь) бы
IMP.	жени́ (сь) жени́те (сь)	пожени́ пожени́те (сь)
	DEVERBALS	
PRES. ACT.	же́нящий (ся)	
PRES. PASS.		
PAST ACT.	жени́вший (ся)	пожени́вший (ся)
PAST PASS.		поже́ненный
VERBAL ADVERB	женя́ (сь) – жени́в (шись)	пожени́в (шись)

жени́ть кого на ком
жени́ться на ком*—to marry [said of a man];* **пожениться***—to get married [said of a couple]*

Ты почему не женишься?	Why don't you get married?
Их поженил священник.	They were married by a priest.
Они поженились и у них было много детей.	They married and they had many children.

	IMPERFECTIVE ASPECT	PERFECTIVE ASPECT
INF.	же́чь (ся)	сже́чь (ся)
PRES.	жгу́ (сь)	
	жжёшь (ся)	
	жжёт (ся)	
	жжём (ся)	
	жжёте (сь)	
	жгу́т (ся)	
PAST	жёг (ся)	сжёг (ся)
	жгла́ (сь)	сожгла́ (сь)
	жгло́ (сь)	сожгло́ (сь)
	жгли́ (сь)	сожгли́ (сь)
FUT.	бу́ду же́чь (ся)	сожгу́ (сь)
	бу́дешь же́чь (ся)	сожжёшь (ся)
	бу́дет же́чь (ся)	сожжёт (ся)
	бу́дем же́чь (ся)	сожжём (ся)
	бу́дете же́чь (ся)	сожжёте (сь)
	бу́дут же́чь (ся)	сожгу́т (ся)
COND.	жёг (ся) бы	сжёг (ся) бы
	жгла́ (сь) бы	сожгла́ (сь) бы
	жгло́ (сь) бы	сожгло́ (сь) бы
	жгли́ (сь) бы	сожгли́ (сь) бы
IMP.	жги́ (сь)	сожги́ (сь)
	жги́те (сь)	сожги́те (сь)
	DEVERBALS	
PRES. ACT.	жгу́щий (ся)	
PRES. PASS.		
PAST ACT.	жёгший (ся)	сжёгший (ся)
PAST PASS.		сожжённый
		сожжён, сожжена́
VERBAL ADVERB		сжёгши (сь)

жечь кого – что
The pair **сжига́ть / сже́чь** also means ***to burn.***

В городе жгут автомобили.	They are burning cars in the city.
Мысль жгла его сердце.	The thought seared his heart.
Все калории сожглись.	All the calories were burned up.

жи́ть / пожи́ть
to live

	IMPERFECTIVE ASPECT	PERFECTIVE ASPECT
INF.	жи́ть	пожи́ть
PRES.	живу́ живёшь живёт живём живёте живу́т	
PAST	жи́л жила́ жи́ло жи́ли	по́жил пожила́ по́жило по́жили
FUT.	бу́ду жи́ть бу́дешь жи́ть бу́дет жи́ть бу́дем жи́ть бу́дете жи́ть бу́дут жи́ть	поживу́ поживёшь поживёт поживём поживёте поживу́т
COND.	жи́л бы жила́ бы жи́ло бы жи́ли бы	по́жил бы пожила́ бы по́жило бы по́жили бы
IMP.	живи́ живи́те	поживи́ поживи́те
	DEVERBALS	
PRES. ACT.	живу́щий	
PRES. PASS.		
PAST ACT.	жи́вший	пожи́вший
PAST PASS.		пожи́тый по́жит, пожита́, по́жито
VERBAL ADVERB	живя́	пожи́в

жи́ть с кем – чем, кем – чем на что
The negated past tense forms are **не́ жил, не жила́, не́ жило, не́ жили.**

Зачем вы живете?	What are you living for?
Живите счастливо.	Live happily.
Наши родители хорошо пожили.	Our parents lived a good life.

	IMPERFECTIVE ASPECT	PERFECTIVE ASPECT
INF.	заболева́ть	заболе́ть
PRES.	заболева́ю заболева́ешь заболева́ет заболева́ем заболева́ете заболева́ют	
PAST	заболева́л заболева́ла заболева́ло заболева́ли	заболе́л заболе́ла заболе́ло заболе́ли
FUT.	бу́ду заболева́ть бу́дешь заболева́ть бу́дет заболева́ть бу́дем заболева́ть бу́дете заболева́ть бу́дут заболева́ть	заболе́ю заболе́ешь заболе́ет заболе́ем заболе́ете заболе́ют
COND.	заболева́л бы заболева́ла бы заболева́ло бы заболева́ли бы	заболе́л бы заболе́ла бы заболе́ло бы заболе́ли бы
IMP.	заболева́й заболева́йте	
	DEVERBALS	
PRES. ACT.	заболева́ющий	
PRES. PASS.		
PAST ACT.	заболева́вший	заболе́вший
PAST PASS.		
VERBAL ADVERB	заболева́я	заболе́в

заболева́ть чем

Чувствую, что заболеваю.	I feel that I am getting sick.
В деревне заболевали тяжелой депрессией.	In the countryside they suffered from serious depression.
Если заболеют, необходимо покупать им лекарства.	If they get sick, you have to buy them medicine.

забыва́ть (ся) / забы́ть (ся)

to forget (doze off, lose consciousness, forget oneself)

	IMPERFECTIVE ASPECT	PERFECTIVE ASPECT
INF.	забыва́ть (ся)	забы́ть (ся)
PRES.	забыва́ю (сь) забыва́ешь (ся) забыва́ет (ся) забыва́ем (ся) забыва́ете (сь) забыва́ют (ся)	
PAST	забыва́л (ся) забыва́ла (сь) забыва́ло (сь) забыва́ли (сь)	забы́л (ся) забы́ла (сь) забы́ло (сь) забы́ли (сь)
FUT.	бу́ду забыва́ть (ся) бу́дешь забыва́ть (ся) бу́дет забыва́ть (ся) бу́дем забыва́ть (ся) бу́дете забыва́ть (ся) бу́дут забыва́ть (ся)	забу́ду (сь) забу́дешь (ся) забу́дет (ся) забу́дем (ся) забу́дете (сь) забу́дут (ся)
COND.	забыва́л (ся) бы забыва́ла (сь) бы забыва́ло (сь) бы забыва́ли (сь) бы	забы́л (ся) бы забы́ла (сь) бы забы́ло (сь) бы забы́ли (сь) бы
IMP.	забыва́й (ся) забыва́йте (сь)	забу́дь (ся) забу́дьте (сь)
	DEVERBALS	
PRES. ACT.	забыва́ющий (ся)	
PRES. PASS.	забыва́емый	
PAST ACT.	забыва́вший (ся)	забы́вший (ся)
PAST PASS.		забы́тый
VERBAL ADVERB	забыва́я	забы́в (шись)

забыва́ть кого – что, о ком – чём

забыва́ть (ся) / забы́ть (ся)

Examples

Никто не забыт, ничто не забыто.
No one is forgotten, nothing is forgotten.

Я все забываю спросить у Миши.
I keep forgetting to ask Misha.

Давайте забудем о политике.
Let's forget about politics.

Все прощается, все забывается.
All is forgiven, all is forgotten.

Не забудь сдать декларацию.
Don't forget to hand in your declaration.

Забыв название гостиницы, она потерялась.
Having forgotten the name of the hotel, she got lost.

Не забывайте нас.
Don't forget us.

Я тебя никогда не забуду.
I will never forget you.

Выпал снег — и все забылось.
It snowed — and all was forgotten.

Words and expressions related to this verb

Дело делай, а правды не забывай.

Жив буду, не забуду.

Я больше забыл, чем ты знаешь.

Дело это как–то забылось.

забытый

забывчивий

забытьё

зави́довать / позави́довать
to envy

	IMPERFECTIVE ASPECT	PERFECTIVE ASPECT
INF.	зави́довать	позави́довать
PRES.	зави́дую зави́дуешь зави́дует зави́дуем зави́дуете зави́дуют	
PAST	зави́довал зави́довала зави́довало зави́довали	позави́довал позави́довала позави́довало позави́довали
FUT.	бу́ду зави́довать бу́дешь зави́довать бу́дет зави́довать бу́дем зави́довать бу́дете зави́довать бу́дут зави́довать	позави́дую позави́дуешь позави́дует позави́дуем позави́дуете позави́дуют
COND.	зави́довал бы зави́довала бы зави́довало бы зави́довали бы	позави́довал бы позави́довала бы позави́довало бы позави́довали бы
IMP.	зави́дуй зави́дуйте	позави́дуй позави́дуйте
	DEVERBALS	
PRES. ACT.	зави́дующий	
PRES. PASS.		
PAST ACT.	зави́довавший	позави́довавший
PAST PASS.		
VERBAL ADVERB	зави́дуя	позави́довав

зави́довать кому – чему

Мы все ему завидуем. — All of us envy him.
Не завидуйте поэту. — Do not envy the poet.
Его кухне позавидовали многие хозяйки. — Many housewives envied his cooking.

	IMPERFECTIVE ASPECT	PERFECTIVE ASPECT
INF.	зави́сеть	
PRES.	зави́шу зави́сишь зави́сит зави́сим зави́сите зави́сят	
PAST	зави́сел зави́села зави́село зави́сели	
FUT.	бу́ду зави́сеть бу́дешь зави́сеть бу́дет зави́сеть бу́дем зави́сеть бу́дете зави́сеть бу́дут зави́сеть	
COND.	зави́сел бы зави́села бы зави́село бы зави́сели бы	
IMP.		

DEVERBALS

PRES. ACT.	зави́сящий	
PRES. PASS.		
PAST ACT.	зави́севший	
PAST PASS.		
VERBAL ADVERB	зави́ся	

зави́сеть от кого – чего

Выбор решения зависит от цели. — The choice of a decision depends on the goal.

Успехи и неудачи зависят от экономики. — Successes and failures depend on the economy.

Не все зависело от меня. — Not everything depended on me.

завоёвывать / завоева́ть
to conquer, win, gain

	IMPERFECTIVE ASPECT	PERFECTIVE ASPECT
INF.	завоёвывать	завоева́ть
PRES.	завоёвываю завоёвываешь завоёвывает завоёвываем завоёвываете завоёвывают	
PAST	завоёвывал завоёвывала завоёвывало завоёвывали	завоева́л завоева́ла завоева́ло завоева́ли
FUT.	бу́ду завоёвывать бу́дешь завоёвывать бу́дет завоёвывать бу́дем завоёвывать бу́дете завоёвывать бу́дут завоёвывать	завою́ю завою́ешь завою́ет завою́ем завою́ете завою́ют
COND.	завоёвывал бы завоёвывала бы завоёвывало бы завоёвывали бы	завоева́л бы завоева́ла бы завоева́ло бы завоева́ли бы
IMP.	завоёвывай завоёвывайте	завою́й завою́йте
	DEVERBALS	
PRES. ACT.	завоёвывающий	
PRES. PASS.	завоёвываемый	
PAST ACT.	завоёвывавший	завоева́вший
PAST PASS.		завоёванный
VERBAL ADVERB	завоёвывая	завоева́в

завоёвывать кого – что

Интернет завоевывает Россию. — The Internet is conquering Russia.
Спортсмены завоевали 8 медалей. — The athletes won 8 medals.
Я тебя завоюю. — I will win you over.

	IMPERFECTIVE ASPECT	PERFECTIVE ASPECT
INF.	за́втракать	поза́втракать
PRES.	за́втракаю за́втракаешь за́втракает за́втракаем за́втракаете за́втракают	
PAST	за́втракал за́втракала за́втракало за́втракали	поза́втракал поза́втракала поза́втракало поза́втракали
FUT.	бу́ду за́втракать бу́дешь за́втракать бу́дет за́втракать бу́дем за́втракать бу́дете за́втракать бу́дут за́втракать	поза́втракаю поза́втракаешь поза́втракает поза́втракаем поза́втракаете поза́втракают
COND.	за́втракал бы за́втракала бы за́втракало бы за́втракали бы	поза́втракал бы поза́втракала бы поза́втракало бы поза́втракали бы
IMP.	за́втракай за́втракайте	поза́втракай поза́втракайте
	DEVERBALS	
PRES. ACT.	за́втракающий	
PRES. PASS.		
PAST ACT.	за́втракавший	поза́втракавший
PAST PASS.		
VERBAL ADVERB	за́втракая	поза́втракав

Завтракай правильно.	Eat a good breakfast.
Акула позавтракала спортсменом.	The shark breakfasted on the athlete.
Не уходите из дома, не позавтракав.	Don't leave home without having had breakfast.

загова́ривать (ся) / заговори́ть (ся)
to talk someone else's head off, bewitch (rave on) / begin talking

	IMPERFECTIVE ASPECT	PERFECTIVE ASPECT
INF.	загова́ривать (ся)	заговори́ть (ся)
PRES.	загова́риваю (сь) загова́риваешь (ся) загова́ривает (ся) загова́риваем (ся) загова́риваете (сь) загова́ривают (ся)	
PAST	загова́ривал (ся) загова́ривала (сь) загова́ривало (сь) загова́ривали (сь)	заговори́л (ся) заговори́ла (сь) заговори́ло (сь) заговори́ли (сь)
FUT.	бу́ду загова́ривать (ся) бу́дешь загова́ривать (ся) бу́дет загова́ривать (ся) бу́дем загова́ривать (ся) бу́дете загова́ривать (ся) бу́дут загова́ривать (ся)	заговорю́ (сь) заговори́шь (ся) заговори́т (ся) заговори́м (ся) заговори́те (сь) заговоря́т (ся)
COND.	загова́ривал (ся) бы загова́ривала (сь) бы загова́ривало (сь) бы загова́ривали (сь) бы	заговори́л (ся) бы заговори́ла (сь) бы заговори́ло (сь) бы заговори́ли (сь) бы
IMP.	загова́ривай (ся) загова́ривайте (сь)	заговори́ (сь) заговори́те (сь)
	DEVERBALS	
PRES. ACT.	загова́ривающий (ся)	
PRES. PASS.	загова́риваемый	
PAST ACT.	загова́ривавший (ся)	заговори́вший (ся)
PAST PASS.		заговорённый заговорён, заговорена́
VERBAL ADVERB	загова́ривая (ся)	заговори́в (шись)

загова́ривать кого – что

Что ты мне зубы заговариваешь? — Why are you trying to sweet-talk me?

В Думе заговорили о новом законе. — In the Duma they began discussing a new law.

Мы заговорились и опоздали. — We talked on and on and were late.

	IMPERFECTIVE ASPECT	PERFECTIVE ASPECT
INF.	загора́ть (ся)	загоре́ть (ся)
PRES.	загора́ю (сь) загора́ешь (ся) загора́ет (ся) загора́ем (ся) загора́ете (сь) загора́ют (ся)	
PAST	загора́л (ся) загора́ла (сь) загора́ло (сь) загора́ли (сь)	загоре́л (ся) загоре́ла (сь) загоре́ло (сь) загоре́ли (сь)
FUT.	бу́ду загора́ть (ся) бу́дешь загора́ть (ся) бу́дет загора́ть (ся) бу́дем загора́ть (ся) бу́дете загора́ть (ся) бу́дут загора́ть (ся)	загорю́ (сь) загори́шь (ся) загори́т (ся) загори́м (ся) загори́те (сь) загоря́т (ся)
COND.	загора́л (ся) бы загора́ла (сь) бы загора́ло (сь) бы загора́ли (сь) бы	загоре́л (ся) бы загоре́ла (сь) бы загоре́ло (сь) бы загоре́ли (сь) бы
IMP.	загора́й (ся) загора́йте (сь)	загори́ (сь) загори́те (сь)
	DEVERBALS	
PRES. ACT.	загора́ющий (ся)	
PRES. PASS.		
PAST ACT.	загора́вший (ся)	загоре́вший (ся)
PAST PASS.		
VERBAL ADVERB	загора́я (сь)	загоре́в (шись)

На пляже загорает семья. — The family is sunbathing at the beach.

Много купалась и даже первый раз в жизни загорела. — I swam a lot and even got a suntan for the first time in my life.

Каждый вечер загорались свечи. — Candles were lit each evening.

задава́ть / зада́ть
to assign, give

	IMPERFECTIVE ASPECT	PERFECTIVE ASPECT
INF.	задава́ть	зада́ть
PRES.	задаю́ задаёшь задаёт задаём задаёте задаю́т	
PAST	задава́л задава́ла задава́ло задава́ли	за́дал задала́ за́дало за́дали
FUT.	бу́ду задава́ть бу́дешь задава́ть бу́дет задава́ть бу́дем задава́ть бу́дете задава́ть бу́дут задава́ть	зада́м зада́шь зада́ст задади́м задади́те зададу́т
COND.	задава́л бы задава́ла бы задава́ло бы задава́ли бы	за́дал бы задала́ бы за́дало бы за́дали бы
IMP.	задава́й задава́йте	зада́й зада́йте
	DEVERBALS	
PRES. ACT.	задаю́щий	
PRES. PASS.	задава́емый	
PAST ACT.	задава́вший	зада́вший
PAST PASS.		за́данный, за́дан, задана́, за́дано
VERBAL ADVERB	задава́я	зада́в

задава́ть что кому – чему

Мне часто задают этот вопрос.	I am often asked that question.
Почему они задавали так много вопросов?	Why did they ask so many questions?
Я задам только минимальную цену.	I'll set only the minimum price.

	IMPERFECTIVE ASPECT	PERFECTIVE ASPECT
INF.	заезжа́ть	зае́хать
PRES.	заезжа́ю	
	заезжа́ешь	
	заезжа́ет	
	заезжа́ем	
	заезжа́ете	
	заезжа́ют	
PAST	заезжа́л	зае́хал
	заезжа́ла	зае́хала
	заезжа́ло	зае́хало
	заезжа́ли	зае́хали
FUT.	бу́ду заезжа́ть	зае́ду
	бу́дешь заезжа́ть	зае́дешь
	бу́дет заезжа́ть	зае́дет
	бу́дем заезжа́ть	зае́дем
	бу́дете заезжа́ть	зае́дете
	бу́дут заезжа́ть	зае́дут
COND.	заезжа́л бы	зае́хал бы
	заезжа́ла бы	зае́хала бы
	заезжа́ло бы	зае́хало бы
	заезжа́ли бы	зае́хали бы
IMP.	заезжа́й	
	заезжа́йте	
	DEVERBALS	
PRES. ACT.	заезжа́ющий	
PRES. PASS.		
PAST ACT.	заезжа́вший	зае́хавший
PAST PASS.		
VERBAL ADVERB	заезжа́я	зае́хав

заезжа́ть за кем – чем, к кому, во что

Заезжай лучше ко мне.	You had better drive over to my place.
Вы совсем туда не заехали.	You drove the wrong way.
На каких авто мы заедем?	Which cars will we go in?

зака́зывать / заказа́ть
to order, reserve

	IMPERFECTIVE ASPECT	PERFECTIVE ASPECT
INF.	зака́зывать	заказа́ть
PRES.	зака́зываю зака́зываешь зака́зывает зака́зываем зака́зываете зака́зывают	
PAST	зака́зывал зака́зывала зака́зывало зака́зывали	заказа́л заказа́ла заказа́ло заказа́ли
FUT.	бу́ду зака́зывать бу́дешь зака́зывать бу́дет зака́зывать бу́дем зака́зывать бу́дете зака́зывать бу́дут зака́зывать	закажу́ зака́жешь зака́жет зака́жем зака́жете зака́жут
COND.	зака́зывал бы зака́зывала бы зака́зывало бы зака́зывали бы	заказа́л бы заказа́ла бы заказа́ло бы заказа́ли бы
IMP.	зака́зывай зака́зывайте	закажи́ закажи́те
	DEVERBALS	
PRES. ACT.	зака́зывающий	
PRES. PASS.	зака́зываемый	
PAST ACT.	зака́зывавший	заказа́вший
PAST PASS.		зака́занный
VERBAL ADVERB	зака́зывая	заказа́в

зака́зывать что

Почему заказываю книги в Интернете? — Why do I order books on the Internet?
Мы заказали хорошую погоду. — We ordered good weather.
Для театра заказана новая пьеса. — A new play was ordered for the theater.

	IMPERFECTIVE ASPECT	PERFECTIVE ASPECT
INF.	зака́нчивать (ся)	зако́нчить (ся)
PRES.	зака́нчиваю зака́нчиваешь зака́нчивает (ся) зака́нчиваем зака́нчиваете зака́нчивают (ся)	
PAST	зака́нчивал (ся) зака́нчивала (сь) зака́нчивало (сь) зака́нчивали (сь)	зако́нчил (ся) зако́нчила (сь) зако́нчило (сь) зако́нчили (сь)
FUT.	бу́ду зака́нчивать бу́дешь зака́нчивать бу́дет зака́нчивать (ся) бу́дем зака́нчивать бу́дете зака́нчивать бу́дут зака́нчивать (ся)	зако́нчу зако́нчишь зако́нчит (ся) зако́нчим зако́нчите зако́нчат (ся)
COND.	зака́нчивал (ся) бы зака́нчивала (сь) бы зака́нчивало (сь) бы зака́нчивали (сь) бы	зако́нчил (ся) бы зако́нчила (сь) бы зако́нчило (сь) бы зако́нчили (сь) бы
IMP.	зака́нчивай зака́нчивайте	зако́нчи зако́нчите
	DEVERBALS	
PRES. ACT.	зака́нчивающий (ся)	
PRES. PASS.	зака́нчиваемый	
PAST ACT.	зака́нчивавший (ся)	зако́нчивший (ся)
PAST PASS.		зако́нченный
VERBAL ADVERB	зака́нчивая (сь)	зако́нчив (шись)

зака́нчивать что

Когда вы заканчиваете сезон? — When do you finish the season?
На этом я закончу. — I will stop here.
Матч закончился вничью. — The game ended in a tie.

заключа́ть (ся) / заключи́ть (ся)

to conclude, end, imprison (consist of)

	IMPERFECTIVE ASPECT	PERFECTIVE ASPECT
INF.	заключа́ть (ся)	заключи́ть (ся)
PRES.	заключа́ю (сь) заключа́ешь (ся) заключа́ет (ся) заключа́ем (ся) заключа́ете (сь) заключа́ют (ся)	
PAST	заключа́л (ся) заключа́ла (сь) заключа́ло (сь) заключа́ли (сь)	заключи́л (ся) заключи́ла (сь) заключи́ло (сь) заключи́ли (сь)
FUT.	бу́ду заключа́ть (ся) бу́дешь заключа́ть (ся) бу́дет заключа́ть (ся) бу́дем заключа́ть (ся) бу́дете заключа́ть (ся) бу́дут заключа́ть (ся)	заключу́ (сь) заключи́шь (ся) заключи́т (ся) заключи́м (ся) заключи́те (сь) заключа́т (ся)
COND.	заключа́л (ся) бы заключа́ла (сь) бы заключа́ло (сь) бы заключа́ли (сь) бы	заключи́л (ся) бы заключи́ла (сь) бы заключи́ло (сь) бы заключи́ли (сь) бы
IMP.	заключа́й (ся) заключа́йте (сь)	заключи́ (сь) заключи́те (сь)
	DEVERBALS	
PRES. ACT.	заключа́ющий (ся)	
PRES. PASS.	заключа́емый	
PAST ACT.	заключа́вший (ся)	заключи́вший (ся)
PAST PASS.		заключённый
VERBAL ADVERB	заключа́я	заключи́в (шись)

заключа́ть что чем, кого – что во что; заключа́ться в чём, чем

Заключайте договор, и живите спокойно. — Conclude a treaty, and live in peace.
Они заключили контракт на два года. — They concluded a contract for two years.
В чем могут заключаться ошибки? — What could the errors consist of?

	IMPERFECTIVE ASPECT	PERFECTIVE ASPECT
INF.	закрыва́ть (ся)	закры́ть (ся)
PRES.	закрыва́ю (сь) закрыва́ешь (ся) закрыва́ет (ся) закрыва́ем (ся) закрыва́ете (сь) закрыва́ют (ся)	
PAST	закрыва́л (ся) закрыва́ла (сь) закрыва́ло (сь) закрыва́ли (сь)	закры́л (ся) закры́ла (сь) закры́ло (сь) закры́ли (сь)
FUT.	бу́ду закрыва́ть (ся) бу́дешь закрыва́ть (ся) бу́дет закрыва́ть (ся) бу́дем закрыва́ть (ся) бу́дете закрыва́ть (ся) бу́дут закрыва́ть (ся)	закро́ю (ся) закро́ешь (ся) закро́ет (ся) закро́ем (ся) закро́ете (сь) закро́ют (ся)
COND.	закрыва́л (ся) бы закрыва́ла (сь) бы закрыва́ло (сь) бы закрыва́ли (сь) бы	закры́л (ся) бы закры́ла (сь) бы закры́ло (сь) бы закры́ли (сь) бы
IMP.	закрыва́й (ся) закрыва́йте (сь)	закро́й (ся) закро́йте (сь)
	DEVERBALS	
PRES. ACT.	закрыва́ющий (ся)	
PRES. PASS.	закрыва́емый	
PAST ACT.	закрыва́вший (ся)	закры́вший (ся)
PAST PASS.		закры́тый
VERBAL ADVERB	закрыва́я (сь)	закры́в (шись)

закрыва́ть кого – что

Я не закрываю глаз.	I can't close my eyes.
Закроем двери и обсудим.	Let's close the doors and discuss it.
Закрылись индексы разнонаправлено.	The indexes closed mixed.

заменя́ть / замени́ть

to replace, take the place of

	IMPERFECTIVE ASPECT	PERFECTIVE ASPECT
INF.	заменя́ть	замени́ть
PRES.	заменя́ю заменя́ешь заменя́ет заменя́ем заменя́ете заменя́ют	
PAST	заменя́л заменя́ла заменя́ло заменя́ли	замени́л замени́ла замени́ло замени́ли
FUT.	бу́ду заменя́ть бу́дешь заменя́ть бу́дет заменя́ть бу́дем заменя́ть бу́дете заменя́ть бу́дут заменя́ть	заменю́ заме́нишь заме́нит заме́ним заме́ните заме́нят
COND.	заменя́л бы заменя́ла бы заменя́ло бы заменя́ли бы	замени́л бы замени́ла бы замени́ло бы замени́ли бы
IMP.	заменя́й заменя́йте	замени́ замени́те
	DEVERBALS	
PRES. ACT.	заменя́ющий	
PRES. PASS.	заменя́емый	
PAST ACT.	заменя́вший	замени́вший
PAST PASS.		заменённый заменён, заменена́
VERBAL ADVERB	заменя́я	замени́в

заменя́ть кого – что кем – чем, кому – чему

Заменяете старую программу новой.	Replace your old program with a new one.
Я заменю батерейки.	I'll replace the batteries.
Москва заменила нам Лондон и Париж.	Moscow replaced London and Paris for us.

	IMPERFECTIVE ASPECT	PERFECTIVE ASPECT
INF.	замерза́ть	замёрзнуть
PRES.	замерза́ю замерза́ешь замерза́ет замерза́ем замерза́ете замерза́ют	
PAST	замерза́л замерза́ла замерза́ло замерза́ли	замёрз замёрзла замёрзло замёрзли
FUT.	бу́ду замерза́ть бу́дешь замерза́ть бу́дет замерза́ть бу́дем замерза́ть бу́дете замерза́ть бу́дут замерза́ть	замёрзну замёрзнешь замёрзнет замёрзнем замёрзнете замёрзнут
COND.	замерза́л бы замерза́ла бы замерза́ло бы замерза́ли бы	замёрз бы замёрзла бы замёрзло бы замёрзли бы
IMP.	замерза́й замерза́йте	замёрзни замёрзните
	DEVERBALS	
PRES. ACT.	замерза́ющий	
PRES. PASS.		
PAST ACT.	замерза́вший	замёрзший
PAST PASS.		
VERBAL ADVERB	замерза́я	замёрзнув, замёрзши

Замерзаете ли вы в своей квартире? — Are you freezing in your apartment?
Почему северный полюс Земли замерз? — Why did Earth's North Pole freeze?
Говорят, мы все замерзнем. — They say we'll all freeze to death.

замеча́ть / заме́тить
to notice, observe, take note of

	IMPERFECTIVE ASPECT	PERFECTIVE ASPECT
INF.	замеча́ть	заме́тить
PRES.	замеча́ю замеча́ешь замеча́ет замеча́ем замеча́ете замеча́ют	
PAST	замеча́л замеча́ла замеча́ло замеча́ли	заме́тил заме́тила заме́тило заме́тили
FUT.	бу́ду замеча́ть бу́дешь замеча́ть бу́дет замеча́ть бу́дем замеча́ть бу́дете замеча́ть бу́дут замеча́ть	заме́чу заме́тишь заме́тит заме́тим заме́тите заме́тят
COND.	замеча́л бы замеча́ла бы замеча́ло бы замеча́ли бы	заме́тил бы заме́тила бы заме́тило бы заме́тили бы
IMP.	замеча́й замеча́йте	заме́ть заме́тьте
	DEVERBALS	
PRES. ACT.	замеча́ющий	
PRES. PASS.	замеча́емый	
PAST ACT.	замеча́вший	заме́тивший
PAST PASS.		заме́ченный
VERBAL ADVERB	замеча́я	заме́тив

замеча́ть кого – что

замеча́ть / замéтить

Examples

Замечайте события вашей жизни.
Take note of the events of your life.

Она не заметила меня.
She didn't notice me.

Мои таланты будут замечены.
My talents will be noticed.

Заметьте, это не я предложила.
Note that I wasn't the one who proposed this.

Запах замечается потребителем.
The scent can be noticed by the consumer.

Вы прошли, меня не замечая.
You passed by without noticing me.

Справедливости ради я замечу. . . .
For the sake of faireness, I will note. . . .

Вы прошли, меня не замечая.
You passed by without noticing me.

Руководство ничего не замечало.
The leadership didn't notice a thing.

Заметьте, что не я это предложил.
Take note that I wasn't the one who suggested it.

Words and expressions related to this verb

Он мне заметил, что я ошибаюсь.

Такого не замечалось.

Это надо заметить.

Дело это как–то забылось.

замечание

замечательно

заметка

3

занимáть (ся) / заня́ть (ся)
to occupy, borrow (be occupied, engaged in)

	IMPERFECTIVE ASPECT	PERFECTIVE ASPECT
INF.	занимáть (ся)	заня́ть (ся)
PRES.	занимáю (сь) занимáешь (ся) занимáет (ся) занимáем (ся) занимáете (сь) занимáют (ся)	
PAST	занимáл (ся) занимáла (сь) занимáло (сь) занимáли (сь)	зáнял – заня́лся́ заняла́ (сь) зáняло – заняло́сь зáняли – заняли́сь
FUT.	бýду занимáть (ся) бýдешь занимáть (ся) бýдет занимáть (ся) бýдем занимáть (ся) бýдете занимáть (ся) бýдут занимáть (ся)	займý (сь) займёшь (ся) займёт (ся) займём (ся) займёте (сь) займýт (ся)
COND.	занимáл (ся) бы занимáла (сь) бы занимáло (сь) бы занимáли (сь) бы	зáнял – заня́лся́ бы заняла́ (сь) бы зáняло – заняло́сь бы зáняли – заняли́сь бы
IMP.	занимáй (ся) занимáйте (сь)	займи́ (сь) займи́те (сь)
	DEVERBALS	
PRES. ACT.	занимáющий (ся)	
PRES. PASS.	занимáемый	
PAST ACT.	занимáвший (ся)	заня́вший (ся)
PAST PASS.		зáнятый зáнят, занятá, зáнято
VERBAL ADVERB	занимáя (сь)	заня́в (шись)

занимáть что – кого, что у кого; занимáться чем

Россия занимает пятое место.	Russia occupies fifth place.
Я занимаюсь своими делами.	I'm occupied with my own affairs.
Правительство занялось безопасностью полетов.	The government got involved with the security of flights.

запи́сывать (ся) / записа́ть (ся)

to write down, make a note (register, make an appointment)

	IMPERFECTIVE ASPECT	PERFECTIVE ASPECT
INF.	запи́сывать (ся)	записа́ть (ся)
PRES.	запи́сываю (сь) запи́сываешь (ся) запи́сывает (ся) запи́сываем (ся) запи́сываете (сь) запи́сывают (ся)	
PAST	запи́сывал (ся) запи́сывала (сь) запи́сывало (сь) запи́сывали (сь)	записа́л (ся) записа́ла (сь) записа́ло (сь) записа́ли (сь)
FUT.	бу́ду запи́сывать (ся) бу́дешь запи́сывать (ся) бу́дет запи́сывать (ся) бу́дем запи́сывать (ся) бу́дете запи́сывать (ся) бу́дут запи́сывать (ся)	запишу́ (сь) запи́шешь (ся) запи́шет (ся) запи́шем (ся) запи́шете (сь) запи́шут (ся)
COND.	запи́сывал (ся) бы запи́сывала (сь) бы запи́сывало (сь) бы запи́сывали (сь) бы	записа́л (ся) бы записа́ла (сь) бы записа́ло (сь) бы записа́ли (сь) бы
IMP.	запи́сывай (ся) запи́сывайте (сь)	запиши́ (сь) запиши́те (сь)
	DEVERBALS	
PRES. ACT.	запи́сывающий (ся)	
PRES. PASS.	запи́сываемый	
PAST ACT.	запи́сывавший (ся)	записа́вший (ся)
PAST PASS.		запи́санный
VERBAL ADVERB	запи́сывая (сь)	записа́в (шись)

запи́сывать кого – что, на что

Записывайте свои идеи. — Write down your ideas.
Группа записала новый альбом. — The group recorded a new album.
Ты записался добровольцем? — Did you sign up as a volunteer?

3

запомина́ть (ся) / запо́мнить (ся)
to remember, keep in mind (remain in someone's memory)

	IMPERFECTIVE ASPECT	PERFECTIVE ASPECT
INF.	запомина́ть (ся)	запо́мнить (ся)
PRES.	запомина́ю (сь) запомина́ешь (ся) запомина́ет (ся) запомина́ем (ся) запомина́ете (сь) запомина́ют (ся)	
PAST	запомина́л (ся) запомина́ла (сь) запомина́ло (сь) запомина́ли (сь)	запо́мнил (ся) запо́мнила (сь) запо́мнило (сь) запо́мнили (сь)
FUT.	бу́ду запомина́ть (ся) бу́дешь запомина́ть (ся) бу́дет запомина́ть (ся) бу́дем запомина́ть (ся) бу́дете запомина́ть (ся) бу́дут запомина́ть (ся)	запо́мню (сь) запо́мнишь (ся) запо́мнит (ся) запо́мним (ся) запо́мните (сь) запо́мнят (ся)
COND.	запомина́л (ся) бы запомина́ла (сь) бы запомина́ло (сь) бы запомина́ли (сь) бы	запо́мнил (ся) бы запо́мнила (сь) бы запо́мнило (сь) бы запо́мнили (сь) бы
IMP.	запомина́й (ся) запомина́йте (сь)	запо́мни (сь) запо́мните (сь)
	DEVERBALS	
PRES. ACT.	запомина́ющий (ся)	
PRES. PASS.	запомина́емый	
PAST ACT.	запомина́вший (ся)	запо́мнивший (ся)
PAST PASS.		запо́мненный
VERBAL ADVERB	запомина́я (сь)	запо́мнив (шись)

запомина́ть кого – что

Чем меньше знаешь, тем больше запоминаешь. — The less you know, the more you remember.

Этот день я запомню надолго. — I'll remember this day for a long time.

Что вам больше всего запомнилось? — What did you remember most of all?

	IMPERFECTIVE ASPECT	PERFECTIVE ASPECT
INF.	зарабáтывать	заработáть
PRES.	зарабáтываю зарабáтываешь зарабáтывает зарабáтываем зарабáтываете зарабáтывают	
PAST	зарабáтывал зарабáтывала зарабáтывало зарабáтывали	заработáл заработáла заработáло заработáли
FUT.	бу́ду зарабáтывать бу́дешь зарабáтывать бу́дет зарабáтывать бу́дем зарабáтывать бу́дете зарабáтывать бу́дут зарабáтывать	заработáю заработáешь заработáет заработáем заработáете заработáют
COND.	зарабáтывал бы зарабáтывала бы зарабáтывало бы зарабáтывали бы	заработáл бы заработáла бы заработáло бы заработáли бы
IMP.	зарабáтывай зарабáтывайте	заработáй заработáйте
	DEVERBALS	
PRES. ACT.	зарабáтывающий	
PRES. PASS.	зарабáтываемый	
PAST ACT.	зарабáтывавший	заработáвший
PAST PASS.		заработáнный
VERBAL ADVERB	зарабáтывая	заработáв

зарабáтывать что

Я сама зарабатываю, чтобы все это оплачивать.	I am earning money myself to pay this all off.
Они миллион долларов заработали.	They earned a million dollars.
Заработал новый сайт.	The new site began working.

заставля́ть / заста́вить
to force, compel, stuff, block up

	IMPERFECTIVE ASPECT	PERFECTIVE ASPECT
INF.	заставля́ть	заста́вить
PRES.	заставля́ю заставля́ешь заставля́ет заставля́ем заставля́ете заставля́ют	
PAST	заставля́л заставля́ла заставля́ло заставля́ли	заста́вил заста́вила заста́вило заста́вили
FUT.	бу́ду заставля́ть бу́дешь заставля́ть бу́дет заставля́ть бу́дем заставля́ть бу́дете заставля́ть бу́дут заставля́ть	заста́влю заста́вишь заста́вит заста́вим заста́вите заста́вят
COND.	заставля́л бы заставля́ла бы заставля́ло бы заставля́ли бы	заста́вил бы заста́вила бы заста́вило бы заста́вили бы
IMP.	заставля́й заставля́йте	заста́вь заста́вьте
	DEVERBALS	
PRES. ACT.	заставля́ющий	
PRES. PASS.	заставля́емый	
PAST ACT.	заставля́вший	заста́вивший
PAST PASS.		заста́вленный
VERBAL ADVERB	заставля́я	заста́вив

заставля́ть кого – что + infinitive

Мы заставляем студентов говорить по-русски. We compel our students to speak Russian.
Я тебя не заставлю ждать. I won't force you to wait.
Мама его заставила сбрить бороду. Mom forced him to shave his beard.

	IMPERFECTIVE ASPECT	PERFECTIVE ASPECT
INF.	засыпáть	заснýть
PRES.	засыпáю засыпáешь засыпáет засыпáем засыпáете засыпáют	
PAST	засыпáл засыпáла засыпáло засыпáли	заснýл заснýла заснýло заснýли
FUT.	бýду засыпáть бýдешь засыпáть бýдет засыпáть бýдем засыпáть бýдете засыпáть бýдут засыпáть	заснý заснёшь заснёт заснём заснёте заснýт
COND.	засыпáл бы засыпáла бы засыпáло бы засыпáли бы	заснýл бы заснýла бы заснýло бы заснýли бы
IMP.	засыпáй засыпáйте	засни́ засни́те
	DEVERBALS	
PRES. ACT.	засыпáющий	
PRES. PASS.		
PAST ACT.	засыпáвший	заснýвший
PAST PASS.		
VERBAL ADVERB	засыпáя	заснýв

Do not confuse with **засыпáть (ся) / засыпáть (ся)** meaning ***to fill up, cover, strew (be caught or fail).***

Я засыпаю, и мне снится, что я засыпаю.	I fall asleep and dream that I am falling asleep.
Засну когда умру.	I will fall asleep when I die.
О чем думаете засыпая в теплой постели?	What do you think about when falling asleep in a warm bed?

захва́тывать / захвати́ть

to seize, take, capture, thrill

	IMPERFECTIVE ASPECT	PERFECTIVE ASPECT
INF.	захва́тывать	захвати́ть
PRES.	захва́тываю захва́тываешь захва́тывает захва́тываем захва́тываете захва́тывают	
PAST	захва́тывал захва́тывала захва́тывало захва́тывали	захвати́л захвати́ла захвати́ло захвати́ли
FUT.	бу́ду захва́тывать бу́дешь захва́тывать бу́дет захва́тывать бу́дем захва́тывать бу́дете захва́тывать бу́дут захва́тывать	захвачу́ захва́тишь захва́тит захва́тим захва́тите захва́тят
COND.	захва́тывал бы захва́тывала бы захва́тывало бы захва́тывали бы	захвати́л бы захвати́ла бы захвати́ло бы захвати́ли бы
IMP.	захва́тывай захва́тывайте	захвати́ захвати́те
	DEVERBALS	
PRES. ACT.	захва́тывающий	
PRES. PASS.	захва́тываемый	
PAST ACT.	захва́тывавший	захвати́вший
PAST PASS.		захва́ченный
VERBAL ADVERB	захва́тывая	захвати́в

захва́тывать кого – что

Грипп захватывает новые районы.	The flu is gripping new regions.
И вино свое захватите.	And take your own wine.
Демонстранты захватили здание.	The demonstrators seized the building.

	IMPERFECTIVE ASPECT	PERFECTIVE ASPECT
INF.	заходи́ть	зайти́
PRES.	захожу́ захо́дишь захо́дит захо́дим захо́дите захо́дят	
PAST	заходи́л заходи́ла заходи́ло заходи́ли	зашёл зашла́ зашло́ зашли́
FUT.	бу́ду заходи́ть бу́дешь заходи́ть бу́дет заходи́ть бу́дем заходи́ть бу́дете заходи́ть бу́дут заходи́ть	зайду́ зайдёшь зайдёт зайдём зайдёте зайду́т
COND.	заходи́л бы заходи́ла бы заходи́ло бы заходи́ли бы	зашёл бы зашла́ бы зашло́ бы зашли́ бы
IMP.	заходи́ заходи́те	зайди́ зайди́те
	DEVERBALS	
PRES. ACT.	заходя́щий	
PRES. PASS.		
PAST ACT.	заходи́вший	заше́дший
PAST PASS.		
VERBAL ADVERB	заходя́	зайдя́

зайти́ к кому – чему, за кем – чем

Заходите в гости.	Drop by and visit us.
Завтра я зайду в книжный магазин.	Tomorrow I'll drop into a bookstore.
Посмотрите, кто зашел.	Look who's come.

защищáть (ся) / защитúть (ся)
to defend, protect (defend oneself)

	IMPERFECTIVE ASPECT	PERFECTIVE ASPECT
INF.	защищáть (ся)	защитúть (ся)
PRES.	защищáю (сь) защищáешь (ся) защищáет (ся) защищáем (ся) защищáете (сь) защищáют (ся)	
PAST	защищáл (ся) защищáла (сь) защищáло (сь) защищáли (сь)	защитúл (ся) защитúла (сь) защитúло (сь) защитúли (сь)
FUT.	бýду защищáть (ся) бýдешь защищáть (ся) бýдет защищáть (ся) бýдем защищáть (ся) бýдете защищáть (ся) бýдут защищáть (ся)	защищý (сь) защитúшь (ся) защитúт (ся) защитúм (ся) защитúте (сь) защитя́т (ся)
COND.	защищáл (ся) бы защищáла (сь) бы защищáло (сь) бы защищáли (сь) бы	защитúл (ся) бы защитúла (сь) бы защитúло (сь) бы защитúли (сь) бы
IMP.	защищáй (ся) защищáйте (сь)	защитú (сь) защитúте (сь)
	DEVERBALS	
PRES. ACT.	защищáющий (ся)	
PRES. PASS.	защищáемый	
PAST ACT.	защищáвший (ся)	защитúвший (ся)
PAST PASS.		защищённый защищён, защищенá
VERBAL ADVERB	защищáя (сь)	защитúв (шись)

защищáть кого – что от кого – чего

Защищаем наши данные.	We protect our data.
Успешно защитила диссертацию.	She successfully defended her dissertation.
Мы защитились, все прошло нормально.	We defended ourselves, and everything turned out well.

	IMPERFECTIVE ASPECT	PERFECTIVE ASPECT
INF.	зва́ть (ся)	позва́ть
PRES.	зову́ (сь) зовёшь (ся) зовёт (ся) зовём (ся) зовёте (сь) зову́т (ся)	
PAST	зва́л – зва́лся́ звала́ (сь) зва́ло – зва́лось зва́ли – зва́лись	позва́л позвала́ позва́ло позва́ли
FUT.	бу́ду зва́ть (ся) бу́дешь зва́ть (ся) бу́дет зва́ть (ся) бу́дем зва́ть (ся) бу́дете зва́ть (ся) бу́дут зва́ть (ся)	позову́ позовёшь позовёт позовём позовёте позову́т
COND.	зва́л – зва́лся́ бы звала́ (сь) бы зва́ло – зва́лось бы зва́ли – зва́лись бы	позва́л бы позвала́ бы позва́ло бы позва́ли бы
IMP.	зови́ (сь) зови́те (сь)	позови́ позови́те

DEVERBALS

PRES. ACT.	зову́щий (ся)	
PRES. PASS.		
PAST ACT.	зва́вший (ся)	позва́вший
PAST PASS.	зва́нный зва́н, звана́, зва́но	по́званный
VERBAL ADVERB	зовя́ (сь)	позва́в

зва́ть кого – что кем – чем

Как вас зовут?	What is your name?
Меня зовут ____.	My name is ____.
Как ее зовут?	What's her name?
Как звался этот город?	What was this city called?
Позовите меня на праздник.	Invite me for the holiday.

звони́ть (ся) / позвони́ть (ся)
to telephone, ring

	IMPERFECTIVE ASPECT	PERFECTIVE ASPECT
INF.	звони́ть (ся)	позвони́ть (ся)
PRES.	звоню́ (сь) звони́шь (ся) звони́т (ся) звони́м (ся) звони́те (сь) звоня́т (ся)	
PAST	звони́л (ся) звони́ла (сь) звони́ло (сь) звони́ли (сь)	позвони́л (ся) позвони́ла (сь) позвони́ло (сь) позвони́ли (сь)
FUT.	бу́ду звони́ть (ся) бу́дешь звони́ть (ся) бу́дет звони́ть (ся) бу́дем звони́ть (ся) бу́дете звони́ть (ся) бу́дут звони́ть (ся)	позвоню́ (сь) позвони́шь (ся) позвони́т (ся) позвони́м (ся) позвони́те (сь) позвоня́т (ся)
COND.	звони́л (ся) бы звони́ла (сь) бы звони́ло (сь) бы звони́ли (сь) бы	позвони́л (ся) бы позвони́ла (сь) бы позвони́ло (сь) бы позвони́ли (сь) бы
IMP.	звони́ (сь) звони́те (сь)	позвони́ (сь) позвони́те (сь)
	DEVERBALS	
PRES. ACT.	звоня́щий (ся)	
PRES. PASS.		
PAST ACT.	звони́вший (ся)	позвони́вший (ся)
PAST PASS.		
VERBAL ADVERB	звоня́ (сь)	позвони́в (шись)

звони́ть кому во что

Звонят колокола в Кремле. — The bells of the Kremlin are ringing.
Звоните и приезжайте. — Call and come visit.
Друзья позвонились в дверь. — The friends rang the doorbell.

	IMPERFECTIVE ASPECT	PERFECTIVE ASPECT
INF.	звуча́ть	прозвуча́ть
PRES.	звучу́	
	звучи́шь	
	звучи́т	
	звучи́м	
	звучи́те	
	звуча́т	
PAST	звуча́л	прозвуча́л
	звуча́ла	прозвуча́ла
	звуча́ло	прозвуча́ло
	звуча́ли	прозвуча́ли
FUT.	бу́ду звуча́ть	
	бу́дешь звуча́ть	
	бу́дет звуча́ть	прозвучи́т
	бу́дем звуча́ть	
	бу́дете звуча́ть	
	бу́дут звуча́ть	прозвуча́т
COND.	звуча́л бы	прозвуча́л бы
	звуча́ла бы	прозвуча́ла бы
	звуча́ло бы	прозвуча́ло бы
	звуча́ли бы	прозвуча́ли бы
IMP.	звучи́	
	звучи́те	
	DEVERBALS	
PRES. ACT.	звуча́щий	
PRES. PASS.		
PAST ACT.	звуча́вший	прозвуча́вший
PAST PASS.		
VERBAL ADVERB	звуча́	прозвуча́в

звуча́ть чем

Звучишь, как вальс в лесу.	You sound like a waltz in the woods.
В его адрес звучат новые требования.	New demands are being addressed to him.
Сегодня прозвучали новые угрозы.	Today new threats were heard.

здоро́ваться / поздоро́ваться
to greet

	IMPERFECTIVE ASPECT	PERFECTIVE ASPECT
INF.	здоро́ваться	поздоро́ваться
PRES.	здоро́ваюсь	
	здоро́ваешься	
	здоро́вается	
	здоро́ваемся	
	здоро́ваетесь	
	здоро́ваются	
PAST	здоро́вался	поздоро́вался
	здоро́валась	поздоро́валась
	здоро́валось	поздоро́валось
	здоро́вались	поздоро́вались
FUT.	бу́ду здоро́ваться	поздоро́ваюсь
	бу́дешь здоро́ваться	поздоро́ваешься
	бу́дет здоро́ваться	поздоро́вается
	бу́дем здоро́ваться	поздоро́ваемся
	бу́дете здоро́ваться	поздоро́ваетесь
	бу́дут здоро́ваться	поздоро́ваются
COND.	здоро́вался бы	поздоро́вался бы
	здоро́валась бы	поздоро́валась бы
	здоро́валось бы	поздоро́валось бы
	здоро́вались бы	поздоро́вались бы
IMP.	здоро́вайся	поздоро́вайся
	здоро́вайтесь	поздоро́вайтесь
	DEVERBALS	
PRES. ACT.	здоро́вающийся	
PRES. PASS.		
PAST ACT.	здоро́вавшийся	поздоро́вавшийся
PAST PASS.		
VERBAL ADVERB	здоро́ваясь	поздоро́вавшись

здоро́ваться с кем

Обязательно здоровайтесь с ними при встрече.	Be sure to greet them when you meet.
Все подходившие громко и весело здоровались.	All who arrived greeted one another loudly and cheerfully.
Давайте поздороваемся друг с другом.	Let's exchange greetings with one another.

знако́мить (ся) / познако́мить (ся)

to acquaint, introduce (get acquainted, meet)

	IMPERFECTIVE ASPECT	PERFECTIVE ASPECT
INF.	знако́мить (ся)	познако́мить (ся)
PRES.	знако́млю (сь) знако́мишь (ся) знако́мит (ся) знако́мим (ся) знако́мите (сь) знако́мят (ся)	
PAST	знако́мил (ся) знако́мила (сь) знако́мило (сь) знако́мили (сь)	познако́мил (ся) познако́мила (сь) познако́мило (сь) познако́мили (сь)
FUT.	бу́ду знако́мить (ся) бу́дешь знако́мить (ся) бу́дет знако́мить (ся) бу́дем знако́мить (ся) бу́дете знако́мить (ся) бу́дут знако́мить (ся)	познако́млю (сь) познако́мишь (ся) познако́мит (ся) познако́мим (ся) познако́мите (сь) познако́мят (ся)
COND.	знако́мил (ся) бы знако́мила (сь) бы знако́мило (сь) бы знако́мили (сь) бы	познако́мил (ся) бы познако́мила (сь) бы познако́мило (сь) бы познако́мили (сь) бы
IMP.	знако́мь (ся) знако́мьте (сь)	познако́мь (ся) познако́мьте (сь)
	DEVERBALS	
PRES. ACT.	знако́мящий (ся)	
PRES. PASS.		
PAST ACT.	знако́мивший (ся)	познако́мивший (ся)
PAST PASS.		познако́мленный
VERBAL ADVERB	знако́мя (сь)	познако́мив (шись)

знако́мить кого – что с кем – чем; знако́миться с кем – чем

Знакомлю вас с учетом интересов.	I'll acquaint you with an account of the interests.
Журналисты познакомились со столицей.	The journalists got to know the capital.
Ученых познакомят современными технологиями.	The scientists will get acquainted with modern technologies.

зна́ть
to know

	IMPERFECTIVE ASPECT	PERFECTIVE ASPECT
INF.	зна́ть	
PRES.	зна́ю зна́ешь зна́ет зна́ем зна́ете зна́ют	
PAST	зна́л зна́ла зна́ло зна́ли	
FUT.	бу́ду зна́ть бу́дешь зна́ть бу́дет зна́ть бу́дем зна́ть бу́дете зна́ть бу́дут зна́ть	
COND.	зна́л бы зна́ла бы зна́ло бы зна́ли бы	
IMP.	зна́й зна́йте	
		DEVERBALS
PRES. ACT.	зна́ющий	
PRES. PASS.		
PAST ACT.	зна́вший	
PAST PASS.		
VERBAL ADVERB	зна́я	

зна́ть кого – что, о ком – чём

Examples

Что мы уже знаем?
What do we already know?

Я так и знала.
I just knew it.

Знайте свои права.
Know your rights.

Хочу туда, не зная куда.
I want to go I know not where.

Будем знать только ты со мной.
Only you and I will know.

Я не знаю, что произошло со мной.
I don't know what happened to me.

Бог знает.
God only knows.

Жизнь мудрая, она знает что-то такое, чего мы не знаем.
Life is wise, it knows something we do not know.

Мы знаем, что они знают, что мы знаем.
We know that they know that we know.

Он знал, кто в семье заболеет.
He knew who in the family would get sick.

Words and expressions related to this verb

Кто его знает?

Как знать?

Дороги не знать, дня от ночи не знать.

Знать сокола по полету.

Много знать, мало спать.

знатный

знание

знаток

зна́чить
to mean, signify

	IMPERFECTIVE ASPECT	PERFECTIVE ASPECT
INF.	зна́чить	
PRES.	зна́чу зна́чишь зна́чит зна́чим зна́чите зна́чат	
PAST	зна́чил зна́чила зна́чило зна́чили	
FUT.	бу́ду зна́чить бу́дешь зна́чить бу́дет зна́чить бу́дем зна́чить бу́дете зна́чить бу́дут зна́чить	
COND.	зна́чил бы зна́чила бы зна́чило бы зна́чили бы	
IMP.		

DEVERBALS

PRES. ACT.	зна́чащий	
PRES. PASS.		
PAST ACT.	зна́чивший	
PAST PASS.		
VERBAL ADVERB	зна́ча	

зна́чить что

Значит у тебя есть компьютер.	That means you have a computer.
Что значит знать?	What does it mean to know?
Вы для них ничего не значите.	You don't mean anything to them.

	IMPERFECTIVE ASPECT	PERFECTIVE ASPECT
INF.	игра́ть	сыгра́ть
PRES.	игра́ю игра́ешь игра́ет игра́ем игра́ете игра́ют	
PAST	игра́л игра́ла игра́ло игра́ли	сыгра́л сыгра́ла сыгра́ло сыгра́ли
FUT.	бу́ду игра́ть бу́дешь игра́ть бу́дет игра́ть бу́дем игра́ть бу́дете игра́ть бу́дут игра́ть	сыгра́ю сыгра́ешь сыгра́ет сыгра́ем сыгра́ете сыгра́ют
COND.	игра́л бы игра́ла бы игра́ло бы игра́ли бы	сыгра́л бы сыгра́ла бы сыгра́ло бы сыгра́ли бы
IMP.	игра́й игра́йте	сыгра́й сыгра́йте
	DEVERBALS	
PRES. ACT.	игра́ющий	
PRES. PASS.	игра́емый	
PAST ACT.	игра́вший	сыгра́вший
PAST PASS.		сы́гранный
VERBAL ADVERB	игра́я	сыгра́в

игра́ть кого – что, во что, на чём, кем – чем, с кем – чем

Не играйте на чувствах окружающих.	Don't play on the emotions of those around you.
На теплоходе играла музыка.	Music was playing on the ship.
С удовольствием сыграл бы с Моцартом.	I would have played with Mozart with pleasure.

избега́ть / избежа́ть
to avoid, escape

	IMPERFECTIVE ASPECT	PERFECTIVE ASPECT
INF.	избега́ть	избежа́ть
PRES.	избега́ю избега́ешь избега́ет избега́ем избега́ете избега́ют	
PAST	избега́л избега́ла избега́ло избега́ли	избежа́л избежа́ла избежа́ло избежа́ли
FUT.	бу́ду избега́ть бу́дешь избега́ть бу́дет избега́ть бу́дем избега́ть бу́дете избега́ть бу́дут избега́ть	избегу́ избежи́шь избежи́т избежи́м избежи́те избегу́т
COND.	избега́л бы избега́ла бы избега́ло бы избега́ли бы	избежа́л бы избежа́ла бы избежа́ло бы избежа́ли бы
IMP.	избега́й избега́йте	избеги́ избеги́те
	DEVERBALS	
PRES. ACT.	избега́ющий	
PRES. PASS.	избега́емый	
PAST ACT.	избега́вший	избежа́вший
PAST PASS.		
VERBAL ADVERB	избега́я	избежа́в

избега́ть кого – чего
Another perfective verb is **избе́гнуть.**

Он избегает опасных ситуаций.	He avoids dangerous situations.
Избежит ли он казни?	Will he escape execution?
Политики избежали прямого столкновения.	The politicians avoided direct confrontation.

	IMPERFECTIVE ASPECT	PERFECTIVE ASPECT
INF.	извиня́ть (ся)	извини́ть (ся)
PRES.	извиня́ю (сь) извиня́ешь (ся) извиня́ет (ся) извиня́ем (ся) извиня́ете (сь) извиня́ют (ся)	
PAST	извиня́л (ся) извиня́ла (сь) извиня́ло (сь) извиня́ли (сь)	извини́л (ся) извини́ла (сь) извини́ло (сь) извини́ли (сь)
FUT.	бу́ду извиня́ть (ся) бу́дешь извиня́ть (ся) бу́дет извиня́ть (ся) бу́дем извиня́ть (ся) бу́дете извиня́ть (ся) бу́дут извиня́ть (ся)	извиню́ (сь) извини́шь (ся) извини́т (ся) извини́м (ся) извини́те (сь) извиня́т (ся)
COND.	извиня́л (ся) бы извиня́ла (сь) бы извиня́ло (сь) бы извиня́ли (сь) бы	извини́л (ся) бы извини́ла (сь) бы извини́ло (сь) бы извини́ли (сь) бы
IMP.	извиня́й (ся) извиня́йте (сь)	извини́ (сь) извини́те (сь)
	DEVERBALS	
PRES. ACT.	извиня́ющий (ся)	
PRES. PASS.	извиня́емый	
PAST ACT.	извиня́вший (ся)	извини́вший (ся)
PAST PASS.		извинённый извинён, извинена́
VERBAL ADVERB	извиня́я (сь)	извини́в (шись)

извиня́ть кого – что за что, кому что; извиня́ться перед кем

Извиняю и прощаю.	I pardon and forgive you.
Папа, не извиняйтесь.	Papa, stop apologizing.
Должны ли русские извиниться за ошибку?	Should the Russians apologize for the mistake?

издава́ть / изда́ть
to issue, publish

	IMPERFECTIVE ASPECT	PERFECTIVE ASPECT
INF.	издава́ть	изда́ть
PRES.	издаю́ издаёшь издаёт издаём издаёте издаю́т	
PAST	издава́л издава́ла издава́ло издава́ли	изда́л издала́ изда́ло изда́ли
FUT.	бу́ду издава́ть бу́дешь издава́ть бу́дет издава́ть бу́дем издава́ть бу́дете издава́ть бу́дут издава́ть	изда́м изда́шь изда́ст издади́м издади́те издаду́т
COND.	издава́л бы издава́ла бы издава́ло бы издава́ли бы	изда́л бы издала́ бы изда́ло бы изда́ли бы
IMP.	издава́й издава́йте	изда́й изда́йте
	DEVERBALS	
PRES. ACT.	издаю́щий	
PRES. PASS.	издава́емый	
PAST ACT.	издава́вший	изда́вший
PAST PASS.		и́зданный и́здан, издана́, и́здано
VERBAL ADVERB	издава́я	изда́в

издава́ть что

Его издают и в Америке и в Европе. — He is published in both America and Europe.

Издайте эту статистику. — Publish this statistic.

Придет время – издам свои сказки. — The time will come – I'll publish my own fairy tales.

изменя́ть (ся) / измени́ть (ся)

to change, alter, betray (change, vary)

	IMPERFECTIVE ASPECT	PERFECTIVE ASPECT
INF.	изменя́ть (ся)	измени́ть (ся)
PRES.	изменя́ю (сь) изменя́ешь (ся) изменя́ет (ся) изменя́ем (ся) изменя́ете (сь) изменя́ют (ся)	
PAST	изменя́л (ся) изменя́ла (сь) изменя́ло (сь) изменя́ли (сь)	измени́л (ся) измени́ла (сь) измени́ло (сь) измени́ли (сь)
FUT.	бу́ду изменя́ть (ся) бу́дешь изменя́ть (ся) бу́дет изменя́ть (ся) бу́дем изменя́ть (ся) бу́дете изменя́ть (ся) бу́дут изменя́ть (ся)	изменю́ (сь) изме́нишь (ся) изме́нит (ся) изме́ним (ся) изме́ните (сь) изме́нят (ся)
COND.	изменя́л (ся) бы изменя́ла (сь) бы изменя́ло (сь) бы изменя́ли (сь) бы	измени́л (ся) бы измени́ла (сь) бы измени́ло (сь) бы измени́ли (сь) бы
IMP.	изменя́й (ся) изменя́йте (сь)	измени́ (сь) измени́те (сь)
	DEVERBALS	
PRES. ACT.	изменя́ющий (ся)	
PRES. PASS.	изменя́емый	
PAST ACT.	изменя́вший (ся)	измени́вший (ся)
PAST PASS.		изменённый изменён, изменена́
VERBAL ADVERB	изменя́я (сь)	измени́в (шись)

изменя́ть кого – что, кому – чему

Изменяем облик программы.	We are changing the look of the program.
Закон изменялся 8 раз.	The law was amended 8 times.
Они изменили условия.	They altered the conditions.

изобрета́ть / изобрести́

to invent

	IMPERFECTIVE ASPECT	PERFECTIVE ASPECT
INF.	изобрета́ть	изобрести́
PRES.	изобрета́ю изобрета́ешь изобрета́ет изобрета́ем изобрета́ете изобрета́ют	
PAST	изобрета́л изобрета́ла изобрета́ло изобрета́ли	изобрёл изобрела́ изобрело́ изобрели́
FUT.	бу́ду изобрета́ть бу́дешь изобрета́ть бу́дет изобрета́ть бу́дем изобрета́ть бу́дете изобрета́ть бу́дут изобрета́ть	изобрету́ изобретёшь изобретёт изобретём изобретёте изобрету́т
COND.	изобрета́л бы изобрета́ла бы изобрета́ло бы изобрета́ли бы	изобрёл бы изобрела́ бы изобрело́ бы изобрели́ бы
IMP.	изобрета́й изобрета́йте	изобрети́ изобрети́те
	DEVERBALS	
PRES. ACT.	изобрета́ющий	
PRES. PASS.	изобрета́емый	
PAST ACT.	изобрета́вший	изобре́тший
PAST PASS.		изобретённый изобретён, изобретена́
VERBAL ADVERB	изобрета́я	изобретя́

изобрета́ть что

Я изобретаю на кухне, когда готовлю. — I invent in the kitchen, when I cook.

Самый тонкий телефон в мире изобретен в Корее. — The smallest telephone in the world was invented in Korea.

Фирма изобрела новый способ защиты мобильника. — The firm has invented a new means of protection for a cellphone.

	IMPERFECTIVE ASPECT	PERFECTIVE ASPECT
INF.	изуча́ть	изучи́ть
PRES.	изуча́ю	
	изуча́ешь	
	изуча́ет	
	изуча́ем	
	изуча́ете	
	изуча́ют	
PAST	изуча́л	изучи́л
	изуча́ла	изучи́ла
	изуча́ло	изучи́ло
	изуча́ли	изучи́ли
FUT.	бу́ду изуча́ть	изучу́
	бу́дешь изуча́ть	изу́чишь
	бу́дет изуча́ть	изу́чит
	бу́дем изуча́ть	изу́чим
	бу́дете изуча́ть	изу́чите
	бу́дут изуча́ть	изу́чат
COND.	изуча́л бы	изучи́л бы
	изуча́ла бы	изучи́ла бы
	изуча́ло бы	изучи́ло бы
	изуча́ли бы	изучи́ли бы
IMP.	изуча́й	изучи́
	изуча́йте	изучи́те
	DEVERBALS	
PRES. ACT.	изуча́ющий	
PRES. PASS.	изуча́емый	
PAST ACT.	изуча́вший	изучи́вший
PAST PASS.		изу́ченный
VERBAL ADVERB	изуча́я	изучи́в

изуча́ть кого – что

Изучайте русский в Москве.	Study Russian in Moscow.
Ученые изучили свет давно погасших звезд.	The scientists studied the light of long-ago extinguished stars.
Внимательно изучу ваши предложения.	I will carefully study your suggestions.

име́ть (ся)
to have (be present)

	IMPERFECTIVE ASPECT	PERFECTIVE ASPECT
INF.	име́ть	
PRES.	име́ю име́ешь име́ет (ся) име́ем име́ете име́ют (ся)	
PAST	име́л (ся) име́ла (сь) име́ло (сь) име́ли (сь)	
FUT.	бу́ду име́ть бу́дешь име́ть бу́дет име́ть (ся) бу́дем име́ть бу́дете име́ть бу́дут име́ть (ся)	
COND.	име́л (ся) бы име́ла (сь) бы име́ло (сь) бы име́ли (сь) бы	
IMP.	име́й име́йте	

DEVERBALS

PRES. ACT.	име́ющий (ся)	
PRES. PASS.		
PAST ACT.	име́вший (ся)	
PAST PASS.		
VERBAL ADVERB	име́я (сь)	

име́ть кого – что

Имею ли я право? — Do I have the right?
Что имелось в виду? — What was intended?
Учиться жить, имея цель. — Learn how to live by having a goal.

	IMPERFECTIVE ASPECT	PERFECTIVE ASPECT
INF.	интересова́ть (ся)	заинтересова́ть (ся)
PRES.	интересу́ю (сь) интересу́ешь (ся) интересу́ет (ся) интересу́ем (ся) интересу́ете (сь) интересу́ют (ся)	
PAST	интересова́л (ся) интересова́ла (сь) интересова́ло (сь) интересова́ли (сь)	заинтересова́л (ся) заинтересова́ла (сь) заинтересова́ло (сь) заинтересова́ли (сь)
FUT.	бу́ду интересова́ть (ся) бу́дешь интересова́ть (ся) бу́дет интересова́ть (ся) бу́дем интересова́ть (ся) бу́дете интересова́ть (ся) бу́дут интересова́ть (ся)	заинтересу́ю (сь) заинтересу́ешь (ся) заинтересу́ет (ся) заинтересу́ем (ся) заинтересу́ете (сь) заинтересу́ют (ся)
COND.	интересова́л (ся) бы интересова́ла (сь) бы интересова́ло (сь) бы интересова́ли (сь) бы	заинтересова́л (ся) бы заинтересова́ла (сь) бы заинтересова́ло (сь) бы заинтересова́ли (сь) бы
IMP.	интересу́й (ся) интересу́йте (сь)	заинтересу́й (ся) заинтересу́йте (сь)
	DEVERBALS	
PRES. ACT.	интересу́ющий (ся)	
PRES. PASS.	интересу́емый	
PAST ACT.	интересова́вший (ся)	заинтересова́вший (ся)
PAST PASS.		заинтересо́ванный
VERBAL ADVERB	интересу́я (сь)	заинтересова́в (шись)

интересова́ть кого – что; интересова́ться кем – чем
There is also the verbal pair **заинтересо́вывать (ся) / заинтересова́ть (ся)** meaning ***to interest.***

Вы его не интересуете. — You do not interest him.
Россия заинтересовала Аргентину вертолетами. — Russia interested Argentina in helicopters.
Интересовались ли вы выборами президента? — Were you interested in the election of the president?

иска́ть / поиска́ть

to search, look for

	IMPERFECTIVE ASPECT	PERFECTIVE ASPECT
INF.	иска́ть	поиска́ть
PRES.	ищу́ и́щешь и́щет и́щем и́щете и́щут	
PAST	иска́л иска́ла иска́ло иска́ли	поиска́л поиска́ла поиска́ло поиска́ли
FUT.	бу́ду иска́ть бу́дешь иска́ть бу́дет иска́ть бу́дем иска́ть бу́дете иска́ть бу́дут иска́ть	поищу́ пои́щешь пои́щет пои́щем пои́щете пои́щут
COND.	иска́л бы иска́ла бы иска́ло бы иска́ли бы	поиска́л бы поиска́ла бы поиска́ло бы поиска́ли бы
IMP.	ищи́ ищи́те	поищи́ поищи́те
	DEVERBALS	
PRES. ACT.	и́щущий	
PRES. PASS.	иско́мый	
PAST ACT.	иска́вший	поиска́вший
PAST PASS.	и́сканный	пои́сканный
VERBAL ADVERB	ища́	поиска́в

иска́ть кого – что, чего

Мы ищем выход.	We are looking for an exit.
Ища ответа на простой вопрос, я к вам обращаюсь.	Whenever I look for an answer to a simple question, I turn to you.
Поискали вакантное место.	They searched for a vacancy.

исполня́ть (ся) / испо́лнить (ся)
to carry out, perform, fill with (be fulfilled)

	IMPERFECTIVE ASPECT	PERFECTIVE ASPECT
INF.	исполня́ть (ся)	испо́лнить (ся)
PRES.	исполня́ю исполня́ешь исполня́ет (ся) исполня́ем исполня́ете исполня́ют (ся)	
PAST	исполня́л (ся) исполня́ла (сь) исполня́ло (сь) исполня́ли (сь)	испо́лнил (ся) испо́лнила (сь) испо́лнило (сь) испо́лнили (сь)
FUT.	бу́ду исполня́ть бу́дешь исполня́ть бу́дет исполня́ть (ся) бу́дем исполня́ть бу́дете исполня́ть бу́дут исполня́ть (ся)	испо́лню испо́лнишь испо́лнит (ся) испо́лним испо́лните испо́лнят (ся)
COND.	исполня́л (ся) бы исполня́ла (сь) бы исполня́ло (сь) бы исполня́ли (сь) бы	испо́лнил (ся) бы испо́лнила (сь) бы испо́лнило (сь) бы испо́лнили (сь) бы
IMP.	исполня́й исполня́йте	испо́лни испо́лните
	DEVERBALS	
PRES. ACT.	исполня́ющий (ся)	
PRES. PASS.	исполня́емый	
PAST ACT.	исполня́вший (ся)	испо́лнивший (ся)
PAST PASS.		испо́лненный
VERBAL ADVERB	исполня́я	испо́лнив (шись)

исполня́ть что

Я исполняю обещания. — I keep my promises.
Он исполнит свою новую песню. — He will perform his new song.
Ему исполнилось 18 лет. — He turned 18 years of age.

испóльзовать (ся) / испóльзовать
to make use of, utilize

	IMPERFECTIVE ASPECT	PERFECTIVE ASPECT
INF.	испóльзовать (ся)	испóльзовать
PRES.	испóльзую (сь) испóльзуешь (ся) испóльзует (ся) испóльзуем (ся) испóльзуете (сь) испóльзуют (ся)	
PAST	испóльзовал (ся) испóльзовала (сь) испóльзовало (сь) испóльзовали (сь)	испóльзовал испóльзовала испóльзовало испóльзовали
FUT.	бýду испóльзовать (ся) бýдешь испóльзовать (ся) бýдет испóльзовать (ся) бýдем испóльзовать (ся) бýдете испóльзовать (ся) бýдут испóльзовать (ся)	испóльзую испóльзуешь испóльзует испóльзуем испóльзуете испóльзуют
COND.	испóльзовал (ся) бы испóльзовала (сь) бы испóльзовало (сь) бы испóльзовали (сь) бы	испóльзовал бы испóльзовала бы испóльзовало бы испóльзовали бы
IMP.	испóльзуй (ся) испóльзуйте (сь)	испóльзуй испóльзуйте
	DEVERBALS	
PRES. ACT.	испóльзующий (ся)	
PRES. PASS.	испóльзуемый	
PAST ACT.	испóльзовавший (ся)	испóльзовавший
PAST PASS.		испóльзованный
VERBAL ADVERB	иёспóльзуя (сь)	испóльзовав

испóльзовать кого – что
The imperfective and perfective aspects of this verb are identical. The reflexive forms are not used in the perfective.

Кто использует эти файлы?	Who is using these files?
Этот сервис используется учеными.	This service is utilized by scientists.
При штурме изпользовалась тяжелая техника.	During the storm heavy equipment was used.

исправля́ть (ся) / испра́вить (ся)

to correct, reform, revise

	IMPERFECTIVE ASPECT	PERFECTIVE ASPECT
INF.	исправля́ть (ся)	испра́вить (ся)
PRES.	исправля́ю (сь) исправля́ешь (ся) исправля́ет (ся) исправля́ем (ся) исправля́ете (сь) исправля́ют (ся)	
PAST	исправля́л (ся) исправля́ла (сь) исправля́ло (сь) исправля́ли (сь)	испра́вил (ся) испра́вила (сь) испра́вило (сь) испра́вили (сь)
FUT.	бу́ду исправля́ть (ся) бу́дешь исправля́ть (ся) бу́дет исправля́ть (ся) бу́дем исправля́ть (ся) бу́дете исправля́ть (ся) бу́дут исправля́ть (ся)	испра́влю (сь) испра́вишь (ся) испра́вит (ся) испра́вим (ся) испра́вите (сь) испра́вят (ся)
COND.	исправля́л (ся) бы исправля́ла (сь) бы исправля́ло (сь) бы исправля́ли (сь) бы	испра́вил (ся) бы испра́вила (сь) бы испра́вило (сь) бы испра́вили (сь) бы
IMP.	исправля́й (ся) исправля́йте (сь)	испра́вь (ся) испра́вьте (сь)
	DEVERBALS	
PRES. ACT.	исправля́ющий (ся)	
PRES. PASS.	исправля́емый	
PAST ACT.	исправля́вший (ся)	испра́вивший (ся)
PAST PASS.		испра́вленный
VERBAL ADVERB	исправля́я (сь)	испра́вив (шись)

исправля́ть кого – что

Пользователи исправляют ошибки дизайнеров.	Users correct the errors of designers.
Спасибо за поправку, сейчас исправлю.	Thanks for the correction; I'll fix it immediately.
Через полчаса все исправилось.	Within half an hour everything had been corrected.

испы́тывать / испыта́ть
to test, try, experience, undergo

	IMPERFECTIVE ASPECT	PERFECTIVE ASPECT
INF.	испы́тывать	испыта́ть
PRES.	испы́тываю испы́тываешь испы́тывает испы́тываем испы́тываете испы́тывают	
PAST	испы́тывал испы́тывала испы́тывало испы́тывали	испыта́л испыта́ла испыта́ло испыта́ли
FUT.	бу́ду испы́тывать бу́дешь испы́тывать бу́дет испы́тывать бу́дем испы́тывать бу́дете испы́тывать бу́дут испы́тывать	испыта́ю испыта́ешь испыта́ет испыта́ем испыта́ете испыта́ют
COND.	испы́тывал бы испы́тывала бы испы́тывало бы испы́тывали бы	испыта́л бы испыта́ла бы испыта́ло бы испыта́ли бы
IMP.	испы́тывай испы́тывайте	испыта́й испыта́йте
	DEVERBALS	
PRES. ACT.	испы́тывающий	
PRES. PASS.	испы́тываемый	
PAST ACT.	испы́тывавший	испыта́вший
PAST PASS.		испы́танный
VERBAL ADVERB	испы́тывая	испыта́в

испы́тывать кого – что

Какие чувства ты испытываешь в данный момент?	What feelings are you experiencing at present?
Страна испытала три новые ракеты.	The country tested three new rockets.
Этот проход испытался в Америке.	This approach was tried in America.

исчеза́ть / исче́знуть

to disappear, vanish

	IMPERFECTIVE ASPECT	PERFECTIVE ASPECT
INF.	исчеза́ть	исче́знуть
PRES.	исчеза́ю исчеза́ешь исчеза́ет исчеза́ем исчеза́ете исчеза́ют	
PAST	исчеза́л исчеза́ла исчеза́ло исчеза́ли	исче́з исче́зла исче́зло исче́зли
FUT.	бу́ду исчеза́ть бу́дешь исчеза́ть бу́дет исчеза́ть бу́дем исчеза́ть бу́дете исчеза́ть бу́дут исчеза́ть	исче́зну исче́знешь исче́знет исче́знем исче́знете исче́знут
COND.	исчеза́л бы исчеза́ла бы исчеза́ло бы исчеза́ли бы	исче́з бы изсче́зла бы изсче́зло бы изсче́зли бы
IMP.	исчеза́й исчеза́йте	исче́зни исче́зните
	DEVERBALS	
PRES. ACT.	исчеза́ющий	
PRES. PASS.		
PAST ACT.	исчеза́вший	изсче́знувший
PAST PASS.		
VERBAL ADVERB	исчеза́я	изсче́знув

Деньги изчезают на глазах. — Money disappears in front of your eyes.
Мы все когда-нибудь исчезнем. — All of us will disappear sometime.
Мост между Сибирью и Аляской исчез 11 тысяч лет назад. — The bridge between Siberia and Alaska disappeared 11 thousand years ago.

каза́ться / показа́ться
to seem, appear

	IMPERFECTIVE ASPECT	PERFECTIVE ASPECT
INF.	каза́ться	показа́ться
PRES.	кажу́сь ка́жешься ка́жется ка́жемся ка́жетесь ка́жутся	
PAST	каза́лся каза́лась каза́лось каза́лись	показа́лся показа́лась показа́лось показа́лись
FUT.	бу́ду каза́ться бу́дешь каза́ться бу́дет каза́ться бу́дем каза́ться бу́дете каза́ться бу́дут каза́ться	покажу́сь пока́жешься пока́жется пока́жемся пока́жетесь пока́жутся
COND.	каза́лся бы каза́лась бы каза́лось бы каза́лись бы	показа́лся бы показа́лась бы показа́лось бы показа́лись бы
IMP.	кажи́сь кажи́тесь	покажи́сь покажи́тесь
	DEVERBALS	
PRES. ACT.	кажущийся	
PRES. PASS.		
PAST ACT.	каза́вшийся	показа́вшийся
PAST PASS.		
VERBAL ADVERB	каза́вшись	показа́вшись

каза́ться кому кем – чем

каза́ться / показа́ться

Examples

Иногда кажется, что ты один.
Sometimes it seems that you are all alone.

Ты мне кажешься беззащитным.
You appear to me to be defenseless.

Кажись доступной.
Appear approachable.

Они мне показались интересными.
They seemed interesting to me.

Эти вопросы покажутся вам глупыми.
These questions will seem silly to you.

Мне показалось бы лучше . . .
It would seem to me to be better . . .

Мне кажется пора, что они вернулись.
It seems to me it's time that they returned.

Себе во сне кажусь я молодым.
In my dreams I appear young to myself.

Насколько убедительными показались вам ответы?
How convincing did the answers seem to you?

Words and expressions related to this verb

Мне кажется.

На дворе казалось очень темно.

Талия ее казалась еще тоньше.

казаться странным

показалось бы

кажущийся

каса́ться / косну́ться

to touch, concern, relate to

	IMPERFECTIVE ASPECT	PERFECTIVE ASPECT
INF.	каса́ться	косну́ться
PRES.	каса́юсь каса́ешься каса́ется каса́емся каса́етесь каса́ются	
PAST	каса́лся каса́лась каса́лось каса́лись	косну́лся косну́лась косну́лось косну́лись
FUT.	бу́ду каса́ться бу́дешь каса́ться бу́дет каса́ться бу́дем каса́ться бу́дете каса́ться бу́дут каса́ться	косну́сь коснёшься коснётся коснёмся коснётесь косну́тся
COND.	каса́лся бы каса́лась бы каса́лось бы каса́лись бы	косну́лся бы косну́лась бы косну́лось бы косну́лись бы
IMP.	каса́йся каса́йтесь	косни́сь косни́тесь
	DEVERBALS	
PRES. ACT.	каса́ющийся	
PRES. PASS.		
PAST ACT.	каса́вшийся	косну́вшийся
PAST PASS.		
VERBAL ADVERB	каса́ясь	косну́вшись

каса́ться кого – чего

Это касается каждого.	This concerns everyone.
Глобальное потепление коснется каждого жителя земли.	Global warming concerns each inhabitant of the earth.
Не касайтесь этой темы.	Don't touch on this subject.

кат́ать (ся) – кати́ть (ся) / покати́ть (ся)

to roll, wheel, row, go for a drive (drive, ride, row, go fast)

	MULTIDIRECTIONAL	UNIDIRECTIONAL	PERFECTIVE ASPECT
INF.	ката́ть (ся)	кати́ть (ся)	покати́ть(ся)
PRES.	ката́ю (сь) ката́ешь (ся) ката́ет (ся) ката́ем (ся) ката́ете (сь) ката́ют (ся)	качу́ (сь) ка́тишь (ся) ка́тит (ся) ка́тим (ся) ка́тите (сь) ка́тят (ся)	
PAST	ката́л (ся) ката́ла (сь) ката́ло (сь) ката́ли (сь)	кати́л (ся) кати́ла (сь) кати́ло (сь) кати́ли (сь)	покати́л (ся) покати́ла (сь) покати́ло (сь) покати́ли (сь)
FUT.	бу́ду ката́ть (ся) бу́дешь ката́ть (ся) бу́дет ката́ть (ся) бу́дем ката́ть (ся) бу́дете ката́ть (ся) бу́дут ката́ть (ся)	бу́ду кати́ть (ся) бу́дешь кати́ть (ся) бу́дет кати́ть (ся) бу́дем кати́ть (ся) бу́дете кати́ть (ся) бу́дут кати́ть (ся)	покачу́ (сь) пока́тишь (ся) пока́тит (ся) пока́тим (ся) пока́тите (сь) пока́тят (ся)
COND.	ката́л (ся) бы ката́ла (сь) бы ката́ло (сь) бы ката́ли (сь) бы	кати́л (ся) бы кати́ла (сь) бы кати́ло (сь) бы кати́ли (сь) бы	покати́л (ся) бы покати́ла (сь) бы покати́ло (сь) бы покати́ли (сь) бы
IMP.	ката́й (ся) ката́йте (сь)	кати́ (сь) кати́те (сь)	покати́ (сь) покати́те (сь)
		DEVERBALS	
PRES. ACT.	ката́ющий (ся)	катя́щий (ся)	
PRES. PASS.	ката́емый		
PAST ACT.	ката́вший (ся)	кати́вший (ся)	покати́вший (ся)
PAST PASS.	ка́танный		пока́ченный
VERBAL ADVERB	ката́я (сь)	катя́ (сь)	покати́в (шись)

ката́ть кого – что; ката́ться на чём, чем (верхом)

На чем ты катаешься?	What do you ride on?
Она ее катит легко.	She rolls it easily.
Российские акции покатились вниз.	Russian stocks tumbled.

К

ка́шлять / пока́шлять

to cough, have a cough

	IMPERFECTIVE ASPECT	PERFECTIVE ASPECT
INF.	ка́шлять	пока́шлять
PRES.	ка́шляю ка́шляешь ка́шляет ка́шляем ка́шляете ка́шляют	
PAST	ка́шлял ка́шляла ка́шляло ка́шляли	пока́шлял пока́шляла пока́шляло пока́шляли
FUT.	бу́ду ка́шлять бу́дешь ка́шлять бу́дет ка́шлять бу́дем ка́шлять бу́дете ка́шлять бу́дут ка́шлять	пока́шляю пока́шляешь пока́шляет пока́шляем пока́шляете пока́шляют
COND.	ка́шлял бы ка́шляла бы ка́шляло бы ка́шляли бы	пока́шлял бы пока́шляла бы пока́шляло бы пока́шляли бы
IMP.	ка́шляй ка́шляйте	пока́шляй пока́шляйте
	DEVERBALS	
PRES. ACT.	ка́шляющий	
PRES. PASS.		
PAST ACT.	ка́шлявший	пока́шлявший
PAST PASS.		
VERBAL ADVERB	ка́шляя	пока́шляв

Родители курят – дети кашляют. — Parents smoke – children cough.
Будьте здоровы, и не кашляйте. — Be healthy, and don't cough.
Он просто немного покашлял. — He just coughed a bit.

	IMPERFECTIVE ASPECT	PERFECTIVE ASPECT
INF.	кива́ть	кивну́ть
PRES.	кива́ю кива́ешь кива́ет кива́ем кива́ете кива́ют	
PAST	кива́л кива́ла кива́ло кива́ли	кивну́л кивну́ла кивну́ло кивну́ли
FUT.	бу́ду кива́ть бу́дешь кива́ть бу́дет кива́ть бу́дем кива́ть бу́дете кива́ть бу́дут кива́ть	кивну́ кивнёшь кивнёт кивнём кивнёте кивну́т
COND.	кива́л бы кива́ла бы кива́ло бы кива́ли бы	кивну́л бы кивну́ла бы кивну́ло бы кивну́ли бы
IMP.	кива́й кива́йте	кивни́ кивни́те
	DEVERBALS	
PRES. ACT.	кива́ющий	
PRES. PASS.		
PAST ACT.	кива́вший	кивну́вший
PAST PASS.		
VERBAL ADVERB	кива́я	кивну́в

кива́ть кому чем (головой), на кого – что

Они кивают головой. — They nod their heads.
Если поняли меня – медленно кивните. — If you understood me – nod slowly.
Женщина кивнула парню. — The woman nodded to the lad.

К

кла́сть / положи́ть

to place, put

	IMPERFECTIVE ASPECT	PERFECTIVE ASPECT
INF.	кла́сть	положи́ть
PRES.	кладу́	
	кладёшь	
	кладёт	
	кладём	
	кладёте	
	кладу́т	
PAST	кла́л	положи́л
	кла́ла	положи́ла
	кла́ло	положи́ло
	кла́ли	положи́ли
FUT.	бу́ду кла́сть	положу́
	бу́дешь кла́сть	поло́жишь
	бу́дет кла́сть	поло́жит
	бу́дем кла́сть	поло́жим
	бу́дете кла́сть	поло́жите
	бу́дут кла́сть	поло́жат
COND.	кла́л бы	положи́л бы
	кла́ла бы	положи́ла бы
	кла́ло бы	положи́ло бы
	кла́ли бы	положи́ли бы
IMP.	клади́	положи́
	клади́те	положи́те
	DEVERBALS	
PRES. ACT.	кладу́щий	
PRES. PASS.		
PAST ACT.	кла́вший	положи́вший
PAST PASS.		поло́женный
VERBAL ADVERB	кладя́	положи́в

кла́сть кого – что на что, что во что
Поло́жим. ***Let us suppose.***

Не кладите яйца в одну корзинку.	Don't put your eggs in one basket.
Вы кладете в салат лук?	Do you put onion in the salad?
Сколько положим в каждый кошелек?	How much shall we place in each purse?

	IMPERFECTIVE ASPECT	PERFECTIVE ASPECT
INF.	конча́ть (ся)	ко́нчить (ся)
PRES.	конча́ю конча́ешь конча́ет (ся) конча́ем конча́ете конча́ют (ся)	
PAST	конча́л (ся) конча́ла (сь) конча́ло (сь) конча́ли (сь)	ко́нчил (ся) ко́нчила (сь) ко́нчило (сь) ко́нчили (сь)
FUT.	бу́ду конча́ть бу́дешь конча́ть бу́дет конча́ть (ся) бу́дем конча́ть бу́дете конча́ть бу́дут конча́ть (ся)	ко́нчу ко́нчишь ко́нчит (ся) ко́нчим ко́нчите ко́нчат (ся)
COND.	конча́л (ся) бы конча́ла (сь) бы конча́ло (сь) бы конча́ли (сь) бы	ко́нчил (ся) бы ко́нчила (сь) бы ко́нчило (сь) бы ко́нчили (сь) бы
IMP.	конча́й конча́йте	ко́нчи ко́нчите
	DEVERBALS	
PRES. ACT.	конча́ющий (ся)	
PRES. PASS.	конча́емый	
PAST ACT.	конча́вший (ся)	ко́нчивший (ся)
PAST PASS.		ко́нченный
VERBAL ADVERB	конча́я (сь)	ко́нчив (шись)

конча́ть что с чем, + infinitive
конча́ться чем

Кончаем дома.	We are completing it at home.
Давайте кончим тему.	Let's end this topic.
Дождь кончился.	The rain stopped.

копа́ть / копну́ть
to dig

	IMPERFECTIVE ASPECT	PERFECTIVE ASPECT
INF.	копа́ть	копну́ть
PRES.	копа́ю копа́ешь копа́ет копа́ем копа́ете копа́ют	
PAST	копа́л копа́ла копа́ло копа́ли	копну́л копну́ла копну́ло копну́ли
FUT.	бу́ду копа́ть бу́дешь копа́ть бу́дет копа́ть бу́дем копа́ть бу́дете копа́ть бу́дут копа́ть	копну́ копнёшь копнёт копнём копнёте копну́т
COND.	копа́л бы копа́ла бы копа́ло бы копа́ли бы	копну́л бы копну́ла бы копну́ло бы копну́ли бы
IMP.	копа́й копа́йте	копни́ копни́те
	DEVERBALS	
PRES. ACT.	копа́ющий	
PRES. PASS.	копа́емый	
PAST ACT.	копа́вший	копну́вший
PAST PASS.		
VERBAL ADVERB	копа́я	копну́в

копа́ть что

Вы не туда копаете. — You are digging in the wrong spot.
Копнем поглубже. — Let's dig a little deeper.
Она копнула в снег. — She dug in the snow.

to feed, nurse, support

	IMPERFECTIVE ASPECT	PERFECTIVE ASPECT
INF.	корми́ть	накорми́ть
PRES.	кормлю́ ко́рмишь ко́рмит ко́рмим ко́рмите ко́рмят	
PAST	корми́л корми́ла корми́ло корми́ли	накорми́л накорми́ла накорми́ло накорми́ли
FUT.	бу́ду корми́ть бу́дешь корми́ть бу́дет корми́ть бу́дем корми́ть бу́дете корми́ть бу́дут корми́ть	накормлю́ нако́рмишь нако́рмит нако́рмим нако́рмите нако́рмят
COND.	корми́л бы корми́ла бы корми́ло бы корми́ли бы	накорми́л бы накорми́ла бы накорми́ло бы накорми́ли бы
IMP.	корми́ корми́те	накорми́ накорми́те
	DEVERBALS	
PRES. ACT.	кормя́щий	
PRES. PASS.		
PAST ACT.	корми́вший	накорми́вший
PAST PASS.	ко́рмленный	нако́рмленный
VERBAL ADVERB	кормя́	накорми́в

корми́ть кого – что чем

Мать кормит ребенка грудью.	The mother is nursing her child.
Кормите зверей правильно.	Feed the animals correctly.
Правительство их накормило.	The government fed them.

кра́сть / укра́сть
to steal

	IMPERFECTIVE ASPECT	PERFECTIVE ASPECT
INF.	кра́сть	укра́сть
PRES.	краду́ крадёшь крадёт крадём крадёте краду́т	
PAST	кра́л кра́ла кра́ло кра́ли	укра́л укра́ла укра́ло укра́ли
FUT.	бу́ду кра́сть бу́дешь кра́сть бу́дет кра́сть бу́дем кра́сть бу́дете кра́сть бу́дут кра́сть	украду́ украдёшь украдёт украдём украдёте украду́т
COND.	кра́л бы кра́ла бы кра́ло бы кра́ли бы	укра́л бы укра́ла бы укра́ло бы укра́ли бы
IMP.	кради́ кради́те	укради́ укради́те
	DEVERBALS	
PRES. ACT.	краду́щий	
PRES. PASS.		
PAST ACT.	кра́вший	укра́вший
PAST PASS.	кра́денный	укра́денный
VERBAL ADVERB	крадя́	укра́в

кра́сть кого – что у кого

Кто больше крадет в магазинах?	Who steals more in stores?
Киностудия не крала денег.	The movie studio didn't steal money.
Роботы украдут вашу работу.	Robots will steal your job.

	IMPERFECTIVE ASPECT	PERFECTIVE ASPECT
INF.	крича́ть	кри́кнуть
PRES.	кричу́ кричи́шь кричи́т кричи́м кричи́те крича́т	
PAST	крича́л крича́ла крича́ло крича́ли	кри́кнул кри́кнула кри́кнуло кри́кнули
FUT.	бу́ду крича́ть бу́дешь крича́ть бу́дет крича́ть бу́дем крича́ть бу́дете крича́ть бу́дут крича́ть	кри́кну кри́кнешь кри́кнет кри́кнем ккри́кнете кри́кнут
COND.	крича́л бы крича́ла бы крича́ло бы крича́ли бы	кри́кнул бы кри́кнула бы кри́кнуло бы кри́кнули бы
IMP.	кричи́ кричи́те	кри́кни кри́кните
	DEVERBALS	
PRES. ACT.	крича́щий	
PRES. PASS.		
PAST ACT.	крича́вший	кри́кнувший
PAST PASS.		
VERBAL ADVERB	крича́	кри́кнув

крича́ть на кого – что, кому

Не кричите в интернете. — Don't scream on the Internet.
Ночью ты кричишь сильней. — At night you scream louder.
Все ему крикнули дружно. — Everyone shouted at him in a friendly way.

кружи́ть (ся) / закружи́ть (ся)

to spin, twirl / begin to twirl

	IMPERFECTIVE ASPECT	PERFECTIVE ASPECT
INF.	кружи́ть (ся)	закружи́ть (ся)
PRES.	кружу́ (сь) кружи́шь (ся) кружи́т (ся) кружи́м (ся) кружи́те (сь) кружа́т (ся)	
PAST	кружи́л (ся) кружи́ла (сь) кружи́ло (сь) кружи́ли (сь)	закружи́л (ся) закружи́ла (сь) закружи́ло (сь) закружи́ли (сь)
FUT.	бу́ду кружи́ть (ся) бу́дешь кружи́ть (ся) бу́дет кружи́ть (ся) бу́дем кружи́ть (ся) бу́дете кружи́ть (ся) бу́дут кружи́ть (ся)	закружу́ (сь) закружи́шь (ся) закружи́т (ся) закружи́м (ся) закружи́те (сь) закружа́т (ся)
COND.	кружи́л (ся) бы кружи́ла (сь) бы кружи́ло (сь) бы кружи́ли (сь) бы	закружи́л (ся) бы закружи́ла (сь) бы закружи́ло (сь) бы закружи́ли (сь) бы
IMP.	кружи́ (сь) кружи́те (сь)	закружи́ (сь) закружи́те (сь)
	DEVERBALS	
PRES. ACT.	кружа́щий (ся)	
PRES. PASS.	кружи́мый	
PAST ACT.	кружи́вший (ся)	закружи́вший (ся)
PAST PASS.		закру́женный – закружённый закру́жен – закружён, закружена́
VERBAL ADVERB	кружа́ (сь)	закружи́в (шись)

кружи́ть кого – что

Я кружусь, кружусь, кружусь. А потом становлюсь. I twirl, twirl, twirl. And then I stop.
Листья закружат. The leaves will begin to swirl.
Закружитесь легкие пушинки снега. Twirl, you light snowflakes.

	IMPERFECTIVE ASPECT	PERFECTIVE ASPECT
INF.	купа́ть (ся)	вы́купать (ся)
PRES.	купа́ю (сь) купа́ешь (ся) купа́ет (ся) купа́ем (ся) купа́ете (сь) купа́ют (ся)	
PAST	купа́л (ся) купа́ла (сь) купа́ло (сь) купа́ли (сь)	вы́купал (ся) вы́купала (сь) вы́купало (сь) вы́купали (сь)
FUT.	бу́ду купа́ть (ся) бу́дешь купа́ть (ся) бу́дет купа́ть (ся) бу́дем купа́ть (ся) бу́дете купа́ть (ся) бу́дут купа́ть (ся)	вы́купаю (сь) вы́купаешь (ся) вы́купает (ся) вы́купаем (ся) вы́купаете (сь) вы́купают (ся)
COND.	купа́л (ся) бы купа́ла (сь) бы купа́ло (сь) бы купа́ли (сь) бы	вы́купал (ся) бы вы́купала (сь) бы вы́купало (сь) бы вы́купали (сь) бы
IMP.	купа́й (ся) купа́йте (сь)	вы́купай (ся) вы́купайте (сь)
	DEVERBALS	
PRES. ACT.	купа́ющий (ся)	
PRES. PASS.	купа́емый	
PAST ACT.	купа́вший (ся)	вы́купавший (ся)
PAST PASS.		вы́купанный
VERBAL ADVERB	купа́я (сь)	вы́купав (шись)

купа́ть кого – что

Мама купает дочку.	Mom is bathing her daughter.
Девки в озере купались.	The girls swam in the lake.
Давай выкупаемся.	Let's go swimming.

кури́ть / покури́ть

to smoke, burn

	IMPERFECTIVE ASPECT	PERFECTIVE ASPECT
INF.	кури́ть	покури́ть
PRES.	курю́ ку́ришь ку́рит ку́рим ку́рите ку́рят	
PAST	кури́л кури́ла кури́ло кури́ли	покури́л покури́ла покури́ло покури́ли
FUT.	бу́ду кури́ть бу́дешь кури́ть бу́дет кури́ть бу́дем кури́ть бу́дете кури́ть бу́дут кури́ть	покурю́ поку́ришь поку́рит поку́рим поку́рите поку́рят
COND.	кури́л бы кури́ла бы кури́ло бы кури́ли бы	покури́л бы покури́ла бы покури́ло бы покури́ли бы
IMP.	кури́ кури́те	покури́ покури́те
	DEVERBALS	
PRES. ACT.	куря́щий	
PRES. PASS.		
PAST ACT.	кури́вший	покури́вший
PAST PASS.		поку́ренный
VERBAL ADVERB	куря́	покури́в

кури́ть что, чем

Не курю уже четыре года.	I haven't smoked for four years.
А вы все еще курите?	And do you still smoke?
Сейчас покурим.	Now we'll have a smoke.

	MULTIDIRECTIONAL	UNIDIRECTIONAL	PERFECTIVE ASPECT
INF.	ла́зить	ле́зть	поле́зть
PRES.	ла́жу	ле́зу	
	ла́зишь	ле́зешь	
	ла́зит	ле́зет	
	ла́зим	ле́зем	
	ла́зите	ле́зете	
	ла́зят	ле́зут	
PAST	ла́зил	ле́з	поле́з
	ла́зила	ле́зла	поле́зла
	ла́зило	ле́зло	поле́зло
	ла́зили	ле́зли	поле́зли
FUT.	бу́ду ла́зить	бу́ду ле́зть	поле́зу
	бу́дешь ла́зить	бу́дешь ле́зть	поле́зешь
	бу́дет ла́зить	бу́дет ле́зть	поле́зет
	бу́дем ла́зить	бу́дем ле́зть	поле́зем
	бу́дете ла́зить	бу́дете ле́зть	поле́зете
	бу́дут ла́зить	бу́дут ле́зть	поле́зут
COND.	ла́зил бы	ле́з бы	поле́з бы
	ла́зила бы	ле́зла бы	поле́зла бы
	ла́зило бы	ле́зло бы	поле́зло бы
	ла́зили бы	ле́зли бы	поле́зли бы
IMP.	ла́зь	ле́зь	поле́зь – полеза́й
	ла́зьте	ле́зьте	поле́зьте – полеза́йте
		DEVERBALS	
PRES. ACT.	ла́зящий	ле́зущий	
PRES. PASS.			
PAST ACT.	ла́зивший	ле́зший	поле́зший
PAST PASS.			
VERBAL ADVERB	ла́зя		поле́зши

ла́зить – ле́зть на что, во что, из под чего

За словом мы лазим в карман.	We are at a loss for words.
Они лезут в мою личную жизчь.	They are poking into my personal life.
Они полезли в душ.	They climbed into the shower.

лежáть / полежáть
to lie, be in lying position

	IMPERFECTIVE ASPECT	PERFECTIVE ASPECT
INF.	лежáть	полежáть
PRES.	лежý лежи́шь лежи́т лежи́м лежи́те лежáт	
PAST	лежáл лежáла лежáло лежáли	полежáл полежáла полежáло полежáли
FUT.	бýду лежáть бýдешь лежáть бýдет лежáть бýдем лежáть бýдете лежáть бýдут лежáть	полежý полежи́шь полежи́т полежи́м полежи́те полежáт
COND.	лежáл бы лежáла бы лежáло бы лежáли бы	полежáл бы полежáла бы полежáло бы полежáли бы
IMP.	лежи́ лежи́те	полежи́ полежи́те
	DEVERBALS	
PRES. ACT.	лежáщий	
PRES. PASS.		
PAST ACT.	лежáвший	полежáвший
PAST PASS.		
VERBAL ADVERB	лёжа	полежáв

лежáть на ком – чём

лежáть / полежáть

Examples

Я лежу на пляже.
I am lying on the beach.

Вы лежите на диване. Вам хорошо.
You're lying on the couch. You feel fine.

Ляг и лежи.
Lie down and stay lying down.

Пусть полежат.
Let them lie.

Врач сказала, что я буду лежать не там, где она работает.
The doctor said that I wouldn't be hospitalized where she works.

Он долго лежал в больнице.
He was a patient (stayed) in the hospital for a long time.

Как похудеть лежа на диване.
How to lose weight lying on the couch.

Вы лежите на диване. Вам приятно.
You are lying on the couch. You have it good.

Полежали мы в больнице.
We were in the hospital.

Еще чуть-чуть полежу.
I'm going to lie here just a bit more.

Words and expressions related to this verb

Хоть падать, да не лежать.

У него деньги лежат.

Полежи, да и встань.

Хорошее лежит, да худое далеко бежит.

лежанка

лежачий

лета́ть – лете́ть / полете́ть
to fly / start flying, fly off

	MULTIDIRECTIONAL	UNIDIRECTIONAL	PERFECTIVE ASPECT
INF.	лета́ть	лете́ть	полете́ть
PRES.	лета́ю	лечу́	
	лета́ешь	лети́шь	
	лета́ет	лети́т	
	лета́ем	лети́м	
	лета́ете	лети́те	
	лета́ют	летя́т	
PAST	лета́л	лете́л	полете́л
	лета́ла	лете́ла	полете́ла
	лета́ло	лете́ло	полете́ло
	лета́ли	лете́ли	полете́ли
FUT.	бу́ду лета́ть	бу́ду лете́ть	полечу́
	бу́дешь лета́ть	бу́дешь лете́ть	полети́шь
	бу́дет лета́ть	бу́дет лете́ть	полети́т
	бу́дем лета́ть	бу́дем лете́ть	полети́м
	бу́дете лета́ть	бу́дете лете́ть	полети́те
	бу́дут лета́ть	бу́дут лете́ть	полетя́т
COND.	лета́л бы	лете́л бы	полете́л бы
	лета́ла бы	лете́ла бы	полете́ла бы
	лета́ло бы	лете́ло бы	полете́ло бы
	лета́ли бы	лете́ли бы	полете́ли бы
IMP.	лета́й	лети́	полети́
	лета́йте	лети́те	полети́те
		DEVERBALS	
PRES. ACT.	лета́ющий	летя́щий	
PRES. PASS.			
PAST ACT.	лета́вший	лете́вший	полете́вший
PAST PASS.			
VERBAL ADVERB	летая	летя́	полете́вши

Летайте российскими самолетами. — Fly with Russian airplanes.
Летело лето. — The summer flew by.
Завтра полечу к тебе. — I'm flying to you tomorrow.

	IMPERFECTIVE ASPECT	PERFECTIVE ASPECT
INF.	лечи́ть (ся)	вы́лечить (ся)
PRES.	лечу́ (сь) ле́чишь (ся) ле́чит (ся) ле́чим (ся) ле́чите (сь) ле́чат (ся)	
PAST	лечи́л (ся) лечи́ла (сь) лечи́ло (сь) лечи́ли (сь)	вы́лечил (ся) вы́лечила (сь) вы́лечило (сь) вы́лечили (сь)
FUT.	бу́ду лечи́ть (ся) бу́дешь лечи́ть (ся) бу́дет лечи́ть (ся) бу́дем лечи́ть (ся) бу́дете лечи́ть (ся) бу́дут лечи́ть (ся)	вы́лечу (сь) вы́лечишь (ся) вы́лечит (ся) вы́лечим (ся) вы́лечите (сь) вы́лечат (ся)
COND.	лечи́л (ся) бы лечи́ла (сь) бы лечи́ло (сь) бы лечи́ли (сь) бы	вы́лечил (ся) бы вы́лечила (сь) бы вы́лечило (сь) бы вы́лечили (сь) бы
IMP.	лечи́ (сь) лечи́те (сь)	вы́лечи (сь) вы́лечите (сь)
	DEVERBALS	
PRES. ACT.	ле́чащий (ся)	
PRES. PASS.	лечи́мый	
PAST ACT.	лечи́вший (ся)	вы́лечивший (ся)
PAST PASS.	ле́ченный	вы́леченный
VERBAL ADVERB	леча́ (сь)	вы́лечив (шись)

лечи́ть кого – что; лечи́ться у кого

Что и как мы лечим? — What and how do we treat?
Она вылечилась от вируса. — She was cured of the virus.
Помогу, научу, вылечу. — I will help, teach, cure you.

ли́ть (ся) / поли́ть (ся)

to pour, spill, shed (pour on oneself)

	IMPERFECTIVE ASPECT	PERFECTIVE ASPECT
INF.	ли́ть (ся)	поли́ть (ся)
PRES.	лью́ (сь) льёшь (ся) льёт (ся) льём (ся) льёте (сь) лью́т (ся)	
PAST	ли́л (ся) ли́ла (сь) ли́ло (сь) ли́ли (сь)	по́ли́л – поли́лся полила́ (сь) поли́ло́ – поли́ло́сь поли́ли́ – поли́ли́сь
FUT.	бу́ду ли́ть (ся) бу́дешь ли́ть (ся) бу́дет ли́ть (ся) бу́дем ли́ть (ся) бу́дете ли́ть (ся) бу́дут ли́ть (ся)	полью́ (сь) польёшь (ся) польёт (ся) польём (ся) польёте (сь) полью́т (ся)
COND.	ли́л (ся) бы лила́ (сь) бы ли́ло (сь) бы ли́ли (сь) бы	по́ли́л – поли́лся бы полила́ (сь) бы поли́ло́ – поли́ло́сь бы поли́ли́ – поли́ли́сь бы
IMP.	лей (ся) ле́йте (сь)	поле́й (ся) поле́йте (сь)
	DEVERBALS	
PRES. ACT.	лью́щий (ся)	
PRES. PASS.		
PAST ACT.	ли́вший (ся)	поли́вший (ся)
PAST PASS.	ли́тый, ли́т, ли́та, ли́то	по́ли́тый по́ли́т, полита́, по́ли́то
VERBAL ADVERB	ли́в (шись)	поли́в (шись)

ли́ть что

Какое масло вы льете в мотор?	What kind of oil do you pour into the engine?
Торт полили глазурью.	They poured a glaze on the cake.
Полились мои слезы.	My tears started pouring.

	IMPERFECTIVE ASPECT	PERFECTIVE ASPECT
INF.	лови́ть	пойма́ть
PRES.	ловлю́ ло́вишь ло́вит ло́вим ло́вите ло́вят	
PAST	лови́л лови́ла лови́ло лови́ли	пойма́л пойма́ла пойма́ло пойма́ли
FUT.	бу́ду лови́ть бу́дешь лови́ть бу́дет лови́ть бу́дем лови́ть бу́дете лови́ть бу́дут лови́ть	пойма́ю пойма́ешь пойма́ет пойма́ем пойма́ете пойма́ет
COND.	лови́л бы лови́ла бы лови́ло бы лови́ли бы	пойма́л бы пойма́ла бы пойма́ло бы пойма́ли бы
IMP.	лови́ лови́те	пойма́й пойма́йте
	DEVERBALS	
PRES. ACT.	ло́вящий	
PRES. PASS.	лови́мый	
PAST ACT.	лови́вший	пойма́вший
PAST PASS.	ло́вленный	по́йманный
VERBAL ADVERB	ловя́	пойма́в

лови́ть кого – что на чем

Япония ловит китов.	Japan catches whales.
Я тебя поймаю – снежинка.	I'll catch you – little snowflake.
В городе были пойманы хулиганы.	Hooligans were caught in the city.

Л

ложи́ться / ле́чь
to lie down, go to bed

	IMPERFECTIVE ASPECT	PERFECTIVE ASPECT
INF.	ложи́ться	ле́чь
PRES.	ложу́сь ложи́шься ложи́тся ложи́мся ложи́тесь лoжа́тся	
PAST	ложи́лся ложи́лась ложи́лось ложи́лись	лёг легла́ легло́ легли́
FUT.	бу́ду ложи́ться бу́дешь ложи́ться бу́дет ложи́ться бу́дем ложи́ться бу́дете ложи́ться бу́дут ложи́ться	ля́гу ля́жешь ля́жет ля́жем ля́жете ля́гут
COND.	ложи́лся бы ложи́лась бы ложи́лось бы ложи́лись бы	лёг бы легла́ бы легло́ бы легли́ бы
IMP.	ложи́сь ложи́тесь	ля́г ля́гте
	DEVERBALS	
PRES. ACT.	лoжа́щийся	
PRES. PASS.		
PAST ACT.	ложи́вшийся	лёгший
PAST PASS.		
VERBAL ADVERB	лoжа́сь	лёгши

ложи́ться на кого – что, во что

Ложись спокойно спать. — Lie down peacefully to sleep.
В Санкт-Петербурге ляжет первый снег. — The first snow will fall on St. Petersburg.
Актер лег в клинику. — The actor entered the clinic.

ломáть (ся) / сломáть (ся)

to break, fracture, crack

	IMPERFECTIVE ASPECT	PERFECTIVE ASPECT
INF.	ломáть (ся)	сломáть (ся)
PRES.	ломáю (сь) ломáешь (ся) ломáет (ся) ломáем (ся) ломáете (сь) ломáют (ся)	
PAST	ломáл (ся) ломáла (сь) ломáло (сь) ломáли (сь)	сломáл (ся) сломáла (сь) сломáло (сь) сломáли (сь)
FUT.	бýду ломáть (ся) бýдешь ломáть (ся) бýдет ломáть (ся) бýдем ломáть (ся) бýдете ломáть (ся) бýдут ломáть (ся)	сломáю (сь) сломáешь (ся) сломáет (ся) сломáем (ся) сломáете (сь) сломáют (ся)
COND.	ломáл (ся) бы ломáла (сь) бы ломáло (сь) бы ломáли (сь) бы	сломáл (ся) бы сломáла (сь) бы сломáло (сь) бы сломáли (сь) бы
IMP.	ломáй (ся) ломáйте (сь)	сломáй (ся) сломáйте (сь)
	DEVERBALS	
PRES. ACT.	ломáющий (ся)	
PRES. PASS.	ломáемый	
PAST ACT.	ломáвший (ся)	сломáвший (ся)
PAST PASS.	лóманный	слóманный
VERBAL ADVERB	ломáя (сь)	сломáв (шись)

ломáть кого – что

Не ломайте старую пластинку. — Don't break the old record.
Не сломайтесь, ребята. — Don't crack, guys.
Веточка сломалась. — The branch broke.

люби́ть / полюби́ть

to love, like / fall in love, grow fond of

	IMPERFECTIVE ASPECT	PERFECTIVE ASPECT
INF.	люби́ть	полюби́ть
PRES.	люблю́ лю́бишь лю́бит лю́бим лю́бите лю́бят	
PAST	люби́л люби́ла люби́ло люби́ли	полюби́л полюби́ла полюби́ло полюби́ли
FUT.	бу́ду люби́ть бу́дешь люби́ть бу́дет люби́ть бу́дем люби́ть бу́дете люби́ть бу́дут люби́ть	полюблю́ полю́бишь полю́бит полю́бим полю́бите полю́бят
COND.	люби́л бы люби́ла бы люби́ло бы люби́ли бы	полюби́л бы полюби́ла бы полюби́ло бы полюби́ли бы
IMP.	люби́ люби́те	полюби́ полюби́те
	DEVERBALS	
PRES. ACT.	лю́бящий	
PRES. PASS.	люби́мый	
PAST ACT.	люби́вший	полюби́вший
PAST PASS.		
VERBAL ADVERB	любя́	полюби́в

люби́ть кого – что

люби́ть / полюби́ть

Examples

Я люблю тебя.
I love you.

Здесь любят хип–хоп.
They love hip-hop here.

Я тебя полюбил.
I fell in love with you.

Для тех кто любил, любит и будет любить.
For those who have loved, love, and will love.

Полюби себя.
Love yourself.

Когда я был маленьким, я очень не любил спать.
When I was little, I didn't like to sleep.

Я ухожу от тебя любя.
I am leaving you, while loving you.

Любите друг друга и своего врага.
Love one another and your enemy.

С первого дня, я полюбила Большой театр.
From the first day, I fell in love with the Bolshoi Theater.

Words and expressions related to this verb

Я любить не люблю.

Люби нас, ходи мимо.

Ешь с голоду, а люби с молоду.

Любить, как волк овцу.

Чего в дргуом не любишь, того и сам не делай.

любовь

любимый

маха́ть / махну́ть
to wave, flap

	IMPERFECTIVE ASPECT	PERFECTIVE ASPECT
INF.	маха́ть	махну́ть
PRES.	машу́ ма́шешь ма́шет ма́шем ма́шете ма́шут	
PAST	маха́л маха́ла маха́ло маха́ли	махну́л махну́ла махну́ло махну́ли
FUT.	бу́ду маха́ть бу́дешь маха́ть бу́дет маха́ть бу́дем маха́ть бу́дете маха́ть бу́дут маха́ть	махну́ махнёшь махнёт махнём махнёте махну́т
COND.	маха́л бы маха́ла бы маха́ло бы маха́ли бы	махну́л бы махну́ла бы махну́ло бы махну́ли бы
IMP.	маши́ маши́те	махни́ махни́те
	DEVERBALS	
PRES. ACT.	ма́шущий	
PRES. PASS.		
PAST ACT.	маха́вший	махну́вший
PAST PASS.		
VERBAL ADVERB	маша́	махну́в

маха́ть чем, рукой на что

Даже крыльями не машет всякая птица.	Actually, not every bird flaps its wings.
Поехали и махнули рукой.	They drove off and waved goodbye.
Махнем не глядя.	We'll wave without looking.

	IMPERFECTIVE ASPECT	PERFECTIVE ASPECT
INF.	меня́ть (ся)	поменя́ть (ся)
PRES.	меня́ю (сь) меня́ешь (ся) меня́ет (ся) меня́ем (ся) меня́ете (сь) меня́ют (ся)	
PAST	меня́л (ся) меня́ла (сь) меня́ло (сь) меня́ли (сь)	поменя́л (ся) поменя́ла (сь) поменя́ло (сь) поменя́ли (сь)
FUT.	бу́ду меня́ть (ся) бу́дешь меня́ть (ся) бу́дет меня́ть (ся) бу́дем меня́ть (ся) бу́дете меня́ть (ся) бу́дут меня́ть (ся)	поменя́ю (сь) поменя́ешь (ся) поменя́ет (ся) поменя́ем (ся) поменя́ете (сь) поменя́ют (ся)
COND.	меня́л (ся) бы меня́ла (сь) бы меня́ло (сь) бы меня́ли (сь) бы	поменя́л (ся) бы поменя́ла (сь) бы поменя́ло (сь) бы поменя́ли (сь) бы
IMP.	меня́й (ся) меня́йте (сь)	поменя́й (ся) поменя́йте (сь)
	DEVERBALS	
PRES. ACT.	меня́ющий (ся)	
PRES. PASS.	меня́емый	
PAST ACT.	меня́вший (ся)	поменя́вший (ся)
PAST PASS.	ме́нянный	поме́нянный
VERBAL ADVERB	меня́я (сь)	поменя́в (шись)

меня́ть кого – что на что; меня́ться чем с кем – чем

Меняю квартиру.	I am changing my apartment.
Им поменяли правила игры.	They changed the rules of the game on them.
Добро и зло поменялись местами.	Good and evil exchanged places.

ме́рить (ся) / поме́рить (ся)

to measure, try on

	IMPERFECTIVE ASPECT	PERFECTIVE ASPECT
INF.	ме́рить (ся)	поме́рить (ся)
PRES.	ме́рю (сь) ме́ришь (ся) ме́рит (ся) ме́рим (ся) ме́рите (сь) ме́рят (ся)	
PAST	ме́рил (ся) ме́рила (сь) ме́рило (сь) ме́рили (сь)	поме́рил (ся) поме́рила (сь) поме́рило (сь) поме́рили (сь)
FUT.	бу́ду ме́рить (ся) бу́дешь ме́рить (ся) бу́дет ме́рить (ся) бу́дем ме́рить (ся) бу́дете ме́рить (ся) бу́дут ме́рить (ся)	поме́рю (сь) поме́ришь (ся) поме́рит (ся) поме́рим (ся) поме́рите (сь) поме́рят (ся)
COND.	ме́рил (ся) бы ме́рила (сь) бы ме́рило (сь) бы ме́рили (сь) бы	поме́рил (ся) бы поме́рила (сь) бы поме́рило (сь) бы поме́рили (сь) бы
IMP.	ме́рь (ся) ме́рьте (сь)	поме́рь (ся) поме́рьте (сь)
	DEVERBALS	
PRES. ACT.	ме́рящий (ся)	
PRES. PASS.	ме́римый	
PAST ACT.	ме́ривший (ся)	поме́ривший (ся)
PAST PASS.	ме́ренный	поме́ренный
VERBAL ADVERB	ме́ря (сь)	поме́рив (шись)

ме́рить кого – что; ме́риться чем с кем – чем

Не в километрах мерю я свой путь.	I don't measure my path in kilometers.
Школьники померят давление.	The schoolchildren will measure the pressure.
Два известных силача решили силами помериться.	Two famous strongmen decided to engage in a trial of strength.

	IMPERFECTIVE ASPECT	PERFECTIVE ASPECT
INF.	мечта́ть	помечта́ть
PRES.	мечта́ю мечта́ешь мечта́ет мечта́ем мечта́ете мечта́ют	
PAST	мечта́л мечта́ла мечта́ло мечта́ли	помечта́л помечта́ла помечта́ло помечта́ли
FUT.	бу́ду мечта́ть бу́дешь мечта́ть бу́дет мечта́ть бу́дем мечта́ть бу́дете мечта́ть бу́дут мечта́ть	помечта́ю помечта́ешь помечта́ет помечта́ем помечта́ете помечта́ют
COND.	мечта́л бы мечта́ла бы мечта́ло бы мечта́ли бы	помечта́л бы помечта́ла бы помечта́ло бы помечта́ли бы
IMP.	мечта́й мечта́йте	помечта́й помечта́йте
	DEVERBALS	
PRES. ACT.	мечта́ющий	
PRES. PASS.		
PAST ACT.	мечта́вший	помечта́вший
PAST PASS.		
VERBAL ADVERB	мечта́я	помечта́в

мечта́ть о ком – чём

О прошлом как о будущем мечтай.	Dream about both past and future.
Помечтали, что на следующий год поедем в Москву.	We dreamed that next year we would go to Moscow.
Даже не мечтайте.	Don’t even dream of it.

меша́ть (ся) / помеша́ть (ся)

to hinder, impede, stir, mix, confound

	IMPERFECTIVE ASPECT	PERFECTIVE ASPECT
INF.	меша́ть (ся)	помеша́ть (ся)
PRES.	меша́ю (сь) меша́ешь (ся) меша́ет (ся) меша́ем (ся) меша́ете (сь) меша́ют (ся)	
PAST	меша́л (ся) меша́ла (сь) меша́ло (сь) меша́ли (сь)	помеша́л (ся) помеша́ла (сь) помеша́ло (сь) помеша́ли (сь)
FUT.	бу́ду меша́ть (ся) бу́дешь меша́ть (ся) бу́дет меша́ть (ся) бу́дем меша́ть (ся) бу́дете меша́ть (ся) бу́дут меша́ть (ся)	помеша́ю (сь) помеша́ешь (ся) помеша́ет (ся) помеша́ем (ся) помеша́ете (сь) помеша́ют (ся)
COND.	меша́л (ся) бы меша́ла (сь) бы меша́ло (сь) бы меша́ли (сь) бы	помеша́л (ся) бы помеша́ла (сь) бы помеша́ло (сь) бы помеша́ли (сь) бы
IMP.	меша́й (ся) меша́йте (сь)	помеша́й (ся) помеша́йте (сь)
	DEVERBALS	
PRES. ACT.	меша́ющий (ся)	
PRES. PASS.	меша́емый	
PAST ACT.	меша́вший (ся)	помеша́вший (ся)
PAST PASS.	ме́шанный	поме́шанный
VERBAL ADVERB	меша́я (сь)	помеша́в (шись)

меша́ть кому – чему; кого – что; меша́ться во что, с чем

Вы мешаете расследованию.	You are impeding the investigation.
Разговору помешали обстоятельства.	Circumstances hindered the conversation.
Я так устал, у меня в голове все мешается.	I'm so tired, my mind is all confused.

молча́ть / помолча́ть
to keep silent / be silent for a while

	IMPERFECTIVE ASPECT	PERFECTIVE ASPECT
INF.	молча́ть	помолча́ть
PRES.	молчу́ молчи́шь молчи́т молчи́м молчи́те молча́т	
PAST	молча́л молча́ла молча́ло молча́ли	помолча́л помолча́ла помолча́ло помолча́ли
FUT.	бу́ду молча́ть бу́дешь молча́ть бу́дет молча́ть бу́дем молча́ть бу́дете молча́ть бу́дут молча́ть	помолчу́ помолчи́шь помолчи́т помолчи́м помолчи́те помолча́т
COND.	молча́л бы молча́ла бы молча́ло бы молча́ли бы	помолча́л бы помолча́ла бы помолча́ло бы помолча́ли бы
IMP.	молчи́ молчи́те	помолчи́ помолчи́те
	DEVERBALS	
PRES. ACT.	молча́щий	
PRES. PASS.		
PAST ACT.	молча́вший	помолча́вший
PAST PASS.		
VERBAL ADVERB	молча́	помолча́в

M

Говорите, говорите, я молчу.	You talk, talk, I'm keeping quiet.
Помолчите пожалуйста, я по телефону разговариваю!	Be quiet, please, I'm talking on the phone!
Пусть помолчат глупцы.	Let the foolish keep silent.

мо́чь / смо́чь

to be able

	IMPERFECTIVE ASPECT	PERFECTIVE ASPECT
INF.	мо́чь	смо́чь
PRES.	могу́ мо́жешь мо́жет мо́жем мо́жете мо́гут	
PAST	мо́г могла́ могло́ могли́	смо́г смогла́ смогло́ смогли́
FUT.		смогу́ смо́жешь смо́жет смо́жем смо́жете смо́гут
COND.	мо́г бы могла́ бы могло́ бы могли́ бы	смо́г бы смогла́ бы смогло́ бы смогли́ бы
IMP.		
	DEVERBALS	
PRES. ACT.	могу́щий	
PRES. PASS.		
PAST ACT.	мо́гший	смо́гший
PAST PASS.		
VERBAL ADVERB		смо́гши

The simple future of this verb is not used in modern Russian.
The imperative forms are used only with negations: **Не моги́, не моги́те.**

мóчь / смóчь

Examples

Вместе сможем все.
Together we can do anything.

Они не смогли договориться.
They were not able to reach agreement.

Россия могла бы.
Russia could have done it.

Не смогши вытерпеть, он выразил свои мысли.
Unable to be patient, he expressed his thoughts.

Не могу молчать.
I can't remain silent.

Вы можете пройти следующие курсы.
You can take the following courses.

Они не смогли вернуться вчера вечером.
They were not able to return last evening.

Я смогу добиться идеальной фигуры.
I can achieve the ideal figure.

Words and expressions related to this verb

Хочу, половину могу.

Что хочу, то и могу.

Может быть.

Не может быть.

мощность

можно

могучий

мы́ть (ся) / помы́ть (ся)
to wash (wash oneself)

	IMPERFECTIVE ASPECT	PERFECTIVE ASPECT
INF.	мы́ть (ся)	помы́ть (ся)
PRES.	мо́ю (сь) мо́ешь (ся) мо́ет (ся) мо́ем (ся) мо́ете (сь) мо́ют (ся)	
PAST	мы́л (ся) мы́ла (сь) мы́ло (сь) мы́ли (сь)	помы́л (ся) помы́ла (сь) помы́ло (сь) помы́ли (сь)
FUT.	бу́ду мы́ть (ся) бу́дешь мы́ть (ся) бу́дет мы́ть (ся) бу́дем мы́ть (ся) бу́дете мы́ть (ся) бу́дут мы́ть (ся)	помо́ю (сь) помо́ешь (ся) помо́ет (ся) помо́ем (ся) помо́ете (сь) помо́ют (ся)
COND.	мы́л (ся) бы мы́ла (сь) бы мы́ло (сь) бы мы́ли (сь) бы	помы́л (ся) бы помы́ла (сь) бы помы́ло (сь) бы помы́ли (сь) бы
IMP.	мо́й (ся) мо́йте (сь)	помо́й (ся) помо́йте (сь)
	DEVERBALS	
PRES. ACT.	мо́ющий (ся)	
PRES. PASS.		
PAST ACT.	мы́вший (ся)	помы́вший (ся)
PAST PASS.	мы́тый	помы́тый
VERBAL ADVERB	мо́я (сь)	помы́в (шись)

мыть кого – что

Я часто моюсь в бане.	I frequently have a bath in the bathhouse.
Рука руку не помыла.	One hand didn't wash the other.
Заодно и помылись.	They washed up together.

	IMPERFECTIVE ASPECT	PERFECTIVE ASPECT
INF.	надева́ть (ся)	наде́ть (ся)
PRES.	надева́ю	
	надева́ешь	
	надева́ет (ся)	
	надева́ем	
	надева́ете	
	надева́ют (ся)	
PAST	надева́л (ся)	наде́л (ся)
	надева́ла (сь)	наде́ла (сь)
	надева́ло (сь)	наде́ло (сь)
	надева́ли (сь)	наде́ли (сь)
FUT.	бу́ду надева́ть	наде́ну
	бу́дешь надева́ть	наде́нешь
	бу́дет надева́ть (ся)	наде́нет (ся)
	бу́дем надева́ть	наде́нем
	бу́дете надева́ть	наде́нете
	бу́дут надева́ть (ся)	наде́нут (ся)
COND.	надева́л (ся) бы	наде́л (ся) бы
	надева́ла (сь) бы	наде́ла (сь) бы
	надева́ло (сь) бы	наде́ло (сь) бы
	надева́ли (сь) бы	наде́ли (сь) бы
IMP.	надева́й	наде́нь
	надева́йте	наде́ньте
	DEVERBALS	
PRES. ACT.	надева́ющий (ся)	
PRES. PASS.	надева́емый	
PAST ACT.	надева́вший (ся)	наде́вший (ся)
PAST PASS.		наде́тый
VERBAL ADVERB	надева́я (сь)	наде́в (шись)

надева́ть что на кого – что

Не надевайте чужие галстуки. — Don't put on other people's ties.
Можно я надену этот старый свитер? — Can I put on this old sweater?
Туфли надевались 2–3 раза. — The shoes were worn only 2–3 times.

надéяться / понадéяться

to hope, rely

	IMPERFECTIVE ASPECT	PERFECTIVE ASPECT
INF.	надéяться	понадéяться
PRES.	надéюсь надéешься надéется надéемся надéетесь надéются	
PAST	надéялся надéялась надéялось надéялись	понадéялся понадéялась понадéялось понадéялись
FUT.	бýду надéяться бýдешь надéяться бýдет надéяться бýдем надéяться бýдете надéяться бýдут надéяться	понадéюсь понадéешься понадéется понадéемся понадéетесь понадéются
COND.	надéялся бы надéялась бы надéялось бы надéялись бы	понадéялся бы понадéялась бы понадéялось бы понадéялись бы
IMP.	надéйся надéйтесь	понадéйся понадéйтесь
	DEVERBALS	
PRES. ACT.	надéющийся	
PRES. PASS.		
PAST ACT.	надéявшийся	понадéявшийся
PAST PASS.		
VERBAL ADVERB	надéясь	понадéявшись

надéяться на что, на кого – что

Я на них не надеюсь. — I am not counting on them.

Понадеялась мама, что ждать всего несколько лет. — Mom hoped that she would have to wait just a few years.

Будем надеяться, что так и будет. — Let us hope that that's the way it will be.

	IMPERFECTIVE ASPECT	PERFECTIVE ASPECT
INF.	надоеда́ть	надое́сть
PRES.	надоеда́ю надоеда́ешь надоеда́ет надоеда́ем надоеда́ете надоеда́ют	
PAST	надоеда́л надоеда́ла надоеда́ло надоеда́ли	надое́л надое́ла надое́ло надое́ли
FUT.	бу́ду надоеда́ть бу́дешь надоеда́ть бу́дет надоеда́ть бу́дем надоеда́ть бу́дете надоеда́ть бу́дут надоеда́ть	надое́м надое́шь надое́ст надоеди́м надоеди́те надоедя́т
COND.	надоеда́л бы надоеда́ла бы надоеда́ло бы надоеда́ли бы	надое́л бы надое́ла бы надое́ло бы надое́ли бы
IMP.	надоеда́й надоеда́йте	надое́шь надое́шьте
	DEVERBALS	
PRES. ACT.	надоеда́ющий	
PRES. PASS.		
PAST ACT.	надоеда́вший	надое́вший
PAST PASS.		
VERBAL ADVERB	надоеда́я	надое́в

надоеда́ть кому – чему

Рано или поздно все надоедает.	Sooner or later you'll be annoyed with everything.
Ей надоело быть певицей.	She got fed up with being a singer.
Я тебе последний раз надоем.	I am going to bother you for the last time.

назнача́ть / назна́чить

to appoint, nominate, arrange, fix [a date, time]

	IMPERFECTIVE ASPECT	PERFECTIVE ASPECT
INF.	назнача́ть	назна́чить
PRES.	назнача́ю назнача́ешь назнача́ет назнача́ем назнача́ете назнача́ют	
PAST	назнача́л назнача́ла назнача́ло назнача́ли	назна́чил назна́чила назна́чило назна́чили
FUT.	бу́ду назнача́ть бу́дешь назнача́ть бу́дет назнача́ть бу́дем назнача́ть бу́дете назнача́ть бу́дут назнача́ть	назна́чу назна́чишь назна́чит назна́чим назна́чите назна́чат
COND.	назнача́л бы назнача́ла бы назнача́ло бы назнача́ли бы	назна́чил бы назна́чила бы назна́чило бы назна́чили бы
IMP.	назнача́й назнача́йте	назна́чь назна́чьте
	DEVERBALS	
PRES. ACT.	назнача́ющий	
PRES. PASS.	назнача́емый	
PAST ACT.	назнача́вший	назна́чивший
PAST PASS.		назна́ченный
VERBAL ADVERB	назнача́я	назна́чив

назнача́ть кого – что кем; что кому ***to prescribe something for someone***

Я назначаю вам свидание. — I'm arranging an appointment for you.

Сам назначешь место и время. — You fix the time and place yourself.

Он ее назначил своим представителем. — He appointed her his representative.

называ́ть (ся) / назва́ть (ся)

to call, name (be called, be named)

	IMPERFECTIVE ASPECT	PERFECTIVE ASPECT
INF.	называ́ть (ся)	назва́ть (ся)
PRES.	называ́ю (сь) называ́ешь (ся) называ́ет (ся) называ́ем (ся) называ́ете (сь) называ́ют (ся)	
PAST	называ́л (ся) называ́ла (сь) называ́ло (сь) называ́ли (сь)	назва́л (ся) назвала́ (сь) назва́ло – назва́ло́сь назва́ли – назва́ли́сь
FUT.	бу́ду называ́ть (ся) бу́дешь называ́ть (ся) бу́дет называ́ть (ся) бу́дем называ́ть (ся) бу́дете называ́ть (ся) бу́дут называ́ть (ся)	назову́ (сь) назовёшь (ся) назовёт (ся) назовём (ся) назовёте (сь) назову́т (ся)
COND.	называ́л (ся) бы называ́ла (сь) бы называ́ло (сь) бы называ́ли (сь) бы	назва́л (ся) бы назвала́ (сь) бы назва́ло – назва́ло́сь бы назва́ли – назва́ли́сь бы
IMP.	называ́й (ся) называ́йте (сь)	назови́ (сь) назови́те (сь)
	DEVERBALS	
PRES. ACT.	называ́ющий (ся)	
PRES. PASS.	называ́емый	
PAST ACT.	называ́вший (ся)	назва́вший (ся)
PAST PASS.		на́званный
VERBAL ADVERB	называ́я (сь)	назва́в (шись)

называ́ть кого – что кем – чем

Н

называ́ть (ся) / назва́ть (ся)

Examples

Это я называю любовь.
This is what I call love.

Как мы называем наших любимых?
What do we call our loved ones?

Как назвать ребенка?
What will we name the child?

Назовем вещи своими именами.
Let's call things by their right names.

Город назывался Петроградом.
The city was called Petrograd.

Вы назвались совестью страны.
You have been called the conscience of the country.

Кого могли бы назвать человеком года?
Whom could we name man of the year?

Насилие, как его не назови. . . .
Force, no matter what you call it. . . .

По делам своим я называюсь.
I am known by my deeds.

Как назывался его первый фильм?
What was his first film called?

Ее назвали лучшим спортсменом года.
She was named best athlete of the year.

Words and expressions related to this verb

Назови его по имени.

Нельзя его назвать умницей.

Гостей назвали, а хозяев дома нет.

Как называется . . . ?

название

так называемый

названный

налива́ть (ся) / нали́ть (ся)

to pour, fill (ripen)

	IMPERFECTIVE ASPECT	PERFECTIVE ASPECT
INF.	налива́ть (ся)	нали́ть (ся)
PRES.	налива́ю налива́ешь налива́ет (ся) налива́ем налива́ете налива́ют (ся)	
PAST	налива́л (ся) налива́ла (сь) налива́ло (сь) налива́ли (сь)	на́ли́л – нали́лся́ налила́ (сь) на́ли́ло – нали́ло́сь на́ли́ли – нали́ли́сь
FUT.	бу́ду налива́ть бу́дешь налива́ть бу́дет налива́ть (ся) бу́дем налива́ть бу́дете налива́ть бу́дут налива́ть (ся)	налью́ нальёшь нальёт (ся) нальём нальёте нальют (ся)
COND.	налива́л (ся) бы налива́ла (сь) бы налива́ло (сь) бы налива́ли (сь) бы	на́ли́л – нали́лся́ бы налила́ (сь) бы на́ли́ло – нали́ло́сь бы на́ли́ли – нали́ли́сь бы
IMP.	налива́й налива́йте	нале́й нале́йте
	DEVERBALS	
PRES. ACT.	налива́ющий (ся)	
PRES. PASS.	налива́емый	
PAST ACT.	налива́вший (ся)	нали́вший (ся)
PAST PASS.		на́ли́тый на́ли́т, налита́, на́ли́то
VERBAL ADVERB	налива́я (сь)	нали́в (шись)

налива́ть что, чего на что, чем
налива́ться во что

Наливая чай гостям, она начала рассказывать.	She began telling her tale as she poured the tea for her guests.
Ещё раз я налью вина.	I will pour the wine one more time.
У меня глаз налился кровью.	My eye filled with blood.

напомина́ть / напо́мнить

to remind

	IMPERFECTIVE ASPECT	PERFECTIVE ASPECT
INF.	напомина́ть	напо́мнить
PRES.	напомина́ю напомина́ешь напомина́ет напомина́ем напомина́ете напомина́ют	
PAST	напомина́л напомина́ла напомина́ло напомина́ли	напо́мнил напо́мнила напо́мнило напо́мнили
FUT.	бу́ду напомина́ть бу́дешь напомина́ть бу́дет напомина́ть бу́дем напомина́ть бу́дете напомина́ть бу́дут напомина́ть	напо́мню напо́мнишь напо́мнит напо́мним напо́мните напо́мнят
COND.	напомина́л бы напомина́ла бы напомина́ло бы напомина́ли бы	напо́мнил бы напо́мнила бы напо́мнило бы напо́мнили бы
IMP.	напомина́й напомина́йте	напо́мни напо́мните
	DEVERBALS	
PRES. ACT.	напомина́ющий	
PRES. PASS.		
PAST ACT.	напомина́вший	напо́мнивший
PAST PASS.		
VERBAL ADVERB	напомина́я	напо́мнив

напомина́ть кому о ком – чём, кого – что

Напоминайте друзьям о себе.	Remind your friends about yourself.
Статья напомнила нам о проблеме.	The article reminded us of the problem.
Напомнилось – жизнь дается человеку один раз.	We recalled – life is given to one only once.

направля́ть (ся) / напра́вить (ся)

to direct, send (make one's way toward)

	IMPERFECTIVE ASPECT	PERFECTIVE ASPECT
INF.	направля́ть (ся)	напра́вить (ся)
PRES.	направля́ю (сь) направля́ешь (ся) направля́ет (ся) направля́ем (ся) направля́ете (сь) направля́ют (ся)	
PAST	направля́л (ся) направля́ла (сь) направля́ло (сь) направля́ли (сь)	напра́вил (ся) напра́вила (сь) напра́вило (сь) напра́вили (сь)
FUT.	бу́ду направля́ть (ся) бу́дешь направля́ть (ся) бу́дет направля́ть (ся) бу́дем направля́ть (ся) бу́дете направля́ть (ся) бу́дут направля́ть (ся)	напра́влю (сь) напра́вишь (ся) напра́вит (ся) напра́вим (ся) напра́вите (сь) напра́вят (ся)
COND.	направля́л (ся) бы направля́ла (сь) бы направля́ло (сь) бы направля́ли (сь) бы	напра́вил (ся) бы напра́вила (сь) бы напра́вило (сь) бы напра́вили (сь) бы
IMP.	направля́й (ся) направля́йте (сь)	напра́вь (ся) напра́вьте (сь)
	DEVERBALS	
PRES. ACT.	направля́ющий (ся)	
PRES. PASS.	направля́емый	
PAST ACT.	направля́вший (ся)	напра́вивший (ся)
PAST PASS.		напра́вленный
VERBAL ADVERB	направля́я (сь)	напра́вив (шись)

направля́ть кого – что на кого – что; направля́ться к чему, во что

Вас направляют на тренинг.	You are being sent to training.
Самолет направился в Москву на ремонт.	The plane was sent to Moscow for repair.
Куда я направлюсь на каникулах?	Where should I go for the holidays?

Н

наста́ивать / настоя́ть

to insist

	IMPERFECTIVE ASPECT	PERFECTIVE ASPECT
INF.	наста́ивать	настоя́ть
PRES.	наста́иваю наста́иваешь наста́ивает наста́иваем наста́иваете наста́ивают	
PAST	наста́ивал наста́ивала наста́ивало наста́ивали	настоя́л настоя́ла настоя́ло настоя́ли
FUT.	бу́ду наста́ивать бу́дешь наста́ивать бу́дет наста́ивать бу́дем наста́ивать бу́дете наста́ивать бу́дут наста́ивать	настою́ настои́шь настои́т настои́м настои́те настоя́т
COND.	наста́ивал бы наста́ивала бы наста́ивало бы наста́ивали бы	настоя́л бы настоя́ла бы настоя́ло бы настоя́ли бы
IMP.	наста́ивай наста́ивайте	насто́й насто́йте
	DEVERBALS	
PRES. ACT.	наста́ивающий	
PRES. PASS.		
PAST ACT.	наста́ивавший	настоя́вший
PAST PASS.		
VERBAL ADVERB	наста́ивая	настоя́в

наста́ивать на чём

Они настаивают на свободе прессы.	They are insisting on freedom of the press.
Парламент настоял на открытии архивов.	The parliament insisted on opening the archives.
На чем они настаивали?	What did they insist upon?

наступа́ть / наступи́ть

to step on, approach, advance

	IMPERFECTIVE ASPECT	PERFECTIVE ASPECT
INF.	наступа́ть	наступи́ть
PRES.	наступа́ю наступа́ешь наступа́ет наступа́ем наступа́ете наступа́ют	
PAST	наступа́л наступа́ла наступа́ло наступа́ли	наступи́л наступи́ла наступи́ло наступи́ли
FUT.	бу́ду наступа́ть бу́дешь наступа́ть бу́дет наступа́ть бу́дем наступа́ть бу́дете наступа́ть бу́дут наступа́ть	наступлю́ насту́пишь насту́пит насту́пим насту́пите насту́пят
COND.	наступа́л бы наступа́ла бы наступа́ло бы наступа́ли бы	наступи́л бы наступи́ла бы наступи́ло бы наступи́ли бы
IMP.	наступа́й наступа́йте	наступи́ наступи́те
	DEVERBALS	
PRES. ACT.	наступа́ющий	
PRES. PASS.		
PAST ACT.	наступа́вший	наступи́вший
PAST PASS.		
VERBAL ADVERB	наступа́я	наступи́в

наступа́ть кому на кого – что

Он наступает на ее ногу.	He is stepping on her foot.
В тот год весна долго не наступала.	That year spring didn't arrive for a long time.
Для небоскребов наступили черные дни.	Black days have arrived for skyscrapers.

находи́ть (ся) / найти́ (сь)
to find out, discover (be situated, located)

	IMPERFECTIVE ASPECT	PERFECTIVE ASPECT
INF.	находи́ть (ся)	найти́ (сь)
PRES.	нахожу́ (сь) нахо́дишь (ся) нахо́дит (ся) нахо́дим (ся) нахо́дите (сь) нахо́дят (ся)	
PAST	находи́л (ся) находи́ла (сь) находи́ло (сь) находи́ли (сь)	нашёл (ся) нашла́ (сь) нашло́ (сь) нашли́ (сь)
FUT.	бу́ду находи́ть (ся) бу́дешь находи́ть (ся) бу́дет находи́ть (ся) бу́дем находи́ть (ся) бу́дете находи́ть (ся) бу́дут находи́ть (ся)	найду́ (сь) найдёшь (ся) найдёт (ся) найдём (ся) найдёте (сь) найду́т (ся)
COND.	находи́л (ся) бы находи́ла (сь) бы находи́ло (сь) бы находи́ли (сь) бы	нашёл (ся) бы нашла́ (сь) бы нашло́ (сь) бы нашли́ (сь) бы
IMP.	находи́ (сь) находи́те (сь)	найди́ (сь) найди́те (сь)
	DEVERBALS	
PRES. ACT.	находя́щий (ся)	
PRES. PASS.		
PAST ACT.	находи́вший (ся)	наше́дший (ся)
PAST PASS.		на́йденный
VERBAL ADVERB	находя́ (сь)	найдя́ (сь)

находи́ть кого – что

находи́ть (ся) / найти́ (сь)

Examples

Я легко нахожу работу.
I find work easily.

Находи друзей.
Find some friends.

За чем пойдёшь, то и найдёшь.
What you go for is what you'll find.

Преступник нашёлся в больнице.
The criminal was found in the hospital.

Следы были найдены в ресторане.
Traces were found in a restaurant.

Ищу не находя ответа.
I search without finding an answer.

Найдите нам хорошего директора.
Find us a good director.

Эту информацию вы больше нигде не найдёте.
You won't find this information anywhere else.

Рыбы находят путь домой на слух.
Fish find their way home by sound.

Найдите понимание с начальником.
Find understanding with your boss.

У него нашелся друг.
He found a friend.

Words and expressions related to this verb

Он находился под надзором полиции.

Где находится . . . ?

Мы сейчас находимся . . .

находясь за рубежом

нахождение

находчивий

находка

Н

начина́ть (ся) / нача́ть (ся)
to begin, start

	IMPERFECTIVE ASPECT	PERFECTIVE ASPECT
INF.	начина́ть (ся)	нача́ть (ся)
PRES.	начина́ю начина́ешь начина́ет (ся) начина́ем начина́ете начина́ют (ся)	
PAST	начина́л (ся) начина́ла (сь) начина́ло (сь) начина́ли (сь)	на́чал – начался́ начала́ (сь) на́чало – начало́сь на́чали – начали́сь
FUT.	бу́ду начина́ть бу́дешь начина́ть бу́дет начина́ть (ся) бу́дем начина́ть бу́дете начина́ть бу́дут начина́ть (ся)	начну́ начнёшь начнёт (ся) начнём начнёте начну́т (ся)
COND.	начина́л (ся) бы начина́ла (сь) бы начина́ло (сь) бы начина́ли (сь) бы	на́чал – начался́ бы начала́ (сь) бы на́чало – начало́сь бы на́чали – начали́сь бы
IMP.	начина́й начина́йте	начни́ начни́те
	DEVERBALS	
PRES. ACT.	начина́ющий (ся)	
PRES. PASS.	начина́емый	
PAST ACT.	начина́вший (ся)	нача́вший (ся)
PAST PASS.		на́чатый на́чат, начата́, на́чато
VERBAL ADVERB	начина́я (сь)	нача́в (шись)

начина́ть что кем – чем с кого – чего, + infinitive

начина́ть (ся) / нача́ть (ся)

Examples

Я начинаю строить с нуля.
I'm starting to build from scratch.

Мы все начинаемся словом «мама.»
We all begin with the word "Mama."

Завтра начну все делать.
Tomorrow I'll begin to do it all.

Начните правильно.
Begin correctly.

Начата работа над бюджетом.
Work on the budget has begun.

Месяц начался с разочарований.
The month began with disappointments.

Так начинаются войны.
This is the way wars begin.

Он начинает худеть.
He is beginning to slim down.

Новые автоматы начнут работать.
The new automatic machines will begin to work.

Вчера началось производство нового автомобиля.
Yesterday production of the new car began.

Words and expressions related to this verb

Не знаешь, что и начать.

Легко начать, да не легко кончать.

Ни начать, ни кончать пришло.

начало

начальство

начальник

ненави́деть / возненави́деть
to hate

	IMPERFECTIVE ASPECT	PERFECTIVE ASPECT
INF.	ненави́деть	возненави́деть
PRES.	ненави́жу ненави́дишь ненави́дит ненави́дим ненави́дите ненави́дят	
PAST	ненави́дел ненави́дела ненави́дело ненави́дели	возненави́дел возненави́дела возненави́дело возненави́дели
FUT.	бу́ду ненави́деть бу́дешь ненави́деть бу́дет ненави́деть бу́дем ненави́деть бу́дете ненави́деть бу́дут ненави́деть	возненави́жу возненави́дишь возненави́дит возненави́дим возненави́дите возненави́дят
COND.	ненави́дел бы ненави́дела бы ненави́дело бы ненави́дели бы	возненави́дел бы возненави́дела бы возненави́дело бы возненави́дели бы
IMP.	ненави́дь ненави́дьте	возненави́дь возненави́дьте

DEVERBALS

PRES. ACT.	ненави́дящий	
PRES. PASS.	ненави́димый	
PAST ACT.	ненави́девший	возненави́девший
PAST PASS.		возненави́денный
VERBAL ADVERB	ненави́дя	возненави́дев

ненави́деть кого – что

Она ненавидит свою работу.	She hates her work.
10 вещей за которые хаккеры вас возненавидят.	Ten things that hackers will hate you for.
Его любили, даже ненавидя.	They loved him even as they hated him.

	MULTIDIRECTIONAL	UNIDIRECTIONAL	PERFECTIVE ASPECT
INF.	носи́ть (ся)	нести́ (сь)	понести́ (сь)
PRES.	ношу́ (сь) но́сишь (ся) но́сит (ся) но́сим (ся) но́сите (сь) но́сят (ся)	несу́ (сь) несёшь (ся) несёт (ся) несём (ся) несёте (сь) несу́т (ся)	
PAST	носи́л (ся) носи́ла(сь) носи́ло (сь) носи́ли (сь)	нёс (ся) несла́ (сь) несло́ (сь) несли́ (сь)	понёс (ся) понесла́ (сь) понесло́ (сь) понесли́ (сь)
FUT.	бу́ду носи́ть (ся) бу́дешь носи́ть (ся) бу́дет носи́ть (ся) бу́дем носи́ть (ся) бу́дете носи́ть (ся) бу́дут носи́ть (ся)	бу́ду нести́ (сь) бу́дешь нести́ (сь) бу́дет нести́ (сь) бу́дем нести́ (сь) бу́дете нести́ (сь) бу́дут нести́ (сь)	понесу́ (сь) понесёшь (ся) понесёт (ся) понесём (ся) понесёте (сь) понесу́т (ся)
COND.	носи́л (ся) бы носи́ла (сь) бы носи́ло (сь) бы носи́ли (сь) бы	нёс (ся) бы несла́ (сь) бы несло́ (сь) бы несли́ (сь) бы	понёс (ся) бы понесла́ (сь) бы понесло́ (сь) бы понесли́ (сь) бы
IMP.	носи́ (сь) носи́те (сь)	неси́ (сь) неси́те (сь)	понеси́ (сь) понеси́те (сь)
		DEVERBALS	
PRES. ACT.	нося́щий (ся)	несу́щий (ся)	
PRES. PASS.	носи́мый	несо́мый	
PAST ACT.	носи́вший (ся)	нёсший (ся)	понёсший (ся)
PAST PASS.	но́шенный		понесённый понесён, понесена́
VERBAL ADVERB	носи́в (шись)	неся́ (сь)	понеся́ (сь)

нести́ – носи́ть кого – что

Она носит часы на левой руке.	She wears her watch on the left arm.
Надо мной неслась черная туча.	A dark cloud was rushing over me.
Я не дойду, понесите меня.	I can't get there; carry me.

ночева́ть / переночева́ть
to spend the night

	IMPERFECTIVE ASPECT	PERFECTIVE ASPECT
INF.	ночева́ть	переночева́ть
PRES.	ночу́ю ночу́ешь ночу́ет ночу́ем ночу́ете ночу́ют	
PAST	ночева́л ночева́ла ночева́ло ночева́ли	переночева́л переночева́ла переночева́ло переночева́ли
FUT.	бу́ду ночева́ть бу́дешь ночева́ть бу́дет ночева́ть бу́дем ночева́ть бу́дете ночева́ть бу́дут ночева́ть	переночу́ю переночу́ешь переночу́ет переночу́ем переночу́ете переночу́ет
COND.	ночева́л бы ночева́ла бы ночева́ло бы ночева́ли бы	переночева́л бы переночева́ла бы переночева́ло бы переночева́ли бы
IMP.	ночу́й ночу́йте	переночу́й переночу́йте
	DEVERBALS	
PRES. ACT.	ночу́ющий	
PRES. PASS.		
PAST ACT.	ночева́вший	переночева́вший
PAST PASS.		
VERBAL ADVERB	ночу́я	переночева́в

Мы не можем ночевать дома.	We can't spend the night at home.
Где ночевал император Наполеон?	Where did the Emperor Napoleon spend the night?
Мы переночевали в Москве.	We spent the night in Moscow.

	IMPERFECTIVE ASPECT	PERFECTIVE ASPECT
INF.	нра́виться	понра́виться
PRES.	нра́влюсь нра́вишься нра́вится нра́вимся нра́витесь нра́вятся	
PAST	нра́вился нра́вилась нра́вилось нра́вились	понра́вился понра́вилась понра́вилось понра́вились
FUT.	бу́ду нра́виться бу́дешь нра́виться бу́дет нра́виться бу́дем нра́виться бу́дете нра́виться бу́дут нра́виться	понра́влюсь понра́вишься понра́вится понра́вимся понра́витесь понра́вятся
COND.	нра́вился бы нра́вилась бы нра́вилось бы нра́вились бы	понра́вился бы понра́вилась бы понра́вилось бы понра́вились бы
IMP.	нра́вься нра́вьтесь	понра́вься понра́вьтесь
	DEVERBALS	
PRES. ACT.	нра́вящийся	
PRES. PASS.		
PAST ACT.	нра́вившийся	понра́вившийся
PAST PASS.		
VERBAL ADVERB	нра́вясь	понра́вившись

нра́виться кому – чему

Почему я им не нравлюсь?	Why don't they like me?
Какой предмет вам больше всего нравился?	Which subject did you like the most?
Президенту не понравились выборы.	The president was not pleased with the elections.

обе́дать / пообе́дать
to lunch, have the midday meal

	IMPERFECTIVE ASPECT	PERFECTIVE ASPECT
INF.	обе́дать	пообе́дать
PRES.	обе́даю обе́даешь обе́дает обе́даем обе́даете обе́дают	
PAST	обе́дал обе́дала обе́дало обе́дали	пообе́дал пообе́дала пообе́дало пообе́дали
FUT.	бу́ду обе́дать бу́дешь обе́дать бу́дет обе́дать бу́дем обе́дать бу́дете обе́дать бу́дут обе́дать	пообе́даю пообе́даешь пообе́дает пообе́даем пообе́даете пообе́дают
COND.	обе́дал бы обе́дала бы обе́дало бы обе́дали бы	пообе́дал бы пообе́дала бы пообе́дало бы пообе́дали бы
IMP.	обе́дай обе́дайте	пообе́дай пообе́дайте
	DEVERBALS	
PRES. ACT.	обе́дающий	
PRES. PASS.		
PAST ACT.	обе́давший	пообе́давший
PAST PASS.		
VERBAL ADVERB	обе́дая	пообе́дав

Обедайте с удовольствием. — Dine with pleasure.

Мы прекрасно пообедали в ресторане. — We had a wonderful meal in the restaurant.

Пообедаем вместе. — Let's dine together.

	IMPERFECTIVE ASPECT	PERFECTIVE ASPECT
INF.	обеща́ть	пообеща́ть
PRES.	обеща́ю обеща́ешь обеща́ет обеща́ем обеща́ете обеща́ют	
PAST	обеща́л обеща́ла обеща́ло обеща́ли	пообеща́л пообеща́ла пообеща́ло пообеща́ли
FUT.	бу́ду обеща́ть бу́дешь обеща́ть бу́дет обеща́ть бу́дем обеща́ть бу́дете обеща́ть бу́дут обеща́ть	пообеща́ю пообеща́ешь пообеща́ет пообеща́ем пообеща́ете пообеща́ют
COND.	обеща́л бы обеща́ла бы обеща́ло бы обеща́ли бы	пообеща́л бы пообеща́ла бы пообеща́ло бы пообеща́ли бы
IMP.	обеща́й обеща́йте	пообеща́й пообеща́йте
	DEVERBALS	
PRES. ACT.	обеща́ющий	
PRES. PASS.	обеща́емый	
PAST ACT.	обеща́вший	пообеща́вший
PAST PASS.		пообе́щанный
VERBAL ADVERB	обеща́я	пообеща́в

обеща́ть что, кому – чему

Делай великого, не обещая великого. — Do great things without promising greatness.

Пообещай, что ты вернешься. — Promise that you will return.

Доноры пообещали 500 миллионов. — Donors have promised 500 million.

обижа́ть (ся) / оби́деть (ся)
to hurt, insult

	IMPERFECTIVE ASPECT	PERFECTIVE ASPECT
INF.	обижа́ть (ся)	оби́деть (ся)
PRES.	обижа́ю (сь) обижа́ешь (ся) обижа́ет (ся) обижа́ем (ся) обижа́ете (сь) обижа́ют (ся)	
PAST	обижа́л (ся) обижа́ла (сь) обижа́ло (сь) обижа́ли (сь)	оби́дел (ся) оби́дела (сь) оби́дело (сь) оби́дели (сь)
FUT.	бу́ду обижа́ть (ся) бу́дешь обижа́ть (ся) бу́дет обижа́ть (ся) бу́дем обижа́ть (ся) бу́дете обижа́ть (ся) бу́дут обижа́ть (ся)	оби́жу (сь) оби́дешь (ся) оби́дет (ся) оби́дем (ся) оби́дете (сь) оби́дят (ся)
COND.	обижа́л (ся) бы обижа́ла (сь) бы обижа́ло (сь) бы обижа́ли (сь) бы	оби́дел (ся) бы оби́дела (сь) бы оби́дело (сь) бы оби́дели (сь) бы
IMP.	обижа́й (ся) обижа́йте (сь)	оби́дь (ся) оби́дьте (ся)
	DEVERBALS	
PRES. ACT.	обижа́ющий (ся)	
PRES. PASS.	обижа́емый	
PAST ACT.	обижа́вший (ся)	оби́девший (ся)
PAST PASS.		оби́женный
VERBAL ADVERB	обижа́я (сь)	оби́дев (шись)

обижа́ть кого – что

Я их не обижаю, и не обижаюсь.	I don't insult them, and I am not insulted.
Не обижайтесь, пожалуйста.	Please don't be insulted.
Родина на них обиделась.	The motherland was hurt by them.

	IMPERFECTIVE ASPECT	PERFECTIVE ASPECT
INF.	обма́нывать (ся)	обману́ть (ся)
PRES.	обма́нываю (сь) обма́нываешь (ся) обма́нывает (ся) обма́нываем (ся) обма́нываете (сь) обма́нывают (ся)	
PAST	обма́нывал (ся) обма́нывала (сь) обма́нывало (сь) обма́нывали (сь)	обману́л (ся) обману́ла (сь) обману́ло (сь) обману́ли (сь)
FUT.	бу́ду обма́нывать (ся) бу́дешь обма́нывать (ся) бу́дет обма́нывать (ся) бу́дем обма́нывать (ся) бу́дете обма́нывать (ся) бу́дут обма́нывать (ся)	обману́ (сь) обма́нешь (ся) обма́нет (ся) обма́нем (ся) обма́нете (сь) обма́нут (ся)
COND.	обма́нывал (ся) бы обма́нывала (сь) бы обма́нывало (сь) бы обма́нывали (сь) бы	обману́л (ся) бы обману́ла (сь) бы обману́ло (сь) бы обману́ли (сь) бы
IMP.	обма́нывай (ся) обма́нывайте (сь)	обмани́ (сь) обмани́те (сь)
	DEVERBALS	
PRES. ACT.	обма́нывающий (ся)	
PRES. PASS.	обма́нываемый	
PAST ACT.	обма́нывавший (ся)	обману́вший (ся)
PAST PASS.		обма́нутый
VERBAL ADVERB	обма́нывая (сь)	обману́в (шись)

обма́нывать кого – что

Не обманывайте покупателей.	Don't cheat the purchasers.
Я обманывался в людях.	I have been disappointed in people.
Меня обманули в том магазине.	I was cheated in that store.

обнимáть (ся) / обня́ть (ся)

to embrace, take in, hug

	IMPERFECTIVE ASPECT	PERFECTIVE ASPECT
INF.	обнимáть (ся)	обня́ть (ся)
PRES.	обнимáю (сь) обнимáешь (ся) обнимáет (ся) обнимáем (ся) обнимáете (сь) обнимáют (ся)	
PAST	обнимáл (ся) обнимáла (сь) обнимáло (сь) обнимáли (сь)	óбнял – обня́лся́ обнялá (сь) óбняло – обнялóсь óбняли – обняли́сь
FUT.	бýду обнимáть (ся) бýдешь обнимáть (ся) бýдет обнимáть (ся) бýдем обнимáть (ся) бýдете обнимáть (ся) бýдут обнимáть (ся)	обнимý (сь) обни́мешь (ся) обни́мет (ся) обни́мем (ся) обни́мете (сь) обни́мут (ся)
COND.	обнимáл (ся) бы обнимáла (сь) бы обнимáло (сь) бы обнимáли (сь) бы	óбнял – обня́лся́ бы обнялá (сь) бы óбняло – обнялóсь бы óбняли – обняли́сь бы
IMP.	обнимáй (ся) обнимáйте (сь)	обними́ (сь) обними́те (сь)

DEVERBALS

PRES. ACT.	обнимáющий (ся)	
PRES. PASS.	обнимáемый	
PAST ACT.	обнимáвший (ся)	обня́вший (ся)
PAST PASS.		óбнятый óбнят, обнятá, óбнято
VERBAL ADVERB	обнимáя (сь)	обня́в (шись)

обнимáть кого – что

Ты обнимаешь меня, и я ощущаю тебя. — You embrace me, and I sense your presence.

Обнимались ласково. — They embraced warmly.

А теперь обнимитесь и поцелуйтесь. — Now hug and kiss each other.

обращáть (ся) / обратúть (ся)

to turn, convert (turn to, address, appeal)

	IMPERFECTIVE ASPECT	PERFECTIVE ASPECT
INF.	обращáть (ся)	обратúть (ся)
PRES.	обращáю (сь) обращáешь (ся) обращáет (ся) обращáем (ся) обращáете (сь) обращáют (ся)	
PAST	обращáл (ся) обращáла (сь) обращáло (сь) обращáли (сь)	обратúл (ся) обратúла (сь) обратúло (сь) обратúли (сь)
FUT.	бýду обращáть (ся) бýдешь обращáть (ся) бýдет обращáть (ся) бýдем обращáть (ся) бýдете обращáть (ся) бýдут обращáть (ся)	обращý (сь) обратúшь (ся) обратúт (ся) обратúм (ся) обратúте (сь) обратя́т (ся)
COND.	обращáл (ся) бы обращáла (сь) бы обращáло (сь) бы обращáли (сь) бы	обратúл (ся) бы обратúла (сь) бы обратúло (сь) бы обратúли (сь) бы
IMP.	обращáй (ся) обращáйте (сь)	обратú (сь) обратúте (сь)
	DEVERBALS	
PRES. ACT.	обращáющий (ся)	
PRES. PASS.	обращáемый	
PAST ACT.	обращáвший (ся)	обратúвший (ся)
PAST PASS.		обращённый обращён, обращенá
VERBAL ADVERB	обращáя (сь)	обратúв (шись)

обращáть кого – что, в / на кого – что; обращáться к кому – чему, в кого – что

На что вы обращаете внимание? — What are you turning your attention to?
Я уже обращался к психологу. — I have already seen a psychologist.
Обратимся к специалистам. — Let's consult some specialists.

обслу́живать / обслужи́ть

to serve, service, operate

	IMPERFECTIVE ASPECT	PERFECTIVE ASPECT
INF.	обслу́живать	обслужи́ть
PRES.	обслу́живаю обслу́живаешь обслу́живает обслу́живаем обслу́живаете обслу́живают	
PAST	обслу́живал обслу́живала обслу́живало обслу́живали	обслужи́л обслужи́ла обслужи́ло обслужи́ли
FUT.	бу́ду обслу́живать бу́дешь обслу́живать бу́дет обслу́живать бу́дем обслу́живать бу́дете обслу́живать бу́дут обслу́живать	обслужу́ обслу́жишь обслу́жит обслу́жим обслу́жите обслу́жат
COND.	обслу́живал бы обслу́живала бы обслу́живало бы обслу́живали бы	обслужи́л бы обслужи́ла бы обслужи́ло бы обслужи́ли бы
IMP.	обслу́живай обслу́живайте	обслужи́ обслужи́те
	DEVERBALS	
PRES. ACT.	обслу́живающий	
PRES. PASS.	обслу́живаемый	
PAST ACT.	обслу́живавший	обслужи́вший
PAST PASS.		обслу́женный
VERBAL ADVERB	обслу́живая	обслужи́в

обслу́живать кого – что

Где вы обслуживаете свою машину?	Where do you service your vehicle?
Хотите, чтобы вас хорошо обслужили в банке?	Do you want to be served well at the bank?
Обслужим культурно каждого посетителя.	We will serve each visitor properly.

	IMPERFECTIVE ASPECT	PERFECTIVE ASPECT
INF.	обсужда́ть	обсуди́ть
PRES.	обсужда́ю обсужда́ешь обсужда́ет обсужда́ем обсужда́ете обсужда́ют	
PAST	обсужда́л обсужда́ла обсужда́ло обсужда́ли	обсуди́л обсуди́ла обсуди́ло обсуди́ли
FUT.	бу́ду обсужда́ть бу́дешь обсужда́ть бу́дет обсужда́ть бу́дем обсужда́ть бу́дете обсужда́ть бу́дут обсужда́ть	обсужу́ обсу́дишь обсу́дит обсу́дим обсу́дите обсу́дят
COND.	обсужда́л бы обсужда́ла бы обсужда́ло бы обсужда́ли бы	обсуди́л бы обсуди́ла бы обсуди́ло бы обсуди́ли бы
IMP.	обсужда́й обсужда́йте	обсуди́ обсуди́те
	DEVERBALS	
PRES. ACT.	обсужда́ющий	
PRES. PASS.	обсужда́емый	
PAST ACT.	обсужда́вший	обсуди́вший
PAST PASS.		обсуждённый обсуждён, обсуждена́
VERBAL ADVERB	обсужда́я	обсуди́в

обсужда́ть что

Я не обсуждаю моральную сторону вопроса.	I am not discussing the moral aspect of the question.
На сессии мы обсудим конфликт.	We will discuss the conflict at the session.
Эксперты обсудили новую технологию.	The experts discussed the new technology.

объявля́ть (ся) / объяви́ть (ся)

to declare, announce, proclaim

	IMPERFECTIVE ASPECT	PERFECTIVE ASPECT
INF.	объявля́ть (ся)	объяви́ть (ся)
PRES.	объявля́ю (сь) объявля́ешь (ся) объявля́ет (ся) объявля́ем (ся) объявля́ете (сь) объявля́ют (ся)	
PAST	объявля́л (ся) объявля́ла (сь) объявля́ло (сь) объявля́ли (сь)	объяви́л (ся) объяви́ла (сь) объяви́ло (сь) объяви́ли (сь)
FUT.	бу́ду объявля́ть (ся) бу́дешь объявля́ть (ся) бу́дет объявля́ть (ся) бу́дем объявля́ть (ся) бу́дете объявля́ть (ся) бу́дут объявля́ть (ся)	объявлю́ (сь) объя́вишь (ся) объя́вит (ся) объя́вим (ся) объя́вите (сь) объя́вят (ся)
COND.	объявля́л (ся) бы объявля́ла (сь) бы объявля́ло (сь) бы объявля́ли (сь) бы	объяви́л (ся) бы объяви́ла (сь) бы объяви́ло (сь) бы объяви́ли (сь) бы
IMP.	объявля́й (ся) объявля́йте (сь)	объяви́ (сь) объяви́те (сь)
	DEVERBALS	
PRES. ACT.	объявля́ющий (ся)	
PRES. PASS.	объявля́емый	
PAST ACT.	объявля́вший (ся)	объяви́вший (ся)
PAST PASS.		объя́вленный
VERBAL ADVERB	объявля́я (сь)	объяви́в (шись)

объявля́ть кому что о чём, кого – что кем – чем

Объявляю конкурс. — I am announcing a competition.

Журналисты объявили бойкот. — The journalists declared a boycott.

Объявился еще один соперник. — One more rival announced himself.

	IMPERFECTIVE ASPECT	PERFECTIVE ASPECT
INF.	объясня́ть (ся)	объясни́ть (ся)
PRES.	объясня́ю (сь) объясня́ешь (ся) объясня́ет (ся) объясня́ем (ся) объясня́ете (сь) объясня́ют (ся)	
PAST	объясня́л (ся) объясня́ла (сь) объясня́ло (сь) объясня́ли (сь)	объясни́л (ся) объясни́ла (сь) объясни́ло (сь) объясни́ли (сь)
FUT.	бу́ду объясня́ть (ся) бу́дешь объясня́ть (ся) бу́дет объясня́ть (ся) бу́дем объясня́ть (ся) бу́дете объясня́ть (ся) бу́дут объясня́ть (ся)	объясню́ (сь) объясни́шь (ся) объясни́т (ся) объясни́м (ся) объясни́те (сь) объясня́т (ся)
COND.	объясня́л (ся) бы объясня́ла (сь) бы объясня́ло (сь) бы объясня́ли (сь) бы	объясни́л (ся) бы объясни́ла (сь) бы объясни́ло (сь) бы объясни́ли (сь) бы
IMP.	объясня́й (ся) объясня́йте (сь)	объясни́ (сь) объясни́те (сь)
	DEVERBALS	
PRES. ACT.	объясня́ющий (ся)	
PRES. PASS.	объясня́емый	
PAST ACT.	объясня́вший (ся)	объясни́вший (ся)
PAST PASS.		объяснённый объяснён, объяснена́
VERBAL ADVERB	объясня́я (сь)	объясни́в (шись)

объясня́ть кому что

Я это объясняю плохим телевидением.	I explain this as lousy television.
Объясните мне, пожалуйста, зачем это вам нужно.	Please explain to me what you need this for.
Бизнесмены объяснились с президентом.	The businessmen exchanged views with the president.

одева́ть (ся) / оде́ть (ся)

to dress, clothe (dress oneself, get dressed)

	IMPERFECTIVE ASPECT	PERFECTIVE ASPECT
INF.	одева́ть (ся)	оде́ть (ся)
PRES.	одева́ю (сь) одева́ешь (ся) одева́ет (ся) одева́ем (ся) одева́ете (сь) одева́ют (ся)	
PAST	одева́л (ся) одева́ла (сь) одева́ло (сь) одева́ли (сь)	оде́л (ся) оде́ла (сь) оде́ло (сь) оде́ли (сь)
FUT.	бу́ду одева́ть (ся) бу́дешь одева́ть (ся) бу́дет одева́ть (ся) бу́дем одева́ть (ся) бу́дете одева́ть (ся) бу́дут одева́ть (ся)	оде́ну (сь) оде́нешь (ся) оде́нет (ся) оде́нем (ся) оде́нете (сь) оде́нут (ся)
COND.	одева́л (ся) бы одева́ла (сь) бы одева́ло (сь) бы одева́ли (сь) бы	оде́л (ся) бы оде́ла (сь) бы оде́ло (сь) бы оде́ли (сь) бы
IMP.	одева́й (ся) одева́йте (сь)	оде́нь (ся) оде́ньте (сь)
	DEVERBALS	
PRES. ACT.	одева́ющий (ся)	
PRES. PASS.	одева́емый	
PAST ACT.	одева́вший (ся)	оде́вший (ся)
PAST PASS.		оде́тый
VERBAL ADVERB	одева́я (сь)	оде́в (шись)

одева́ть кого – что во что; одева́ться во что, кем – чем

Он больше покупает, чем одевает.	He buys more than he wears.
Во что оденутся звезды Голливуда?	What will the stars of Hollywood wear?
Скорая помощь оделась в новую форму.	The first responders were wearing a new uniform.

	IMPERFECTIVE ASPECT	PERFECTIVE ASPECT
INF.	оде́рживать	одержа́ть
PRES.	оде́рживаю оде́рживаешь оде́рживает оде́рживаем оде́рживаете оде́рживают	
PAST	оде́рживал оде́рживала оде́рживало оде́рживали	одержа́л одержа́ла одержа́ло одержа́ли
FUT.	бу́ду оде́рживать бу́дешь оде́рживать бу́дет оде́рживать бу́дем оде́рживать бу́дете оде́рживать бу́дут оде́рживать	одержу́ оде́ржишь оде́ржит оде́ржим оде́ржите оде́ржат
COND.	оде́рживал бы оде́рживала бы оде́рживало бы оде́рживали бы	одержа́л бы одержа́ла бы одержа́ло бы одержа́ли бы
IMP.	оде́рживай оде́рживайте	одержи́ одержи́те

DEVERBALS

PRES. ACT.	оде́рживающий	
PRES. PASS.	оде́рживаемый	
PAST ACT.	оде́рживавший	одержа́вший
PAST PASS.		одержа́нный
VERBAL ADVERB	оде́рживая	одержа́в

оде́рживать что

Я одерживаю контроль.	I am gaining control.
Сборная одержала победу.	The all-star team was victorious.
Одержи новую победу.	Win another victory.

ока́зывать (ся) / оказа́ть (ся)
to manifest, show (turn out to be, find oneself)

	IMPERFECTIVE ASPECT	PERFECTIVE ASPECT
INF.	ока́зывать (ся)	оказа́ть (ся)
PRES.	ока́зываю (сь) ока́зываешь (ся) ока́зывает (ся) ока́зываем (ся) ока́зываете (сь) ока́зывают (ся)	
PAST	ока́зывал (ся) ока́зывала (сь) ока́зывало (сь) ока́зывали (сь)	оказа́л (ся) оказа́ла (сь) оказа́ло (сь) оказа́ли (сь)
FUT.	бу́ду ока́зывать (ся) бу́дешь ока́зывать (ся) бу́дет ока́зывать (ся) бу́дем ока́зывать (ся) бу́дете ока́зывать (ся) бу́дут ока́зывать (ся)	окажу́ (сь) ока́жешь (ся) ока́жет (ся) ока́жем (ся) ока́жете (сь) ока́жут (ся)
COND.	ока́зывал (ся) бы ока́зывала (сь) бы ока́зывало (сь) бы ока́зывали (сь) бы	оказа́л (ся) бы оказа́ла (сь) бы оказа́ло (сь) бы оказа́ли (сь) бы
IMP.	ока́зывай (ся) ока́зывайте (сь)	окажи́ (сь) окажи́те (сь)
	DEVERBALS	
PRES. ACT.	ока́зывающий (ся)	
PRES. PASS.	ока́зываемый	
PAST ACT.	ока́зывавший (ся)	оказа́вший (ся)
PAST PASS.		ока́занный
VERBAL ADVERB	ока́зывая (сь)	оказа́в (шись)

ока́зывать кому что; ока́зываться кем – чем

Оказываю услуги.	I provide services.
Испытание оказалось неудачным.	The experiment proved unsuccessful.
Чья тактика окажется лучше?	Whose tactics will turn out better?

	IMPERFECTIVE ASPECT	PERFECTIVE ASPECT
INF.	окружа́ть	окружи́ть
PRES.	окружа́ю окружа́ешь окружа́ет окружа́ем окружа́ете окружа́ют	
PAST	окружа́л окружа́ла окружа́ло окружа́ли	окружи́л окружи́ла окружи́ло окружи́ли
FUT.	бу́ду окружа́ть бу́дешь окружа́ть бу́дет окружа́ть бу́дем окружа́ть бу́дете окружа́ть бу́дут окружа́ть	окружу́ окружи́шь окружи́т окружи́м окружи́те окружа́т
COND.	окружа́л бы окружа́ла бы окружа́ло бы окружа́ли бы	окружи́л бы окружи́ла бы окружи́ло бы окружи́ли бы
IMP.	окружа́й окружа́йте	окружи́ окружи́те
	DEVERBALS	
PRES. ACT.	окружа́ющий	
PRES. PASS.	окружа́емый	
PAST ACT.	окружа́вший	окружи́вший
PAST PASS.		окружённый окружён, окружена́
VERBAL ADVERB	окружа́я	окружи́в

окружа́ть кого – что кем – чем

Что вас окружает?	What surrounds you?
Новая версия окружена тайной.	The new version is surrounded by secrecy.
Кремль окружат пешеходной зоной.	The Kremlin will be encircled with a pedestrian zone.

опáздывать / опоздáть
to be late

	IMPERFECTIVE ASPECT	PERFECTIVE ASPECT
INF.	опáздывать	опоздáть
PRES.	опáздываю опáздываешь опáздывает опáздываем опáздываете опáздывают	
PAST	опáздывал опáздывала опáздывало опáздывали	опоздáл опоздáла опоздáло опоздáли
FUT.	бýду опáздывать бýдешь опáздывать бýдет опáздывать бýдем опáздывать бýдете опáздывать бýдут опáздывать	опоздáю опоздáешь опоздáет опоздáем опоздáете опоздáют
COND.	опáздывал бы опáздывала бы опáздывало бы опáздывали бы	опоздáл бы опоздáла бы опоздáло бы опоздáли бы
IMP.	опáздывай опáздывайте	опоздáй опоздáйте
	DEVERBALS	
PRES. ACT.	опáздывающий	
PRES. PASS.		
PAST ACT.	опáздывавший	опоздáвший
PAST PASS.		
VERBAL ADVERB	опáздывая	опоздáв

опáздывать с чем, в / на что

Я иногда опаздываю на поезд.	I am late for the train sometimes.
Сотни туристов опоздали в Крыму на самолеты.	Hundreds of tourists were late for their planes in the Crimea.
Если мы сегодня не начнем, завтра опоздаем.	If we don’t begin today, tomorrow we will be late.

	IMPERFECTIVE ASPECT	PERFECTIVE ASPECT
INF.	опи́сывать (ся)	описа́ть (ся)
PRES.	опи́сываю (сь) опи́сываешь (ся) опи́сывает (ся) опи́сываем (ся) опи́сываете (сь) опи́сывают (ся)	
PAST	опи́сывал (ся) опи́сывала (сь) опи́сывало (сь) опи́сывали (сь)	описа́л (ся) описа́ла (сь) описа́ло (сь) описа́ли (сь)
FUT.	бу́ду опи́сывать (ся) бу́дешь опи́сывать (ся) бу́дет опи́сывать (ся) бу́дем опи́сывать (ся) бу́дете опи́сывать (ся) бу́дут опи́сывать (ся)	опишу́ (сь) опи́шешь (ся) опи́шет (ся) опи́шем (ся) опи́шете (сь) опи́шут (ся)
COND.	опи́сывал (ся) бы опи́сывала (сь) бы опи́сывало (сь) бы опи́сывали (сь) бы	описа́л (ся) бы описа́ла (сь) бы описа́ло (сь) бы описа́ли (сь) бы
IMP.	опи́сывай (ся) опи́сывайте (сь)	опиши́ (сь) опиши́те (сь)
	DEVERBALS	
PRES. ACT.	опи́сывающий (ся)	
PRES. PASS.	опи́сываемый	
PAST ACT.	опи́сывавший (ся)	описа́вший (ся)
PAST PASS.		опи́санный
VERBAL ADVERB	опи́сывая (сь)	описа́в (шись)

опи́сывать кого – что

Описываю ситуацию полнее.	I am describing the situation more completely.
Основные идеи описывались в книге.	The main ideas were written in the book.
Я понимаю, что вы описались.	I understand that you made a mistake.

опра́вдывать (ся) / оправда́ть (ся)

to justify, absolve (vindicate oneself)

	IMPERFECTIVE ASPECT	PERFECTIVE ASPECT
INF.	опра́вдывать (ся)	оправда́ть (ся)
PRES.	опра́вдываю (сь) опра́вдываешь (ся) опра́вдывает (ся) опра́вдываем (ся) опра́вдываете (сь) опра́вдывают (ся)	
PAST	опра́вдывал (ся) опра́вдывала (сь) опра́вдывало (сь) опра́вдывали (сь)	оправда́л (ся) оправда́ла (сь) оправда́ло (сь) оправда́ли (сь)
FUT.	бу́ду опра́вдывать (ся) бу́дешь опра́вдывать (ся) бу́дет опра́вдывать (ся) бу́дем опра́вдывать (ся) бу́дете опра́вдывать (ся) бу́дут опра́вдывать (ся)	оправда́ю (сь) оправда́ешь (ся) оправда́ет (ся) оправда́ем (ся) оправда́ете (сь) оправда́ют (ся)
COND.	опра́вдывал (ся) бы опра́вдывала (сь) бы опра́вдывало (сь) бы опра́вдывали (сь) бы	оправда́л (ся) бы оправда́ла (сь) бы оправда́ло (сь) бы оправда́ли (сь) бы
IMP.	опра́вдывай (ся) опра́вдывайте (сь)	оправда́й (ся) оправда́йте (сь)
	DEVERBALS	
PRES. ACT.	опра́вдывающий (ся)	
PRES. PASS.	опра́вдываемый	
PAST ACT.	опра́вдывавший (ся)	оправда́вший (ся)
PAST PASS.		опра́вданный
VERBAL ADVERB	опра́вдывая (сь)	оправда́в (шись)

опра́вдывать кого – что

Почему ты их оправдываешь?	Why do you justify them?
Мы оправдываемся материальными трудностями.	We justify ourselves on the basis of material hardships.
Ее прогноз оправдался.	Her prediction came true.

	IMPERFECTIVE ASPECT	PERFECTIVE ASPECT
INF.	определя́ть (ся)	определи́ть (ся)
PRES.	определя́ю (сь) определя́ешь (ся) определя́ет (ся) определя́ем (ся) определя́ете (сь) определя́ют (ся)	
PAST	определя́л (ся) определя́ла (сь) определя́ло (сь) определя́ли (сь)	определи́л (ся) определи́ла (сь) определи́ло (сь) определи́ли (сь)
FUT.	бу́ду определя́ть (ся) бу́дешь определя́ть (ся) бу́дет определя́ть (ся) бу́дем определя́ть (ся) бу́дете определя́ть (ся) бу́дут определя́ть (ся)	определю́ (сь) определи́шь (ся) определи́т (ся) определи́м (ся) определи́те (сь) определя́т (ся)
COND.	определя́л (ся) бы определя́ла (сь) бы определя́ло (сь) бы определя́ли (сь) бы	определи́ (ся) бы определи́ла (сь) бы определи́ло (сь) бы определи́ли (сь) бы
IMP.	определя́й (ся) определя́йте (сь)	определи́ (сь) определи́те (сь)

DEVERBALS

PRES. ACT.	определя́ющий (ся)	
PRES. PASS.	определя́емый	
PAST ACT.	определя́вший (ся)	определи́вший (ся)
PAST PASS.		определённый определён, определена́
VERBAL ADVERB	определя́я (сь)	определи́в (шись)

определя́ть кого – что

Как вы определяете профессионализм художника?	How do you determine the professionalism of an artist?
Место России в мире определено.	Russia's place in the world has been determined.
Все участники уже определились.	All the participants have already been determined.

опуска́ть (ся) / опусти́ть (ся)
to lower, let down, drop into (sink, hang down)

	IMPERFECTIVE ASPECT	PERFECTIVE ASPECT
INF.	опуска́ть (ся)	опусти́ть (ся)
PRES.	опуска́ю (сь) опуска́ешь (ся) опуска́ет (ся) опуска́ем (ся) опуска́ете (сь) опуска́ют (ся)	
PAST	опуска́л (ся) опуска́ла (сь) опуска́ло (сь) опуска́ли (сь)	опусти́л (ся) опусти́ла (сь) опусти́ло (сь) опусти́ли (сь)
FUT.	бу́ду опуска́ть (ся) бу́дешь опуска́ть (ся) бу́дет опуска́ть (ся) бу́дем опуска́ть (ся) бу́дете опуска́ть (ся) бу́дут опуска́ть (ся)	опущу́ (сь) опу́стишь (ся) опу́стит (ся) опу́стим (ся) опу́стите (сь) опу́стят (ся)
COND.	опуска́л (ся) бы опуска́ла (сь) бы опуска́ло (сь) бы опуска́ли (сь) бы	опусти́л (ся) бы опусти́ла (сь) бы опусти́ло (сь) бы опусти́ли (сь) бы
IMP.	опуска́й (ся) опуска́йте (сь)	опусти́ (сь) опусти́те (сь)
	DEVERBALS	
PRES. ACT.	опуска́ющий (ся)	
PRES. PASS.	опуска́емый	
PAST ACT.	опуска́вший (ся)	опусти́вший (ся)
PAST PASS.		опу́щенный
VERBAL ADVERB	опуска́я (сь)	опусти́в (шись)

опуска́ть кого – что во что

Европа опускает шлагбаум перед Россией.	Europe is putting a barrier in front of Russia.
Ночь опускается.	Night is falling.
Опустите ноги в холодную воду.	Dip your feet in cold water.

организо́вывать (ся) / организова́ть (ся)

to organize, unite

	IMPERFECTIVE ASPECT	PERFECTIVE ASPECT
INF.	организо́вывать (ся)	организова́ть (ся)
PRES.	организо́вываю (сь) организо́вываешь (ся) организо́вывает (ся) организо́вываем (ся) организо́вываете (сь) организо́вывают (ся)	
PAST	организо́вывал (ся) организо́вывала (сь) организо́вывало (сь) организо́вывали (сь)	организова́л (ся) организова́ла (сь) организова́ло (сь) организова́ли (сь)
FUT.	бу́ду организо́вывать (ся) бу́дешь организо́вывать (ся) бу́дет организо́вывать (ся) бу́дем организо́вывать (ся) бу́дете организо́вывать (ся) бу́дут организо́вывать (ся)	организу́ю (сь) организу́ешь (ся) организу́ет (ся) организу́ем (ся) организу́ете (сь) организу́ют (ся)
COND.	организо́вывал (ся) бы организо́вывала (сь) бы организо́вывало (сь) бы организо́вывали (сь) бы	организова́л (ся) бы организова́ла (сь) бы организова́ло (сь) бы организова́ли (сь) бы
IMP.	организо́вывай (ся) организо́вывайте (сь)	организу́й (ся) организу́йте (сь)

DEVERBALS

PRES. ACT.	организо́вывающий (ся)	
PRES. PASS.	организо́вываемый	
PAST ACT.	организо́вывавший (ся)	организова́вший (ся)
PAST PASS.		организова́нный
VERBAL ADVERB	организо́вывая (сь)	организова́в (шись)

организо́вывать кого – что

Организова́ть can be used in both the imperfective and the perfective aspects.

Организовываю встречу на завтра.	I am organizing a meeting for tomorrow.
Организуют для детей поход.	They will organize a trip for children.
Организуйте поездку в США по обмену опытом.	Organize a trip to the U.S. for an exchange of experience.

освеща́ть (ся) / освети́ть (ся)

to light, illuminate (become bright)

	IMPERFECTIVE ASPECT	PERFECTIVE ASPECT
INF.	освеща́ть (ся)	освети́ть (ся)
PRES.	освеща́ю освеща́ешь освеща́ет (ся) освеща́ем освеща́ете освеща́ют (ся)	
PAST	освеща́л (ся) освеща́ла (сь) освеща́ло (сь) освеща́ли (сь)	освети́л (ся) освети́ла (сь) освети́ло (сь) освети́ли (сь)
FUT.	бу́ду освеща́ть бу́дешь освеща́ть бу́дет освеща́ть (ся) бу́дем освеща́ть бу́дете освеща́ть бу́дут освеща́ть (ся)	освещу́ освети́шь освети́т (ся) освети́м освети́те осветя́т (ся)
COND.	освеща́л (ся) бы освеща́ла (сь) бы освеща́ло (сь) бы освеща́ли (сь) бы	освети́л (ся) бы освети́ла (сь) бы освети́ло (сь) бы освети́ли (сь) бы
IMP.	освеща́й освеща́йте	освети́ освети́те
	DEVERBALS	
PRES. ACT.	освеща́ющий (ся)	
PRES. PASS.	освеща́емый	
PAST ACT.	освеща́вший (ся)	освети́вший (ся)
PAST PASS.		освещённый освещён, освещена́
VERBAL ADVERB	освеща́я (сь)	освети́в (шись)

освеща́ть кого – что

Дворец освещается каждую ночь.	The palace is illuminated every night.
И освечу я дорогу твою.	And I will light your path.
Салон осветился голубым светом.	The lounge was illuminated in blue light.

	IMPERFECTIVE ASPECT	PERFECTIVE ASPECT
INF.	освобожда́ть (ся)	освободи́ть (ся)
PRES.	освобожда́ю (сь)	
	освобожда́ешь (ся)	
	освобожда́ет (ся)	
	освобожда́ем (ся)	
	освобожда́ете (сь)	
	освобожда́ют (ся)	
PAST	освобожда́л (ся)	освободи́л (ся)
	освобожда́ла (сь)	освободи́ла (сь)
	освобожда́ло (сь)	освободи́ло (сь)
	освобожда́ли (сь)	освободи́ли (сь)
FUT.	бу́ду освобожда́ть (ся)	освобожу́ (сь)
	бу́дешь освобожда́ть (ся)	освободи́шь (ся)
	бу́дет освобожда́ть (ся)	освободи́т (ся)
	бу́дем освобожда́ть (ся)	освободи́м (ся)
	бу́дете освобожда́ть (ся)	освободи́те (сь)
	бу́дут освобожда́ть (ся)	освободя́т (ся)
COND.	освобожда́л (ся) бы	освободи́л (ся) бы
	освобожда́ла (сь) бы	освободи́ла (сь) бы
	освобожда́ло (сь) бы	освободи́ло (сь) бы
	освобожда́ли (сь) бы	освободи́ли (сь) бы
IMP.	освобожда́й (ся)	освободи́ (сь)
	освобожда́йте (сь)	освободи́те (сь)
	DEVERBALS	
PRES. ACT.	освобожда́ющий (ся)	
PRES. PASS.	освобожда́емый	
PAST ACT.	освобожда́вший (ся)	освободи́вший (ся)
PAST PASS.		освобождённый освобождён, освобождена́
VERBAL ADVERB	освобожда́я (сь)	освободи́в (шись)

освобожда́ть кого – что от чего

Таким образом вы освобождаете себя от других проблем.	This way you free yourself from other problems.
В пятницу был освобожден журналист.	The journalist was released on Friday.
Освободи мою бедную душу.	Set my poor soul free.

осма́тривать (ся) / осмотре́ть (ся)

to examine, inspect (look around)

	IMPERFECTIVE ASPECT	PERFECTIVE ASPECT
INF.	осма́тривать (ся)	осмотре́ть (ся)
PRES.	осма́триваю (сь) осма́триваешь (ся) осма́тривает (ся) осма́триваем (ся) осма́триваете (сь) осма́тривают (ся)	
PAST	осма́тривал (ся) осма́тривала (сь) осма́тривало (сь) осма́тривали (сь)	осмотре́л (ся) осмотре́ла (сь) осмотре́ло (сь) осмотре́ли (сь)
FUT.	бу́ду осма́тривать (ся) бу́дешь осма́тривать (ся) бу́дет осма́тривать (ся) бу́дем осма́тривать (ся) бу́дете осма́тривать (ся) бу́дут осма́тривать (ся)	осмотрю́ (сь) осмо́тришь (ся) осмо́трит (ся) осмо́трим (ся) осмо́трите (сь) осмо́трят (ся)
COND.	осма́тривал (ся) бы осма́тривала (сь) бы осма́тривало (сь) бы осма́тривали (сь) бы	осмотре́л (ся) бы осмотре́ла (сь) бы осмотре́ло (сь) бы осмотре́ли (сь) бы
IMP.	осма́тривай (ся) осма́тривайте (сь)	осмотри́ (сь) осмотри́те (сь)
	DEVERBALS	
PRES. ACT.	осма́тривающий (ся)	
PRES. PASS.	осма́триваемый	
PAST ACT.	осма́тривавший (ся)	осмотре́вший (ся)
PAST PASS.		осмо́тренный
VERBAL ADVERB	осма́тривая (сь)	осмотре́в (шись)

осма́тривать кого – что

Мы хотим осматривать участок.	We want to inspect the parcel of land.
Меня осмотрел дежурный врач.	The doctor on duty examined me.
Он поднял голову и осмотрелся.	He lifted his head and looked around.

	IMPERFECTIVE ASPECT	PERFECTIVE ASPECT
INF.	осно́вывать (ся)	основа́ть (ся)
PRES.	осно́вываю (сь) осно́вываешь (ся) осно́вывает (ся) осно́вываем (ся) осно́вываете (сь) осно́вывают (ся)	
PAST	осно́вывал (ся) осно́вывала (сь) осно́вывало (сь) осно́вывали (сь)	основа́л (ся) основа́ла (сь) основа́ло (сь) основа́ли (сь)
FUT.	бу́ду осно́вывать (ся) бу́дешь осно́вывать (ся) бу́дет осно́вывать (ся) бу́дем осно́вывать (ся) бу́дете осно́вывать (ся) бу́дут осно́вывать (ся)	осную́ (сь) оснуёшь (ся) оснуёт (ся) оснуём (ся) оснуёте (сь) осную́т (ся)
COND.	осно́вывал (ся) бы осно́вывала (сь) бы осно́вывало (сь) бы осно́вывали (сь) бы	основа́л (ся) бы основа́ла (сь) бы основа́ло (сь) бы основа́ли (сь) бы
IMP.	осно́вывай (ся) осно́вывайте (сь)	
	DEVERBALS	
PRES. ACT.	осно́вывающий (ся)	
PRES. PASS.	осно́вываемый	
PAST ACT.	осно́вывавший (ся)	основа́вший (ся)
PAST PASS.		осно́ванный
VERBAL ADVERB	осно́вывая (сь)	основа́в (шись)

O

основывать что на чём
The future perfective form of this verb is rarely used.

На чем ты основываешь свое мнение?	What do you base your opinion upon?
Под морем город основался.	The city was established by the sea.
Город основан в 1047 году.	The city was founded in 1047.

остава́ться / оста́ться
to remain, stay

	IMPERFECTIVE ASPECT	PERFECTIVE ASPECT
INF.	остава́ться	оста́ться
PRES.	остаю́сь остаёшься остаётся остаёмся остаётесь остаю́тся	
PAST	остава́лся остава́лась остава́лось остава́лись	оста́лся оста́лась оста́лось оста́лись
FUT.	бу́ду остава́ться бу́дешь остава́ться бу́дет остава́ться бу́дем остава́ться бу́дете остава́ться бу́дут остава́ться	оста́нусь оста́нешься оста́нется оста́немся оста́нетесь оста́нутся
COND.	остава́лся бы остава́лась бы остава́лось бы остава́лись бы	оста́лся бы оста́лась бы оста́лось бы оста́лись бы
IMP.	остава́йся остава́йтесь	оста́нься оста́ньтесь
	DEVERBALS	
PRES. ACT.	остаю́щийся	
PRES. PASS.		
PAST ACT.	остава́вшийся	оста́вшийся
PAST PASS.		
VERBAL ADVERB	остава́ясь	оста́вшись

остава́ться / оста́ться

Examples

Я остаюсь.
I'm staying.

Сколько у вас остаётся свободного времени?
How much free time do you have left?

Ему останется только автомобиль.
He'll be left with just the car.

Останься со мной.
Stay with me.

Подписчики остались без газет.
The subscribers were left without their newspapers.

Жить вместе, оставаясь разными.
Live together, while remaining different.

Вопрос остаётся открытым.
The question remains open.

Он остается тренером.
He remains a coach.

В Подмосковье почти не осталось свободного жилья.
In the region outside Moscow hardly any free housing was left.

Она пока останется в больнице.
She will remain in the hospital for the meantime.

Words and expressions related to this verb

Мне ничего больше не остается.

Денег мало осталось.

Мне осталось одно: молчать.

У нас остается очень мало времени.

оставленный

оставля́ть / оста́вить

to leave, abandon, give up

	IMPERFECTIVE ASPECT	PERFECTIVE ASPECT
INF.	оставля́ть	оста́вить
PRES.	оставля́ю оставля́ешь оставля́ет оставля́ем оставля́ете оставля́ют	
PAST	оставля́л оставля́ла оставля́ло оставля́ли	оста́вил оста́вила оста́вило оста́вили
FUT.	бу́ду оставля́ть бу́дешь оставля́ть бу́дет оставля́ть бу́дем оставля́ть бу́дете оставля́ть бу́дут оставля́ть	оста́влю оста́вишь оста́вит оста́вим оста́вите оста́вят
COND.	оставля́л бы оставля́ла бы оставля́ло бы оставля́ли бы	оста́вил бы оста́вила бы оста́вило бы оста́вили бы
IMP.	оставля́й оставля́йте	оста́вь оста́вьте
	DEVERBALS	
PRES. ACT.	оставля́ющий	
PRES. PASS.	оставля́емый	
PAST ACT.	оставля́вший	оста́вивший
PAST PASS.		оста́вленный
VERBAL ADVERB	оставля́я	оста́вив

оставля́ть кого – что

США оставляют за собой право защищать свои интересы.	The U.S. retains its right to defend its interests.
Оставьте ваши мнения и предложения.	Leave your opinions and suggestions.
Его место будет оставлено свободным.	His spot will be kept free.

	IMPERFECTIVE ASPECT	PERFECTIVE ASPECT
INF.	остана́вливать (ся)	останови́ть (ся)
PRES.	остана́вливаю (сь) остана́вливаешь (ся) остана́вливает (ся) остана́вливаем (ся) остана́вливаете (сь) остана́вливают (ся)	
PAST	остана́вливал (ся) остана́вливала (сь) остана́вливало (сь) остана́вливали (сь)	останови́л (ся) останови́ла (сь) останови́ло (сь) останови́ли (сь)
FUT.	бу́ду остана́вливать (ся) бу́дешь остана́вливать (ся) бу́дет остана́вливать (ся) бу́дем остана́вливать (ся) бу́дете остана́вливать (ся) бу́дут остана́вливать (ся)	остановлю́ (сь) остано́вишь (ся) остано́вит (ся) остано́вим (ся) остано́вите (сь) остано́вят (ся)
COND.	остана́вливал (ся) бы остана́вливала (сь) бы остана́вливало (сь) бы остана́вливали (сь) бы	останови́л (ся) бы останови́ла (сь) бы останови́ло (сь) бы останови́ли (сь) бы
IMP.	остана́вливай (ся) остана́вливайте (сь)	останови́ (сь) останови́те (сь)
	DEVERBALS	
PRES. ACT.	остана́вливающий (ся)	
PRES. PASS.	остана́вливаемый	
PAST ACT.	остана́вливавший (ся)	останови́вший (ся)
PAST PASS.		остано́вленный
VERBAL ADVERB	остана́вливая (сь)	останови́в (шись)

остана́вливать кого – что на ком – чём

Я останавливаю время.	I make time stop.
В городе остановился транспорт.	They halted traffic in the city.
Остановитесь и подумайте.	Stop and think.

осужда́ть / осуди́ть

to condemn, sentence, convict

	IMPERFECTIVE ASPECT	PERFECTIVE ASPECT
INF.	осужда́ть	осуди́ть
PRES.	осужда́ю осужда́ешь осужда́ет осужда́ем осужда́ете осужда́ют	
PAST	осужда́л осужда́ла осужда́ло осужда́ли	осуди́л осуди́ла осуди́ло осуди́ли
FUT.	бу́ду осужда́ть бу́дешь осужда́ть бу́дет осужда́ть бу́дем осужда́ть бу́дете осужда́ть бу́дут осужда́ть	осужу́ осу́дишь осу́дит осу́дим осу́дите осу́дят
COND.	осужда́л бы осужда́ла бы осужда́ло бы осужда́ли бы	осуди́л бы осуди́ла бы осуди́ло бы осуди́ли бы
IMP.	осужда́й осужда́йте	осуди́ осуди́те
	DEVERBALS	
PRES. ACT.	осужда́ющий	
PRES. PASS.	осужда́емый	
PAST ACT.	осужда́вший	осуди́вший
PAST PASS.		осуждённый осуждён, осуждена́
VERBAL ADVERB	осужда́я	осуди́в

осужда́ть кого – что на что, за что

Мы никого не осуждаем.	We do not condemn anyone.
Его осудили на один год.	He was sentenced to one year.
Ее деяние будет осуждено историками.	Her actions will be condemned by historians.

	IMPERFECTIVE ASPECT	PERFECTIVE ASPECT
INF.	отвеча́ть	отве́тить
PRES.	отвеча́ю отвеча́ешь отвеча́ет отвеча́ем отвеча́ете отвеча́ют	
PAST	отвеча́л отвеча́ла отвеча́ло отвеча́ли	отве́тил отве́тила отве́тило отве́тили
FUT.	бу́ду отвеча́ть бу́дешь отвеча́ть бу́дет отвеча́ть бу́дем отвеча́ть бу́дете отвеча́ть бу́дут отвеча́ть	отве́чу отве́тишь отве́тит отве́тим отве́тите отве́тят
COND.	отвеча́л бы отвеча́ла бы отвеча́ло бы отвеча́ли бы	отве́тил бы отве́тила бы отве́тило бы отве́тили бы
IMP.	отвеча́й отвеча́йте	отве́ть отве́тьте
	DEVERBALS	
PRES. ACT.	отвеча́ющий	
PRES. PASS.		
PAST ACT.	отвеча́вший	отве́тивший
PAST PASS.		отве́ченный
VERBAL ADVERB	отвеча́я	отве́тив

отвеча́ть на что чем, за что

отвеча́ть / отве́тить

Examples

Отвечаю всем на вопросы.
I answer everyone's questions.

Мы отвечаем за все.
We are responsible for everything.

Она ответит за нарушения.
She will answer for the infractions.

Ответьте мне на один глупый вопрос.
Please answer a silly question for me.

Зарабатываете отвечая потребностям рынка.
Earn money while responding to the needs of the market.

Ответы, все давным-давно отвечены.
Answers were given long, long ago.

Он умер, не ответив перед судом.
He died without responding to the court.

Зарабатывайте, отвечая на вопросы.
Earn money by answering the questions.

Ответь вопросом на вопрос.
Answer the question with a question.

Ему ответили укором.
He was answered with a reproach.

Words and expressions related to this verb

Кто посылает, тот и отвечает.

Она всегда отвечает молчанием.

Он отвечает ей любовью.

ответ

ответный

ответственный

	IMPERFECTIVE ASPECT	PERFECTIVE ASPECT
INF.	отводи́ть	отвести́
PRES.	отвожу́ отво́дишь отво́дит отво́дим отво́дите отво́дят	
PAST	отводи́л отводи́ла отводи́ло отводи́ли	отвёл отвела́ отвело́ отвели́
FUT.	бу́ду отводи́ть бу́дешь отводи́ть бу́дет отводи́ть бу́дем отводи́ть бу́дете отводи́ть бу́дут отводи́ть	отведу́ отведёшь отведёт отведём отведёте отведу́т
COND.	отводи́л бы отводи́ла бы отводи́ло бы отводи́ли бы	отвёл бы отвела́ бы отвело́ бы отвели́ бы
IMP.	отводи́ отводи́те	отведи́ отведи́те
	DEVERBALS	
PRES. ACT.	отводя́	
PRES. PASS.	одводи́мый	
PAST ACT.	отводи́вший	отве́дший
PAST PASS.		отведённый отведён, отведена́
VERBAL ADVERB	отводя́	отведя́

отводи́ть кого – что

США отводят России роль партнера. — The U.S. is assigning Russia the role of a partner.

Демократы отвели полгода на вывод войск. — The Democrats allotted half a year for the pullout of troops.

Отведите меня домой. — Take me home.

отдава́ть (ся) / отда́ть (ся)

to give back, give away (entrust, devote oneself, surrender to)

	IMPERFECTIVE ASPECT	PERFECTIVE ASPECT
INF.	отдава́ть (ся)	отда́ть (ся)
PRES.	отдаю́ (сь) отдаёшь (ся) отдаёт (ся) отдаём (ся) отдаёте (сь) отдаю́т (ся)	
PAST	отдава́л (ся) отдава́ла (сь) отдава́ло (сь) отдава́ли (сь)	о́тдал – отда́лся отдала́ (сь) о́тдало – отдало́сь о́тдали – отдали́сь
FUT.	бу́ду отдава́ть (ся) бу́дешь отдава́ть (ся) бу́дет отдава́ть (ся) бу́дем отдава́ть (ся) бу́дете отдава́ть (ся) бу́дут отдава́ть (ся)	отда́м (ся) отда́шь (ся) отда́ст (ся) отдади́м (ся) отдади́те (сь) отдаду́т (ся)
COND.	отдава́л (ся) бы отдава́ла (сь) бы отдава́ло (сь) бы отдава́ли (сь) бы	о́тдал – отда́лся бы отдала́ (сь) бы о́тдало – отдало́сь бы о́тдали – отдали́сь бы
IMP.	отдава́й (ся) отдава́йте (сь)	отда́й (ся) отда́йте (сь)
	DEVERBALS	
PRES. ACT.	отдаю́щий (ся)	
PRES. PASS.	отдава́емый	
PAST ACT.	отдава́вший (ся)	отда́вший (ся)
PAST PASS.		о́тданный, о́тдан, отдана́, о́тдано
VERBAL ADVERB	отдава́я (сь)	отда́в (шись)

отда́ть кого – что кому – чему, во что; отда́ться кому – чему на что

Я отдаю свой голос за свободу.	I give my voice for freedom.
В своих картинах я весь отдался северу.	In my pictures, I devoted myself entirely to the north.
Чужого не надо, своего не отдадим.	We don't need what belongs to others, but we will not surrender our own.

	IMPERFECTIVE ASPECT	PERFECTIVE ASPECT
INF.	отдыха́ть	отдохну́ть
PRES.	отдыха́ю отдыха́ешь отдыха́ет отдыха́ем отдыха́ете отдыха́ют	
PAST	отдыха́л отдыха́ла отдыха́ло отдыха́ли	отдохну́л отдохну́ла отдохну́ло отдохну́ли
FUT.	бу́ду отдыха́ть бу́дешь отдыха́ть бу́дет отдыха́ть бу́дем отдыха́ть бу́дете отдыха́ть бу́дут отдыха́ть	отдохну́ отдохнёшь отдохнёт отдохнём отдохнёте отдохну́т
COND.	отдыха́л бы отдыха́ла бы отдыха́ло бы отдыха́ли бы	отдохну́л бы отдохну́ла бы отдохну́ло бы отдохну́ли бы
IMP.	отдыха́й отдыха́йте	отдохни́ отдохни́те
	DEVERBALS	
PRES. ACT.	отдыха́ющий	
PRES. PASS.		
PAST ACT.	отдыха́вший	отдохну́вший
PAST PASS.		
VERBAL ADVERB	отдыха́я	отдохну́в

Отдыхаем хорошо, никому не мешаем.	We are resting well, not disturbing anyone.
Отдохните на Черном Море.	Vacation on the Black Sea.
В этом году в Египте отдохнули более миллиона российских туристов.	This year more than a million Russian tourists vacationed in Egypt.

отка́зывать (ся) / отказа́ть (ся)
to refuse, deny

	IMPERFECTIVE ASPECT	PERFECTIVE ASPECT
INF.	отка́зывать (ся)	отказа́ть (ся)
PRES.	отка́зываю (сь) отка́зываешь (ся) отка́зывает (ся) отка́зываем (ся) отка́зываете (сь) отка́зывают (ся)	
PAST	отка́зывал (ся) отка́зывала (сь) отка́зывало (сь) отка́зывали (сь)	отказа́л (ся) отказа́ла (сь) отказа́ло (сь) отказа́ли (сь)
FUT.	бу́ду отка́зывать (ся) бу́дешь отка́зывать (ся) бу́дет отка́зывать (ся) бу́дем отка́зывать (ся) бу́дете отка́зывать (ся) бу́дут отка́зывать (ся)	откажу́ (сь) отка́жешь (ся) отка́жет (ся) отка́жем (ся) отка́жете (сь) отка́жут (ся)
COND.	отка́зывал (ся) бы отка́зывала (сь) бы отка́зывало (сь) бы отка́зывали (сь) бы	отказа́л (ся) бы отказа́ла (сь) бы отказа́ло (сь) бы отказа́ли (сь) бы
IMP.	отка́зывай (ся) отка́зывайте (сь)	откажи́ (сь) откажи́те (сь)
	DEVERBALS	
PRES. ACT.	отка́зывающий (ся)	
PRES. PASS.	отка́зываемый	
PAST ACT.	отка́зывавший (ся)	отказа́вший (ся)
PAST PASS.		отка́занный
VERBAL ADVERB	отка́зывая (сь)	отказа́в (шись)

отка́зывать кому – чему в чём, от чего
отка́зываться от чего, + infinitive

Вы ни в чем себе не отказываете?	You don't deny yourself anything?
Россия отказалась от участия в проекте.	Russia rejected participation in the project.
Почему мне отказаны услуги?	Why was I denied services?

откры́вать (ся) / откры́ть (ся)

to open, discover

	IMPERFECTIVE ASPECT	PERFECTIVE ASPECT
INF.	открыва́ть (ся)	откры́ть (ся)
PRES.	открыва́ю (сь) открыва́ешь (ся) открыва́ет (ся) открыва́ем (ся) открыва́ете (сь) открыва́ют (ся)	
PAST	открыва́л (ся) открыва́ла (сь) открыва́ло (сь) открыва́ли (сь)	откры́л (ся) откры́ла (сь) откры́ло (сь) откры́ли (сь)
FUT.	бу́ду открыва́ть (ся) бу́дешь открыва́ть (ся) бу́дет открыва́ть (ся) бу́дем открыва́ть (ся) бу́дете открыва́ть (ся) бу́дут открыва́ть (ся)	откро́ю (ся) откро́ешь (ся) откро́ет (ся) откро́ем (ся) откро́ете (сь) откро́ют (ся)
COND.	открыва́л (ся) бы открыва́ла (сь) бы открыва́ло (сь) бы открыва́ли (сь) бы	откры́л (ся) бы откры́ла (сь) бы откры́ло (сь) бы откры́ли (сь) бы
IMP.	открыва́й (ся) открыва́йте (сь)	откро́й (ся) откро́йте (сь)
	DEVERBALS	
PRES. ACT.	открыва́ющий (ся)	
PRES. PASS.	открыва́емый	
PAST ACT.	открыва́вший (ся)	откры́вший (ся)
PAST PASS.		откры́тый
VERBAL ADVERB	открыва́я	откры́в (шись)

открыва́ть кого – что

Она, просыпаясь, открывает глаза. — She opens her eyes as she awakes.

Вам откроются тайны. — Secrets will be revealed to you.

Открыто новое явление в физике. — A new phenomenon in physics has been discovered.

отличáть (ся) / отличи́ть (ся)
to distinguish between, differentiate

	IMPERFECTIVE ASPECT	PERFECTIVE ASPECT
INF.	отличáть (ся)	отличи́ть (ся)
PRES.	отличáю (сь) отличáешь (ся) отличáет (ся) отличáем (ся) отличáете (сь) отличáют (ся)	
PAST	отличáл (ся) отличáла (сь) отличáло (сь) отличáли (сь)	отличи́л (ся) отличи́ла (сь) отличи́ло (сь) отличи́ли (сь)
FUT.	бýду отличáть (ся) бýдешь отличáть (ся) бýдет отличáть (ся) бýдем отличáть (ся) бýдете отличáть (ся) бýдут отличáть (ся)	отличý (сь) отличи́шь (ся) отличи́т (ся) отличи́м (ся) отличи́те (сь) отличáт (ся)
COND.	отличáл (ся) бы отличáла (сь) бы отличáло (сь) бы отличáли (сь) бы	отличи́л (ся) бы отличи́ла (сь) бы отличи́ло (сь) бы отличи́ли (сь) бы
IMP.	отличáй (ся) отличáйте (сь)	отличи́ (сь) отличи́те (сь)
	DEVERBALS	
PRES. ACT.	отличáющий (ся)	
PRES. PASS.	отличáемый	
PAST ACT.	отличáвший (ся)	отличи́вший (ся)
PAST PASS.		отличённый отличён, отличенá
VERBAL ADVERB	отличáя (сь)	отличи́в (шись)

отличáть кого – что; отличáться от кого – чего чем

Как ты отличаешь правду от лжи? — How do you distinguish truth from a lie?
Ее визит отличался от предшествующих. — Her visit differed from previous ones.
Они легко могут быть отличены от других бабочек. — They can easily be differentiated from other butterflies.

	IMPERFECTIVE ASPECT	PERFECTIVE ASPECT
INF.	отмеча́ть (ся)	отме́тить (ся)
PRES.	отмеча́ю (сь)	
	отмеча́ешь (ся)	
	отмеча́ет (ся)	
	отмеча́ем (ся)	
	отмеча́ете (сь)	
	отмеча́ют (ся)	
PAST	отмеча́л (ся)	отме́тил (ся)
	отмеча́ла (сь)	отме́тила (сь)
	отмеча́ло (сь)	отме́тило (сь)
	отмеча́ли (сь)	отме́тили (сь)
FUT.	бу́ду отмеча́ть (ся)	отме́чу (сь)
	бу́дешь отмеча́ть (ся)	отме́тишь (ся)
	бу́дет отмеча́ть (ся)	отме́тит (ся)
	бу́дем отмеча́ть (ся)	отме́тим (ся)
	бу́дете отмеча́ть (ся)	отме́тите (сь)
	бу́дут отмеча́ть (ся)	отме́тят (ся)
COND.	отмеча́л (ся) бы	отме́тил (ся) бы
	отмеча́ла (сь) бы	отме́тила (сь) бы
	отмеча́ло (сь) бы	отме́тило (сь) бы
	отмеча́ли (сь) бы	отме́тили (сь) бы
IMP.	отмеча́й (ся)	отме́ть (ся)
	отмеча́йте (сь)	отме́тьте (сь)
	DEVERBALS	
PRES. ACT.	отмеча́ющий (ся)	
PRES. PASS.	отмеча́емый	
PAST ACT.	отмеча́вший (ся)	отме́тивший (ся)
PAST PASS.		отме́ченный
VERBAL ADVERB	отмеча́я (сь)	отме́тив (шись)

отмеча́ть кого – что

Отмечаем Новый Год в ресторане.	We are celebrating the New Year in a restaurant.
Когда отметят годовщину?	When will they celebrate the anniversary?
Чем отметились гости на саммите?	How were the guests at the summit recognized?

отнима́ть (ся) / отня́ть (ся)
to take away, remove

	IMPERFECTIVE ASPECT	PERFECTIVE ASPECT
INF.	отнима́ть (ся)	отня́ть (ся)
PRES.	отнима́ю отнима́ешь отнима́ет (ся) отнима́ем отнима́ете отнима́ют (ся)	
PAST	отнима́л (ся) отнима́ла (сь) отнима́ло (сь) отнима́ли (сь)	о́тнял – отня́лся отняла́ (сь) о́тняло – отня́ло́сь о́тняли – отня́ли́сь
FUT.	бу́ду отнима́ть (ся) бу́дешь отнима́ть (ся) бу́дет отнима́ть (ся) бу́дем отнима́ть (ся) бу́дете отнима́ть (ся) бу́дут отнима́ть (ся)	отниму́ отни́мешь отни́мет (ся) отни́мем отни́мете отни́мут (ся)
COND.	отнима́л (ся) бы отнима́ла (сь) бы отнима́ло (сь) бы отнима́ли (сь) бы	о́тнял – отня́лся́ бы отняла́ (сь) бы о́тняло – отня́ло́сь бы о́тняли – отня́ли́сь бы
IMP.	отнима́й отнима́йте	отними́ отними́те
	DEVERBALS	
PRES. ACT.	отнима́ющий (ся)	
PRES. PASS.	отнима́емый	
PAST ACT.	отнима́вший (ся)	отня́вший (ся)
PAST PASS.		о́тнятый о́тнят, отнята́, о́тнято
VERBAL ADVERB	отнима́я (сь)	отня́в (шись)

отнима́ть кого – что у кого

Не отнимайте от меня любовь. — Don't take your love away from me.
Не отнимим ли мы от них радость жизни? — Will we not rob them of the joy of life?
У него отнялся язык. — His tongue was paralyzed.

	IMPERFECTIVE ASPECT	PERFECTIVE ASPECT
INF.	относи́ть (ся)	отнести́ (сь)
PRES.	отношу́ (сь) отно́сишь (ся) отно́сит (ся) отно́сим (ся) отно́сите (сь) отно́сят (ся)	
PAST	относи́л (ся) относи́ла (сь) относи́ло (сь) относи́ли (сь)	отнёс (ся) отнесла́ (сь) отнесло́ (сь) отнесли́ (сь)
FUT.	бу́ду относи́ть (ся) бу́дешь относи́ть (ся) бу́дет относи́ть (ся) бу́дем относи́ть (ся) бу́дете относи́ть (ся) бу́дут относи́ть (ся)	отнесу́ (сь) отнесёшь (ся) отнесёт (ся) отнесём (ся) отнесёте (сь) отнесу́т (ся)
COND.	относи́л (ся) бы относи́ла (сь) бы относи́ло (сь) бы относи́ли (сь) бы	отнёс (ся) бы отнесла́ (сь) бы отнесло́ (сь) бы отнесли́ (сь) бы
IMP.	относи́ (сь) относи́те (сь)	отнеси́ (сь) отнеси́те (сь)
	DEVERBALS	
PRES. ACT.	относя́щий (ся)	
PRES. PASS.	относи́мый	
PAST ACT.	относи́вший (ся)	отнёсший (ся)
PAST PASS.		отнесённый отнесён, отнесена́
VERBAL ADVERB	относя́ (сь)	отнеся́ (сь) – отнёсши (сь)

O

относи́ть кого – что; относи́ться к кому – чему

К кому я себя отношу? — How do I classify myself?
Относились ко мне с уважением. — They treated me with respect.
Президент скептически отнесся к этой идее. — The president regarded this idea skeptically.

отправля́ть (ся) / отпра́вить (ся)

to send, forward (set out, depart)

	IMPERFECTIVE ASPECT	PERFECTIVE ASPECT
INF.	отправля́ть (ся)	отпра́вить (ся)
PRES.	отправля́ю (сь) отправля́ешь (ся) отправля́ет (ся) отправля́ем (ся) отправля́ете (сь) отправля́ют (ся)	
PAST	отправля́л (ся) отправля́ла (сь) отправля́ло (сь) отправля́ли (сь)	отпра́вил (ся) отпра́вила (сь) отпра́вило (сь) отпра́вили (сь)
FUT.	бу́ду отправля́ть (ся) бу́дешь отправля́ть (ся) бу́дет отправля́ть (ся) бу́дем отправля́ть (ся) бу́дете отправля́ть (ся) бу́дут отправля́ть (ся)	отпра́влю (сь) отпра́вишь (ся) отпра́вит (ся) отпра́вим (ся) отпра́вите (сь) отпра́вят (ся)
COND.	отправля́л (ся) бы отправля́ла (сь) бы отправля́ло (сь) бы отправля́ли (сь) бы	отпра́вил (ся) бы отпра́вила (сь) бы отпра́вило (сь) бы отпра́вили (сь) бы
IMP.	отправля́й (ся) отправля́йте (сь)	отпра́вь (ся) отпра́вьте (сь)
	DEVERBALS	
PRES. ACT.	отправля́ющий (ся)	
PRES. PASS.	отправля́емый	
PAST ACT.	отправля́вший (ся)	отпра́вивший (ся)
PAST PASS.		отпра́вленный
VERBAL ADVERB	отправля́я (сь)	отпра́вив (шись)

отправля́ть кого – что; отправля́ться от чего

Отправляем письмо с леком. — We are sending a letter with the check.

Отправьте открытку друзьям. — Send a postcard to your friends.

Первый шведский космонавт отправился в космос. — The first Swedish astronaut was sent into space.

отреза́ть / отре́зать
to cut off, divide, apportion

	IMPERFECTIVE ASPECT	PERFECTIVE ASPECT
INF.	отреза́ть	отре́зать
PRES.	отреза́ю отреза́ешь отреза́ет отреза́ем отреза́ете отреза́ют	
PAST	отреза́л отреза́ла отреза́ло отреза́ли	отре́зал отре́зала отре́зало отре́зали
FUT.	бу́ду отреза́ть бу́дешь отреза́ть бу́дет отреза́ть бу́дем отреза́ть бу́дете отреза́ть бу́дут отреза́ть	отре́жу отре́жешь отре́жет отре́жем отре́жете отре́жут
COND.	отреза́л бы отреза́ла бы отреза́ло бы отреза́ли бы	отре́зал бы отре́зала бы отре́зало бы отре́зали бы
IMP.	отреза́й отреза́йте	отре́жь отре́жьте
	DEVERBALS	
PRES. ACT.	отреза́ющий	
PRES. PASS.	отреза́емый	
PAST ACT.	отреза́вший	отре́завший
PAST PASS.		отре́занный
VERBAL ADVERB	отреза́я	отре́зав

отреза́ть что от кого
Another imperfective form is **отре́зывать.**

Россия отрежет Европу от Азии.	Russia will cut off Europe from Asia.
Снег отрезает жителей страны от внешнего мира.	The snow cuts off the inhabitants of the country from the outside world.
Пути к спасению были отрезаны.	The paths to safety were cut off.

отрывáть (ся) / оторвáть (ся)
to rip off, tear away

	IMPERFECTIVE ASPECT	PERFECTIVE ASPECT
INF.	отрывáть (ся)	оторвáть (ся)
PRES.	отрывáю (сь) отрывáешь (ся) отрывáет (ся) отрывáем (ся) отрывáете (сь) отрывáют (ся)	
PAST	отрывáл (ся) отрывáла (сь) отрывáло (сь) отрывáли (сь)	оторвáл (ся) оторвáла (сь) оторвáло – оторвалóсь оторвáли – оторвалúсь
FUT.	бýду отрывáть (ся) бýдешь отрывáть (ся) бýдет отрывáть (ся) бýдем отрывáть (ся) бýдете отрывáть (ся) бýдут отрывáть (ся)	оторвý (сь) оторвёшь (ся) оторвёт (ся) оторвём (ся) оторвёте (сь) оторвýт (ся)
COND.	отрывáл (ся) бы отрывáла (сь) бы отрывáло (сь) бы отрывáли (сь) бы	оторвáл (ся) бы оторвáла (сь) бы оторвáло – оторвалóсь бы оторвáли – оторвалúсь бы
IMP.	отрывáй (ся) отрывáйте (сь)	оторвú (сь) оторвúте (сь)
	DEVERBALS	
PRES. ACT.	отрывáющий (ся)	
PRES. PASS.	отрывáемый	
PAST ACT.	отрывáвший (ся)	оторвáвший (ся)
PAST PASS.		отóрванный
VERBAL ADVERB	отрывáя (сь)	оторвáв (шись)

отрывáть кого – что; отрывáться от кого – чего

Его взор не отрывался от того, что он видел.	His glance could not be torn away from what he was seeing.
Он совсем оторван от реальности.	He is completely divorced from reality.
Они оторвались от коллектива.	They broke away from the group.

	IMPERFECTIVE ASPECT	PERFECTIVE ASPECT
INF.	отстава́ть	отста́ть
PRES.	отстаю́ отстаёшь отстаёт отстаём отстаёте отстаю́т	
PAST	отстава́л отстава́ла отстава́ло отстава́ли	отста́л отста́ла отста́ло отста́ли
FUT.	бу́ду отстава́ть бу́дешь отстава́ть бу́дет отстава́ть бу́дем отстава́ть бу́дете отстава́ть бу́дут отстава́ть	отста́ну отста́нешь отста́нет отста́нем отста́нете отста́нут
COND.	отстава́л бы отстава́ла бы отстава́ло бы отстава́ли бы	отста́л бы отста́ла бы отста́ло бы отста́ли бы
IMP.	отстава́й отстава́йте	отста́нь отста́ньте
	DEVERBALS	
PRES. ACT.	отстаю́щий	
PRES. PASS.		
PAST ACT.	отстава́вший	отста́вший
PAST PASS.		
VERBAL ADVERB	отстава́я	отста́в

отстава́ть от кого – чего в чём

Мои часы отстают.	My watch is slow.
Россия отстает от других стран в стимулировании частного бизнеса.	Russia lags behind other countries in the stimulation of private enterprise.
Отсталые отстанут навсегда.	The backward will remain behind forever.
Бельгия от России отстала лет на десять.	Belgium trailed Russia by ten years.

отходи́ть / отойти́
to walk away, walk off

	IMPERFECTIVE ASPECT	PERFECTIVE ASPECT
INF.	отходи́ть	отойти́
PRES.	отхожу́ отхо́дишь отхо́дит отхо́дим отхо́дите отхо́дят	
PAST	отходи́л отходи́ла отходи́ло отходи́ли	отошёл отошла́ отошло́ отошли́
FUT.	бу́ду отходи́ть бу́дешь отходи́ть бу́дет отходи́ть бу́дем отходи́ть бу́дете отходи́ть бу́дут отходи́ть	отойду́ отойдёшь отойдёт отойдём отойдёте отойду́т
COND.	отходи́л бы отходи́ла бы отходи́ло бы отходи́ли бы	отошёл бы отошла́ бы отошло́ бы отошли́ бы
IMP.	отходи́ отходи́те	отойди́ отойди́те
	DEVERBALS	
PRES. ACT.	отходя́щий	
PRES. PASS.		
PAST ACT.	отходи́вший	отоше́дший
PAST PASS.		
VERBAL ADVERB	отходя́	отойдя́

отходи́ть от кого – чего

Отходите подальше. — Move away a little farther.
Он практически отошел от дел. — He has practically retired from business.
Отойдя метров на тридцать, она оглянулась. — Having stepped away about thirty meters, she glanced back.

	IMPERFECTIVE ASPECT	PERFECTIVE ASPECT
INF.	оформля́ть (ся)	офо́рмить (ся)
PRES.	оформля́ю (сь) оформля́ешь (ся) оформля́ет (ся) оформля́ем (ся) оформля́ете (сь) оформля́ют (ся)	
PAST	оформля́л (ся) оформля́ла (сь) оформля́ло (сь) оформля́ли (сь)	офо́рмил (ся) офо́рмила (сь) офо́рмило (сь) офо́рмили (сь)
FUT.	бу́ду оформля́ть (ся) бу́дешь оформля́ть (ся) бу́дет оформля́ть (ся) бу́дем оформля́ть (ся) бу́дете оформля́ть (ся) бу́дут оформля́ть (ся)	офо́рмлю (сь) офо́рмишь (ся) офо́рмит (ся) офо́рмим (ся) офо́рмите (сь) офо́рмят (ся)
COND.	оформля́л (ся) бы оформля́ла (сь) бы оформля́ло (сь) бы оформля́ли (сь) бы	офо́рмил (ся) бы офо́рмила (сь) бы офо́рмило (сь) бы офо́рмили (сь) бы
IMP.	оформля́й (ся) оформля́йте (сь)	офо́рми (сь) офо́рмите (сь)

DEVERBALS

PRES. ACT.	оформля́ющий (ся)	
PRES. PASS.	оформля́емый	
PAST ACT.	оформля́вший (ся)	офо́рмивший (ся)
PAST PASS.		офо́рмленный
VERBAL ADVERB	оформля́я (сь)	офо́рмив (шись)

оформля́ть кого – что

Мы оформляем путевки на лечение. — We arrange vouchers for treatment.
Договор был оформлен 10 лет назад. — The treaty was drawn up ten years ago.
На выборах оформилась оппозиция власти. — Opposition to the authorities took place at the elections.

ошиба́ться / ошиби́ться
to be mistaken

	IMPERFECTIVE ASPECT	PERFECTIVE ASPECT
INF.	ошиба́ться	ошиби́ться
PRES.	ошиба́юсь ошиба́ешься ошиба́ется ошиба́емся ошиба́етесь ошиба́ются	
PAST	ошиба́лся ошиба́лась ошиба́лось ошиба́лись	оши́бся оши́блась оши́блось оши́блись
FUT.	бу́ду ошиба́ться бу́дешь ошиба́ться бу́дет ошиба́ться бу́дем ошиба́ться бу́дете ошиба́ться бу́дут ошиба́ться	ошибу́сь ошибёшься ошибётся ошибёмся ошибётесь ошибу́тся
COND.	ошиба́лся бы ошиба́лась бы ошиба́лось бы ошиба́лись бы	оши́бся бы оши́блась бы оши́блось бы оши́блись бы
IMP.	ошиба́йся ошиба́йтесь	ошиби́сь ошиби́тесь
	DEVERBALS	
PRES. ACT.	ошиба́ющийся	
PRES. PASS.		
PAST ACT.	ошиба́вшийся	ошиби́вшийся
PAST PASS.		
VERBAL ADVERB	ошиба́ясь	ошиби́вшись

Если не ошибаюсь, таких не было.	If I am not mistaken, there were no such things.
Пилоты ошиблись, или нет?	Did the pilots err, or not?
В чью сторону ошибутся весы?	In whose favor will the scales err?

	IMPERFECTIVE ASPECT	PERFECTIVE ASPECT
INF.	па́дать	упа́сть
PRES.	па́даю	
	па́даешь	
	па́дает	
	па́даем	
	па́даете	
	па́дают	
PAST	па́дал	упа́л
	па́дала	упа́ла
	па́дало	упа́ло
	па́дали	упа́ли
FUT.	бу́ду па́дать	упаду́
	бу́дешь па́дать	упадёшь
	бу́дет па́дать	упадёт
	бу́дем па́дать	упадём
	бу́дете па́дать	упадёте
	бу́дут па́дать	упаду́т
COND.	па́дал бы	упа́л бы
	па́дала бы	упа́ла бы
	па́дало бы	упа́ло бы
	па́дали бы	упа́ли бы
IMP.	па́дай	упади́
	па́дайте	упади́те
	DEVERBALS	
PRES. ACT.	па́дающий	
PRES. PASS.		
PAST ACT.	па́давший	упа́вший
PAST PASS.		
VERBAL ADVERB	па́дая	упа́в

па́дать на что

Не падайте духом.	Don’t lose heart.
Держи меня, а то я упаду.	Hold me, or else I’ll fall.
Цены на жилье в Санкт-Петербурге упали.	Prices for housing in St. Petersburg fell.

паха́ть / вспаха́ть
to plow, till

	IMPERFECTIVE ASPECT	PERFECTIVE ASPECT
INF.	паха́ть	вспаха́ть
PRES.	пашу́ па́шешь па́шет па́шем па́шете па́шут	
PAST	паха́л паха́ла паха́ло паха́ли	вспаха́л вспаха́ла вспаха́ло вспаха́ли
FUT.	бу́ду паха́ть бу́дешь паха́ть бу́дет паха́ть бу́дем паха́ть бу́дете паха́ть бу́дут паха́ть	вспашу́ вспа́шешь вспа́шет вспа́шем вспа́шете вспа́шут
COND.	паха́л бы паха́ла бы паха́ло бы паха́ли бы	вспаха́л бы вспаха́ла бы вспаха́ло бы вспаха́ли бы
IMP.	паши́ паши́те	вспаши́ вспаши́те
	DEVERBALS	
PRES. ACT.	па́шущий	
PRES. PASS.		
PAST ACT.	паха́вший	вспаха́вший
PAST PASS.	па́ханный	вспа́ханный
VERBAL ADVERB		вспаха́в

паха́ть что

Пашешь – паши с надеждой.	If you plow – plow with hope.
Студенты вспахали поле Кремлевского дворца.	The students tilled the field of the Kremlin palace.
Соберем и посеем и вспашем.	We'll reap and sow and plow.

	IMPERFECTIVE ASPECT	PERFECTIVE ASPECT
INF.	перебива́ть (ся)	переби́ть (ся)
PRES.	перебива́ю (сь) перебива́ешь (ся) перебива́ет (ся) перебива́ем (ся) перебива́ете (сь) перебива́ют (ся)	
PAST	перебива́л (ся) перебива́ла (сь) перебива́ло (сь) перебива́ли (сь)	переби́л (ся) переби́ла (сь) переби́ло (сь) переби́ли (сь)
FUT.	бу́ду перебива́ть (ся) бу́дешь перебива́ть (ся) бу́дет перебива́ть (ся) бу́дем перебива́ть (ся) бу́дете перебива́ть (ся) бу́дут перебива́ть (ся)	перебью́ (сь) перебьёшь (ся) перебьёт (ся) перебьём (ся) перебьёте (сь) перебью́т (ся)
COND.	перебива́л (ся) бы перебива́ла (сь) бы перебива́ло (сь) бы перебива́ли (сь) бы	переби́л (ся) бы переби́ла (сь) бы переби́ло (сь) бы переби́ли (сь) бы
IMP.	перебива́й (ся) перебива́йте (сь)	перебе́й (ся) перебе́йте (сь)
	DEVERBALS	
PRES. ACT.	перебива́ющий (ся)	
PRES. PASS.	перебива́емый	
PAST ACT.	перебива́вший (ся)	переби́вший (ся)
PAST PASS.		переби́тый
VERBAL ADVERB	перебива́я (сь)	переби́в (шись)

перебива́ть кого – что

Извините, что я говорю, когда вы перебиваете.	Excuse me if I speak when you are interrupting.
Без меня он точно бы перебился.	Without me he definitely would have broken down.
Перебейте всех и идите к дверям.	Beat them all and head for the doors.

П

переводи́ть (ся) / перевести́ (сь)
to lead across, convey, translate

	IMPERFECTIVE ASPECT	PERFECTIVE ASPECT
INF.	переводи́ть (ся)	перевести́ (сь)
PRES.	перевожу́ (сь) перево́дишь (ся) перево́дит (ся) перево́дим (ся) перево́дите (сь) перево́дят (ся)	
PAST	переводи́л (ся) переводи́ла (сь) переводи́ло (сь) переводи́ли (сь)	перевёл (ся) перевела́ (сь) перевело́ (сь) перевели́ (сь)
FUT.	бу́ду переводи́ть (ся) бу́дешь переводи́ть (ся) бу́дет переводи́ть (ся) бу́дем переводи́ть (ся) бу́дете переводи́ть (ся) бу́дут переводи́ть (ся)	переведу́ (сь) переведёшь (ся) переведёт (ся) переведём (ся) переведёте (сь) переведу́т (ся)
COND.	переводи́л (ся) бы переводи́ла (сь) бы переводи́ло (сь) бы переводи́ли (сь) бы	перевёл (ся) бы перевела́ (сь) бы перевело́ (сь) бы перевели́ (сь) бы
IMP.	переводи́ (сь) переводи́те (сь)	переведи́ (сь) переведи́те (сь)
	DEVERBALS	
PRES. ACT.	переводя́щий (ся)	
PRES. PASS.	переводи́мый	
PAST ACT.	переводи́вший (ся)	переве́дший (ся)
PAST PASS.		переведённый переведён, переведена́
VERBAL ADVERB	переводя́ (сь)	переведя́ (сь)

переводи́ть кого – что во что, с чего на что

Читаю и перевожу со словарем.	I read and translate with a dictionary.
Его перевели в военный госпиталь.	He was transferred to a military hospital.
На английский язык переведены обе части проекта.	Both parts of the project have been translated into English.

	IMPERFECTIVE ASPECT	PERFECTIVE ASPECT
INF.	перевози́ть	перевезти́
PRES.	перевожу́ перево́зишь перево́зит перево́зим перево́зите перево́зят	
PAST	перевози́л перевози́ла перевози́ло перевози́ли	перевёз перевезла́ перевезло́ перевезли́
FUT.	бу́ду перевози́ть бу́дешь перевози́ть бу́дет перевози́ть бу́дем перевози́ть бу́дете перевози́ть бу́дут перевози́ть	перевезу́ перевезёшь перевезёт перевезём перевезёте перевезу́т
COND.	перевози́л бы перевози́ла бы перевози́ло бы перевози́ли бы	перевёз бы перевезла́ бы перевезло́ бы перевезли́ бы
IMP.	перевози́ перевози́те	перевези́ перевези́те
	DEVERBALS	
PRES. ACT.	перевозя́	
PRES. PASS.	перевози́мый	
PAST ACT.	перевози́вший	перевёзший
PAST PASS.		перевезённый перевезён, перевезена́
VERBAL ADVERB	перевозя́	перевезя́

перевози́ть кого – что

Перевозишь грузы – соблюдай правила. — If you are transporting goods – observe the rules.

Перевезите меня туда. — Take me there.

Часть фондов перевезут в новое здание. — A portion of the funds will be transferred to the new building.

передава́ть (ся) / переда́ть (ся)

to pass on, hand over, broadcast

	IMPERFECTIVE ASPECT	PERFECTIVE ASPECT
INF.	передава́ть (ся)	переда́ть
PRES.	передаю́ передаёшь передаёт (ся) передаём передаёте передаю́т (ся)	
PAST	передава́л (ся) передава́ла (сь) передава́ло (сь) передава́ли (сь)	пе́редал – переда́лся передала́ (сь) пе́редало – передало́сь пе́редали – передали́сь
FUT.	бу́ду передава́ть бу́дешь передава́ть бу́дет передава́ть (ся) бу́дем передава́ть бу́дете передава́ть бу́дут передава́ть (ся)	переда́м переда́шь переда́ст (ся) передади́м передади́те передаду́т (ся)
COND.	передава́л (ся) бы передава́ла (сь) бы передава́ло (сь) бы передава́ли (сь) бы	пе́редал – переда́лся бы передала́ (сь) бы пе́редало – передало́сь бы пе́редали – передали́сь бы
IMP.	передава́й передава́йте	переда́й переда́йте
	DEVERBALS	
PRES. ACT.	передаю́щий (ся)	
PRES. PASS.	передава́емый	
PAST ACT.	передава́вший (ся)	переда́вший (ся)
PAST PASS.		пе́реданный, пе́редан, передана́, пе́редано
VERBAL ADVERB	передава́я (сь)	переда́в (шись)

переда́ть кому кого – что; переда́ться кому – чему

Робот будет передавать видео через интернет.	A robot will broadcast video on the Internet.
Передадим правду о Москве всей России.	We'll broadcast the truth about Moscow to all of Russia.
Это у них еще с детства от мамы передалось.	This was passed on to them as children by their mom.

	IMPERFECTIVE ASPECT	PERFECTIVE ASPECT
INF.	переезжáть	переéхать
PRES.	переезжáю переезжáешь переезжáет переезжáем переезжáете переезжáют	
PAST	переезжáл переезжáла переезжáло переезжáли	переéхал переéхала переéхало переéхали
FUT.	бýду переезжáть бýдешь переезжáть бýдет переезжáть бýдем переезжáть бýдете переезжáть бýдут переезжáть	переéду переéдешь переéдет переéдем переéдете переéдут
COND.	переезжáл бы переезжáла бы переезжáло бы переезжáли бы	переéхал бы переéхала бы переéхало бы переéхали бы
IMP.	переезжáй переезжáйте	
	DEVERBALS	
PRES. ACT.	переезжáющий	
PRES. PASS.	переезжáемый	
PAST ACT.	переезжáвший	переéхавший
PAST PASS.		
VERBAL ADVERB	переезжáя	переéхав

переезжáть кого – что через что

Сегодня мы переезжаем в новый офис.	Today we are moving to a new office.
В субботу я перееду в Москву.	On Saturday I am moving to Moscow.
Чем я пожертвовал, переехав в Москву?	What did I give up by moving to Moscow?

П

переживáть / пережи́ть
to survive, live through, outlive

	IMPERFECTIVE ASPECT	PERFECTIVE ASPECT
INF.	переживáть	пережи́ть
PRES.	переживáю переживáешь переживáет переживáем переживáете переживáют	
PAST	переживáл переживáла переживáло переживáли	пéрежи́л пережилá пéрежи́ло пéрежи́ли
FUT.	бу́ду переживáть бу́дешь переживáть бу́дет переживáть бу́дем переживáть бу́дете переживáть бу́дут переживáть	переживу́ переживёшь переживёт переживём переживёте переживу́т
COND.	переживáл бы переживáла бы переживáло бы переживáли бы	пéрежи́л бы пережилá бы пéрежи́ло бы пéрежи́ли бы
IMP.	переживáй переживáйте	переживи́ переживи́те
	DEVERBALS	
PRES. ACT.	переживáющий	
PRES. PASS.	переживáемый	
PAST ACT.	переживáвший	пережи́вший
PAST PASS.		пéрежи́тый пéрежи́т, пережитá, пéрежи́то
VERBAL ADVERB	переживáя	пережи́в

переживáть что

Как вы переживаете разрыв? — How are you surviving the break?
Неприятность эту мы переживем. — We shall survive this unpleasantness.
Наша страна практически пережила мирную революцию. — Our country practically lived through a peaceful revolution.

	IMPERFECTIVE ASPECT	PERFECTIVE ASPECT
INF.	переноси́ть	перенести́
PRES.	переношу́ перено́сишь перено́сит перено́сим перено́сите перено́сят	
PAST	переноси́л переноси́ла переноси́ло переноси́ли	перенёс перенесла́ перенесло́ перенесли́
FUT.	бу́ду переноси́ть бу́дешь переноси́ть бу́дет переноси́ть бу́дем переноси́ть бу́дете переноси́ть бу́дут переноси́ть	перенесу́ перенесёшь перенесёт перенесём перенесёте перенесу́т
COND.	переноси́л бы переноси́ла бы переноси́ло бы переноси́ли бы	перенёс бы перенесла́ бы перенесло́ бы перенесли́ бы
IMP.	переноси́ переноси́те	перенеси́ перенеси́те
	DEVERBALS	
PRES. ACT.	перенося́щий	
PRES. PASS.	переноси́мый	
PAST ACT.	переноси́вший	перенёсший
PAST PASS.		перенесённый перенесён, перенесена́
VERBAL ADVERB	перенося́	перенеся́

переноси́ть кого – что

Как просили, я переношу сюда вопрос. — As requested, I am carrying over the issue here.

Горбачев перенес операцию. — Gorbachev survived the operation.

Куда перенесем столицу? — Where will we transfer the capital to?

перепи́сывать (ся) / переписа́ть (ся)
to reprint, rewrite, take down (correspond / be registered)

	IMPERFECTIVE ASPECT	PERFECTIVE ASPECT
INF.	перепи́сывать (ся)	переписа́ть (ся)
PRES.	перепи́сываю (сь) перепи́сываешь (ся) перепи́сывает (ся) перепи́сываем (ся) перепи́сываете (сь) перепи́сывают (ся)	
PAST	перепи́сывал (ся) перепи́сывала (сь) перепи́сывало (сь) перепи́сывали (сь)	переписа́л (ся) переписа́ла (сь) переписа́ло (сь) переписа́ли (сь)
FUT.	бу́ду перепи́сывать (ся) бу́дешь перепи́сывать (ся) бу́дет перепи́сывать (ся) бу́дем перепи́сывать (ся) бу́дете перепи́сывать (ся) бу́дут перепи́сывать (ся)	перепишу́ (сь) перепи́шешь (ся) перепи́шет (ся) перепи́шем (ся) перепи́шете (сь) перепи́шут (ся)
COND.	перепи́сывал (ся) бы перепи́сывала (сь) бы перепи́сывало (сь) бы перепи́сывали (сь) бы	переписа́л (ся) бы переписа́ла (сь) бы переписа́ло (сь) бы переписа́ли (сь) бы
IMP.	перепи́сывай (ся) перепи́сывайте (сь)	перепиши́ (сь) перепиши́те (сь)
	DEVERBALS	
PRES. ACT.	перепи́сывающий (ся)	
PRES. PASS.	перепи́сываемый	
PAST ACT.	перепи́сывавший (ся)	переписа́вший (ся)
PAST PASS.		переписа́нный
VERBAL ADVERB	перепи́сывая (сь)	переписа́в (шись)

перепи́сывать кого – что
перепи́сываться с кем ***to correspond with someone*** [imperfective form only]

Никто нас не переписывал.	No one took down our names.
Перепишите новую версию.	Write a new version.
Мы переписывались и с нетерпением ждали встречи.	We corresponded and waited impatiently for the meeting.

перерабáтывать (ся) / переработать (ся)

to make into, remake, rework (overwork)

	IMPERFECTIVE ASPECT	PERFECTIVE ASPECT
INF.	перерабáтывать (ся)	переработать (ся)
PRES.	перерабáтываю (сь) перерабáтываешь (ся) перерабáтывает (ся) перерабáтываем (ся) перерабáтываете (сь) перерабáтывают (ся)	
PAST	перерабáтывал (ся) перерабáтывала (сь) перерабáтывало (сь) перерабáтывали (сь)	переработал (ся) переработала (сь) переработало (сь) переработали (сь)
FUT.	бу́ду перерабáтывать (ся) бу́дешь перерабáтывать (ся) бу́дет перерабáтывать (ся) бу́дем перерабáтывать (ся) бу́дете перерабáтывать (ся) бу́дут перерабáтывать (ся)	переработаю (сь) переработаешь (ся) переработает (ся) переработаем (ся) переработаете (сь) переработают (ся)
COND.	перерабáтывал (ся) бы перерабáтывала (сь) бы перерабáтывало (сь) бы перерабáтывали (сь) бы	переработал (ся) бы переработала (сь) бы переработало (сь) бы переработали (сь) бы
IMP.	перерабáтывай (ся) перерабáтывайте (сь)	переработай (ся) переработайте (сь)
	DEVERBALS	
PRES. ACT.	перерабáтывающий (ся)	
PRES. PASS.	перерабáтываемый	
PAST ACT.	перерабáтывавший (ся)	переработавший (ся)
PAST PASS.		переработаннный
VERBAL ADVERB	перерабáтывая (сь)	переработав (шись)

перерабáтывать что во что, на что

Как перерабатывают нефть?	How do they refine oil?
Заимственные элементы переработались у него в новый стиль.	He reworked borrowed elements into a new style.
Любое знание, перерабатываясь, присваивается.	Any knowledge, if digested, is mastered.

переса́живать / пересади́ть

to transplant, seat anew, force someone to change seats

	IMPERFECTIVE ASPECT	PERFECTIVE ASPECT
INF.	переса́живать	пересади́ть
PRES.	переса́живаю переса́живаешь переса́живает переса́живаем переса́живаете переса́живают	
PAST	переса́живал переса́живала переса́живало переса́живали	пересади́л пересади́ла пересади́ло пересади́ли
FUT.	бу́ду переса́живать бу́дешь переса́живать бу́дет переса́живать бу́дем переса́живать бу́дете переса́живать бу́дут переса́живать	пересажу́ переса́дишь переса́дит переса́дим переса́дите переса́дят
COND.	переса́живал бы переса́живала бы переса́живало бы переса́живали бы	пересади́л бы пересади́ла бы пересади́ло бы пересади́ли бы
IMP.	переса́живай переса́живайте	пересади́ пересади́те
	DEVERBALS	
PRES. ACT.	переса́живающий	
PRES. PASS.	переса́живаемый	
PAST ACT.	переса́живавший	пересади́вший
PAST PASS.		переса́женнный
VERBAL ADVERB	переса́живая	пересади́в

переса́живать кого – что

На зиму я их пересаживаю в теплицу.	For the winter I transplant them to a greenhouse.
Мальчик справился с трудной задачей и пересадился без проблем.	The boy handled the difficult task and was transferred without problem.
Пересадите растение на более теневое место.	Transplant the plant to a shadier place.

	IMPERFECTIVE ASPECT	PERFECTIVE ASPECT
INF.	переса́живаться	пересе́сть
PRES.	переса́живаюсь переса́живаешься переса́живается переса́живаемся переса́живаетесь переса́живаются	
PAST	переса́живался переса́живалась переса́живалось переса́живались	пересе́л пересе́ла пересе́ло пересе́ли
FUT.	бу́ду переса́живаться бу́дешь переса́живаться бу́дет переса́живаться бу́дем переса́живаться бу́дете переса́живаться бу́дут переса́живаться	переся́ду переся́дешь переся́дет переся́дем переся́дете переся́дут
COND.	переса́живался бы переса́живалась бы переса́живалось бы переса́живались бы	пересе́л бы пересе́ла бы пересе́ло бы пересе́ли бы
IMP.	переса́живайся переса́живайтесь	переся́дь переся́дьте
	DEVERBALS	
PRES. ACT.	переса́живающийся	
PRES. PASS.		
PAST ACT.	переса́живавшийся	пересе́вший
PAST PASS.		
VERBAL ADVERB	переса́живаясь	пересе́в

переса́живаться на что

Почта России пересаживается на велосипеды.	The Russian Postal Service is switching to bicycles.
Если вы прибыли на вокзал, пересядьте на метро.	If you have arrived at the station, transfer to the metro.
Руководители фирмы пересели на поддержанные машины.	The firm's leaders switched to used cars.

перестава́ть / переста́ть
to stop, cease

	IMPERFECTIVE ASPECT	PERFECTIVE ASPECT
INF.	перестава́ть	переста́ть
PRES.	перестаю́ перестаёшь перестаёт перестаём перестаёте перестаю́т	
PAST	перестава́л перестава́ла перестава́ло перестава́ли	переста́л переста́ла переста́ло переста́ли
FUT.	бу́ду перестава́ть бу́дешь перестава́ть бу́дет перестава́ть бу́дем перестава́ть бу́дете перестава́ть бу́дут перестава́ть	переста́ну переста́нешь переста́нет переста́нем переста́нете переста́нут
COND.	перестава́л бы перестава́ла бы перестава́ло бы перестава́ли бы	переста́л бы переста́ла бы переста́ло бы переста́ли бы
IMP.	перестава́й перестава́йте	переста́нь переста́ньте
	DEVERBALS	
PRES. ACT.	перестаю́щий	
PRES. PASS.		
PAST ACT.	перестава́вший	переста́вший
PAST PASS.		
VERBAL ADVERB	перестава́я	переста́в

Ты не перестаешь меня удивлять.	You do not cease to amaze me.
Перестань бояться, начни работать.	Stop worrying, start working.
В городе перестали подписываться на газеты.	In the city people have stopped subscribing to the newspapers.

переходи́ть / перейти́

to cross on foot, get over

	IMPERFECTIVE ASPECT	PERFECTIVE ASPECT
INF.	переходи́ть	перейти́
PRES.	перехожу́ перехо́дишь перехо́дит перехо́дим перехо́дите перехо́дят	
PAST	переходи́л переходи́ла переходи́ло переходи́ли	перешёл перешла́ перешло́ перешли́
FUT.	бу́ду переходи́ть бу́дешь переходи́ть бу́дет переходи́ть бу́дем переходи́ть бу́дете переходи́ть бу́дут переходи́ть	перейду́ перейдёшь перейдёт перейдём перейдёте перейду́т
COND.	переходи́л бы переходи́ла бы переходи́ло бы переходи́ли бы	перешёл бы перешла́ бы перешло́ бы перешли́ бы
IMP.	переходи́ переходи́те	перейди́ перейди́те
	DEVERBALS	
PRES. ACT.	переходя́щий	
PRES. PASS.	переходи́мый	
PAST ACT.	переходи́вший	переше́дший
PAST PASS.		перейдённый перейдён, перейдена́
VERBAL ADVERB	переходя́	перейдя́

переходи́ть что, через что, на что

Сериалы переходят в интернет. — The serials are moving to the Internet.

Российские авиакомпании перешли на евро. — Russian airline companies have switched to the euro.

Перейдите на главную страницу. — Go to the main page.

П

пе́ть / спе́ть
to sing

	IMPERFECTIVE ASPECT	PERFECTIVE ASPECT
INF.	пе́ть	спе́ть
PRES.	пою́ поёшь поёт поём поёте пою́т	
PAST	пе́л пе́ла пе́ло пе́ли	спе́л спе́ла спе́ло спе́ли
FUT.	бу́ду пе́ть бу́дешь пе́ть бу́дет пе́ть бу́дем пе́ть бу́дете пе́ть бу́дут пе́ть	спою́ споёшь споёт споём споёте спою́т
COND.	пе́л бы пе́ла бы пе́ло бы пе́ли бы	спе́л бы спе́ла бы спе́ло бы спе́ли бы
IMP.	по́й по́йте	спо́й спо́йте

DEVERBALS

PRES. ACT.	пою́щий	
PRES. PASS.		
PAST ACT.	пе́вший	спе́вший
PAST PASS.	пе́тый	спе́тый
VERBAL ADVERB		спе́в

пе́ть что

Пою для тебя. — I sing for you.
Лучшую песню года спела российская артистка. — A Russian artist sang the best song of the year.
Ваша песенка ещё не спета. — Your song has not yet been sung.

печáтать (ся) / напечáтать (ся)

to print, type (be published)

	IMPERFECTIVE ASPECT	PERFECTIVE ASPECT
INF.	печáтать (ся)	напечáтать (ся)
PRES.	печáтаю (сь) печáтаешь (ся) печáтает (ся) печáтаем (ся) печáтаете (сь) печáтают (ся)	
PAST	печáтал (ся) печáтала (сь) печáтало (сь) печáтали (сь)	напечáтал (ся) напечáтала (сь) напечáтало (сь) напечáтали (сь)
FUT.	бýду печáтать (ся) бýдешь печáтать (ся) бýдет печáтать (ся) бýдем печáтать (ся) бýдете печáтать (ся) бýдут печáтать (ся)	напечáтаю (сь) напечáтаешь (ся) напечáтает (ся) напечáтаем (ся) напечáтаете (сь) напечáтают (ся)
COND.	печáтал (ся) бы печáтала (сь) бы печáтало (сь) бы печáтали (сь) бы	напечáтал (ся) бы напечáтала (сь) бы напечáтало (сь) бы напечáтали (сь) бы
IMP.	печáтай (ся) печáтайте (сь)	напечáтай (ся) напечáтайте (сь)
	DEVERBALS	
PRES. ACT.	печáтающий (ся)	
PRES. PASS.	печáтаемый	
PAST ACT.	печáтавший (ся)	напечáтавший (ся)
PAST PASS.		напечáтанный
VERBAL ADVERB	печáтая (сь)	напечáтав (шись)

печáтать что

Печатаю на компьютере. — I print on a computer.

В каждом номере печатаются статьи. — Articles are printed in each issue.

Мемуары напечатались и издались. — The memoirs were printed and published.

пе́чь (ся) / испе́чь (ся)

to bake

	IMPERFECTIVE ASPECT	PERFECTIVE ASPECT
INF.	пе́чь (ся)	испе́чь (ся)
PRES.	пеку́ (сь) печёшь (ся) печёт (ся) печём (ся) печёте (сь) пеку́т (ся)	
PAST	пёк (ся) пекла́ (сь) пекло́ (сь) пекли́ (сь)	испёк (ся) испекла́ (сь) испекло́ (сь) испекли́ (сь)
FUT.	бу́ду пе́чь (ся) бу́дешь пе́чь (ся) бу́дет пе́чь (ся) бу́дем пе́чь (ся) бу́дете пе́чь (ся) бу́дут пе́чь (ся)	испеку́ (сь) испечёшь (ся) испечёт (ся) испечём (ся) испечёте (сь) испеку́т (ся)
COND.	пёк (ся) бы пекла́ (сь) бы пекло́ (сь) бы пекли́ (сь) бы	испёк (ся) бы испекла́ (сь) бы испекло́ (сь) бы испекли́ (сь) бы
IMP.	пеки́ (сь) пеки́те (сь)	испеки́ (сь) испеки́те (сь)
	DEVERBALS	
PRES. ACT.	пеку́щий (ся)	
PRES. PASS.		
PAST ACT.	пёкший (ся)	испёкший (ся)
PAST PASS.	печённый печён, печена́	испечённый испечён, испечена́
VERBAL ADVERB	пёкши (сь)	испёкши (сь)

пе́чь что

Где пекут вкусные торты? — Where do they bake delicious cakes?
Только что испеклись пирожки. — The pirozhki were just baked.
Испеките такой торт и пригласите любимого человека. — Bake a cake like this and invite your favorite person.

	IMPERFECTIVE ASPECT	PERFECTIVE ASPECT
INF.	писа́ть (ся)	написа́ть
PRES.	пишу́ пи́шешь пи́шет (ся) пи́шем пи́шете пи́шут (ся)	
PAST	писа́л (ся) писа́ла (сь) писа́ло (сь) писа́ли (сь)	написа́л написа́ла написа́ло написа́ли
FUT.	бу́ду писа́ть бу́дешь писа́ть бу́дет писа́ть (ся) бу́дем писа́ть бу́дете писа́ть бу́дут писа́ть (ся)	напишу́ напи́шешь напи́шет напи́шем напи́шете напи́шут
COND.	писа́л (ся) бы писа́ла (сь) бы писа́ло (сь) бы писа́ли (сь) бы	написа́л бы написа́ла бы написа́ло бы написа́ли бы
IMP.	пиши́ пиши́те	напиши́ напиши́те
	DEVERBALS	
PRES. ACT.	пи́шущий (ся)	
PRES. PASS.		
PAST ACT.	писа́вший (ся)	написа́вший
PAST PASS.	пи́санный	напи́санный
VERBAL ADVERB	писа́в (шись)	написа́в

писа́ть что
The reflexive form is used only in the imperfective aspect.

писа́ть (ся) / написа́ть

Examples

О нас пишут.
They are writing about us.

Пишите нам.
Write to us.

Что только не напишут?
What won't they write about?

Женщина написала этот роман.
A woman wrote this novel.

Дла кого они написаны?
For whom were they written?

Я стихи не пишу, они пишутся сами.
I don't write poems, they write themselves.

Новые книги все равно напишутся.
New books will be written just the same.

Я вам пишу по-русски.
I am writing you in Russian.

Как писался рассказ.
How the story was written.

Некоторые произведения Баха были написаны его женой.
Several of Bach's works were written by his wife.

Words and expressions related to this verb

Это мы пишем, или к нам пишут.

Писано — переписано.

Врёт, как по писанному.

Как пишется?

написано в звездах

письмо

пишущий

письменность

	IMPERFECTIVE ASPECT	PERFECTIVE ASPECT
INF.	пи́ть	вы́пить
PRES.	пью́ пьёшь пьёт пьём пьёте пью́т	
PAST	пи́л пила́ пи́ло пи́ли	вы́пил вы́пила вы́пило вы́пили
FUT.	бу́ду пи́ть бу́дешь пи́ть бу́дет пи́ть бу́дем пи́ть бу́дете пи́ть бу́дут пи́ть	вы́пью вы́пьешь вы́пьет вы́пьем вы́пьете вы́пьют
COND.	пи́л бы пила́ бы пи́ло бы пи́ли бы	вы́пил бы вы́пила бы вы́пило бы вы́пили бы
IMP.	пе́й пе́йте	вы́пей вы́пейте
	DEVERBALS	
PRES. ACT.	пью́щий	
PRES. PASS.		
PAST ACT.	пи́вший	вы́пивший
PAST PASS.	пи́тый	вы́питый
VERBAL ADVERB	пи́в	вы́пив

пи́ть что, чего

Не пейте кофе перед тренировкой. — Don’t drink coffee before the workout.
Выпьем немного шампанского. — Let’s drink a little champagne.
Все вино юга России выпили москвичи. — Muscovites drank up all the wine from Russia’s south.

пла́вать – плы́ть / поплы́ть

to swim, sail, boat / begin swimming

	MULTIDIRECTIONAL	UNIDIRECTIONAL	PERFECTIVE ASPECT
INF.	пла́вать	плы́ть	поплы́ть
PRES.	пла́ваю пла́ваешь пла́вает пла́ваем пла́ваете пла́вают	плыву́ плывёшь плывёт плывём плывёте плыву́т	
PAST	пла́вал пла́вала пла́вало пла́вали	плы́л плыла́ плы́ло плы́ли	поплы́л поплыла́ поплы́ло поплы́ли
FUT.	бу́ду пла́вать бу́дешь пла́вать бу́дет пла́вать бу́дем пла́вать бу́дете пла́вать бу́дут пла́вать	бу́ду плы́ть бу́дешь плы́ть бу́дет плы́ть бу́дем плы́ть бу́дете плы́ть бу́дут плы́ть	поплыву́ поплывёшь поплывёт поплывём поплывёте поплыву́т
COND.	пла́вал бы пла́вала бы пла́вало бы пла́вали бы	плы́л бы плыла́ бы плы́ло бы плы́ли бы	поплы́л бы поплыла́ бы поплы́ло бы поплы́ли бы
IMP.	пла́вай пла́вайте	плыви́ плыви́те	поплыви́ поплыви́те
		DEVERBALS	
PRES. ACT.	пла́вающий	плыву́щий	
PRES. PASS.			
PAST ACT.	пла́вавший	плы́вший	поплы́вший
PAST PASS.			
VERBAL ADVERB	пла́вая	плывя́	поплы́в

Плаваем зимой. — We swim in the winter.

Облака плывут на восток. — The clouds are floating to the east.

Моржи объединились и поплыли. — The walruses joined together and swam off.

пла́кать / запла́кать

to cry, weep / begin to cry

	IMPERFECTIVE ASPECT	PERFECTIVE ASPECT
INF.	пла́кать	запла́кать
PRES.	пла́чу	
	пла́чешь	
	пла́чет	
	пла́чем	
	пла́чете	
	пла́чут	
PAST	пла́кал	запла́кал
	пла́кала	запла́кала
	пла́кало	запла́кало
	пла́кали	запла́кали
FUT.	бу́ду пла́кать	запла́чу
	бу́дешь пла́кать	запла́чешь
	бу́дет пла́кать	запла́чет
	бу́дем пла́кать	запла́чем
	бу́дете пла́кать	запла́чете
	бу́дут пла́кать	запла́чут
COND.	пла́кал бы	запла́кал бы
	пла́кала бы	запла́кала бы
	пла́кало бы	запла́кало бы
	пла́кали бы	запла́кали бы
IMP.	пла́чь	запла́чь
	пла́чьте	запла́чьте
	DEVERBALS	
PRES. ACT.	пла́чущий	
PRES. PASS.		
PAST ACT.	пла́кавший	запла́кавший
PAST PASS.		
VERBAL ADVERB	пла́ча	запла́кав

Вот береза и плачет, поэта убитого ждет.	Here the birch weeps, waiting for the murdered poet.
Известные актеры заплакали перед фотокамерой.	Famous actors began to cry in front of the camera.
Не платишь – заплачешь.	If you don’t pay – you’ll cry.

П

плати́ть / заплати́ть
to pay, pay for

	IMPERFECTIVE ASPECT	PERFECTIVE ASPECT
INF.	плати́ть	заплати́ть
PRES.	плачу́ пла́тишь пла́тит пла́тим пла́тите пла́тят	
PAST	плати́л плати́ла плати́ло плати́ли	заплати́л заплати́ла заплати́ло заплати́ли
FUT.	бу́ду плати́ть бу́дешь плати́ть бу́дет плати́ть бу́дем плати́ть бу́дете плати́ть бу́дут плати́ть	заплачу́ запла́тишь запла́тит запла́тим запла́тите запла́тят
COND.	плати́л бы плати́ла бы плати́ло бы плати́ли бы	заплати́л бы заплати́ла бы заплати́ло бы заплати́ли бы
IMP.	плати́ плати́те	заплати́ заплати́те
	DEVERBALS	
PRES. ACT.	платя́щий	
PRES. PASS.	плати́мый	
PAST ACT.	плати́вший	заплати́вший
PAST PASS.	пла́ченный	запла́ченный
VERBAL ADVERB	платя́	заплати́в

плати́ть что за что, чем

Они не платят налоги.	They don't pay taxes.
За бензин заплатите больше.	You will pay more for gasoline.
Сколько заплатили за работу?	How much did they pay for the work?

	IMPERFECTIVE ASPECT	PERFECTIVE ASPECT
INF.	побежда́ть	победи́ть
PRES.	побежда́ю	
	побежда́ешь	
	побежда́ет	
	побежда́ем	
	побежда́ете	
	побежда́ют	
PAST	побежда́л	победи́л
	побежда́ла	победи́ла
	побежда́ло	победи́ло
	побежда́ли	победи́ли
FUT.	бу́ду побежда́ть	
	бу́дешь побежда́ть	победи́шь
	бу́дет побежда́ть	победи́т
	бу́дем побежда́ть	победи́м
	бу́дете побежда́ть	победи́те
	бу́дут побежда́ть	победя́т
COND.	побежда́л бы	победи́л бы
	побежда́ла бы	победи́ла бы
	побежда́ло бы	победи́ло бы
	побежда́ли бы	победи́ли бы
IMP.	побежда́й	победи́
	побежда́йте	победи́те
	DEVERBALS	
PRES. ACT.	побежда́ющий	
PRES. PASS.	побежда́емый	
PAST ACT.	побежда́вший	победи́вший
PAST PASS.		побеждённый
		побеждён, побеждена́
VERBAL ADVERB	побежда́я	победи́в

побежда́ть кого – что
The first person singular form is not used in the perfective future.

Не забиваешь, не побеждаешь.	If you don't score, you won't win.
Чемпионы мира побеждены.	The world champions have been defeated.
Наше дело правое, мы победим.	Our cause is just, we will prevail.

повторя́ть (ся) / повтори́ть (ся)
to repeat

	IMPERFECTIVE ASPECT	PERFECTIVE ASPECT
INF.	повторя́ть (ся)	повтори́ть (ся)
PRES.	повторя́ю повторя́ешь повторя́ет (ся) повторя́ем повторя́ете повторя́ют (ся)	
PAST	повторя́л (ся) повторя́ла (сь) повторя́ло (сь) повторя́ли (сь)	повтори́л (ся) повтори́ла (сь) повтори́ло (сь) повтори́ли (сь)
FUT.	бу́ду повторя́ть бу́дешь повторя́ть бу́дет повторя́ть (ся) бу́дем повторя́ть бу́дете повторя́ть бу́дут повторя́ть (ся)	повторю́ повтори́шь повтори́т (ся) повтори́м повтори́те повторя́т (ся)
COND.	повторя́л (ся) бы повторя́ла (сь) бы повторя́ло (сь) бы повторя́ли (сь) бы	повтори́л (ся) бы повтори́ла (сь) бы повтори́ло (сь) бы повтори́ли (сь) бы
IMP.	повторя́й повторя́йте	повтори́ повтори́те
	DEVERBALS	
PRES. ACT.	повторя́ющий (ся)	
PRES. PASS.	повторя́емый	
PAST ACT.	повторя́вший (ся)	повтори́вший (ся)
PAST PASS.		повторённый повторён, повторена́
VERBAL ADVERB	повторя́я (сь)	повтори́в (шись)

повторя́ть что

Не повторяйте ошибок.	Don't repeat mistakes.
Повторим с утра, что делали всю ночь.	We'll review in the morning what we did all night.
В Киеве повторился энергокризис.	In Kiev the energy crisis repeated itself.

	IMPERFECTIVE ASPECT	PERFECTIVE ASPECT
INF.	погиба́ть	поги́бнуть
PRES.	погиба́ю погиба́ешь погиба́ет погиба́ем погиба́ете погиба́ют	
PAST	погиба́л погиба́ла погиба́ло погиба́ли	поги́б поги́бла поги́бло поги́бли
FUT.	бу́ду погиба́ть бу́дешь погиба́ть бу́дет погиба́ть бу́дем погиба́ть бу́дете погиба́ть бу́дут погиба́ть	поги́бну поги́бнешь поги́бнет поги́бнем поги́бнете поги́бнут
COND.	погиба́л бы погиба́ла бы погиба́ло бы погиба́ли бы	поги́б бы поги́бла бы поги́бло бы поги́бли бы
IMP.	погиба́й погиба́йте	поги́бни поги́бните
	DEVERBALS	
PRES. ACT.	погиба́ющий	
PRES. PASS.		
PAST ACT.	погиба́вший	поги́бший
PAST PASS.		
VERBAL ADVERB	погиба́я	поги́бнув – поги́бши

Одни становятся сильнее, другие погибают. — Some are becoming stronger, others are perishing.

В аварии погибла пожилая женщина. — An elderly woman died in the accident.

По одиночке мы погибнем. — One by one we will perish.

подава́ть (ся) / пода́ть (ся)

to serve, present, give away (yield)

	IMPERFECTIVE ASPECT	PERFECTIVE ASPECT
INF.	подава́ть (ся)	пода́ть (ся)
PRES.	подаю́ (сь) подаёшь (ся) подаёт (ся) подаём (ся) подаёте (сь) подаю́т (ся)	
PAST	подава́л (ся) подава́ла (сь) подава́ло (сь) подава́ли (сь)	по́дал – пода́лся подала́ (сь) по́дало – подало́сь по́дали – подали́сь
FUT.	бу́ду подава́ть (ся) бу́дешь подава́ть (ся) бу́дет подава́ть (ся) бу́дем подава́ть (ся) бу́дете подава́ть (ся) бу́дут подава́ть (ся)	пода́м (ся) пода́шь (ся) пода́ст (ся) подади́м (ся) подади́те (сь) подаду́т (ся)
COND.	подава́л (ся) бы подава́ла (сь) бы подава́ло (сь) бы подава́ли (сь) бы	по́дал – пода́лся бы подала́ (сь) бы по́дало – подало́сь бы по́дали – подали́сь бы
IMP.	подава́й (ся) подава́йте (сь)	пода́й (ся) пода́йте (сь)
	DEVERBALS	
PRES. ACT.	подаю́щий (ся)	
PRES. PASS.	подава́емый	
PAST ACT.	подава́вший (ся)	пода́вший (ся)
PAST PASS.		по́данный по́дан, по́дана́, по́дано
VERBAL ADVERB	подава́я (сь)	пода́в (шись)

подава́ть что

Инвесторы подают в суд на фирму. — Investors are suing the firm.

Подавались вода и полотенце для мытья рук. — Water and a towel were provided for washing hands.

Подадим друг другу руки. — Let's shake hands.

	IMPERFECTIVE ASPECT	PERFECTIVE ASPECT
INF.	подводи́ть	подвести́
PRES.	подвожу́ подво́дишь подво́дит подво́дим подво́дите подво́дят	
PAST	подводи́л подводи́ла подводи́ло подводи́ли	подвёл подвела́ подвело́ подвели́
FUT.	бу́ду подводи́ть бу́дешь подводи́ть бу́дет подводи́ть бу́дем подводи́ть бу́дете подводи́ть бу́дут подводи́ть	подведу́ подведёшь подведёт подведём подведёте подведу́т
COND.	подводи́л бы подводи́ла бы подводи́ло бы подводи́ли бы	подвёл бы подвела́ бы подвело́ бы подвели́ бы
IMP.	подводи́ подводи́те	подведи́ подведи́те
	DEVERBALS	
PRES. ACT.	подводя́щий	
PRES. PASS.	подводи́мый	
PAST ACT.	подводи́вший	подве́дший
PAST PASS.		подведённый подведён, подведена́
VERBAL ADVERB	подводя́	подведя́

подводи́ть кого – что

Подвожу итоги уходящего года.	I am summarizing the results of the passing year.
Расскажи о людях, которые тебя подвели.	Tell about people who deceived you.
Подведите курсор сюда.	Move the cursor here.

подгота́вливать (ся) / подгото́вить (ся)
to prepare, get ready

	IMPERFECTIVE ASPECT	PERFECTIVE ASPECT
INF.	подгота́вливать (ся)	подгото́вить (ся)
PRES.	подгота́вливаю (сь) подгота́вливаешь (ся) подгота́вливает (ся) подгота́вливаем (ся) подгота́вливаете (сь) подгота́вливают (ся)	
PAST	подгота́вливал (ся) подгота́вливала (сь) подгота́вливало (сь) подгота́вливали (сь)	подгото́вил (ся) подгото́вила (сь) подгото́вило (сь) подгото́вили (сь)
FUT.	бу́ду подгота́вливать (ся) бу́дешь подгота́вливать (ся) бу́дет подгота́вливать (ся) бу́дем подгота́вливать (ся) бу́дете подгота́вливать (ся) бу́дут подгота́вливать (ся)	подгото́влю (сь) подгото́вишь (ся) подгото́вит (ся) подгото́вим (ся) подгото́вите (сь) подгото́вят (ся)
COND.	подгота́вливал (ся) бы подгота́вливала (сь) бы подгота́вливало (сь) бы подгота́вливали (сь) бы	подгото́вил (ся) бы подгото́вила (сь) бы подгото́вило (сь) бы подгото́вили (сь) бы
IMP.	подгота́вливай (ся) подгота́вливайте (сь)	подгото́вь (ся) подгото́вьте (сь)
	DEVERBALS	
PRES. ACT.	подгота́вливающий (ся)	
PRES. PASS.	подгота́вливаемый	
PAST ACT.	подгота́вливавший (ся)	подгото́вивший (ся)
PAST PASS.		подгото́вленный
VERBAL ADVERB	подгота́вливая (сь)	подгото́вив (шись)

подгота́вливать кого – что к чему; подгота́вливаться к чему
Another verbal pair meaning ***to prepare, get ready*** is **подготовля́ть (ся) / подгото́вить (ся)**

Он никогда не подготавливается к учебе.	He never prepares for his studies.
Депутаты подготовили изменения в федеральный закон.	The deputies prepared amendments to the federal law.
Подготовьтесь к зиме.	Get ready for winter.

поднима́ть (ся) / подня́ть (ся)

to lift, raise (ascend, rise, climb up)

	IMPERFECTIVE ASPECT	PERFECTIVE ASPECT
INF.	поднима́ть (ся)	подня́ть (ся)
PRES.	поднима́ю (сь) поднима́ешь (ся) поднима́ет (ся) поднима́ем (ся) поднима́ете (сь) поднима́ют (ся)	
PAST	поднима́л (ся) поднима́ла (сь) поднима́ло (сь) поднима́ли (сь)	по́днял – подня́лся́ подняла́ (сь) по́дняло – подняло́сь по́дняли – подняли́сь
FUT.	бу́ду поднима́ть (ся) бу́дешь поднима́ть (ся) бу́дет поднима́ть (ся) бу́дем поднима́ть (ся) бу́дете поднима́ть (ся) бу́дут поднима́ть (ся)	подниму́ (сь) подни́мешь (ся) подни́мет (ся) подни́мем (ся) подни́мете (сь) подни́мут (ся)
COND.	поднима́л (ся) бы поднима́ла (сь) бы поднима́ло (сь) бы поднима́ли (сь) бы	по́днял – подня́лся́ бы подняла́ (сь) бы по́дняло – подняло́сь бы по́дняли – подняли́сь бы
IMP.	поднима́й (ся) поднима́йте (сь)	подними́ (сь) подними́те (сь)
	DEVERBALS	
PRES. ACT.	поднима́ющий (ся)	
PRES. PASS.	поднима́емый	
PAST ACT.	поднима́вший (ся)	подня́вший (ся)
PAST PASS.		по́днятый по́днят, поднята́, по́днято
VERBAL ADVERB	поднима́я (сь)	подня́в (шись)

поднима́ть кого – что; поднима́ться на кого – что, против кого – чего

поднима́ть (ся) / подня́ть (ся)

Examples

За тебя я бокал поднимаю.
I raise my glass for you.

Цены поднимаются.
The prices are rising.

Подниму настроение и не только.
I'll raise your spirits and more.

Поднимите трубку.
Pick up the receiver. (Answer the phone.)

Команда поднялась на четвертое место.
The team rose to fourth place.

Подняв глаза, он увидел старуху.
Having raised his eyes, he caught sight of an old woman.

Что их заставило поднятся против власти?
What forced them to rise up against the authorities?

Мы поднимаем тост за победу.
We raise a toast for victory.

Поднимайтесь на лифте.
Go up in the elevator.

Все подняли руки.
All raised their hands.

Words and expressions related to this verb

Подними руку, ногу.

поднять тост

поднять голос

поднять шум

подъём

поднятый

	IMPERFECTIVE ASPECT	PERFECTIVE ASPECT
INF.	подпи́сывать (ся)	подписа́ть (ся)
PRES.	подпи́сываю (сь) подпи́сываешь (ся) подпи́сывает (ся) подпи́сываем (ся) подпи́сываете (сь) подпи́сывают (ся)	
PAST	подпи́сывал (ся) подпи́сывала (сь) подпи́сывало (сь) подпи́сывали (сь)	подписа́л (ся) подписа́ла (сь) подписа́ло (сь) подписа́ли (сь)
FUT.	бу́ду подпи́сывать (ся) бу́дешь подпи́сывать (ся) бу́дет подпи́сывать (ся) бу́дем подпи́сывать (ся) бу́дете подпи́сывать (ся) бу́дут подпи́сывать (ся)	подпишу́ (сь) подпи́шешь (ся) подпи́шет (ся) подпи́шем (ся) подпи́шете (сь) подпи́шут (ся)
COND.	подпи́сывал (ся) бы подпи́сывала (сь) бы подпи́сывало (сь) бы подпи́сывали (сь) бы	подписа́л (ся) бы подписа́ла (сь) бы подписа́ло (сь) бы подписа́ли (сь) бы
IMP.	подпи́сывай (ся) подпи́сывайте (сь)	подпиши́ (сь) подпиши́те (сь)
	DEVERBALS	
PRES. ACT.	подпи́сывающий (ся)	
PRES. PASS.	подпи́сываемый	
PAST ACT.	подпи́сывавший (ся)	подписа́вший (ся)
PAST PASS.		подпи́санный
VERBAL ADVERB	подпи́сывая (сь)	подписа́в (шись)

П

подпи́сывать что; подпи́сываться на что

Я сам подписываю.	I myself am signing.
Россия подписалась на борьбу с допингом.	Russia has signed on to the battle against doping.
С Россией будут подписаны два документа.	Two documents will be signed with Russia.

подходи́ть / подойти́
to approach, come up to

	IMPERFECTIVE ASPECT	PERFECTIVE ASPECT
INF.	подходи́ть	подойти́
PRES.	подхожу́ подхо́дишь подхо́дит подхо́дим подхо́дите подхо́дят	
PAST	подходи́л подходи́ла подходи́ло подходи́ли	подошёл подошла́ подошло́ подошли́
FUT.	бу́ду подходи́ть бу́дешь подходи́ть бу́дет подходи́ть бу́дем подходи́ть бу́дете подходи́ть бу́дут подходи́ть	подойду́ подойдёшь подойдёт подойдём подойдёте подойду́т
COND.	подходи́л бы подходи́ла бы подходи́ло бы подходи́ли бы	подошёл бы подошла́ бы подошло́ бы подошли́ бы
IMP.	подходи́ подходи́те	подойди́ подойди́те
		DEVERBALS
PRES. ACT.	подходя́щий	
PRES. PASS.		
PAST ACT.	подходи́вший	подоше́дший
PAST PASS.		
VERBAL ADVERB	подходя́	подойдя́

подходи́ть к кому – чему

Подходите ли вы друг к другу?	Do you visit each other?
Какая профессия мне подойдет лучше всего?	Which profession will be best suited for me?
Цены подошли к порогу.	The prices reached the threshold.

	IMPERFECTIVE ASPECT	PERFECTIVE ASPECT
INF.	подчёркивать	подчеркну́ть
PRES.	подчёркиваю подчёркиваешь подчёркивает подчёркиваем подчёркиваете подчёркивают	
PAST	подчёркивал подчёркивала подчёркивало подчёркивали	подчеркну́л подчеркну́ла подчеркну́ло подчеркну́ли
FUT.	бу́ду подчёркивать бу́дешь подчёркивать бу́дет подчёркивать бу́дем подчёркивать бу́дете подчёркивать бу́дут подчёркивать	подчеркну́ подчеркнёшь подчеркнёт подчеркнём подчеркнёте подчеркну́т
COND.	подчёркивал бы подчёркивала бы подчёркивало бы подчёркивали бы	подчеркну́л бы подчеркну́ла бы подчеркну́ло бы подчеркну́ли бы
IMP.	подчёркивай подчёркивайте	подчеркни́ подчеркни́те
	DEVERBALS	
PRES. ACT.	подчёркивающий	
PRES. PASS.	подчёркиваемый	
PAST ACT.	подчёркивавший	подчеркну́вший
PAST PASS.		подчёркнутый
VERBAL ADVERB	подчёркивая	подчеркну́в

подчёркивать что

Подчеркивай не только свои успехи, но и достижения других.	Stress not only your own successes, but also the achievements of others.
Таким образом вы подчеркнете свои познания.	In this way you will underscore what you know.
Конференция подчеркнула важность сотрудничества.	The conference underlined the importance of cooperation.

подъезжа́ть / подъе́хать
to drive up to

	IMPERFECTIVE ASPECT	PERFECTIVE ASPECT
INF.	подъезжа́ть	подъе́хать
PRES.	подъезжа́ю подъезжа́ешь подъезжа́ет подъезжа́ем подъезжа́ете подъезжа́ют	
PAST	подъезжа́л подъезжа́ла подъезжа́ло подъезжа́ли	подъе́хал подъе́хала подъе́хало подъе́хали
FUT.	бу́ду подъезжа́ть бу́дешь подъезжа́ть бу́дет подъезжа́ть бу́дем подъезжа́ть бу́дете подъезжа́ть бу́дут подъезжа́ть	подъе́ду подъе́дешь подъе́дет подъе́дем подъе́дете подъе́дут
COND.	подъезжа́л бы подъезжа́ла бы подъезжа́ло бы подъезжа́ли бы	подъе́хал бы подъе́хала бы подъе́хало бы подъе́хали бы
IMP.	подъезжа́й подъезжа́йте	
	DEVERBALS	
PRES. ACT.	подъезжа́ющий	
PRES. PASS.		
PAST ACT.	подъезжа́вший	подъе́хавший
PAST PASS.		
VERBAL ADVERB	подъезжа́я	подъе́хав

подъезжа́ть ко кому – чему

Подъезжаем к пирамидам.	We are approaching the pyramids.
Подъехав к реке, мы остановили лошадей.	Having ridden to the river, we stopped the horses.
К месту событий подъехали три патрульные машины.	Three patrol cars arrived at the scene of the events.

	IMPERFECTIVE ASPECT	PERFECTIVE ASPECT
INF.	поеда́ть	пое́сть
PRES.	поеда́ю поеда́ешь поеда́ет поеда́ем поеда́ете поеда́ют	
PAST	поеда́л поеда́ла поеда́ло поеда́ли	пое́л пое́ла пое́ло пое́ли
FUT.	бу́ду поеда́ть бу́дешь поеда́ть бу́дет поеда́ть бу́дем поеда́ть бу́дете поеда́ть бу́дут поеда́ть	пое́м пое́шь пое́ст поеди́м поеди́те поедя́т
COND.	поеда́л бы поеда́ла бы поеда́ло бы поеда́ли бы	пое́л бы пое́ла бы пое́ло бы пое́ли бы
IMP.	поеда́й поеда́йте	пое́шь пое́шьте
	DEVERBALS	
PRES. ACT.	поеда́ющий	
PRES. PASS.	поеда́емый	
PAST ACT.	поеда́вший	пое́вший
PAST PASS.		пое́денный
VERBAL ADVERB	поеда́я	пое́в

поеда́ть что, чего

Большая акула поедает не только маленьких рыб.	A big shark doesn't eat only the little fish.
Лидеры встретятся, поедят и поговорят.	The leaders will meet, dine together, and talk.
Поели, теперь можно и поспать.	They've eaten, now they can nap.

П

позволя́ть / позво́лить
to allow, permit

	IMPERFECTIVE ASPECT	PERFECTIVE ASPECT
INF.	позволя́ть	позво́лить
PRES.	позволя́ю позволя́ешь позволя́ет позволя́ем позволя́ете позволя́ют	
PAST	позволя́л позволя́ла позволя́ло позволя́ли	позво́лил позво́лила позво́лило позво́лили
FUT.	бу́ду позволя́ть бу́дешь позволя́ть бу́дет позволя́ть бу́дем позволя́ть бу́дете позволя́ть бу́дут позволя́ть	позво́лю позво́лишь позво́лит позво́лим позво́лите позво́лят
COND.	позволя́л бы позволя́ла бы позволя́ло бы позволя́ли бы	позво́лил бы позво́лила бы позво́лило бы позво́лили бы
IMP.	позволя́й позволя́йте	позво́ль позво́льте
	DEVERBALS	
PRES. ACT.	позволя́ющий	
PRES. PASS.	позволя́емый	
PAST ACT.	позволя́вший	позво́ливший
PAST PASS.		позво́ленный
VERBAL ADVERB	позволя́я	позво́лив

позволя́ть кому – чему что

Иногда позволяю себе поиграть в казино.	Sometimes I permit myself to gamble at a casino.
Не все позволено на войне.	Not everything is permitted in war.
Позвольте мне отказаться.	Permit me to decline.

поздравля́ть / поздра́вить
to congratulate

	IMPERFECTIVE ASPECT	PERFECTIVE ASPECT
INF.	поздравля́ть	поздра́вить
PRES.	поздравля́ю поздравля́ешь поздравля́ет поздравля́ем поздравля́ете поздравля́ют	
PAST	поздравля́л поздравля́ла поздравля́ло поздравля́ли	поздра́вил поздра́вила поздра́вило поздра́вили
FUT.	бу́ду поздравля́ть бу́дешь поздравля́ть бу́дет поздравля́ть бу́дем поздравля́ть бу́дете поздравля́ть бу́дут поздравля́ть	поздра́влю поздра́вишь поздра́вит поздра́вим поздра́вите поздра́вят
COND.	поздравля́л бы поздравля́ла бы поздравля́ло бы поздравля́ли бы	поздра́вил бы поздра́вила бы поздра́вило бы поздра́вили бы
IMP.	поздравля́й поздравля́йте	поздра́вь поздра́вьте
	DEVERBALS	
PRES. ACT.	поздравля́ющий	
PRES. PASS.	поздравля́емый	
PAST ACT.	поздравля́вший	поздра́виший
PAST PASS.		поздра́вленный
VERBAL ADVERB	поздравля́я	поздра́вив

поздравля́ть кого – что с чем

Поздравляем с Новым годом.	We wish you a Happy New Year.
Поздравили их с юбилеем.	They wished them a Happy Anniversary.
Поздравь друзей.	Congratulate your friends.

П

пока́зывать (ся) / показа́ть (ся)
to show

	IMPERFECTIVE ASPECT	PERFECTIVE ASPECT
INF.	пока́зывать (ся)	показа́ть (ся)
PRES.	пока́зываю (сь)	
	пока́зываешь (ся)	
	пока́зывает (ся)	
	пока́зываем (ся)	
	пока́зываете (сь)	
	пока́зывают (ся)	
PAST	пока́зывал (ся)	показа́л (ся)
	пока́зывала (сь)	показа́ла (сь)
	пока́зывало (сь)	показа́ло (сь)
	пока́зывали (сь)	показа́ли (сь)
FUT.	бу́ду пока́зывать (ся)	покажу́ (сь)
	бу́дешь пока́зывать (ся)	пока́жешь (ся)
	бу́дет пока́зывать (ся)	пока́жет (ся)
	бу́дем пока́зывать (ся)	пока́жем (ся)
	бу́дете пока́зывать (ся)	пока́жете (сь)
	бу́дут пока́зывать (ся)	пока́жут (ся)
COND.	пока́зывал (ся) бы	показа́л (ся) бы
	пока́зывала (сь) бы	показа́ла (сь) бы
	пока́зывало (сь) бы	показа́ло (сь) бы
	пока́зывали (сь) бы	показа́ли (сь) бы
IMP.	пока́зывай (ся)	покажи́ (сь)
	пока́зывайте (сь)	покажи́те (сь)
	DEVERBALS	
PRES. ACT.	пока́зывающий (ся)	
PRES. PASS.	пока́зываемый	
PAST ACT.	пока́зывавший (ся)	показа́вший (ся)
PAST PASS.		показа́нный
VERBAL ADVERB	пока́зывая (сь)	показа́в (шись)

пока́зывать кому – чему кого – что, на кого – что
The form **показа́ться** is also the perfective of **каза́ться.**

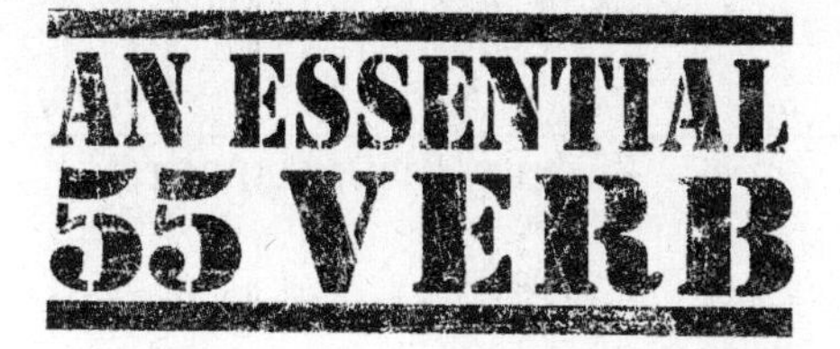

показывать (ся) / показать (ся)

Examples

Я показываю как надо делать.
I'm showing you how it has to be done.

Не показывайте свои снимки незнакомым.
Don't show your pictures to strangers.

Рядом с текстом показывалась ее фотография.
Alongside the text was displayed her photograph.

Дети. Покажите язык.
Kids. Stick out your tongues.

Русский символизм показан во Франции.
Russian Symbolism is being exhibited in France.

Мы покажем вам все.
We'll demonstrate it all to you.

Покажи мне любовь.
Show me love.

Художников показывают через интернет-аукцион.
They are displaying the artists on an Internet auction.

Он показался мне таким родным и добрым.
He seemed so dear and kind to me.

Words and expressions related to this verb

Покажите, пожалуйста.

И спину показал.

показать пример

показать себя

показать дверь

показ

показатель

показательный

покупа́ть / купи́ть
to buy, purchase

	IMPERFECTIVE ASPECT	PERFECTIVE ASPECT
INF.	покупа́ть	купи́ть
PRES.	покупа́ю покупа́ешь покупа́ет покупа́ем покупа́ете покупа́ют	
PAST	покупа́л покупа́ла покупа́ло покупа́ли	купи́л купи́ла купи́ло купи́ли
FUT.	бу́ду покупа́ть бу́дешь покупа́ть бу́дет покупа́ть бу́дем покупа́ть бу́дете покупа́ть бу́дут покупа́ть	куплю́ ку́пишь ку́пит ку́пим ку́пите ку́пят
COND.	покупа́л бы покупа́ла бы покупа́ло бы покупа́ли бы	купи́л бы купи́ла бы купи́ло бы купи́ли бы
IMP.	покупа́й покупа́йте	купи́ купи́те
	DEVERBALS	
PRES. ACT.	покупа́ющий	
PRES. PASS.	покупа́емый	
PAST ACT.	покупа́вший	купи́вший
PAST PASS.		ку́пленный
VERBAL ADVERB	покупа́я	купи́в

покупа́ть кого – что у кого за что
Do not confuse **покупа́ть** with **покупа́ться,** the perfective form of **купа́ться.**

Покупаю, продаю, меняю.	I buy, sell, trade.
Купите за деньги.	Buy for cash.
Все билеты были куплены.	All the tickets were purchased.

	MULTIDIRECTIONAL	UNIDIRECTIONAL	PERFECTIVE ASPECT
INF.	по́лзать	ползти́	поползти́
PRES.	по́лзаю по́лзаешь по́лзает по́лзаем по́лзаете по́лзают	ползу́ ползёшь ползёт ползём ползёте ползу́т	
PAST	по́лзал по́лзала по́лзало по́лзали	по́лз ползла́ ползло́ ползли́	попо́лз поползла́ поползло́ поползли́
FUT.	бу́ду по́лзать бу́дешь по́лзать бу́дет по́лзать бу́дем по́лзать бу́дете по́лзать бу́дут по́лзать	бу́ду ползти́ бу́дешь ползти́ бу́дет ползти́ бу́дем ползти́ бу́дете ползти́ бу́дут ползти́	поползу́ поползёшь поползёт поползём поползёте поползу́т
COND.	по́лзал бы по́лзала бы по́лзало бы по́лзали бы	по́лз бы ползла́ бы ползло́ бы ползли́ бы	попо́лз бы поползла́ бы поползло́ бы поползли́ бы
IMP.	по́лзай по́лзайте	ползи́ ползи́те	поползи́ поползи́те
		DEVERBALS	
PRES. ACT.	по́лзающий	ползу́щий	
PRES. PASS.			
PAST ACT.	по́лзавший	по́лзший	попо́лзший
PAST PASS.			
VERBAL ADVERB	по́лзая	ползя́	попо́лзши

Твой малыш начинает ползать. — Your little one is beginning to crawl.
Цена на нефть ползет вверх. — The price of oil is creeping higher.
Вокруг фирмы поползли слухи. — Rumors swirled around the firm.

полива́ть (ся) / поли́ть (ся)
to pour on, sprinkle

	IMPERFECTIVE ASPECT	PERFECTIVE ASPECT
INF.	полива́ть (ся)	поли́ть (ся)
PRES.	полива́ю (ся) полива́ешь (ся) полива́ет (ся) полива́ем (ся) полива́ете (сь) полива́ют (ся)	
PAST	полива́л (ся) полива́ла (сь) полива́ло (сь) полива́ли (сь)	по́ли́л – поли́лся полила́ (сь) по́ли́ло – поли́ло́сь по́ли́ли – поли́ли́сь
FUT.	бу́ду полива́ть (ся) бу́дешь полива́ть (ся) бу́дет полива́ть (ся) бу́дем полива́ть (ся) бу́дете полива́ть (ся) бу́дут полива́ть (ся)	полью́ (сь) польёшь (ся) польёт (ся) польём (ся) польёте (сь) полью́т (ся)
COND.	полива́л (ся) бы полива́ла (сь) бы полива́ло (сь) бы полива́ли (сь) бы	по́ли́л – поли́лся бы полила́ (сь) бы по́ли́ло – поли́ло́сь бы по́ли́ли – поли́ли́сь бы
IMP.	полива́й (ся) полива́йте (сь)	поле́й (ся) поле́йте (сь)
	DEVERBALS	
PRES. ACT.	полива́ющий (ся)	
PRES. PASS.	полива́емый	
PAST ACT.	полива́вший (ся)	поли́вший (ся)
PAST PASS.		по́ли́тый по́ли́т, полита́, по́ли́то
VERBAL ADVERB	полива́я (сь)	поли́в (шись)

полива́ть кого – что чем

Поливаем глазурью торт. — We are pouring the icing on the cake.
Звездные дожди польются и с севера, и с юга. — Star showers will pour both from the north and from the south.
Не квасом земля полита. — The earth isn't covered in kvass.

	IMPERFECTIVE ASPECT	PERFECTIVE ASPECT
INF.	получа́ть (ся)	получи́ть (ся)
PRES.	получа́ю получа́ешь получа́ет (ся) получа́ем получа́ете получа́ют (ся)	
PAST	получа́л (ся) получа́ла (сь) получа́ло (сь) получа́ли (сь)	получи́л (ся) получи́ла (сь) получи́ло (сь) получи́ли (сь)
FUT.	бу́ду получа́ть бу́дешь получа́ть бу́дет получа́ть (ся) бу́дем получа́ть бу́дете получа́ть бу́дут получа́ть (ся)	получу́ полу́чишь полу́чит (ся) полу́чим полу́чите полу́чат (ся)
COND.	получа́л (ся) бы получа́ла (сь) бы получа́ло (сь) бы получа́ли (сь) бы	получи́л (ся) бы получи́ла (сь) бы получи́ло (сь) бы получи́ли (сь) бы
IMP.	получа́й получа́йте	получи́ получи́те
	DEVERBALS	
PRES. ACT.	получа́ющий (ся)	
PRES. PASS.	получа́емый	
PAST ACT.	получа́вший (ся)	получи́вший (ся)
PAST PASS.		полу́ченный
VERBAL ADVERB	получа́я (сь)	получи́в (шись)

получа́ть что

П

получа́ть (ся) / получи́ть (ся)

Examples

Как он получается на фотографии?
How does he come out in the photo?

Когда мы их получим?
When will we receive them?

А получить их можно.
But you can get them.

Получив отказ, он ушел.
Upon meeting with a refusal, he left.

Почему хотим как лучше, а получается как всегда?
Why do we always want to do the best, but things turn out the same?

Что из этого получится?
What will come of this?

Покупая в кредит, получайте подарки.
When you buy on credit, you get free gifts.

Диалога не получилось.
No dialogue occurred.

Получены первые результаты исследования генома.
Initial results of the study of the genome have been obtained.

Words and expressions related to this verb

Получайте сдачу.

Никак не получится.

получка

получатель

получение

	IMPERFECTIVE ASPECT	PERFECTIVE ASPECT
INF.	по́льзоваться	воспо́льзоваться
PRES.	по́льзуюсь по́льзуешься по́льзуется по́льзуемся по́льзуетесь по́льзуются	
PAST	по́льзовался по́льзовалась по́льзовалось по́льзовались	воспо́льзовался воспо́льзовалась воспо́льзовалось воспо́льзовались
FUT.	бу́ду по́льзоваться бу́дешь по́льзоваться бу́дет по́льзоваться бу́дем по́льзоваться бу́дете по́льзоваться бу́дут по́льзоваться	воспо́льзуюсь воспо́льзуешься воспо́льзуется воспо́льзуемся воспо́льзуетесь воспо́льзуются
COND.	по́льзовался бы по́льзовалась бы по́льзовалось бы по́льзовались бы	воспо́льзовался бы воспо́льзовалась бы воспо́льзовалось бы воспо́льзовались бы
IMP.	по́льзуйся по́льзуйтесь	воспо́льзуйся воспо́льзуйтесь
	DEVERBALS	
PRES. ACT.	по́льзующийся	
PRES. PASS.		
PAST ACT.	по́льзовавшийся	воспо́льзовавшийся
PAST PASS.		
VERBAL ADVERB	по́льзуясь	воспо́льзовавшись

П

по́льзоваться чем

Вы не пользуетесь зубной пастой?
Мы обязательно еще раз воспользуемся услугами вашей филмы.
Воспользуйтесь преимуществами оригинальных чернил и бумаги.

You don't use toothpaste?
We absolutely will employ the services of your firm again.
Take advantage of original inks and papers.

по́мнить
to remember

	IMPERFECTIVE ASPECT	PERFECTIVE ASPECT
INF.	по́мнить	
PRES.	по́мню по́мнишь по́мнит по́мним по́мните по́мнят	
PAST	по́мнил по́мнила по́мнило по́мнили	
FUT.	бу́ду по́мнить бу́дешь по́мнить бу́дет по́мнить бу́дем по́мнить бу́дете по́мнить бу́дут по́мнить	
COND.	по́мнил бы по́мнила бы по́мнило бы по́мнили бы	
IMP.	по́мни по́мните	
	DEVERBALS	
PRES. ACT.	по́мнящий	
PRES. PASS.		
PAST ACT.	по́мнивший	
PAST PASS.		
VERBAL ADVERB	по́мня	

по́мнить кого – что, о ком – чём, про кого – что
A reflexive form of the verb occurs in impersonal constructions: **по́мнится.**

По́мнить

Examples

Помнишь, милая, не забудешь?
Do you remember, dear; you won't forget?

Живи и помин.
Live and remember.

Лучше было бы не помнить.
It would have been better not to remember.

Каждый день войны мы помним как вчерашний.
We remember every day of the war as if it were yesterday.

Не помня, чувствую, знаю.
Although I don't recall it, I feel it, I know it.

Мы, помнится, бегали в ужасе.
We, I recall, ran in horror.

Я помню чудное мгновение.
I remember a wondrous moment.

Она не помнит пароль. Что делать?
She can't remember the password. What should be done?

Я помнила все о вас.
I remembered everything about you.

Words and expressions related to this verb

Бери да помни.

Добро помни, зло забывай.

И собака помнит, кот бьет, кто кормит.

Тому тяжело, кто помнит зло.

Старая любовь долго помнится.

Как помнится. . .

легок на помине

поминки

помога́ть / помо́чь

to aid, help, assist

	IMPERFECTIVE ASPECT	PERFECTIVE ASPECT
INF.	помога́ть	помо́чь
PRES.	помога́ю помога́ешь помога́ет помога́ем помога́ете помога́ют	
PAST	помога́л помога́ла помога́ло помога́ли	помо́г помогла́ помогло́ помогли́
FUT.	бу́ду помога́ть бу́дешь помога́ть бу́дет помога́ть бу́дем помога́ть бу́дете помога́ть бу́дут помога́ть	помогу́ помо́жешь помо́жет помо́жем помо́жете помо́гут
COND.	помога́л бы помога́ла бы помога́ло бы помога́ли бы	помо́г бы помогла́ бы помогло́ бы помогли́ бы
IMP.	помога́й помога́йте	помоги́ помоги́те
	DEVERBALS	
PRES. ACT.	помога́ющий	
PRES. PASS.		
PAST ACT.	помога́вший	помо́гший
PAST PASS.		
VERBAL ADVERB	помога́я	помо́гши

помога́ть кому – чему

Чем мы помогаем по визам США?	How can we assist with visas for the U.S.?
Помогите, пожалуйста, нашему сыну.	Please help our son.
Президент помог детям материально.	The president aided the children materially.

	IMPERFECTIVE ASPECT	PERFECTIVE ASPECT
INF.	понижа́ть (ся)	пони́зить (ся)
PRES.	понижа́ю понижа́ешь понижа́ет (ся) понижа́ем понижа́ете понижа́ют (ся)	
PAST	понижа́л (ся) понижа́ла (сь) понижа́ло (сь) понижа́ли (сь)	пони́зил (ся) пони́зила (сь) пони́зило (сь) пони́зили (сь)
FUT.	бу́ду понижа́ть бу́дешь понижа́ть бу́дет понижа́ть (ся) бу́дем понижа́ть бу́дете понижа́ть бу́дут понижа́ть (ся)	пони́жу пони́зишь пони́зит (ся) пони́зим пони́зите пони́зят (ся)
COND.	понижа́л (ся) бы понижа́ла (сь) бы понижа́ло (сь) бы понижа́ли (сь) бы	пони́зил (ся) бы пони́зила (сь) бы пони́зило (сь) бы пони́зили (сь) бы
IMP.	понижа́й понижа́йте	пони́зь пони́зьте
	DEVERBALS	
PRES. ACT.	понижа́ющий (ся)	
PRES. PASS.	понижа́емый	
PAST ACT.	понижа́вший (ся)	пони́зивший (ся)
PAST PASS.		пони́женный
VERBAL ADVERB	понижа́я (сь)	пони́зив (шись)

понижа́ть кого – что

Я никому не понижаю репутацию.	I am not lowering my reputation for anyone.
Меня понизили должности.	The duties degraded me.
Москвичам понизят налоги.	Muscovites will have their taxes lowered.

понима́ть / поня́ть
to understand, comprehend

	IMPERFECTIVE ASPECT	PERFECTIVE ASPECT
INF.	понима́ть	поня́ть
PRES.	понима́ю понима́ешь понима́ет понима́ем понима́ете понима́ют	
PAST	понима́л понима́ла понима́ло понима́ли	по́нял поняла́ по́няло по́няли
FUT.	бу́ду понима́ть бу́дешь понима́ть бу́дет понима́ть бу́дем понима́ть бу́дете понима́ть бу́дут понима́ть	пойму́ поймёшь поймёт поймём поймёте пойму́т
COND.	понима́л бы понима́ла бы понима́ло бы понима́ли бы	по́нял бы поняла́ бы по́няло бы по́няли бы
IMP.	понима́й понима́йте	пойми́ пойми́те
	DEVERBALS	
PRES. ACT.	понима́ющий	
PRES. PASS.	понима́емый	
PAST ACT.	понима́вший	поня́вший
PAST PASS.		по́нятый по́нят, понята́, по́нято
VERBAL ADVERB	понима́я	поня́в

понима́ть кого – что, о ком – чём, в чём

понима́ть / поня́ть

Examples

Я не все понимаю в трудах Достоевского.
I don't understand everything in the works of Dostoyevsky.

Ты ничего не понимаешь.
You don't understand anything.

Понимайте как хотите.
Understand it any way you like.

Я никогда не пойму, как можно петь, когда все едят.
I will never understand how one can sing when everyone is eating.

И ты пойми меня.
You should understand me.

Мы проходим мимо, не поняв зачем.
We go through (life) without understanding why.

Когда понимаешь, что строишь собор, переноска камней – не проблема.
When you understand that you are building a cathedral, carrying the bricks is not a problem.

Вы меня не так поняли.
You didn't understand me properly.

Поймите нас правильно.
Understand us correctly.

Words and expressions related to this verb

По–немецки не знает, по–русски не понимает.

Чего не понимаю, тому не верю.

Учи других, и сам поймёшь.

Ну, понимается.

пониманаие

понятие

понятно

поощря́ть / поощри́ть
to encourage

	IMPERFECTIVE ASPECT	PERFECTIVE ASPECT
INF.	поощря́ть	поощри́ть
PRES.	поощря́ю поощря́ешь поощря́ет поощря́ем поощря́ете поощря́ют	
PAST	поощря́л поощря́ла поощря́ло поощря́ли	поощри́л поощри́ла поощри́ло поощри́ли
FUT.	бу́ду поощря́ть бу́дешь поощря́ть бу́дет поощря́ть бу́дем поощря́ть бу́дете поощря́ть бу́дут поощря́ть	поощрю́ поощри́шь поощри́т поощри́м поощри́те поощря́т
COND.	поощря́л бы поощря́ла бы поощря́ло бы поощря́ли бы	поощри́л бы поощри́ла бы поощри́ло бы поощри́ли бы
IMP.	поощря́й поощря́йте	поощри́ поощри́те
	DEVERBALS	
PRES. ACT.	поощря́ющий	
PRES. PASS.	поощря́емый	
PAST ACT.	поощря́вший	поощри́вший
PAST PASS.		поощрённый поощрён, поощрена́
VERBAL ADVERB	поощря́я	поощри́в

поощря́ть кого – что

Будущих психологов уже поощряют.	They are already encouraging future psychologists.
Поощрите меня или накажите.	Encourage me or punish me.
Администрация области поощрила лучших педагогов.	District administrators encouraged the finest educators.

попада́ть (ся) / попа́сть (ся)

to hit, get to, find oneself (be caught, find oneself, turn up)

	IMPERFECTIVE ASPECT	PERFECTIVE ASPECT
INF.	попада́ть (ся)	попа́сть (ся)
PRES.	попада́ю (сь) попада́ешь (ся) попада́ет (ся) попада́ем (ся) попада́ете (сь) попада́ют (ся)	
PAST	попада́л (ся) попада́ла (сь) попада́ло (сь) попада́ли (сь)	попа́л (ся) попа́ла (сь) попа́ло (сь) попа́ли (сь)
FUT.	бу́ду попада́ть (ся) бу́дешь попада́ть (ся) бу́дет попада́ть (ся) бу́дем попада́ть (ся) бу́дете попада́ть (ся) бу́дут попада́ть (ся)	попаду́ (сь) попадёшь (ся) попадёт (ся) попадём (ся) попадёте (сь) попаду́т (ся)
COND.	попада́л (ся) бы попада́ла (сь) бы попада́ло (сь) бы попада́ли (сь) бы	попа́л (ся) бы попа́ла (сь) бы попа́ло (сь) бы попа́ли (сь) бы
IMP.	попада́й (ся) попада́йте (сь)	попади́ (сь) попа́ди́те (сь)
	DEVERBALS	
PRES. ACT.	попада́ющий (ся)	
PRES. PASS.		
PAST ACT.	попада́вший (ся)	попа́вший (ся)
PAST PASS.		
VERBAL ADVERB	попада́я (сь)	попа́в (шись)

попада́ть в / на кого – что чем

Из-за своего характера всегда попадаю в беду. — Because of my character I am always in trouble.

Российские туристы попали в аварию. — Russian tourists were involved in an accident.

Они взяли все, что попалось под руку. — They took everything that came their way.

П

поправля́ть (ся) / попра́вить (ся)
to mend, repair, correct (get better, improve)

	IMPERFECTIVE ASPECT	PERFECTIVE ASPECT
INF.	поправля́ть (ся)	попра́вить (ся)
PRES.	поправля́ю (сь) поправля́ешь (ся) поправля́ет (ся) поправля́ем (ся) поправля́ете (сь) поправля́ют (ся)	
PAST	поправля́л (ся) поправля́ла (сь) поправля́ло (сь) поправля́ли (сь)	попра́вил (ся) попра́вила (сь) попра́вило (сь) попра́вили (сь)
FUT.	бу́ду поправля́ть (ся) бу́дешь поправля́ть (ся) бу́дет поправля́ть (ся) бу́дем поправля́ть (ся) бу́дете поправля́ть (ся) бу́дут поправля́ть (ся)	попра́влю (сь) попра́вишь (ся) попра́вит (ся) попра́вим (ся) попра́вите (сь) попра́вят (ся)
COND.	поправля́л (ся) бы поправля́ла (сь) бы поправля́ло (сь) бы поправля́ли (сь) бы	попра́вил (ся) бы попра́вила (сь) бы попра́вило (сь) бы попра́вили (сь) бы
IMP.	поправля́й (ся) поправля́йте (сь)	попра́вь (ся) попра́вьте (сь)
	DEVERBALS	
PRES. ACT.	поправля́ющий (ся)	
PRES. PASS.	поправля́емый	
PAST ACT.	поправля́вший (ся)	попра́вивший (ся)
PAST PASS.		попра́вленный
VERBAL ADVERB	поправля́я (сь)	попра́вив (шись)

поправля́ть кого – что

Я поправляю галстук и очки и иду дальше.	I'll straighten my tie and glasses and go on.
Как вы похорошели и поправились!	You've gotten more attractive and filled out!
Поправьте меня, если я не прав.	Correct me if I am not right.

	IMPERFECTIVE ASPECT	PERFECTIVE ASPECT
INF.	по́ртить (ся)	испо́ртить (ся)
PRES.	по́рчу (сь) по́ртишь (ся) по́ртит (ся) по́ртим (ся) по́ртите (сь) по́ртят (ся)	
PAST	по́ртил (ся) по́ртила (сь) по́ртило (сь) по́ртили (сь)	испо́ртил (ся) испо́ртила (сь) испо́ртило (сь) испо́ртили (сь)
FUT.	бу́ду по́ртить (ся) бу́дешь по́ртить (ся) бу́дет по́ртить (ся) бу́дем по́ртить (ся) бу́дете по́ртить (ся) бу́дут по́ртить (ся)	испо́рчу (сь) испо́ртишь (ся) испо́ртит (ся) испо́ртим (ся) испо́ртите (сь) испо́ртят (ся)
COND.	по́ртил (ся) бы по́ртила (сь) бы по́ртило (сь) бы по́ртили (сь) бы	испо́ртил (ся) бы испо́ртила (сь) бы испо́ртило (сь) бы испо́ртили (сь) бы
IMP.	по́рти (сь) – по́рть (ся) по́ртите (сь) – по́ртьте (сь)	испо́рти (сь) – испо́рть (ся) испо́ртьте (сь) испо́ртьте (сь)

DEVERBALS

PRES. ACT.	по́ртящий (ся)	
PRES. PASS.		
PAST ACT.	по́ртивший (ся)	испо́ртивший (ся)
PAST PASS.	по́рченный	испо́рченный
VERBAL ADVERB	по́ртя (ся)	испо́ртив (шись)

по́ртить кого – что

Наслаждайтесь морем и солнцем и не портите себе отдых. — Enjoy the sea and sun and don't spoil your vacation.

У нашего соседа испортился телевизор. — Our neighbor's TV has been damaged.

Не испортьте хорошую игру. — Don't spoil a good game.

порывáть (ся) / порвáть (ся)
to tear up, break, break off

	IMPERFECTIVE ASPECT	PERFECTIVE ASPECT
INF.	порывáть (ся)	порвáть (ся)
PRES.	порывáю порывáешь порывáет (ся) порывáем порывáете порывáют (ся)	
PAST	порывáл (ся) порывáла (сь) порывáло (сь) порывáли (сь)	порвáл (ся) порвалá (сь) порвáло – порвалóсь порвáли – порвалúсь
FUT.	бýду порывáть бýдешь порывáть бýдет порывáть (ся) бýдем порывáть бýдете порывáть бýдут порывáть (ся)	порвý порвёшь порвёт (ся) порвём порвёте порвýт (ся)
COND.	порывáл (ся) бы порывáла (сь) бы порывáло (сь) бы порывáли (сь) бы	порвáл (ся) бы порвалá (сь) бы порвáло – порвалóсь бы порвáли – порвалúсь бы
IMP.	порывáй порывáйте	порвú порвúте
	DEVERBALS	
PRES. ACT.	порывáющий (ся)	
PRES. PASS.	порывáемый	
PAST ACT.	порывáвший (ся)	порвáвший (ся)
PAST PASS.		пóрваннный
VERBAL ADVERB	порывáя (сь)	порвáв (шись)

порывáть что, с кем – чем

Сербия порывает с прошлым. — Serbia is breaking with the past.
Если порвется, вернем тебе цену. — If it breaks, we'll refund the purchase price to you.
Контактные линзы скоро порвались. — The contact lenses soon broke.

	IMPERFECTIVE ASPECT	PERFECTIVE ASPECT
INF.	посещáть	посетúть
PRES.	посещáю посещáешь посещáет посещáем посещáете посещáют	
PAST	посещáл посещáла посещáло посещáли	посетúл посетúла посетúло посетúли
FUT.	бýду посещáть бýдешь посещáть бýдет посещáть бýдем посещáть бýдете посещáть бýдут посещáть	посещý посетúшь посетúт посетúм посетúте посетя́т
COND.	посещáл бы посещáла бы посещáло бы посещáли бы	посетúл бы посетúла бы посетúло бы посетúли бы
IMP.	посещáй посещáйте	посетú посетúте
	DEVERBALS	
PRES. ACT.	посещáющий	
PRES. PASS.	посещáемый	
PAST ACT.	посещáвший	посетúвший
PAST PASS.		посещённый посещён, посещенá
VERBAL ADVERB	посещáя	посетúв (шись)

посещáть кого – что

Школу нашу посещай.	Visit our school.
Давайте посетим Грецию.	Let's visit Greece.
Посетите Эрмитаж.	Visit the Hermitage.

поступа́ть (ся) / поступи́ть (ся)
to act, enter, join (abdicate)

	IMPERFECTIVE ASPECT	PERFECTIVE ASPECT
INF.	поступа́ть (ся)	поступи́ть (ся)
PRES.	поступа́ю (сь) поступа́ешь (ся) поступа́ет (ся) поступа́ем (ся) поступа́ете (сь) поступа́ют (ся)	
PAST	поступа́л (ся) поступа́ла (сь) поступа́ло (сь) поступа́ли (сь)	поступи́л (ся) поступи́ла (сь) поступи́ло (сь) поступи́ли (сь)
FUT.	бу́ду поступа́ть (ся) бу́дешь поступа́ть (ся) бу́дет поступа́ть (ся) бу́дем поступа́ть (ся) бу́дете поступа́ть (ся) бу́дут поступа́ть (ся)	поступлю́ (сь) посту́пишь (ся) посту́пит (ся) посту́пим (ся) посту́пите (ся) посту́пят (ся)
COND.	поступа́л (ся) бы поступа́ла (сь) бы поступа́ло (сь) бы поступа́ли (сь) бы	поступи́л (ся) бы поступи́ла (сь) бы поступи́ло (сь) бы поступи́ли (сь) бы
IMP.	поступа́й (ся) поступа́йте (сь)	поступи́ (сь) поступи́те (сь)
	DEVERBALS	
PRES. ACT.	поступа́ющий (ся)	
PRES. PASS.		
PAST ACT.	поступа́вший (ся)	поступи́вший (ся)
PAST PASS.		
VERBAL ADVERB	поступа́я	поступи́в (шись)

поступа́ть с кем, во / на что; поступа́ть (ся) чем

Посоветуйте, правильно ли я поступаю?	Advise me if I am acting properly.
Скоро в продажу поступят новые акции.	New shares will soon come up for sale.
Игрок поступился принципами честной игры.	The player went against the principles of an honest game.

посыла́ть / посла́ть
to send, dispatch, mail

	IMPERFECTIVE ASPECT	PERFECTIVE ASPECT
INF.	посыла́ть	посла́ть
PRES.	посыла́ю посыла́ешь посыла́ет посыла́ем посыла́ете посыла́ют	
PAST	посыла́л посыла́ла посыла́ло посыла́ли	посла́л посла́ла посла́ло посла́ли
FUT.	бу́ду посыла́ть бу́дешь посыла́ть бу́дет посыла́ть бу́дем посыла́ть бу́дете посыла́ть бу́дут посыла́ть	пошлю́ пошлёшь пошлёт пошлём пошлёте пошлю́т
COND.	посыла́л бы посыла́ла бы посыла́ло бы посыла́ли бы	посла́л бы посла́ла бы посла́ло бы посла́ли бы
IMP.	посыла́й посыла́йте	пошли́ пошли́те
	DEVERBALS	
PRES. ACT.	посыла́ющий	
PRES. PASS.	посыла́емый	
PAST ACT.	посыла́вший	посла́вший
PAST PASS.		по́сланный
VERBAL ADVERB	посыла́я	посла́в

посыла́ть кого – что за кем – чем, по почте ***by mail***

П

посыла́ть / посла́ть

Examples

Посылаем деньги за границу.
We send money abroad.

Не посылайте информацию о своей кредитке.
Don't send information about your credit card.

Я вам пошлю письмо.
I'll send you a letter.

Пошлите за доктора.
Send for the doctor.

Сообщение послано всем клиентам.
The announcement has been sent to all the clients.

Сообщения посылаются ежедневно.
Announcements are sent daily.

Кого посылаем на съезд?
Whom are we sending to the congress?

Пошлите ребенку поздравление от Деда Мороза.
Send your child greetings from Father Frost.

Кто мы и зачем посланы на землю?
Who are we and why have we been sent to earth?

Words and expressions related to this verb

Его пошли, да и сам за ним иди.

Пошли дурного, а за ним другого.

Чем Бог послал.

Я послался в город.

посол

посылка

послание

	IMPERFECTIVE ASPECT	PERFECTIVE ASPECT
INF.	появля́ться	появи́ться
PRES.	появля́юсь появля́ешься появля́ется появля́емся появля́етесь появля́ются	
PAST	появля́лся появля́лась появля́лось появля́лись	появи́лся появи́лась появи́лось появи́лись
FUT.	бу́ду появля́ться бу́дешь появля́ться бу́дет появля́ться бу́дем появля́ться бу́дете появля́ться бу́дут появля́ться	появлю́сь поя́вишься поя́вится поя́вимся поя́витесь поя́вятся
COND.	появля́лся бы появля́лась бы появля́лось бы появля́лись бы	появи́лся бы появи́лась бы появи́лось бы появи́лись бы
IMP.	появля́йся появля́йтесь	появи́сь появи́тесь
	DEVERBALS	
PRES. ACT.	появля́ющийся	
PRES. PASS.		
PAST ACT.	появля́вшийся	появи́вшийся
PAST PASS.		
VERBAL ADVERB	появля́ясь	появи́вшись

появля́ться / появи́тяся

Examples

Зачем мы появляемся на свет?
Why do we come into the world?

С каждым месяцем проблема появлялась все чаще.
With every month the problem appeared more and more frequently.

Без брата не появляйтесь.
Don't show up without your brother.

Я скоро появлюсь.
I'll soon appear.

В магазинах появились живые манекены.
Live mannequins have begun to appear in stores.

Едва появившись, книга вызвала скандал.
It had barely appeared and the book created a scandal.

По крайней мере я здесь появляюсь постоянно.
At the very least I show up here regularly.

Авиакомпании не известно когда вы появитесь.
The airline doesn't know when you will appear.

В интернете появилась карта Марса.
A map of Mars appeared on the Internet.

Words and expressions related to this verb

Изчезни и появись.

Появится в январе.

не появляясь

появление

посылка

послание

	IMPERFECTIVE ASPECT	PERFECTIVE ASPECT
INF.	пра́вить	
PRES.	пра́влю пра́вишь пра́вит пра́вим пра́вите пра́вят	
PAST	пра́вил пра́вила пра́вило пра́вили	
FUT.	бу́ду пра́вить бу́дешь пра́вить бу́дет пра́вить бу́дем пра́вить бу́дете пра́вить бу́дут пра́вить	
COND.	пра́вил бы пра́вила бы пра́вило бы пра́вили бы	
IMP.	пра́вь пра́вьте	
	DEVERBALS	
PRES. ACT.	пра́вящий	
PRES. PASS.	пра́вленный	
PAST ACT.	пра́вивший	
PAST PASS.		
VERBAL ADVERB	пра́вя	

пра́вить кем – чем
пра́вить что ***to correct***

Я правлю своим миром.	I rule my world.
Сижу дома и правлю текст.	I am sitting at home and correcting the text.
Если бы миром правили женщины?	What if women ruled the world?

пра́здновать / отпра́здновать

to celebrate

	IMPERFECTIVE ASPECT	PERFECTIVE ASPECT
INF.	пра́здновать	отпра́здновать
PRES.	пра́здную	
	пра́зднуешь	
	пра́зднует	
	пра́зднуем	
	пра́зднуете	
	пра́зднуют	
PAST	пра́здновал	отпра́здновал
	пра́здновала	отпра́здновала
	пра́здновало	отпра́здновало
	пра́здновали	отпра́здновали
FUT.	бу́ду пра́здновать	отпра́здную
	бу́дешь пра́здновать	отпра́зднуешь
	бу́дет пра́здновать	отпра́зднует
	бу́дем пра́здновать	отпра́зднуем
	бу́дете пра́здновать	отпра́зднуете
	бу́дут пра́здновать	отпра́зднуют
COND.	пра́здновал бы	отпра́здновал бы
	пра́здновала бы	отпра́здновала бы
	пра́здновало бы	отпра́здновало бы
	пра́здновали бы	отпра́здновали бы
IMP.	пра́зднуй	отпра́зднуй
	пра́зднуйте	отпра́зднуйте
	DEVERBALS	
PRES. ACT.	пра́зднующий	
PRES. PASS.	пра́зднуемый	
PAST ACT.	пра́здновавший	отпра́здновавший
PAST PASS.		отпра́зднованный
VERBAL ADVERB	пра́зднуя	отпра́здновавши

пра́здновать что

Новый год поздравляйте, празднуйте! — Greet the New Year, celebrate!

Восемь тысяч семей отпраздновали новоселье. — Eight thousand families celebrated a housewarming.

День города отпразднуем в июне. — We'll celebrate Municipal Day in June.

предлага́ть / предложи́ть

to offer, propose, suggest

	IMPERFECTIVE ASPECT	PERFECTIVE ASPECT
INF.	предлага́ть	предложи́ть
PRES.	предлага́ю предлага́ешь предлага́ет предлага́ем предлага́ете предлага́ют	
PAST	предлага́л предлага́ла предлага́ло предлага́ли	предложи́л предложи́ла предложи́ло предложи́ли
FUT.	бу́ду предлага́ть бу́дешь предлага́ть бу́дет предлага́ть бу́дем предлага́ть бу́дете предлага́ть бу́дут предлага́ть	предложу́ предло́жишь предло́жит предло́жим предло́жите предло́жат
COND.	предлага́л бы предлага́ла бы предлага́ло бы предлага́ли бы	предложи́л бы предложи́ла бы предложи́ло бы предложи́ли бы
IMP.	предлага́й предлага́йте	предложи́ предложи́те
	DEVERBALS	
PRES. ACT.	предлага́ющий	
PRES. PASS.	предлага́емый	
PAST ACT.	предлага́вший	предложи́вший
PAST PASS.		предло́женный
VERBAL ADVERB	предлага́я	предложи́в

предлага́ть кого – что кому – чему, + infinitive.

Но что вы предлагаете? — But what are you proposing?

В аэропорту предложат пассажирам шампнское и подарки. — At the airport they will be offering the passengers champagne and gifts.

Предложите тему для дискуссии. — Suggest a subject for discussion.

П

предпочита́ть / предпоче́сть
to prefer

	IMPERFECTIVE ASPECT	PERFECTIVE ASPECT
INF.	предпочита́ть	предпоче́сть
PRES.	предпочита́ю предпочита́ешь предпочита́ет предпочита́ем предпочита́ете предпочита́ют	
PAST	предпочита́л предпочита́ла предпочита́ло предпочита́ли	предпочёл предпочла́ предпочло́ предпочли́
FUT.	бу́ду предпочита́ть бу́дешь предпочита́ть бу́дет предпочита́ть бу́дем предпочита́ть бу́дете предпочита́ть бу́дут предпочита́ть	предпочту́ предпочтёшь предпочтёт предпочтём предпочтёте предпочту́т
COND.	предпочита́л бы предпочита́ла бы предпочита́ло бы предпочита́ли бы	предпочёл бы предпочла́ бы предпочло́ бы предпочли́ бы
IMP.	предпочита́й предпочита́йте	предпочти́ предпочти́те
	DEVERBALS	
PRES. ACT.	предпочита́ющий	
PRES. PASS.	предпочита́емый	
PAST ACT.	предпочита́вший	
PAST PASS.		предпочтённый предпочтён, предпочтена́
VERBAL ADVERB	предпочита́я	предпочтя́

предпочита́ть кого – что кому – чему, + infinitive

Как ты предпочитаешь провести выходные?	How do you prefer to spend your free days?
Какой автомобиль вы предпочтете?	Which car will you prefer?
Критики предпочли европейское кино.	The critics preferred the European cinema.

представля́ть (ся) / предста́вить (ся)
to present, submit, introduce

	IMPERFECTIVE ASPECT	PERFECTIVE ASPECT
INF.	представля́ть	предста́вить
PRES.	представля́ю (сь) представля́ешь (ся) представля́ет (ся) представля́ем (ся) представля́ете (сь) представля́ют (ся)	
PAST	представля́л представля́ла представля́ло представля́ли	предста́вил (ся) предста́вила (сь) предста́вило (сь) предста́вили (сь)
FUT.	бу́ду представля́ть (ся) бу́дешь представля́ть (ся) бу́дет представля́ть (ся) бу́дем представля́ть (ся) бу́дете представля́ть (ся) бу́дут представля́ть (ся)	предста́влю (сь) предста́вишь (ся) предста́вит (ся) предста́вим (ся) предста́вите (сь) предста́вят (ся)
COND.	представля́л (ся) бы представля́ла (сь) бы представля́ло (сь) бы представля́ли (сь) бы	предста́вил (ся) бы предста́вила (сь) бы предста́вило (сь) бы предста́вили (сь) бы
IMP.	представля́й (ся) представля́йте (сь)	предста́вь (ся) предста́вьте (сь)
	DEVERBALS	
PRES. ACT.	представля́ющий (ся)	
PRES. PASS.	представля́емый	
PAST ACT.	представля́вший (ся)	предста́вивший (ся)
PAST PASS.		предста́вленный
VERBAL ADVERB	представля́я (сь)	предста́вив (шись)

представля́ть кого – что, кому – чему, к кому – чему

Как я себе это представляю?	How should I imagine this?
Простите, не представился.	Excuse me, I didn't introduce myself.
Представьте себе!	Imagine!

П

предупреждáть / предупредúть
to notify, warn, anticipate

	IMPERFECTIVE ASPECT	PERFECTIVE ASPECT
INF.	предупреждáть	предупредúть
PRES.	предупреждáю предупреждáешь предупреждáет предупреждáем предупреждáете предупреждáют	
PAST	предупреждáл предупреждáла предупреждáло предупреждáли	предупредúл предупредúла предупредúло предупредúли
FUT.	бýду предупреждáть бýдешь предупреждáть бýдет предупреждáть бýдем предупреждáть бýдете предупреждáть бýдут предупреждáть	предупрежý предупредúшь предупредúт предупредúм предупредúте предупредя́т
COND.	предупреждáл бы предупреждáла бы предупреждáло бы предупреждáли бы	предупредúл бы предупредúла бы предупредúло бы предупредúли бы
IMP.	предупреждáй предупреждáйте	предупредú предупредúте
	DEVERBALS	
PRES. ACT.	предупреждáющий	
PRES. PASS.	предупреждáемый	
PAST ACT.	предупреждáвший	предупредúвший
PAST PASS.		предупреждённый предупреждён, предупрежденá
VERBAL ADVERB	предупреждáя	предупредúв (шись)

предупреждáть кого – что о ком – чем

Хорошо, что вы предупреждаете заранее.	It's good that you are warning us early.
Мы предупредим клиентов заблаговременно.	We will advise our clients in a timely manner.
Власти предупредили граждан об опасности эпидемии.	The authorities notified the citizens of the danger of an epidemic.

	IMPERFECTIVE ASPECT	PERFECTIVE ASPECT
INF.	преподава́ть	
PRES.	преподаю́ преподаёшь преподаёт преподаём преподаёте преподаю́т	
PAST	преподава́л преподава́ла преподава́ло преподава́ли	
FUT.	бу́ду преподава́ть бу́дешь преподава́ть бу́дет преподава́ть бу́дем преподава́ть бу́дете преподава́ть бу́дут преподава́ть	
COND.	преподава́л бы преподава́ла бы преподава́ло бы преподава́ли бы	
IMP.	преподава́й преподава́йте	

DEVERBALS

PRES. ACT.	преподаю́щий	
PRES. PASS.	преподава́емый	
PAST ACT.	преподава́вший	
PAST PASS.		
VERBAL ADVERB	преподава́я	

преподава́ть что кому

30 лет я преподаю английский.	I have been teaching English for 30 years.
Нам его вообще не преподавали.	They didn't teach us that at all.
Преподавай оживленно.	Teach in a lively manner.

прибавля́ть (ся) / приба́вить (ся)

to add, increase

	IMPERFECTIVE ASPECT	PERFECTIVE ASPECT
INF.	прибавля́ть (ся)	приба́вить (ся)
PRES.	прибавля́ю (сь) прибавля́ешь (ся) прибавля́ет (ся) прибавля́ем (ся) прибавля́ете (сь) прибавля́ют (ся)	
PAST	прибавля́л (ся) прибавля́ла (сь) прибавля́ло (сь) прибавля́ли (сь)	приба́вил (ся) приба́вила (сь) приба́вило (сь) приба́вили (сь)
FUT.	бу́ду прибавля́ть (ся) бу́дешь прибавля́ть (ся) бу́дет прибавля́ть (ся) бу́дем прибавля́ть (ся) бу́дете прибавля́ть (ся) бу́дут прибавля́ть (ся)	приба́влю (сь) приба́вишь (ся) приба́вит (ся) приба́вим (ся) приба́вите (сь) приба́вят (ся)
COND.	прибавля́л (ся) бы прибавля́ла (сь) бы прибавля́ло (сь) бы прибавля́ли (сь) бы	приба́вил (ся) бы приба́вила (сь) бы приба́вило (сь) бы приба́вили (сь) бы
IMP.	прибавля́й (ся) прибавля́йте (сь)	приба́вь (ся) приба́вьте (сь)
	DEVERBALS	
PRES. ACT.	прибавля́ющий (ся)	
PRES. PASS.	прибавля́емый	
PAST ACT.	прибавля́вший (ся)	приба́вивший (ся)
PAST PASS.		приба́вленный
VERBAL ADVERB	прибавля́я (сь)	приба́вив (шись)

прибавля́ть что, чего, в чём

Не годы к жизни прибавляйте. Прибавляйте жизнь к годам.	Don’t add years to your life. Add life to your years.
Прибавим теплоты в нашу жизнь.	We will add a little warmth to our life.
Еще прибавился один год моей жизни.	And another year was added to my life.

прибега́ть / прибежа́ть

to come running

	IMPERFECTIVE ASPECT	PERFECTIVE ASPECT
INF.	прибега́ть	прибежа́ть
PRES.	прибега́ю прибега́ешь прибега́ет прибега́ем прибега́ете прибега́ют	
PAST	прибега́л прибега́ла прибега́ло прибега́ли	прибежа́л прибежа́ла прибежа́ло прибежа́ли
FUT.	бу́ду прибега́ть бу́дешь прибега́ть бу́дет прибега́ть бу́дем прибега́ть бу́дете прибега́ть бу́дут прибега́ть	прибегу́ прибежи́шь прибежи́т прибежи́м прибежи́те прибегу́т
COND.	прибега́л бы прибега́ла бы прибега́ло бы прибега́ли бы	прибежа́л бы прибежа́ла бы прибежа́ло бы прибежа́ли бы
IMP.	прибега́й прибега́йте	прибеги́ прибеги́те
	DEVERBALS	
PRES. ACT.	прибега́ющий	
PRES. PASS.		
PAST ACT.	прибега́вший	прибежа́вший
PAST PASS.		
VERBAL ADVERB	прибега́я	прибежа́в

Я прибегаю к твоей помощи. — I am running to your aid.
Он прибежит, как верная собака. — He will come running like a faithful dog.
Прибежали в избу дети. — The children ran into the hut.

приближа́ть (ся) / прибли́зить (ся)

to move closer, hasten

	IMPERFECTIVE ASPECT	PERFECTIVE ASPECT
INF.	приближа́ть (ся)	прибли́зить (ся)
PRES.	приближа́ю (сь) приближа́ешь (ся) приближа́ет (ся) приближа́ем (ся) приближа́ете (сь) приближа́ют (ся)	
PAST	приближа́л (ся) приближа́ла (сь) приближа́ло (сь) приближа́ли (сь)	прибли́зил (ся) прибли́зила (сь) прибли́зило (сь) прибли́зили (сь)
FUT.	бу́ду приближа́ть (ся) бу́дешь приближа́ть (ся) бу́дет приближа́ть (ся) бу́дем приближа́ть (ся) бу́дете приближа́ть (ся) бу́дут приближа́ть (ся)	прибли́жу (сь) прибли́зишь (ся) прибли́зит (ся) прибли́зим (ся) прибли́зите (сь) прибли́зят (ся)
COND.	приближа́л (ся) бы приближа́ла (сь) бы приближа́ло (сь) бы приближа́ли (сь) бы	прибли́зил (ся) бы прибли́зила (сь) бы прибли́зило (сь) бы прибли́зили (сь) бы
IMP.	приближа́й (ся) приближа́йте (сь)	прибли́зь (ся) прибли́зьте (сь)
	DEVERBALS	
PRES. ACT.	приближа́ющий (ся)	
PRES. PASS.	приближа́емый	
PAST ACT.	приближа́вший (ся)	прибли́зивший (ся)
PAST PASS.		прибли́женный
VERBAL ADVERB	приближа́я (сь)	прибли́зив (шись)

приближа́ть кого – что к кому – чему

Выборы приближаются.	Elections are approaching.
Приблизьтесь . . . ближе . . . ближе.	Come closer . . . closer . . . closer.
Таким образом мы приблизим начало распада.	In this way we will hasten the beginning of the collapse.

	IMPERFECTIVE ASPECT	PERFECTIVE ASPECT
INF.	привлека́ть	привле́чь
PRES.	привлека́ю привлека́ешь привлека́ет привлека́ем привлека́ете привлека́ют	
PAST	привлека́л привлека́ла привлека́ло привлека́ли	привлёк привлекла́ привлекло́ привлекли́
FUT.	бу́ду привлека́ть бу́дешь привлека́ть бу́дет привлека́ть бу́дем привлека́ть бу́дете привлека́ть бу́дут привлека́ть	привлеку́ привлечёшь привлечёт привлечём привлечёте привлеку́т
COND.	привлека́л бы привлека́ла бы привлека́ло бы привлека́ли бы	привлёк бы привлекла́ бы привлекло́ бы привлекли́ бы
IMP.	привлека́й привлека́йте	привлеки́ привлеки́те
	DEVERBALS	
PRES. ACT.	привлека́ющий	
PRES. PASS.	привлека́емый	
PAST ACT.	привлека́вший	привлёкший
PAST PASS.		привлечённый привлечён, привлечена́
VERBAL ADVERB	привлека́я	привлёкши

привлека́ть кого – что к чему

Новая реклама привлекает внимание туристов.	The new ad is attracting the attention of tourists.
Рембрандт привлек миллионы людей.	Rembrandt attracted millions of people.
Всех соберем и привлечем к работе.	We'll gather everyone and enlist them in work.

П

приводи́ть / привести́
to bring, lead in

	IMPERFECTIVE ASPECT	PERFECTIVE ASPECT
INF.	приводи́ть	привести́
PRES.	привожу́ приво́дишь приво́дит приво́дим приво́дите приво́дят	
PAST	приводи́л приводи́ла приводи́ло приводи́ли	привёл привела́ привело́ привели́
FUT.	бу́ду приводи́ть бу́дешь приводи́ть бу́дет приводи́ть бу́дем приводи́ть бу́дете приводи́ть бу́дут приводи́ть	приведу́ приведёшь приведёт приведём приведёте приведу́т
COND.	приводи́л бы приводи́ла бы приводи́ло бы приводи́ли бы	привёл бы привела́ бы привело́ бы привели́ бы
IMP.	приводи́ приводи́те	приведи́ приведи́те
	DEVERBALS	
PRES. ACT.	приводя́щий	
PRES. PASS.	приводи́мый	
PAST ACT.	приводи́вший	приве́дший
PAST PASS.		приведённый приведён, приведена́
VERBAL ADVERB	приводя́	приведя́

приводи́ть кого – что во что, к чему

Приводите к нам детей. — Bring the children to us.

Картина привела директора Эрмитажа в восторг. — The painting delighted the director of the Hermitage.

Я приведу к вам новых клиентов. — I will bring new clients to you.

	IMPERFECTIVE ASPECT	PERFECTIVE ASPECT
INF.	привози́ть	привезти́
PRES.	привожу́ приво́зишь приво́зит приво́зим приво́зите приво́зят	
PAST	привози́л привози́ла привози́ло привози́ли	привёз привезла́ привезло́ привезли́
FUT.	бу́ду привози́ть бу́дешь привози́ть бу́дет привози́ть бу́дем привози́ть бу́дете привози́ть бу́дут привози́ть	привезу́ привезёшь привезёт привезём привезёте привезу́т
COND.	привози́л бы привози́ла бы привози́ло бы привози́ли бы	привёз бы привезла́ бы привезло́ бы привезли́ бы
IMP.	привози́ привози́те	привези́ привези́те
	DEVERBALS	
PRES. ACT.	привозя́щий	
PRES. PASS.	привоси́мый	
PAST ACT.	привози́вший	привёзший
PAST PASS.		привезённый привезён, привезена́
VERBAL ADVERB	привозя́	привезя́

привози́ть что

Туристы все чаще привозят новые инфекции.	Tourists are bringing in new infections more and more frequently.
Наша команда привезет кубок.	Our team will bring the cup.
Привезите, пожалуйста, новые фильмы из Москвы.	Please bring some new films from Moscow.

П

привыка́ть / привы́кнуть

to get used to, accustomed

	IMPERFECTIVE ASPECT	PERFECTIVE ASPECT
INF.	привыка́ть	привы́кнуть
PRES.	привыка́ю	
	привыка́ешь	
	привыка́ет	
	привыка́ем	
	привыка́ете	
	привыка́ют	
PAST	привыка́л	привы́к
	привыка́ла	привы́кла
	привыка́ло	привы́кло
	привыка́ли	привы́кли
FUT.	бу́ду привыка́ть	привы́кну
	бу́дешь привыка́ть	привы́кнешь
	бу́дет привыка́ть	привы́кнет
	бу́дем привыка́ть	привы́кнем
	бу́дете привыка́ть	привы́кнете
	бу́дут привыка́ть	привы́кнут
COND.	привыка́л бы	привы́к бы
	привыка́ла бы	привы́кла бы
	привыка́ло бы	привы́кло бы
	привыка́ли бы	привы́кли бы
IMP.	привыка́й	привы́кни
	привыка́йте	привы́кните
	DEVERBALS	
PRES. ACT.	привыка́ющий	
PRES. PASS.		
PAST ACT.	привыка́вший	привы́кший
PAST PASS.		
VERBAL ADVERB	привыка́я	привы́кнув

привыка́ть к кому – чему, + infinitive

Привыкаем к зимнему времени.	We are getting accustomed to wintry weather.
Мы привыкли к шокирующим цифрам.	We grew accustomed to shocking numbers.
Мы к нему привыкнем.	We will get used to him.

	IMPERFECTIVE ASPECT	PERFECTIVE ASPECT
INF.	приглаша́ть	пригласи́ть
PRES.	приглаша́ю приглаша́ешь приглаша́ет приглаша́ем приглаша́ете приглаша́ют	
PAST	приглаша́л приглаша́ла приглаша́ло приглаша́ли	пригласи́л пригласи́ла пригласи́ло пригласи́ли
FUT.	бу́ду приглаша́ть бу́дешь приглаша́ть бу́дет приглаша́ть бу́дем приглаша́ть бу́дете приглаша́ть бу́дут приглаша́ть	приглашу́ пригласи́шь пригласи́т пригласи́м пригласи́те приглася́т
COND.	приглаша́л бы приглаша́ла бы приглаша́ло бы приглаша́ли бы	пригласи́л бы пригласи́ла бы пригласи́ло бы пригласи́ли бы
IMP.	приглаша́й приглаша́йте	пригласи́ пригласи́те
	DEVERBALS	
PRES. ACT.	приглаша́ющий	
PRES. PASS.	приглаша́емый	
PAST ACT.	приглаша́вший	пригласи́вший
PAST PASS.		приглашённый приглашён, приглашена́
VERBAL ADVERB	приглаша́я	пригласи́в

приглаша́ть кого – что на что

Приглашают на работу.	Job applications are invited.
Наша гостиница пригласит в новые номера.	Our hotel will invite you into new rooms.
На Кремлевскую елку приглашены самые талантливые дети.	The most talented children were invited to the Kremlin holiday tree.

приговáривать / приговори́ть
to sentence, condemn

	IMPERFECTIVE ASPECT	PERFECTIVE ASPECT
INF.	приговáривать	приговори́ть
PRES.	приговáриваю приговáриваешь приговáривает приговáриваем приговáриваете приговáривают	
PAST	приговáривал приговáривала приговáривало приговáривали	приговори́л приговори́ла приговори́ло приговори́ли
FUT.	бу́ду приговáривать бу́дешь приговáривать бу́дет приговáривать бу́дем приговáривать бу́дете приговáривать бу́дут приговáривать	приговорю́ приговори́шь приговори́т приговори́м приговори́те приговоря́т
COND.	приговáривал бы приговáривала бы приговáривало бы приговáривали бы	приговори́л бы приговори́ла бы приговори́ло бы приговори́ли бы
IMP.	приговáривай приговáривайте	приговори́ приговори́те
	DEVERBALS	
PRES. ACT.	приговáривающий	
PRES. PASS.	приговáриваемый	
PAST ACT.	приговáривавший	приговори́вший
PAST PASS.		приговорённый приговорён, приговоренá
VERBAL ADVERB	приговáривая	приговори́в

приговáривать кого – что к чему

Суд приговаривает фирму к денежному штрафу.	The court is sentencing the firm to a monetary fine.
Его приговорили к трем годам.	He was sentenced to three years.
Остальные приговорены к долгим срокам.	The others were sentenced to long terms.

приготовля́ть (ся) / пригото́вить (ся)

to prepare, make ready, cook (prepare oneself)

	IMPERFECTIVE ASPECT	PERFECTIVE ASPECT
INF.	приготовля́ть (ся)	пригото́вить (ся)
PRES.	приготовля́ю (сь) приготовля́ешь (ся) приготовля́ет (ся) приготовля́ем (ся) приготовля́ете (сь) приготовля́ют (ся)	
PAST	приготовля́л (ся) приготовля́ла (сь) приготовля́ло (сь) приготовля́ли (сь)	пригото́вил (ся) пригото́вила (сь) пригото́вило (сь) пригото́вили (сь)
FUT.	бу́ду приготовля́ть (ся) бу́дешь приготовля́ть (ся) бу́дет приготовля́ть (ся) бу́дем приготовля́ть (ся) бу́дете приготовля́ть (ся) бу́дут приготовля́ть (ся)	пригото́влю (сь) пригото́вишь (ся) пригото́вит (ся) пригото́вим (ся) пригото́вите (сь) пригото́вят (ся)
COND.	приготовля́л (ся) бы приготовля́ла (сь) бы приготовля́ло (сь) бы приготовля́ли (сь) бы	пригото́вил (ся) бы пригото́вила (сь) бы пригото́вило (сь) бы пригото́вили (сь) бы
IMP.	приготовля́й (ся) приготовля́йте (сь)	пригото́вь (ся) пригото́вьте (сь)
	DEVERBALS	
PRES. ACT.	приготовля́ющий (ся)	
PRES. PASS.	приготовля́емый	
PAST ACT.	приготовля́вший (ся)	пригото́вивший (ся)
PAST PASS.		пригото́вленный
VERBAL ADVERB	приготовля́я (сь)	пригото́вив (шись)

приготовля́ть что
Another verbal pair is **пригота́вливать (ся) / пригото́вить (ся)**

Как можно приготовлять вкусную кашу. — How to prepare delicious porridge.
Они уже приготовились к визиту. — They have already prepared for the visit.
Приготовьте носовые платки, на экраны выходит очень грустная мелодрама. — Get your handkerchiefs ready; a really sad melodrama is coming to movie screens.

приду́мывать (ся) / приду́мать (ся)
to think up, invent

	IMPERFECTIVE ASPECT	PERFECTIVE ASPECT
INF.	приду́мывать (ся)	приду́мать (ся)
PRES.	приду́мываю приду́мываешь приду́мывает (ся) приду́мываем приду́мываете приду́мывают (ся)	
PAST	приду́мывал (ся) приду́мывала (сь) приду́мывало (сь) приду́мывали (сь)	приду́мал (ся) приду́мала (сь) приду́мало (сь) приду́мали (сь)
FUT.	бу́ду приду́мывать бу́дешь приду́мывать бу́дет приду́мывать (ся) бу́дем приду́мывать бу́дете приду́мывать бу́дут приду́мывать (ся)	приду́маю приду́маешь приду́мает (ся) приду́маем приду́маете приду́мают (ся)
COND.	приду́мывал (ся) бы приду́мывала (сь) бы приду́мывало (сь) бы приду́мывали (сь) бы	приду́мал (ся) бы приду́мала (сь) бы приду́мало (сь) бы приду́мали (сь) бы
IMP.	приду́мывай приду́мывайте	приду́май приду́майте
	DEVERBALS	
PRES. ACT.	приду́мывающий (ся)	
PRES. PASS.	приду́мываемый	
PAST ACT.	приду́мывавший (ся)	приду́мавший (ся)
PAST PASS.		приду́манный
VERBAL ADVERB	приду́мывая (сь)	приду́мав (шись)

приду́мывать что

Я придумываю сказки.	I make up fairy tales.
Придумался анекдот.	A joke was made up.
Придумайте название к картинке.	Think up a name for the painting.

приезжа́ть / прие́хать
to arrive by vehicle, come

	IMPERFECTIVE ASPECT	PERFECTIVE ASPECT
INF.	приезжа́ть	прие́хать
PRES.	приезжа́ю приезжа́ешь приезжа́ет приезжа́ем приезжа́ете приезжа́ют	
PAST	приезжа́л приезжа́ла приезжа́ло приезжа́ли	прие́хал прие́хала прие́хало прие́хали
FUT.	бу́ду приезжа́ть бу́дешь приезжа́ть бу́дет приезжа́ть бу́дем приезжа́ть бу́дете приезжа́ть бу́дут приезжа́ть	прие́ду прие́дешь прие́дет прие́дем прие́дете прие́дут
COND.	приезжа́л бы приезжа́ла бы приезжа́ло бы приезжа́ли бы	прие́хал бы прие́хала бы прие́хало бы прие́хали бы
IMP.	приезжа́й приезжа́йте	
	DEVERBALS	
PRES. ACT.	приезжа́ющий	
PRES. PASS.		
PAST ACT.	приезжа́вший	прие́хавший
PAST PASS.		
VERBAL ADVERB	приезжа́я	прие́хав

Мы купили дачу на Черном море и приезжаем туда даже зимой. — We purchased a vacation home on the Black Sea and go there even in winter.
К нам приехали родственники. — Our relatives came to visit.
Приезжайте отдыхать в Крым. — Come to the Crimea to vacation.

П

приземля́ть (ся) / приземли́ть (ся)

to land (come in for landing, touch down)

	IMPERFECTIVE ASPECT	PERFECTIVE ASPECT
INF.	приземля́ть (ся)	приземли́ть (ся)
PRES.	приземля́ю (сь) приземля́ешь (ся) приземля́ет (ся) приземля́ем (ся) приземля́ете (сь) приземля́ют (ся)	
PAST	приземля́л (ся) приземля́ла (сь) приземля́ло (сь) приземля́ли (сь)	приземли́л (ся) приземли́ла (сь) приземли́ло (сь) приземли́ли (сь)
FUT.	бу́ду приземля́ть (ся) бу́дешь приземля́ть (ся) бу́дет приземля́ть (ся) бу́дем приземля́ть (ся) бу́дете приземля́ть (ся) бу́дут приземля́ть (ся)	приземлю́ (сь) приземли́шь (ся) приземли́т (ся) приземли́м (ся) приземли́те (сь) приземля́т (ся)
COND.	приземля́л (ся) бы приземля́ла (сь) бы приземля́ло (сь) бы приземля́ли (сь) бы	приземли́л (ся) бы приземли́ла (сь) бы приземли́ло (сь) бы приземли́ли (сь) бы
IMP.	приземля́й (ся) приземля́йте (сь)	приземли́ (сь) приземли́те (сь)
	DEVERBALS	
PRES. ACT.	приземля́ющий (ся)	
PRES. PASS.	приземля́емый	
PAST ACT.	приземля́вший (ся)	приземли́вший (ся)
PAST PASS.		приземлённый приземлён, приземлена́
VERBAL ADVERB	приземля́я (сь)	приземли́в (шись)

приземля́ть что

Через пять часов приземляемся в Иркутске. — In five hours we are landing in Irkutsk.

Я не знал, где нас приземлят. — I didn't know where they would get us to land.

Как только мы приземлимся, мы вам позвоним. — As soon as we land, we'll call you.

признава́ть (ся) / призна́ть (ся)
to recognize, admit (confess)

	IMPERFECTIVE ASPECT	PERFECTIVE ASPECT
INF.	признава́ть (ся)	призна́ть (ся)
PRES.	признаю́ (сь) признаёшь (ся) признаёт (ся) признаём (ся) признаёте (сь) признаю́т (ся)	
PAST	признава́л (ся) признава́ла (сь) признава́ло (сь) признава́ли (сь)	призна́л (ся) призна́ла (сь) призна́ло (сь) призна́ли (сь)
FUT.	бу́ду признава́ть (ся) бу́дешь признава́ть (ся) бу́дет признава́ть (ся) бу́дем признава́ть (ся) бу́дете признава́ть (ся) бу́дут признава́ть (ся)	призна́ю (сь) призна́ешь (ся) призна́ет (ся) призна́ем (ся) призна́ете (сь) призна́ют (ся)
COND.	признава́л (ся) бы признава́ла (сь) бы признава́ло (сь) бы признава́ли (сь) бы	призна́л (ся) бы призна́ла (сь) бы призна́ло (сь) бы призна́ли (сь) бы
IMP.	признава́й (ся) признава́йте (сь)	призна́й (ся) призна́йте (сь)
	DEVERBALS	
PRES. ACT.	признаю́щий (ся)	
PRES. PASS.	признава́емый	
PAST ACT.	признава́вший (ся)	призна́вший (ся)
PAST PASS.		призна́нный
VERBAL ADVERB	признава́я (сь)	призна́в (шись)

признава́ть кого – что кем – чем, в ком – чём; признава́ться кому – чему в чём

Признавайте свои ошибки.	Admit your mistakes.
Сколько раз вам признавались в любви?	How many times have people said they loved you?
Профессор признался в шпионаже.	The professor confessed to espionage.

П

прика́зывать / приказа́ть
to order, command, give orders

	IMPERFECTIVE ASPECT	PERFECTIVE ASPECT
INF.	прика́зывать	приказа́ть
PRES.	прика́зываю прика́зываешь прика́зывает прика́зываем прика́зываете прика́зывают	
PAST	прика́зывал прика́зывала прика́зывало прика́зывали	приказа́л приказа́ла приказа́ло приказа́ли
FUT.	бу́ду прика́зывать бу́дешь прика́зывать бу́дет прика́зывать бу́дем прика́зывать бу́дете прика́зывать бу́дут прика́зывать	прикажу́ прика́жешь прика́жет прика́жем прика́жете прика́жут
COND.	прика́зывал бы прика́зывала бы прика́зывало бы прика́зывали бы	приказа́л бы приказа́ла бы приказа́ло бы приказа́ли бы
IMP.	прика́зывай прика́зывайте	прикажи́ прикажи́те
	DEVERBALS	
PRES. ACT.	прика́зывающий	
PRES. PASS.	прика́зываемый	
PAST ACT.	прика́зывавший	приказа́вший
PAST PASS.		прика́занный
VERBAL ADVERB	прика́зывая	приказа́в

прика́зывать кому – чему, + infinitive

Что ты ему приказываешь?	What are you ordering him to do?
Фирме приказали снизить тарифы.	The company was ordered to lower the rates.
Туристам было приказано покинуть город.	The tourists were ordered to leave the city.

прилета́ть / прилете́ть

to fly in, arrive by air

	IMPERFECTIVE ASPECT	PERFECTIVE ASPECT
INF.	прилета́ть	прилете́ть
PRES.	прилета́ю прилета́ешь прилета́ет прилета́ем прилета́ете прилета́ют	
PAST	прилета́л прилета́ла прилета́ло прилета́ли	прилете́л прилете́ла прилете́ло прилете́ли
FUT.	бу́ду прилета́ть бу́дешь прилета́ть бу́дет прилета́ть бу́дем прилета́ть бу́дете прилета́ть бу́дут прилета́ть	прилечу́ прилети́шь прилети́т прилети́м прилети́те прилетя́т
COND.	прилета́л бы прилета́ла бы прилета́ло бы прилета́ли бы	прилете́л бы прилете́ла бы прилете́ло бы прилете́ли бы
IMP.	прилета́й прилета́йте	прилети́ прилети́те
	DEVERBALS	
PRES. ACT.	прилета́ющий	
PRES. PASS.		
PAST ACT.	прилета́вший	прилете́вший
PAST PASS.		
VERBAL ADVERB	прилета́я	прилете́в

П

Самолеты из США прилетят в Москву с опозданием на четыре часа. — Flights from the U.S. will arrive in Moscow four hours late.

Я к тебе прилечу. — I will fly to you.

Американские сенаторы прилетели в Сирию для обсуждении. — American senators flew into Syria for discussions.

принадлежа́ть
to belong [to]

	IMPERFECTIVE ASPECT	PERFECTIVE ASPECT
INF.	принадлежа́ть	
PRES.	принадлежу́ принадлежи́шь принадлежи́т принадлежи́м принадлежи́те принадлежа́т	
PAST	принадлежа́л принадлежа́ла принадлежа́ло принадлежа́ли	
FUT.	бу́ду принадлежа́ть бу́дешь принадлежа́ть бу́дет принадлежа́ть бу́дем принадлежа́ть бу́дете принадлежа́ть бу́дут принадлежа́ть	
COND.	принадлежа́л бы принадлежа́ла бы принадлежа́ло бы принадлежа́ли бы	
IMP.	принадлежи́ принадлежи́те	
	DEVERBALS	
PRES. ACT.	принадлежа́щий	
PRES. PASS.		
PAST ACT.	принадлежа́вший	
PAST PASS.		
VERBAL ADVERB	принадлежа́	

принадлежа́ть кому – чему, к чему

Все права принадлежат Русскому Музею.	All rights belong to the Russian Museum.
Я принадлежу к рабочему классу.	I'm a member of the working class.
Мы принадлежим к мировому рынку.	We belong to the global market.

принима́ть (ся) / приня́ть (ся)

to take, accept, receive, admit

	IMPERFECTIVE ASPECT	PERFECTIVE ASPECT
INF.	принима́ть (ся)	приня́ть (ся)
PRES.	принима́ю (сь) принима́ешь (ся) принима́ет (ся) принима́ем (ся) принима́ете (сь) принима́ют (ся)	
PAST	принима́л (ся) принима́ла (сь) принима́ло (сь) принима́ли (сь)	при́нял – принялся́ приняла́ (сь) при́няло – приняло́сь при́няли – приняли́сь
FUT.	бу́ду принима́ть (ся) бу́дешь принима́ть (ся) бу́дет принима́ть (ся) бу́дем принима́ть (ся) бу́дете принима́ть (ся) бу́дут принима́ть (ся)	приму́ (сь) при́мешь (ся) при́мет (ся) при́мем (ся) при́мете (сь) при́мут (ся)
COND.	принима́л (ся) бы принима́ла (сь) бы принима́ло (сь) бы принима́ли (сь) бы	при́нял – принялся́ бы приняла́ (сь) бы при́няло – приняло́сь бы при́няли – приняли́сь бы
IMP.	принима́й (ся) принима́йте (сь)	прими́ (сь) прими́те (сь)
	DEVERBALS	
PRES. ACT.	принима́ющий (ся)	
PRES. PASS.	принима́емый	
PAST ACT.	принима́вший (ся)	приня́вший (ся)
PAST PASS.		при́нятый при́нят, принята́, при́нято
VERBAL ADVERB	принима́я (сь)	приня́в (шись)

принима́ть кого – что во что; принима́ться за что, за кого

Принимаю любую критику и пожелания.	I accept any criticism and wishes.
Совет Безопасности ООН единогласно принял резолюцию.	The U.N. Security Council unanimously passed the resolution.
Автор принялся за мемуары.	The author started working on his memoirs.

приноси́ть / принести́
to bring, carry to

	IMPERFECTIVE ASPECT	PERFECTIVE ASPECT
INF.	приноси́ть	принести́
PRES.	приношу́ прино́сишь прино́сит прино́сим прино́сите прино́сят	
PAST	приноси́л приноси́ла приноси́ло приноси́ли	принёс принесла́ принесло́ принесли́
FUT.	бу́ду приноси́ть бу́дешь приноси́ть бу́дет приноси́ть бу́дем приноси́ть бу́дете приноси́ть бу́дут приноси́ть	принесу́ принесёшь принесёт принесём принесёте принесу́т
COND.	приноси́л бы приноси́ла бы приноси́ло бы приноси́ли бы	принёс бы принесла́ бы принесло́ бы принесли́ бы
IMP.	приноси́ приноси́те	принеси́ принеси́те
	DEVERBALS	
PRES. ACT.	принося́щий	
PRES. PASS.	приноси́мый	
PAST ACT.	приноси́вший	принёсший
PAST PASS.		принесённый принесён, принесена́
VERBAL ADVERB	принося́	принеся́

приноси́ть кого – что

Почему новый проект не приносит прибыли?	Why isn't the new project making a profit?
Дед Мороз принес нам дорогой подарок.	Father Frost brought us an expensive gift.
Мы принесем уют в ваш дом.	We will bring comfort to your home.

	IMPERFECTIVE ASPECT	PERFECTIVE ASPECT
INF.	присылáть	прислáть
PRES.	присылáю присылáешь присылáет присылáем присылáете присылáют	
PAST	присылáл присылáла присылáло присылáли	прислáл прислáла прислáло прислáли
FUT.	бýду присылáть бýдешь присылáть бýдет присылáть бýдем присылáть бýдете присылáть бýдут присылáть	пришлю́ пришлёшь пришлёт пришлём пришлёте пришлю́т
COND.	присылáл бы присылáла бы присылáло бы присылáли бы	прислáл бы прислáла бы прислáло бы прислáли бы
IMP.	присылáй присылáйте	пришли́ пришли́те
	DEVERBALS	
PRES. ACT.	присылáющий	
PRES. PASS.	присылáемый	
PAST ACT.	присылáвший	прислáвший
PAST PASS.		при́сланный
VERBAL ADVERB	присылáя	прислáв

присылáть кого – что

Спасибо за то что присылаете.	Thank you for what you are sending.
Пришлите нам ваше мнение о нас.	Send us your opinion of us.
Уже присланы первые четыре работы.	The first four works were already sent.

приходи́ть (ся) / прийти́ (сь)
to arrive on foot, come to (fit, suit, have to)

	IMPERFECTIVE ASPECT	PERFECTIVE ASPECT
INF.	приходи́ть (ся)	прийти́ (сь)
PRES.	прихожу́ (сь) прихо́дишь (ся) прихо́дит (ся) прихо́дим (ся) прихо́дите (сь) прихо́дят (ся)	
PAST	приходи́л (ся) приходи́ла (сь) приходи́ло (сь) приходи́ли (сь)	пришёл (ся) пришла́ (сь) пришло́ (сь) пришли́ (сь)
FUT.	бу́ду приходи́ть (ся) бу́дешь приходи́ть (ся) бу́дет приходи́ть (ся) бу́дем приходи́ть (ся) бу́дете приходи́ть (ся) бу́дут приходи́ть (ся)	приду́ (сь) придёшь (ся) придёт (ся) придём (ся) придёте (сь) приду́т (ся)
COND.	приходи́л (ся) бы приходи́ла (сь) бы приходи́ло (сь) бы приходи́ли (сь) бы	пришёл (ся) бы пришла́ (сь) бы пришло́ (сь) бы пришли́ (сь) бы
IMP.	приходи́ (сь) приходи́те (сь)	приди́ (сь) приди́те (сь)
	DEVERBALS	
PRES. ACT.	приходя́щий (ся)	
PRES. PASS.		
PAST ACT.	приходи́вший (ся)	прише́дший (ся)
PAST PASS.		
VERBAL ADVERB	приходя́ (сь)	придя́ (сь)

приходи́ть во / на что; приходи́ться по чему, кому, во / на что

приходи́ть (ся) / прийти́ (сь)

Examples

Приходи на меня посмотреть.
Come look at me.

Вам никогда не приходила в голову такая мысль?
Has such a thought never entered your head?

Стороны придут к компромиссу.
The sides will arrive at a compromise.

Новый год пришёл в Россию.
The New Year arrived in Russia.

Участникам приходится пересмотреть стратегию.
The participants have to re-examine their strategy.

Ему пришлось продать акции.
He had to sell his shares.

Зима понемногу приходит в себя.
Winter is slowly coming around.

На съемках приходится быть жестокой.
In filming, you have to be harsh.

Иностранним рабочим придется сдавать экзамен.
Foreign workers will have to take an exam.

Words and expressions related to this verb

Весна пришла — на все пошла.

Не придёт память под старость.

Она пришла в возраст.

приход

пришествие

прихожий

пробега́ть / пробежа́ть

to run across, through

	IMPERFECTIVE ASPECT	PERFECTIVE ASPECT
INF.	пробега́ть	пробежа́ть
PRES.	пробега́ю пробега́ешь пробега́ет пробега́ем пробега́ете пробега́ют	
PAST	пробега́л пробега́ла пробега́ло пробега́ли	пробежа́л пробежа́ла пробежа́ло пробежа́ли
FUT.	бу́ду пробега́ть бу́дешь пробега́ть бу́дет пробега́ть бу́дем пробега́ть бу́дете пробега́ть бу́дут пробега́ть	пробегу́ пробежи́шь пробежи́т пробежи́м пробежи́те пробегу́т
COND.	пробега́л бы пробега́ла бы пробега́ло бы пробега́ли бы	пробежа́л бы пробежа́ла бы пробежа́ло бы пробежа́ли бы
IMP.	пробега́й пробега́йте	пробеги́ пробеги́те
	DEVERBALS	
PRES. ACT.	пробега́ющий	
PRES. PASS.		
PAST ACT.	пробега́вший	пробежа́вший
PAST PASS.		
VERBAL ADVERB	пробега́я	пробежа́в

Таким образом мы пробегаем по списку методов. — In this way, we are running through a list of methods.

Спортсмены пробежали марафон в Бостоне. — The athletes ran in the Boston Marathon.

Студенты пробегут пять километров. — The students will run five kilometers.

про́бовать / попро́бовать

to try, taste, sample

	IMPERFECTIVE ASPECT	PERFECTIVE ASPECT
INF.	про́бовать	попро́бовать
PRES.	про́бую про́буешь про́бует про́буем про́буете про́буют	
PAST	про́бовал про́бовала про́бовало про́бовали	попро́бовал попро́бовала попро́бовало попро́бовали
FUT.	бу́ду про́бовать бу́дешь про́бовать бу́дет про́бовать бу́дем про́бовать бу́дете про́бовать бу́дут про́бовать	попро́бую попро́буешь попро́бует попро́буем попро́буете попро́буют
COND.	про́бовал бы про́бовала бы про́бовало бы про́бовали бы	попро́бовал бы попро́бовала бы попро́бовало бы попро́бовали бы
IMP.	про́буй про́буйте	попро́буй попро́буйте
	DEVERBALS	
PRES. ACT.	про́бующий	
PRES. PASS.	про́буемый	
PAST ACT.	про́бовавший	попро́бовавший
PAST PASS.		попро́бованный
VERBAL ADVERB	про́буя	попро́бовав

про́бовать что

Я пробую создать оригинальные картины. — I am trying to create original paintings.
Мы мороженое уже попробовали. — We already tried the ice cream.
Попробуйте технологии будущего раньше всех. — Try out the technologies of the future before anyone else.

прове́ря́ть / прове́рить
to check, verify

	IMPERFECTIVE ASPECT	PERFECTIVE ASPECT
INF.	проверя́ть	прове́рить
PRES.	проверя́ю проверя́ешь проверя́ет проверя́ем проверя́ете проверя́ют	
PAST	проверя́л проверя́ла проверя́ло проверя́ли	прове́рил прове́рила прове́рило прове́рили
FUT.	бу́ду проверя́ть бу́дешь проверя́ть бу́дет проверя́ть бу́дем проверя́ть бу́дете проверя́ть бу́дут проверя́ть	прове́рю прове́ришь прове́рит прове́рим прове́рите прове́рят
COND.	проверя́л бы проверя́ла бы проверя́ло бы проверя́ли бы	прове́рил бы прове́рила бы прове́рило бы прове́рили бы
IMP.	проверя́й проверя́йте	прове́рь прове́рьте
	DEVERBALS	
PRES. ACT.	проверя́ющий	
PRES. PASS.	проверя́емый	
PAST ACT.	проверя́вший	прове́ривший
PAST PASS.		прове́ренный
VERBAL ADVERB	проверя́я	прове́рив

проверя́ть кого – что

Я обычно проверяю текст за ошибки.
Проверь свои знания о революции.
Общежитие проверили на пожарную безопасность.

I usually check a text for errors.
Test your knowledge of the revolution.
They inspected the dormitory for fire safety.

проводи́ть / провести́

to conduct, guide, lead past, spend time

	IMPERFECTIVE ASPECT	PERFECTIVE ASPECT
INF.	проводи́ть	провести́
PRES.	провожу́ прово́дишь прово́дит прово́дим прово́дите прово́дят	
PAST	проводи́л проводи́ла проводи́ло проводи́ли	провёл провела́ провело́ провели́
FUT.	бу́ду проводи́ть бу́дешь проводи́ть бу́дет проводи́ть бу́дем проводи́ть бу́дете проводи́ть бу́дут проводи́ть	проведу́ проведёшь проведёт проведём проведёте проведу́т
COND.	проводи́л бы проводи́ла бы проводи́ло бы проводи́ли бы	провёл бы провела́ бы провело́ бы провели́ бы
IMP.	проводи́ проводи́те	проведи́ проведи́те
	DEVERBALS	
PRES. ACT.	проводя́щий	
PRES. PASS.	проводи́мый	
PAST ACT.	проводи́вший	прове́дший
PAST PASS.		проведённый проведён, проведена́
VERBAL ADVERB	проводя́	проведя́

проводи́ть кого – что мимо кого – чего

Президенты проводят переговоры в Лондоне.	The presidents are conducting talks in London.
Весело провели время.	They spent the time enjoyably.
Как вы проведете будущий год?	How will you spend the next year?

провожа́ть / проводи́ть

to see off, accompany

	IMPERFECTIVE ASPECT	PERFECTIVE ASPECT
INF.	провожа́ть	проводи́ть
PRES.	провожа́ю провожа́ешь провожа́ет провожа́ем провожа́ете провожа́ют	
PAST	провожа́л провожа́ла провожа́ло провожа́ли	проводи́л проводи́ла проводи́ло проводи́ли
FUT.	бу́ду провожа́ть бу́дешь провожа́ть бу́дет провожа́ть бу́дем провожа́ть бу́дете провожа́ть бу́дут провожа́ть	провожу́ прово́дишь прово́дит прово́дим прово́дите прово́дят
COND.	провожа́л бы провожа́ла бы провожа́ло бы провожа́ли бы	проводи́л бы проводи́ла бы проводи́ло бы проводи́ли бы
IMP.	провожа́й провожа́йте	проводи́ проводи́те
	DEVERBALS	
PRES. ACT.	провожа́ющий	
PRES. PASS.	провожа́емый	
PAST ACT.	провожа́вший	проводи́вший
PAST PASS.		
VERBAL ADVERB	провожа́я	проводи́в

провожа́ть кого – что

Провожаем старый год и готовимся к новому.	We are seeing out the old year and preparing for the new one.
Ее провожали с цветами и подарками.	They accompanied her with flowers and gifts.
Проводите зиму, и весна придет.	See out the winter, and spring will come.

продава́ть (ся) / прода́ть (ся)

to sell, sell off (betray, defect)

	IMPERFECTIVE ASPECT	PERFECTIVE ASPECT
INF.	продава́ть (ся)	прода́ть
PRES.	продаю (сь) продаёшь (ся) продаёт (ся) продаём (ся) продаёте (сь) продают (ся)	
PAST	продава́л (ся) продава́ла (сь) продава́ло (сь) продава́ли (сь)	про́дал – прода́лся продала́ (сь) про́дало – продало́сь про́дали – продали́сь
FUT.	бу́ду продава́ть (ся) бу́дешь продава́ть (ся) бу́дет продава́ть (ся) бу́дем продава́ть (ся) бу́дете продава́ть (ся) бу́дут продава́ть (ся)	прода́м (ся) прода́шь (ся) прода́ст (ся) продади́м (ся) продади́те (сь) продаду́т (ся)
COND.	продава́л (ся) бы продава́ла (сь) бы продава́ло (сь) бы продава́ли (сь) бы	про́дал – прода́лся бы продала́ (сь) бы про́дало – продало́сь бы про́дали – продали́сь бы
IMP.	продава́й (ся) продава́йте (сь)	прода́й (ся) прода́йте (сь)
	DEVERBALS	
PRES. ACT.	продаю́щий (ся)	
PRES. PASS.	продава́емый	
PAST ACT.	продава́вший (ся)	прода́вший (ся)
PAST PASS.		про́данный, про́дан, продана́, про́дано
VERBAL ADVERB	продава́я (сь)	прода́в (шись)

продава́ть кого – что; продава́ться кому – чему

Продаем бассейны.	We sell pools.
Я никогда никому не продавался.	I never sold out to anyone.
К концу августа фирма продаст миллион дисков.	By the end of August the firm will have sold a million discs.

продолжа́ть (ся) / продо́лжить (ся)
to continue, extend

	IMPERFECTIVE ASPECT	PERFECTIVE ASPECT
INF.	продолжа́ть (ся)	продо́лжить (ся)
PRES.	продолжа́ю продолжа́ешь продолжа́ет (ся) продолжа́ем продолжа́ете продолжа́ют (ся)	
PAST	продолжа́л (ся) продолжа́ла (сь) продолжа́ло (сь) продолжа́ли (сь)	продо́лжил (ся) продо́лжила (сь) продо́лжило (сь) продо́лжили (сь)
FUT.	бу́ду продолжа́ть бу́дешь продолжа́ть бу́дет продолжа́ть (ся) бу́дем продолжа́ть бу́дете продолжа́ть бу́дут продолжа́ть (ся)	продолжу́ продо́лжишь продо́лжит (ся) продо́лжим продо́лжите продо́лжат (ся)
COND.	продолжа́л (ся) бы продолжа́ла (сь) бы продолжа́ло (сь) бы продолжа́ли (сь) бы	продо́лжил (ся) бы продо́лжила (сь) бы продо́лжило (сь) бы продо́лжили (сь) бы
IMP.	продолжа́й продолжа́йте	продо́лжи продо́лжите
	DEVERBALS	
PRES. ACT.	продолжа́ющий (ся)	
PRES. PASS.	продолжа́емый	
PAST ACT.	продолжа́вший (ся)	продо́лживший (ся)
PAST PASS.		продо́лженный
VERBAL ADVERB	продолжа́я (сь)	продо́лжив (шись)

продолжа́ть что

AN ESSENTIAL 55 VERB

AN ESSENTIAL 55 VERB

продолжа́ть (ся) / продо́лжить (ся)

Examples

Продолжаю выполнять долг солдата.
I continue to carry out my duty as a soldier.

Хочу знать, где продолжу карьеру.
I want to know where I will continue my career.

Стороны продолжат переговоры завтра.
The sides will continue the negotiations tomorrow.

Стачка продолжается.
The strike continues.

Сотрудничество будет продолжено.
Cooperation will be continued.

Мы будем продолжать работу.
We will continue our work.

Мы продолжаем чувствовать себя молодой группой.
We continue to consider ourselves a young group.

Марш продолжался менее часа.
The march continued for less than an hour.

Продолжите стих, пожалуйста.
Please continue the poem.

Words and expressions related to this verb

Он продолжает путь свой.

Работа продолжается.

Давайте продолжим.

Продолжая разговор.

продолжение

продолжительный

продолжительность

проезжа́ть / прое́хать
to pass, ride by, ride through

	IMPERFECTIVE ASPECT	PERFECTIVE ASPECT
INF.	проезжа́ть	прое́хать
PRES.	проезжа́ю проезжа́ешь проезжа́ет проезжа́ем проезжа́ете проезжа́ют	
PAST	проезжа́л проезжа́ла проезжа́ло проезжа́ли	прое́хал прое́хала прое́хало прое́хали
FUT.	бу́ду проезжа́ть бу́дешь проезжа́ть бу́дет проезжа́ть бу́дем проезжа́ть бу́дете проезжа́ть бу́дут проезжа́ть	прое́ду прое́дешь прое́дет прое́дем прое́дете прое́дут
COND.	проезжа́л бы проезжа́ла бы проезжа́ло бы проезжа́ли бы	прое́хал бы прое́хала бы прое́хало бы прое́хали бы
IMP.	проезжа́й проезжа́йте	
	DEVERBALS	
PRES. ACT.	проезжа́ющий	
PRES. PASS.	проезжа́емый	
PAST ACT.	проезжа́вший	прое́хавший
PAST PASS.		
VERBAL ADVERB	проезжа́я	прое́хав

проезжа́ть что, мимо кого – чего

Мы проезжаем по городу.	We are driving around town.
Жених и невеста проехали мимо ЗАГСа.	The bride and groom drove past the marriage registry office.
Чем быстрее машина, тем дальше проедем.	The faster the car, the farther we will go.

	IMPERFECTIVE ASPECT	PERFECTIVE ASPECT
INF.	прожива́ть	прожи́ть
PRES.	прожива́ю прожива́ешь прожива́ет прожива́ем прожива́ете прожива́ют	
PAST	прожива́л прожива́ла прожива́ло прожива́ли	про́жил прожи́ла про́жило про́жили
FUT.	бу́ду прожива́ть бу́дешь прожива́ть бу́дет прожива́ть бу́дем прожива́ть бу́дете прожива́ть бу́дут прожива́ть	проживу́ проживёшь проживёт проживём проживёте проживу́т
COND.	прожива́л бы прожива́ла бы прожива́ло бы прожива́ли бы	про́жил бы про́жила бы про́жило бы про́жили бы
IMP.	прожива́й прожива́йте	проживи́ проживи́те
	DEVERBALS	
PRES. ACT.	прожива́ющий	
PRES. PASS.	прожива́емый	
PAST ACT.	прожива́вший	прожи́вший
PAST PASS.		про́жи́тый про́жи́т, прожита́, про́жи́то
VERBAL ADVERB	прожива́я	прожи́в

прожива́ть что

В городе проживают тысячи иностранцев.	Thousands of foreigners live in the city.
Жизнь еще не прожита.	Life has not been lived out yet.
Она прожила 116 лет.	She lived 116 years.

П

пройгрывать / проигра́ть
to lose

	IMPERFECTIVE ASPECT	PERFECTIVE ASPECT
INF.	прои́грывать	проигра́ть
PRES.	прои́грываю прои́грываешь прои́грывает прои́грываем прои́грываете прои́грывают	
PAST	прои́грывал прои́грывала прои́грывало прои́грывали	проигра́л проигра́ла проигра́ло проигра́ли
FUT.	бу́ду прои́грывать бу́дешь прои́грывать бу́дет прои́грывать бу́дем прои́грывать бу́дете прои́грывать бу́дут прои́грывать	проигра́ю проигра́ешь проигра́ет проигра́ем проигра́ете проигра́ют
COND.	прои́грывал бы прои́грывала бы прои́грывало бы прои́грывали бы	проигра́л бы проигра́ла бы проигра́ло бы проигра́ли бы
IMP.	прои́грывай прои́грывайте	проигра́й проигра́йте
	DEVERBALS	
PRES. ACT.	прои́грывающий	
PRES. PASS.	прои́грываемый	
PAST ACT.	прои́грывавший	проигра́вший
PAST PASS.		проигра́нный
VERBAL ADVERB	прои́грывая	проигра́в

прои́грывать кому что
прои́грываться ***to gamble away all one's money***

Как победить, если кажется что проигрываешь?	How do you win if it seems you are losing?
Баскетболисты проиграли финал.	The basketball players lost the final.
Он проигрался в карты.	He lost all his money at cards.

производ́ить / произвест́и

to produce, make, carry out, execute

	IMPERFECTIVE ASPECT	PERFECTIVE ASPECT
INF.	производ́ить	произвест́и
PRES.	произвожу́ произво́дишь произво́дит произво́дим произво́дите произво́дят	
PAST	производ́ил производ́ила производ́ило производ́или	произвёл произвела́ произвело́ произвел́и
FUT.	бу́ду производ́ить бу́дешь производ́ить бу́дет производ́ить бу́дем производ́ить бу́дете производ́ить бу́дут производ́ить	произведу́ произведёшь произведёт произведём произведёте произведу́т
COND.	производ́ил бы производ́ила бы производ́ило бы производ́или бы	произвёл бы произвела́ бы произвело́ бы произвел́и бы
IMP.	производ́и производ́ите	произвед́и произвед́ите
	DEVERBALS	
PRES. ACT.	производя́щий	
PRES. PASS.	производ́имый	
PAST ACT.	производ́ивший	произве́дший
PAST PASS.		произведённый произведён, произведена́
VERBAL ADVERB	производя́	произведя́

производ́ить кого – что
производ́ить кого во кто ***to promote to the rank of***

Как производят вакцины? How do they produce vaccines?
Музыканта произвели в рыцари. The musician was elevated to knighthood.
Оформите заказ и произведите оплату. Fill out an order and make payment.

П

произноси́ть / произнести́

to pronounce, utter

	IMPERFECTIVE ASPECT	PERFECTIVE ASPECT
INF.	произноси́ть	произнести́
PRES.	произношу́ произно́сишь произно́сит произно́сим произно́сите произно́сят	
PAST	произноси́л произноси́ла произноси́ло произноси́ли	произнёс произнесла́ произнесло́ произнесли́
FUT.	бу́ду произноси́ть бу́дешь произноси́ть бу́дет произноси́ть бу́дем произноси́ть бу́дете произноси́ть бу́дут произноси́ть	произнесу́ произнесёшь произнесёт произнесём произнесёте произнесу́т
COND.	произноси́л бы произноси́ла бы произноси́ло бы произноси́ли бы	произнёс бы произнесла́ бы произнесло́ бы произнесли́ бы
IMP.	произноси́ произноси́те	произнеси́ произнеси́те
	DEVERBALS	
PRES. ACT.	произнося́щий	
PRES. PASS.	произноси́мый	
PAST ACT.	произноси́вший	произнёсший
PAST PASS.		произнесённый произнесён, произнесена́
VERBAL ADVERB	произнося́	произнеся́

произноси́ть что

Что делать если ребенок плохо произносит слова?	What should be done if a child pronounces words poorly?
Какой бы тост вы произнесли перед учителями?	What toast would you raise to teachers?
Как произносится?	How is it pronounced?

	IMPERFECTIVE ASPECT	PERFECTIVE ASPECT
INF.	происходи́ть	произойти́
PRES.	происхо́дит происхо́дят	
PAST	происходи́л происходи́ла происходи́ло происходи́ли	произошёл произошла́ произошло́ произошли́
FUT.	бу́дет происходи́ть бу́дут происходи́ть	произойдёт произойду́т
COND.	происходи́л бы происходи́ла бы происходи́ло бы происходи́ли бы	произошёл бы произошла́ бы произошло́ бы произошли́ бы
IMP.		
	DEVERBALS	
PRES. ACT.	происходя́щий	
PRES. PASS.		
PAST ACT.	происходи́вший	происше́дший
PAST PASS.		
VERBAL ADVERB	происходя́	произойдя́

происходи́ть от кого – чего

Что сейчас происходит в Чернобыле?	What is going on in Chernobyl now?
От кого произошли эволюционисты?	From whom did the evolutionists spring?
В селе возможно произойдет наводнение.	A flood might occur in the village.

пропада́ть / пропа́сть
to be missing, disappear, be done for

	IMPERFECTIVE ASPECT	PERFECTIVE ASPECT
INF.	пропада́ть	пропа́сть
PRES.	пропада́ю пропада́ешь пропада́ет пропада́ем пропада́ете пропада́ют	
PAST	пропада́л пропада́ла пропада́ло пропада́ли	пропа́л пропа́ла пропа́ло пропа́ли
FUT.	бу́ду пропада́ть бу́дешь пропада́ть бу́дет пропада́ть бу́дем пропада́ть бу́дете пропада́ть бу́дут пропада́ть	пропаду́ пропадёшь пропадёт пропадём пропадёте пропаду́т
COND.	пропада́л бы пропада́ла бы пропада́ло бы пропада́ли бы	пропа́л бы пропа́ла бы пропа́ло бы пропа́ли бы
IMP.	пропада́й пропада́йте	пропади́ пропади́те
	DEVERBALS	
PRES. ACT.	пропада́ющий	
PRES. PASS.		
PAST ACT.	пропада́вший	пропа́вший
PAST PASS.		
VERBAL ADVERB	пропада́я	пропа́в

Вернитесь и больше не пропадайте. — Come back and don't get lost anymore.

Газеты пропадут с прилавок. — The newspapers will disappear from the counters.

Пропала собака. Пинчер. Мальчик. — Lost dog. Pinscher. Male.

	IMPERFECTIVE ASPECT	PERFECTIVE ASPECT
INF.	пропуска́ть	пропусти́ть
PRES.	пропуска́ю пропуска́ешь пропуска́ет пропуска́ем пропуска́ете пропуска́ют	
PAST	пропуска́л пропуска́ла пропуска́ло пропуска́ли	пропусти́л пропусти́ла пропусти́ло пропусти́ли
FUT.	бу́ду пропуска́ть бу́дешь пропуска́ть бу́дет пропуска́ть бу́дем пропуска́ть бу́дете пропуска́ть бу́дут пропуска́ть	пропущу́ пропу́стишь пропу́стит пропу́стим пропу́стите пропу́стят
COND.	пропуска́л бы пропуска́ла бы пропуска́ло бы пропуска́ли бы	пропусти́л бы пропусти́ла бы пропусти́ло бы пропусти́ли бы
IMP.	пропуска́й пропуска́йте	пропусти́ пропусти́те
	DEVERBALS	
PRES. ACT.	пропуска́ющий	
PRES. PASS.	пропуска́емый	
PAST ACT.	пропуска́вший	пропусти́вший
PAST PASS.		пропу́щенный
VERBAL ADVERB	пропуска́я	пропусти́в

пропуска́ть кого – что

Как пешеход, я всегда пропускаю сумашедших водителей.	As a pedestrian, I always let crazy drivers pass.
Не пропустите Праздник Красоты.	Don’t miss Beauty Day.
Таможники пропустили наши автобусы.	The customs officials let our buses pass.

проси́ть (ся) / попроси́ть (ся)
to ask, request, invite

	IMPERFECTIVE ASPECT	PERFECTIVE ASPECT
INF.	проси́ть (ся)	попроси́ть (ся)
PRES.	прошу́ (сь) про́сишь (ся) про́сит (ся) про́сим (ся) про́сите (сь) про́сят (ся)	
PAST	проси́л (ся) проси́ла (сь) проси́ло (сь) проси́ли (сь)	попроси́л (ся) попроси́ла (сь) попроси́ло (сь) попроси́ли (сь)
FUT.	бу́ду проси́ть (ся) бу́дешь проси́ть (ся) бу́дет проси́ть (ся) бу́дем проси́ть (ся) бу́дете проси́ть (ся) бу́дут проси́ть (ся)	попрошу́ (сь) попро́сишь (ся) попро́сит (ся) попро́сим (ся) попро́сите (сь) попро́сят (ся)
COND.	проси́л (ся) бы проси́ла (сь) бы проси́ло (сь) бы проси́ли (сь) бы	попроси́л (ся) бы попроси́ла (сь) бы попроси́ло (сь) бы попроси́ли (сь) бы
IMP.	проси́ (сь) проси́те (сь)	попроси́ (сь) попроси́те (сь)
	DEVERBALS	
PRES. ACT.	прося́щий (ся)	
PRES. PASS.	проси́мый	
PAST ACT.	проси́вший (ся)	попроси́вший (ся)
PAST PASS.	про́шенный	попро́шенный
VERBAL ADVERB	прося́	попроси́в (шись)

проси́ть кого – что о ком – чём, на что, + infinitive
к столу ***to the table***

проси́ть (ся) / попроси́ть (ся)

Examples

Прошу слова.
I would like to say something.

Их просили уйти.
They were asked to leave.

Попросите ее перезвонить вам.
Ask her to call you back.

Аудитория просится играть.
The audience is asked to play.

Никого не прося на помощи, я вернулся домой.
Without asking anyone for help, I returned home.

Прости меня, что полюбил я тебя.
Forgive me for having fallen in love with you.

Я прошу ссылки на литературу.
I am asking for links to literature.

Мы попросим поддержку у депутатов.
We will ask for the support of the deputies.

Государство попросилось на выход.
The government was asked to resign.

Words and expressions related to this verb

Простите.

Прошу вас.

Не проси у богатого.

Просим к столу.

Прошу прощения.

просьба

проситель

простужáть (ся) / простуди́ть (ся)
to let catch a cold, get cold, let cool (catch a cold)

	IMPERFECTIVE ASPECT	PERFECTIVE ASPECT
INF.	простужáть (ся)	простуди́ть (ся)
PRES.	простужáю (сь) простужáешь (ся) простужáет (ся) простужáем (ся) простужáете (сь) простужáют (ся)	
PAST	простужáл (ся) простужáла (сь) простужáло (сь) простужáли (сь)	простуди́л (ся) простуди́ла (сь) простуди́ло (сь) простуди́ли (сь)
FUT.	бýду простужáть (ся) бýдешь простужáть (ся) бýдет простужáть (ся) бýдем простужáть (ся) бýдете простужáть (ся) бýдут простужáть (ся)	простужý (сь) простýдишь (ся) простýдит (ся) простýдим (ся) простýдите (сь) простýдят (ся)
COND.	простужáл (ся) бы простужáла (сь) бы простужáло (сь) бы простужáли (сь) бы	простуди́л (ся) бы простуди́ла (сь) бы простуди́ло (сь) бы простуди́ли (сь) бы
IMP.	простужáй (ся) простужáйте (сь)	простуди́ (сь) простуди́те (сь)
	DEVERBALS	
PRES. ACT.	простужáющий (ся)	
PRES. PASS.	простужáемый	
PAST ACT.	простужáвший (ся)	простуди́вший (ся)
PAST PASS.		простýженный
VERBAL ADVERB	простужáя (сь)	простуди́в (шись)

простужáть кого – что

Я постоянно простужаюсь на работе.	I get colds on the job all the time.
С наступлением холодов я сильно простудилась.	With the arrival of cold weather, I caught a bad cold.
Сутки не топили, и простудили комнаты.	They didn't heat for days, and the rooms got cold.

просыпа́ться / просну́ться

to wake up, awake

	IMPERFECTIVE ASPECT	PERFECTIVE ASPECT
INF.	просыпа́ться	просну́ться
PRES.	просыпа́юсь просыпа́ешься просыпа́ется просыпа́емся просыпа́етесь просыпа́ются	
PAST	просыпа́лся просыпа́лась просыпа́лось просыпа́лись	просну́лся просну́лась просну́лось просну́лись
FUT.	бу́ду просыпа́ться бу́дешь просыпа́ться бу́дет просыпа́ться бу́дем просыпа́ться бу́дете просыпа́ться бу́дут просыпа́ться	просну́сь проснёшься проснётся проснёмся проснётесь просну́тся
COND.	просыпа́лся бы просыпа́лась бы просыпа́лось бы просыпа́лись бы	просну́лся бы просну́лась бы просну́лось бы просну́лись бы
IMP.	просыпа́йся просыпа́йтесь	просни́сь просни́тесь

DEVERBALS

PRES. ACT.	просыпа́ющийся	
PRES. PASS.		
PAST ACT.	просыпа́вшийся	просну́вший (ся)
PAST PASS.		
VERBAL ADVERB	просыпа́ясь	просну́в (шись)

просыпа́ть / проспать что ***to sleep through something***
просыпа́ть (ся) / просы́пать (ся) ***to spill***

Город просыпается рано.	The city wakes up early.
Просыпайтесь с улыбкой.	Awake with a smile.
На Камчатке проснулся вулкан.	A volcano on Kamchatka has awoken.

П

проходи́ть / пройти́

to pass by, walk through

	IMPERFECTIVE ASPECT	PERFECTIVE ASPECT
INF.	проходи́ть	пройти́
PRES.	прохожу́ прохо́дишь прохо́дит прохо́дим прохо́дите прохо́дят	
PAST	проходи́л проходи́ла проходи́ло проходи́ли	прошёл прошла́ прошло́ прошли́
FUT.	бу́ду проходи́ть бу́дешь проходи́ть бу́дет проходи́ть бу́дем проходи́ть бу́дете проходи́ть бу́дут проходи́ть	пройду́ пройдёшь пройдёт пройдём пройдёте пройду́т
COND.	проходи́л бы проходи́ла бы проходи́ло бы проходи́ли бы	прошёл бы прошла́ бы прошло́ бы прошли́ бы
IMP.	проходи́ проходи́те	пройди́ пройди́те
	DEVERBALS	
PRES. ACT.	проходя́щий	
PRES. PASS.	проходи́мый	
PAST ACT.	проходи́вший	проше́дший
PAST PASS.		про́йденный
VERBAL ADVERB	проходя́	пройдя́

проходи́ть мимо кого – чего, что

Прохожу лерез мост.	I'm walking across the bridge.
Пройдите учение и получите подарок.	Get through your studies and receive a gift.
В Москве прошла мировая премьера новой оперы.	The world premiere of a new opera took place in Moscow.

прощáть (ся) / простúть (ся)

to forgive, pardon (say good-bye, bid farewell)

	IMPERFECTIVE ASPECT	PERFECTIVE ASPECT
INF.	прощáть (ся)	простúть (ся)
PRES.	прощáю (сь) прощáешь (ся) прощáет (ся) прощáем (ся) прощáете (сь) прощáют (ся)	
PAST	прощáл (ся) прощáла (сь) прощáло (сь) прощáли (сь)	простúл (ся) простúла (сь) простúло (сь) простúли (сь)
FUT.	бýду прощáть (ся) бýдешь прощáть (ся) бýдет прощáть (ся) бýдем прощáть (ся) бýдете прощáть (ся) бýдут прощáть (ся)	прощý (сь) простúшь (ся) простúт (ся) простúм (ся) простúте (сь) простя́т (ся)
COND.	прощáл (ся) бы прощáла (сь) бы прощáло (сь) бы прощáли (сь) бы	простúл (ся) бы простúла (сь) бы простúло (сь) бы простúли (сь) бы
IMP.	прощáй (ся) прощáйте (сь)	простú (сь) простúте (сь)
	DEVERBALS	
PRES. ACT.	прощáющий (ся)	
PRES. PASS.	прощáемый	
PAST ACT.	прощáвший (ся)	простúвший (ся)
PAST PASS.		прощённый прощён, прощенá
VERBAL ADVERB	прощáя (сь)	простúв (шись)

прощáть кого – что кому; прощáться с кем – чем

Кмо мне должен – я прощаю.	Whoever owes me, I forgive them.
Госсовет простился с старым годом.	The State Council bade farewell to the old year.
Простите нас.	Forgive us.

пры́гать / пры́гнуть
to jump, leap

	IMPERFECTIVE ASPECT	PERFECTIVE ASPECT
INF.	пры́гать	пры́гнуть
PRES.	пры́гаю	
	пры́гаешь	
	пры́гает	
	пры́гаем	
	пры́гаете	
	пры́гают	
PAST	пры́гал	пры́гнул
	пры́гала	пры́гнула
	пры́гало	пры́гнуло
	пры́гали	пры́гнули
FUT.	бу́ду пры́гать	пры́гну
	бу́дешь пры́гать	пры́гнешь
	бу́дет пры́гать	пры́гнет
	бу́дем пры́гать	пры́гнем
	бу́дете пры́гать	пры́гнете
	бу́дут пры́гать	пры́гнут
COND.	пры́гал бы	пры́гнул бы
	пры́гала бы	пры́гнула бы
	пры́гало бы	пры́гнуло бы
	пры́гали бы	пры́гнули бы
IMP.	пры́гай	пры́гни
	пры́гайте	пры́гните
	DEVERBALS	
PRES. ACT.	пры́гающий	
PRES. PASS.		
PAST ACT.	пры́гавший	пры́гнувший
PAST PASS.		
VERBAL ADVERB	пры́гая	пры́гнув

Прыгай, как можно выше.	Jump as high as you can.
А может ними прыгнем?	And maybe we'll jump with them?
Он прыгнул с самой высокой башни Азии.	He jumped from the highest tower in Asia.

пря́тать (ся) / спря́тать (ся)

to hide, conceal

	IMPERFECTIVE ASPECT	PERFECTIVE ASPECT
INF.	пря́тать (ся)	спря́тать (ся)
PRES.	пря́чу (сь) пря́чешь (ся) пря́чет (ся) пря́чем (ся) пря́чете (сь) пря́чут (ся)	
PAST	пря́тал (ся) пря́тала (сь) пря́тало (сь) пря́тали (сь)	спря́тал (ся) спря́тала (сь) спря́тало (сь) спря́тали (сь)
FUT.	бу́ду пря́тать (ся) бу́дешь пря́тать (ся) бу́дет пря́тать (ся) бу́дем пря́тать (ся) бу́дете пря́тать (ся) бу́дут пря́тать (ся)	спрячу (сь) спря́чешь (ся) спря́чет (ся) спря́чем (ся) спря́чете (сь) спря́чут (ся)
COND.	пря́тал (ся) бы пря́тала (сь) бы пря́тало (сь) бы пря́тали (сь) бы	спря́тал (ся) бы спря́тала (сь) бы спря́тало (сь) бы спря́тали (сь) бы
IMP.	пря́чь (ся) пря́чьте (сь)	спря́чь (ся) спря́чьте (сь)
	DEVERBALS	
PRES. ACT.	пря́чущий (ся)	
PRES. PASS.		
PAST ACT.	пря́тавший (ся)	спря́тавший (ся)
PAST PASS.		спря́танный
VERBAL ADVERB	пря́ча (сь)	спря́тав (шись)

пря́тать кого – что

Прячем его подарок под елкой. — Let's hide his gift under the tree.

Он спрятался за спину мамы. — He hid himself behind his mother's back.

Хотите похудеть? Спрячьте холодильник. — Want to lose weight? Hide the refrigerator.

пуга́ть (ся) / испуга́ть (ся)
to frighten, scare (be frightened, scared)

	IMPERFECTIVE ASPECT	PERFECTIVE ASPECT
INF.	пуга́ть (ся)	испуга́ть (ся)
PRES.	пуга́ю (сь) пуга́ешь (ся) пуга́ет (ся) пуга́ем (ся) пуга́ете (сь) пуга́ют (ся)	
PAST	пуга́л (ся) пуга́ла (сь) пуга́ло (сь) пуга́ли (сь)	испуга́л (ся) испуга́ла (сь) испуга́ло (сь) испуга́ли (сь)
FUT.	бу́ду пуга́ть (ся) бу́дешь пуга́ть (ся) бу́дет пуга́ть (ся) бу́дем пуга́ть (ся) бу́дете пуга́ть (ся) бу́дут пуга́ть (ся)	испуга́ю (сь) испуга́ешь (ся) испуга́ет (ся) испуга́ем (ся) испуга́ете (сь) испуга́ют (ся)
COND.	пуга́л (ся) бы пуга́ла (сь) бы пуга́ло (сь) бы пуга́ли (сь) бы	испуга́л (ся) бы испуга́ла (сь) бы испуга́ло (сь) бы испуга́ли (сь) бы
IMP.	пуга́й (ся) пуга́йте (сь)	испуга́й (ся) испуга́йте (сь)
	DEVERBALS	
PRES. ACT.	пуга́ющий (ся)	
PRES. PASS.	пуга́емый	
PAST ACT.	пуга́вший (ся)	испуга́вший (ся)
PAST PASS.	пуга́нный	испуга́нный
VERBAL ADVERB	пуга́я (сь)	испуга́в (шись)

пуга́ть кого – что; пуга́ть (ся) – чего

Мы никого не пугаем. — We frighten no one.
Не пугайтесь ультразвука. — Don’t be afraid of ultrasound.
Власти Москвы испугались нестандартных зданий. — The Moscow authorities were afraid of non-standard buildings.

путеше́ствовать

to travel, journey

	IMPERFECTIVE ASPECT	PERFECTIVE ASPECT
INF.	путеше́ствовать	
PRES.	путеше́ствую путеше́ствуешь путеше́ствует путеше́ствуем путеше́ствуете путеше́ствуют	
PAST	путеше́ствовал путеше́ствовала путеше́ствовало путеше́ствовали	
FUT.	бу́ду путеше́ствовать бу́дешь путеше́ствовать бу́дет путеше́ствовать бу́дем путеше́ствовать бу́дете путеше́ствовать бу́дут путеше́ствовать	
COND.	путеше́ствовал бы путеше́ствовала бы путеше́ствовало бы путеше́ствовали бы	
IMP.	путеше́ствуй путеше́ствуйте	
	DEVERBALS	
PRES. ACT.	путеше́ствующий	
PRES. PASS.		
PAST ACT.	путеше́ствовавший	
PAST PASS.		
VERBAL ADVERB	путеше́ствуя	

Путешествуем дешевле по Украине. — Let's travel cheaper around Ukraine.
Путешествуй вместе с нами. — Travel together with us.
Они путешествовали по всему миру. — They traveled around the world.

П

рабóтать / поработать

to work, run, function

	IMPERFECTIVE ASPECT	PERFECTIVE ASPECT
INF.	рабóтать	порабóтать
PRES.	рабóтаю	
	рабóтаешь	
	рабóтает	
	рабóтаем	
	рабóтаете	
	рабóтают	
PAST	рабóтал	порабóтал
	рабóтала	порабóтала
	рабóтало	порабóтало
	рабóтали	порабóтали
FUT.	бýду рабóтать	порабóтаю
	бýдешь рабóтать	порабóтаешь
	бýдет рабóтать	порабóтает
	бýдем рабóтать	порабóтаем
	бýдете рабóтать	порабóтаете
	бýдут рабóтать	порабóтают
COND.	рабóтал бы	порабóтал бы
	рабóтала бы	порабóтала бы
	рабóтало бы	порабóтало бы
	рабóтали бы	порабóтали бы
IMP.	рабóтай	порабóтай
	рабóтайте	порабóтайте
	DEVERBALS	
PRES. ACT.	рабóтающий	
PRES. PASS.		
PAST ACT.	рабóтавший	порабóтавший
PAST PASS.		
VERBAL ADVERB	рабóтая	порабóтав

рабóтать / поработать

Examples

Офис работает как часы.
The office runs like a clock.

Влера я работала Снегурочкой.
Yesterday I played the role of Snow Maiden.

Работайте с нами.
Work with us.

Закон должен поработать.
The law has to work.

Ничего не работает. Что делать?
Nothing works. What is to be done?

Хотите ли вы, проработав пять лет больше не работать?
How would you like, after working just five years, to never work again?

Кем же ты работаешь?
What do you work as?

Президент поработал на историю.
The president worked a bit on history.

Из сильного снега, не работал аэропорт в Денвере.
Due to heavy snow, the airport in Denver was not operating.

Words and expressions related to this verb

Лёжа не работают.

Одна забота — работай до пота.

Без хлеба не работать.

Чей хлеб ем, на того и работаю.

работа

рабочий

раб

рабский

ра́довать (ся) / обра́довать (ся)

to gladden, make happy (rejoice)

	IMPERFECTIVE ASPECT	PERFECTIVE ASPECT
INF.	ра́довать (ся)	обра́довать (ся)
PRES.	ра́дую (сь)	
	ра́дуешь (ся)	
	ра́дует (ся)	
	ра́дуем (ся)	
	ра́дуете (сь)	
	ра́дуют (ся)	
PAST	ра́довал (ся)	обра́довал (ся)
	ра́довала (сь)	обра́довала (сь)
	ра́довало (сь)	обра́довало (сь)
	ра́довали (сь)	обра́довали (сь)
FUT.	бу́ду ра́довать (ся)	обра́дую (сь)
	бу́дешь ра́довать (ся)	обра́дуешь (ся)
	бу́дет ра́довать (ся)	обра́дует (ся)
	бу́дем ра́довать (ся)	обра́дуем (ся)
	бу́дете ра́довать (ся)	обра́дуете (сь)
	бу́дут ра́довать (ся)	обра́дуют (ся)
COND.	ра́довал (ся) бы	обра́довал (ся) бы
	ра́довала (сь) бы	обра́довала (сь) бы
	ра́довало (сь) бы	обра́довало (сь) бы
	ра́довали (сь) бы	обра́довали (сь) бы
IMP.	ра́дуй (ся)	обра́дуй (ся)
	ра́дуйте (сь)	обра́дуйте (сь)
	DEVERBALS	
PRES. ACT.	ра́дующий (ся)	
PRES. PASS.	ра́дуемый	
PAST ACT.	ра́довавший (ся)	обра́довавший (ся)
PAST PASS.		обра́дованный
VERBAL ADVERB	ра́дуя (сь)	обра́довав (шись)

ра́довать кого – что; ра́доваться кому – чему

Реалити-шоу не радуют телезрителей.	Reality shows are not making viewers happy.
Мы радовались новым дорогам.	We were happy about the new roads.
Обрадуйтесь вашему малышу.	Make your little one happy.

	IMPERFECTIVE ASPECT	PERFECTIVE ASPECT
INF.	разбива́ть (ся)	разби́ть (ся)
PRES.	разбива́ю (сь) разбива́ешь (ся) разбива́ет (ся) разбива́ем (ся) разбива́ете (сь) разбива́ют (ся)	
PAST	разбива́л (ся) разбива́ла (сь) разбива́ло (сь) разбива́ли (сь)	разби́л (ся) разби́ла (сь) разби́ло (сь) разби́ли (сь)
FUT.	бу́ду разбива́ть (ся) бу́дешь разбива́ть (ся) бу́дет разбива́ть (ся) бу́дем разбива́ть (ся) бу́дете разбива́ть (ся) бу́дут разбива́ть (ся)	разобью́ (сь) разобьёшь (ся) разобьёт (ся) разобьём (ся) разобьёте (сь) разобью́т (ся)
COND.	разбива́л (ся) бы разбива́ла (сь) бы разбива́ло (сь) бы разбива́ли (сь) бы	разби́л (ся) бы разби́ла (сь) бы разби́ло (сь) бы разби́ли (сь) бы
IMP.	разбива́й (ся) разбива́йте (сь)	разбе́й (ся) разбе́йте (сь)
	DEVERBALS	
PRES. ACT.	разбива́ющий (ся)	
PRES. PASS.	разбива́емый	
PAST ACT.	разбива́вший (ся)	разби́вший (ся)
PAST PASS.		разби́тый
VERBAL ADVERB	разбива́я	разби́в (шись)

разбива́ть кого – что; разбива́ться обо что

Я разбиваю барьеры.	I smash barriers.
Даже благие социальные намерения разобьются о непрофессионализм власти.	Even good social intentions will be defeated by the unprofessionalism of the authorities.
Частный самолет разбился около школы.	A private airplane crashed near a school.

разводи́ть / развести́
to take around; separate, dissolve

	IMPERFECTIVE ASPECT	PERFECTIVE ASPECT
INF.	разводи́ть	развести́
PRES.	развожу́ разво́дишь разво́дит разво́дим разво́дите разво́дят	
PAST	разводи́л разводи́ла разводи́ло разводи́ли	развёл развела́ развело́ развели́
FUT.	бу́ду разводи́ть бу́дешь разводи́ть бу́дет разводи́ть бу́дем разводи́ть бу́дете разводи́ть бу́дут разводи́ть	разведу́ разведёшь разведёт разведём разведёте разведу́т
COND.	разводи́л бы разводи́ла бы разводи́ло бы разводи́ли бы	развёл бы развела́ бы развело́ бы развели́ бы
IMP.	разводи́ разводи́те	разведи́ разведи́те
	DEVERBALS	
PRES. ACT.	разводя́	
PRES. PASS.	разводи́мый	
PAST ACT.	разводи́вший	разве́дший
PAST PASS.		разведённый разведён, разведена́
VERBAL ADVERB	разводя́	разведя́

разводи́ть кого – что

Как меня разводили адвокаты! — How lawyers cheated me out of my money!

Пациентов разведут по разным кабинетам. — Patients will be taken to different examination rooms.

В Пскове развели посты. — Guards were posted in Pskov.

	IMPERFECTIVE ASPECT	PERFECTIVE ASPECT
INF.	разводи́ться	развести́сь
PRES.	развожу́сь разво́дишься разво́дится разво́димся разво́дитесь разво́дятся	
PAST	разводи́лся разводи́лась разводи́лось разводи́лись	развёлся развела́сь развело́сь развели́сь
FUT.	бу́ду разводи́ться бу́дешь разводи́ться бу́дет разводи́ться бу́дем разводи́ться бу́дете разводи́ться бу́дут разводи́ться	разведу́сь разведёшься разведётся разведемся разведётесь разведу́тся
COND.	разводи́лся бы разводи́лась бы разводи́лось бы разводи́лись бы	развёлся бы развела́сь бы развело́сь бы развели́сь бы
IMP.	разводи́сь разводи́тесь	разведи́сь разведи́тесь
	DEVERBALS	
PRES. ACT.	разводя́щийся	
PRES. PASS.		
PAST ACT.	разводи́вшийся	разве́дшийся
PAST PASS.		
VERBAL ADVERB	разводя́сь	разведя́сь

разводи́ться с кем

Я развожусь с мужем.	I am divorcing my husband.
В пруду разводили рыбу.	Fish were bred in the pond.
За шесть лет супруги женились и разводились пять раз.	Over six years, the spouses married and divorced five times.

P

разгова́ривать
to converse

	IMPERFECTIVE ASPECT	PERFECTIVE ASPECT
INF.	разгова́ривать	
PRES.	разгова́риваю разгова́риваешь разгова́ривает разгова́риваем разгова́риваете разгова́ривают	
PAST	разгова́ривал разгова́ривала разгова́ривало разгова́ривали	
FUT.	бу́ду разгова́ривать бу́дешь разгова́ривать бу́дет разгова́ривать бу́дем разгова́ривать бу́дете разгова́ривать бу́дут разгова́ривать	
COND.	разгова́ривал бы разгова́ривала бы разгова́ривало бы разгова́ривали бы	
IMP.	разгова́ривай разгова́ривайте	
	DEVERBALS	
PRES. ACT.	разгова́ривающий	
PRES. PASS.		
PAST ACT.	разгова́ривавший	
PAST PASS.		
VERBAL ADVERB	разгова́ривав	

Я с толпой не разговариваю.	I don’t converse with a crowd.
С кем вы разговаривали по телефону?	With whom were you talking on the telephone?
Мы будем разговаривать по всем вопросам.	We will have discussions on all the issues.

раздава́ть (ся) / разда́ть (ся)

to distribute, hand out (resound, be heard)

	IMPERFECTIVE ASPECT	PERFECTIVE ASPECT
INF.	раздава́ть (ся)	разда́ть
PRES.	раздаю́ раздаёшь раздаёт (ся) раздаём раздаёте раздаю́т (ся)	
PAST	раздава́л (ся) раздава́ла (сь) раздава́ло (сь) раздава́ли (сь)	разда́л (ся) раздала́ (сь) разда́ло – разда́ло́сь разда́ли – разда́ли́сь
FUT.	бу́ду раздава́ть бу́дешь раздава́ть бу́дет раздава́ть (ся) бу́дем раздава́ть бу́дете раздава́ть бу́дут раздава́ть (ся)	разда́м разда́шь разда́ст (ся) раздади́м раздади́те раздаду́т (ся)
COND.	раздава́л (ся) бы раздава́ла (сь) бы раздава́ло (сь) бы раздава́ли (сь) бы	разда́л (ся) бы раздала́ (сь) бы разда́ло – разда́ло́сь бы разда́ли – разда́ли́сь бы
IMP.	раздава́й раздава́йте	разда́й разда́йте
	DEVERBALS	
PRES. ACT.	раздаю́щий (ся)	
PRES. PASS.	раздава́емый	
PAST ACT.	раздава́вший (ся)	разда́вший(ся)
PAST PASS.		ро́зданный ро́здан, раздана́, ро́здано
VERBAL ADVERB	раздава́я (сь)	разда́в (шись)

раздава́ть кого – что кому – чему
Note the spelling of the past passive participial forms.

Спортсмены раздают комплименты.	The athletes are passing out compliments.
Из темноты раздался голос.	A voice resounded out of the darkness.
Когда в прихожей раздадутся шаги, я спрялусь.	When footsteps sound in the hallway, I'll hide.

раздева́ть (ся) / разде́ть (ся)

to undress, take off clothes

	IMPERFECTIVE ASPECT	PERFECTIVE ASPECT
INF.	раздева́ть (ся)	разде́ть (ся)
PRES.	раздева́ю (сь) раздева́ешь (ся) раздева́ет (ся) раздева́ем (ся) раздева́ете (сь) раздева́ют (ся)	
PAST	раздева́л (ся) раздева́ла (сь) раздева́ло (сь) раздева́ли (сь)	разде́л (ся) разде́ла (сь) разде́ло (сь) разде́ли (сь)
FUT.	бу́ду раздева́ть (ся) бу́дешь раздева́ть (ся) бу́дет раздева́ть (ся) бу́дем раздева́ть (ся) бу́дете раздева́ть (ся) бу́дут раздева́ть (ся)	разде́ну (сь) разде́нешь (ся) разде́нет (ся) разде́нем (ся) разде́нете (сь) разде́нут (ся)
COND.	раздева́л (ся) бы раздева́ла (сь) бы раздева́ло (сь) бы раздева́ли (сь) бы	разде́л (ся) бы разде́ла (сь) бы разде́ло (сь) бы разде́ли (сь) бы
IMP.	раздева́й (ся) раздева́йте (сь)	разде́нь (ся) разде́ньте (сь)
	DEVERBALS	
PRES. ACT.	раздева́ющий (ся)	
PRES. PASS.	раздева́емый	
PAST ACT.	раздева́вший (ся)	разде́вший (ся)
PAST PASS.		разде́тый
VERBAL ADVERB	раздева́я (сь)	разде́в (шись)

раздева́ть кого – что

Не раздевайте манекен.	Don't undress the mannequin.
Разделся до пояса.	He stripped to the waist.
Они разделись для календаря.	They stripped for the calendar.

разделя́ть (ся) / раздели́ть (ся)

to divide, separate, share (be divisible)

	IMPERFECTIVE ASPECT	PERFECTIVE ASPECT
INF.	разделя́ть (ся)	раздели́ть (ся)
PRES.	разделя́ю (сь) разделя́ешь (ся) разделя́ет (ся) разделя́ем (ся) разделя́ете (сь) разделя́ют (ся)	
PAST	разделя́л (ся) разделя́ла (сь) разделя́ло (сь) разделя́ли (сь)	раздели́л (ся) раздели́ла (сь) раздели́ло (сь) раздели́ли (сь)
FUT.	бу́ду разделя́ть (ся) бу́дешь разделя́ть (ся) бу́дет разделя́ть (ся) бу́дем разделя́ть (ся) бу́дете разделя́ть (ся) бу́дут разделя́ть (ся)	разделю́ (сь) разде́лишь (ся) разде́лит (ся) разде́лим (ся) разде́лите (сь) разде́лят (ся)
COND.	разделя́л (ся) бы разделя́ла (сь) бы разделя́ло (сь) бы разделя́ли (сь) бы	раздели́л (ся) бы раздели́ла (сь) бы раздели́ло (сь) бы раздели́ли (сь) бы
IMP.	разделя́й (ся) разделя́йте (сь)	раздели́ (сь) раздели́те (сь)
	DEVERBALS	
PRES. ACT.	разделя́ющий (ся)	
PRES. PASS.	разделя́емый	
PAST ACT.	разделя́вший (ся)	раздели́вший (ся)
PAST PASS.		разделённый разделён, разделена́
VERBAL ADVERB	разделя́я (сь)	раздели́в (шись)

разделя́ть кого – что

Я не разделяю такую точку зрения.	I do not share that point of view.
Мы разделим наших выпустников на две категории.	We will split our graduates into two categories.
Разделите наш успех.	Share our success.

P

разраба́тывать / разрабо́тать

to work out, exploit, develop

	IMPERFECTIVE ASPECT	PERFECTIVE ASPECT
INF.	разраба́тывать	разрабо́тать
PRES.	разраба́тываю разраба́тываешь разраба́тывает разраба́тываем разраба́тываете разраба́тывают	
PAST	разраба́тывал разраба́тывала разраба́тывало разраба́тывали	разрабо́тал разрабо́тала разрабо́тало разрабо́тали
FUT.	бу́ду разраба́тывать бу́дешь разраба́тывать бу́дет разраба́тывать бу́дем разраба́тывать бу́дете разраба́тывать бу́дут разраба́тывать	разрабо́таю разрабо́таешь разрабо́тает разрабо́таем разрабо́таете разрабо́тают
COND.	разраба́тывал бы разраба́тывала бы разраба́тывало бы разраба́тывали бы	разрабо́тал бы разрабо́тала бы разрабо́тало бы разрабо́тали бы
IMP.	разраба́тывай разраба́тывайте	разрабо́тай разрабо́тайте
	DEVERBALS	
PRES. ACT.	разраба́тывающий	
PRES. PASS.	разраба́тываемый	
PAST ACT.	разраба́тывавший	разрабо́тавший
PAST PASS.		разрабо́танный
VERBAL ADVERB	разраба́тывая	разрабо́тав

разраба́тывать что

Я разрабатываю интернет-магазин.	I am developing an Internet store.
Фирма разработала новую технологию.	The firm developed a new technology.
Разработаны первые электронные учебники по истории.	The very first electronic history textbooks have been developed.

	IMPERFECTIVE ASPECT	PERFECTIVE ASPECT
INF.	разреша́ть (ся)	разреши́ть (ся)
PRES.	разреша́ю разреша́ешь разреша́ет (ся) разреша́ем разреша́ете разреша́ют (ся)	
PAST	разреша́л (ся) разреша́ла (сь) разреша́ло (сь) разреша́ли (сь)	разреши́л (ся) разреши́ла (сь) разреши́ло (сь) разреши́ли (сь)
FUT.	бу́ду разреша́ть бу́дешь разреша́ть бу́дет разреша́ть (ся) бу́дем разреша́ть бу́дете разреша́ть бу́дут разреша́ть (ся)	разрешу́ разреши́шь разреши́т (ся) разреши́м разреши́те разреша́т (ся)
COND.	разреша́л (ся) бы разреша́ла (сь) бы разреша́ло (сь) бы разреша́ли (сь) бы	разреши́л (ся) бы разреши́ла (сь) бы разреши́ло (сь) бы разреши́ли (сь) бы
IMP.	разреша́й (ся) разреша́йте (сь)	разреши́ (сь) разреши́те (сь)
	DEVERBALS	
PRES. ACT.	разреша́ющий (ся)	
PRES. PASS.	разреша́емый	
PAST ACT.	разреша́вший (ся)	разреши́вший (ся)
PAST PASS.		разрешённый разрешён, разрешена́
VERBAL ADVERB	разреша́я (сь)	разреши́в (шись)

разреша́ть что

Мы не разрешаем нашей сестре выходить замуж за него.	We are not allowing our sister to marry him.
Мы разрешим наши проблемы мирным путем.	We will resolve our problems by peaceful means.
К Рождеству все разрешилось.	By Christmas all had been resolved.

разрушáть (ся) / разрýшить (ся)

to destroy, ruin, frustrate

	IMPERFECTIVE ASPECT	PERFECTIVE ASPECT
INF.	разрушáть (ся)	разрýшить (ся)
PRES.	разрушáю разрушáешь разрушáет (ся) разрушáем разрушáете разрушáют (ся)	
PAST	разрушáл (ся) разрушáла (сь) разрушáло (сь) разрушáли (сь)	разрýшил (ся) разрýшила (сь) разрýшило (сь) разрýшили (сь)
FUT.	бýду разрушáть бýдешь разрушáть бýдет разрушáть (ся) бýдем разрушáть бýдете разрушáть бýдут разрушáть (ся)	разрýшу разрýшишь разрýшит (ся) разрýшим разрýшите разрýшат (ся)
COND.	разрушáл (ся) бы разрушáла (сь) бы разрушáло (сь) бы разрушáли (сь) бы	разрýшил (ся) бы разрýшила (сь) бы разрýшило (сь) бы разрýшили (сь) бы
IMP.	разрушáй разрушáйте	разрýшь разрýшьте
	DEVERBALS	
PRES. ACT.	разрушáющий (ся)	
PRES. PASS.	разрушáемый	
PAST ACT.	разрушáвший (ся)	разрýшивший (ся)
PAST PASS.		разрýшенный
VERBAL ADVERB	разрушáя (сь)	разрýшив (шись)

разрушáть что

Разрушаем стереотипы.	We are destroying stereotypes.
Мир не разрушится без нас.	The world will not come to an end if we are not there.
Разрушите эту систему и вы разрушите общество.	If you destroy the system then you destroy society.

разрыва́ть (ся) / разорва́ть (ся)

to tear up, explode

	IMPERFECTIVE ASPECT	PERFECTIVE ASPECT
INF.	разрыва́ть (ся)	разорва́ть (ся)
PRES.	разрыва́ю разрыва́ешь разрыва́ет (ся) разрыва́ем разрыва́ете разрыва́ют (ся)	
PAST	разрыва́л (ся) разрыва́ла (сь) разрыва́ло (сь) разрыва́ли (сь)	разорва́л (ся) разорвала́ (сь) разорва́ло – разорва́ло́сь разорва́ли – разорва́ли́сь
FUT.	бу́ду разрыва́ть бу́дешь разрыва́ть бу́дет разрыва́ть (ся) бу́дем разрыва́ть бу́дете разрыва́ть бу́дут разрыва́ть (ся)	разорву́ разорвёшь разорвёт (ся) разорвём разорвёте разорву́т (ся)
COND.	разрыва́л (ся) бы разрыва́ла (сь) бы разрыва́ло (сь) бы разрыва́ли (сь) бы	разорва́л (ся) бы разорвала́ (сь) бы разорва́ло – разорва́ло́сь бы разорва́ли – разорва́ли́сь бы
IMP.	разрыва́й разрыва́йте	разорви́ разорви́те
	DEVERBALS	
PRES. ACT.	разрыва́ющий (ся)	
PRES. PASS.	разрыва́емый	
PAST ACT.	разрыва́вший (ся)	разорва́вший (ся)
PAST PASS.		разо́рванный
VERBAL ADVERB	разрыва́я (сь)	разорва́в (шись)

разрыва́ть кого – что

Никогда не разрывайте отношения с человеком.	Don't break off relations with a person.
Разорву пополам я тетради.	I'll tear the notebooks in half.
Это картина маленького человека с большим сердцем, которое разорвалось.	This is a picture of a small man with a big heart that was broken.

ра́нить / ра́нить

to wound, injure

	IMPERFECTIVE ASPECT	PERFECTIVE ASPECT
INF.	ра́нить	ра́нить
PRES.	ра́ню ра́нишь ра́нит ра́ним ра́ните ра́нят	
PAST	ра́нил ра́нила ра́нило ра́нили	ра́нил ра́нила ра́нило ра́нили
FUT.	бу́ду ра́нить бу́дешь ра́нить бу́дет ра́нить бу́дем ра́нить бу́дете ра́нить бу́дут ра́нить	ра́ню ра́нишь ра́нит ра́ним ра́ните ра́нят
COND.	ра́нил бы ра́нила бы ра́нило бы ра́нили бы	ра́нил бы ра́нила бы ра́нило бы ра́нили бы
IMP.	ра́нь ра́ньте	ра́нь ра́ньте
	DEVERBALS	
PRES. ACT.	ра́нящий	
PRES. PASS.	ра́нимый	
PAST ACT.	ра́нивший	ра́нивший
PAST PASS.		ра́ненный
VERBAL ADVERB	ра́ня	ра́нив

ра́нить кого – что
Ра́нить can be used in both the imperfective and the perfective aspects.
Another perfective form is **пора́нить.**

Боюсь, что раню любимого.	I am afraid that I'm hurting my beloved.
Боевики ранили двух солдат.	The fighters wounded two soldiers.
Моя мама сильно поранила ногу.	My mother injured her leg seriously.

	IMPERFECTIVE ASPECT	PERFECTIVE ASPECT
INF.	расска́зывать	рассказа́ть
PRES.	расска́зываю расска́зываешь расска́зывает расска́зываем расска́зываете расска́зывают	
PAST	расска́зывал расска́зывала расска́зывало расска́зывали	рассказа́л рассказа́ла рассказа́ло рассказа́ли
FUT.	бу́ду расска́зывать бу́дешь расска́зывать бу́дет расска́зывать бу́дем расска́зывать бу́дете расска́зывать бу́дут расска́зывать	расскажу́ расска́жешь расска́жет расска́жем расска́жете расска́жут
COND.	расска́зывал бы расска́зывала бы расска́зывало бы расска́зывали бы	рассказа́л бы рассказа́ла бы рассказа́ло бы рассказа́ли бы
IMP.	расска́зывай расска́зывайте	расскажи́ расскажи́те
	DEVERBALS	
PRES. ACT.	расска́зывающий	
PRES. PASS.	расска́зываемый	
PAST ACT.	расска́зывавший	рассказа́вший
PAST PASS.		расска́занный
VERBAL ADVERB	расска́зывая	рассказа́в

расска́зывать что

Кому и о чем ты рассказываешь? — To whom and about what are you going to speak?

Европейские спортсмены расскажут о здоровом образе жизни. — The European athletes will talk about a healthy lifestyle.

Много о нем написано и рассказано. — Much has been written and told about him.

рассма́тривать / рассмотре́ть
to examine, consider

	IMPERFECTIVE ASPECT	PERFECTIVE ASPECT
INF.	рассма́тривать	рассмотре́ть
PRES.	рассма́триваю рассма́триваешь рассма́тривает рассма́триваем рассма́триваете рассма́тривают	
PAST	рассма́тривал рассма́тривала рассма́тривало рассма́тривали	рассмотре́л рассмотре́ла рассмотре́ло рассмотре́ли
FUT.	бу́ду рассма́тривать бу́дешь рассма́тривать бу́дет рассма́тривать бу́дем рассма́тривать бу́дете рассма́тривать бу́дут рассма́тривать	рассмотрю́ рассмо́тришь рассмо́трит рассмо́трим рассмо́трите рассмо́трят
COND.	рассма́тривал бы рассма́тривала бы рассма́тривало бы рассма́тривали бы	рассмотре́л бы рассмотре́ла бы рассмотре́ло бы рассмотре́ли бы
IMP.	рассма́тривай рассма́тривайте	рассмотри́ рассмотри́те
	DEVERBALS	
PRES. ACT.	рассма́тривающий	
PRES. PASS.	рассма́триваемый	
PAST ACT.	рассма́тривавший	рассмотре́вший
PAST PASS.		рассмо́тренный
VERBAL ADVERB	рассма́тривая	рассмотре́в

рассма́тривать кого – что

Производители рассматривают возможность сотрудничества. — Producers are examining the possibility of cooperation.
Рассмотрите мою кандидатуру, пожалуйста. — Please consider my candidacy.
Дело будет рассмотрено вновь. — The matter will be examined again.

	IMPERFECTIVE ASPECT	PERFECTIVE ASPECT
INF.	расспра́шивать	расспроси́ть
PRES.	расспра́шиваю расспра́шиваешь расспра́шивает расспра́шиваем расспра́шиваете расспра́шивают	
PAST	расспра́шивал расспра́шивала расспра́шивало расспра́шивали	расспроси́л расспроси́ла расспроси́ло расспроси́ли
FUT.	бу́ду расспра́шивать бу́дешь расспра́шивать бу́дет расспра́шивать бу́дем расспра́шивать бу́дете расспра́шивать бу́дут расспра́шивать	расспрошу́ расспро́сишь расспро́сит расспро́сим расспро́сите расспро́сят
COND.	расспра́шивал бы расспра́шивала бы расспра́шивало бы расспра́шивали бы	расспроси́л бы расспроси́ла бы расспроси́ло бы расспроси́ли бы
IMP.	расспра́шивай расспра́шивайте	расспроси́ расспроси́те
	DEVERBALS	
PRES. ACT.	расспра́шивающий	
PRES. PASS.	расспра́шиваемый	
PAST ACT.	расспра́шивавший	расспроси́вший
PAST PASS.		расспро́шенный
VERBAL ADVERB	расспра́шивая	расспроси́в

расспра́шивать кого – что о ком – чём

Мы их не расспрашиваем.	We are not questioning them.
Россиян расспросили об Интернете.	Russians were surveyed about the Internet.
Расспросите об опыте отдельных сотрудников.	Ask about the experience of individual employees.

рассу́живать / рассуди́ть

to judge, decide, reason

	IMPERFECTIVE ASPECT	PERFECTIVE ASPECT
INF.	рассу́живать	рассуди́ть
PRES.	рассу́живаю рассу́живаешь рассу́живает рассу́живаем рассу́живаете рассу́живают	
PAST	рассу́живал рассу́живала рассу́живало рассу́живали	рассуди́л рассуди́ла рассуди́ло рассуди́ли
FUT.	бу́ду рассу́живать бу́дешь рассу́живать бу́дет рассу́живать бу́дем рассу́живать бу́дете рассу́живать бу́дут рассу́живать	рассужу́ рассу́дишь рассу́дит рассу́дим рассу́дите рассу́дят
COND.	рассу́живал бы рассу́живала бы рассу́живало бы рассу́живали бы	рассуди́л бы рассуди́ла бы рассуди́ло бы рассуди́ли бы
IMP.	рассу́живай рассу́живайте	рассуди́ рассуди́те
	DEVERBALS	
PRES. ACT.	рассу́живающий	
PRES. PASS.	рассу́живаемый	
PAST ACT.	рассу́живавший	рассуди́вший
PAST PASS.		рассу́женный
VERBAL ADVERB	рассу́живая	рассуди́в

рассу́живать кого – что

Я рассуживаю по справедливости.	I decide on the basis of fairness.
Тогда придите и мы рассудим.	Then come and we'll judge it.
Химиков рассудили.	The chemists were evaluated.

	IMPERFECTIVE ASPECT	PERFECTIVE ASPECT
INF.	расти́	вы́расти
PRES.	расту́	
	растёшь	
	растёт	
	растём	
	растёте	
	расту́т	
PAST	ро́с	вы́рос
	росла́	вы́росла
	росло́	вы́росло
	росли́	вы́росли
FUT.	бу́ду расти́	вы́расту
	бу́дешь расти́	вы́растешь
	бу́дет расти́	вы́растет
	бу́дем расти́	вы́растем
	бу́дете расти́	вы́растете
	бу́дут расти́	вы́растут
COND.	ро́с бы	вы́рос бы
	росла́ бы	вы́росла бы
	росло́ бы	вы́росло бы
	росли́ бы	вы́росли бы
IMP.	расти́	вы́расти
	расти́те	вы́растите
	DEVERBALS	
PRES. ACT.	расту́щий	
PRES. PASS.		
PAST ACT.	ро́сший	вы́росший
PAST PASS.		
VERBAL ADVERB	растя́	вы́росши

расти́ в кого – что из чего

Мама, я расту.	Mommy, I'm growing.
Я допускаю, что росла в теплице.	I assume that it grew in a greenhouse.
В России выросли цены на бензин.	The prices of gas in Russia have gone up.

P

расходи́ться / разойти́сь
to go away, break up, disperse, dissolve

	IMPERFECTIVE ASPECT	PERFECTIVE ASPECT
INF.	расходи́ться	разойти́сь
PRES.	расхожу́сь расхо́дишься расхо́дится расхо́димся расхо́дитесь расхо́дятся	
PAST	расходи́лся расходи́лась расходи́лось расходи́лись	разошёлся разошла́сь разошло́сь разошли́сь
FUT.	бу́ду расходи́ться бу́дешь расходи́ться бу́дет расходи́ться бу́дем расходи́ться бу́дете расходи́ться бу́дут расходи́ться	разойду́сь разойдёшься разойдётся разойдёмся разойдётесь разойду́тся
COND.	расходи́лся бы расходи́лась бы расходи́лось бы расходи́лись бы	разошёлся бы разошла́сь бы разошло́сь бы разошли́сь бы
IMP.	расходи́сь расходи́тесь	разойди́сь разойди́тесь
	DEVERBALS	
PRES. ACT.	расходя́щийся	
PRES. PASS.		
PAST ACT.	расходи́вшийся	разоше́дшийся
PAST PASS.		
VERBAL ADVERB	расходя́сь	разойдя́сь

расходи́ться с кем – чем

Я расхожусь в мнении с ним.	I disagree with him.
Пусть наши пути не разойдутся.	Let our paths not diverge.
Оппозиция разошлась по углам.	The opposition dispersed to the corners.

	IMPERFECTIVE ASPECT	PERFECTIVE ASPECT
INF.	рва́ть	порва́ть (ся)
PRES.	рву́ рвёшь рвёт (ся) рвём рвёте рву́т (ся)	
PAST	рва́л (ся) рвала́ (сь) рва́ло (сь) рва́ли (сь)	порва́л (ся) порвала́ (сь) порва́ло – порва́ло́сь порва́ли – порва́ли́сь
FUT.	бу́ду рва́ть бу́дешь рва́ть бу́дет рва́ть бу́дем рва́ть бу́дете рва́ть бу́дут рва́ть	порву́ порвёшь порвёт (ся) порвём порвёте порву́т (ся)
COND.	рва́л (ся) бы рвала́ (сь) бы рва́ло (сь) бы рва́ли (сь) бы	порва́л бы порвала́ бы порва́ло – порва́ло́сь бы порва́ли – порва́ли́сь бы
IMP.	рви́ рви́те	порви́ порви́те
	DEVERBALS	
PRES. ACT.	рву́щий (ся)	
PRES. PASS.		
PAST ACT.	рва́вший (ся)	порва́вший (ся)
PAST PASS.		по́рванный
VERBAL ADVERB	рва́в (шись)	порва́в (шись)

рва́ть что у кого, с кем – чем
Another imperfective verb with the identical meaning is **порыва́ть (ся).**

Зачем меня на части рвете?	Why are you tearing me to pieces?
У нее порвались колготки?	Did her pantyhose tear?
Не порвите старые фотографии.	Don't rip up old photos.

ре́зать / заре́зать
to cut, knife, slaughter

	IMPERFECTIVE ASPECT	PERFECTIVE ASPECT
INF.	ре́зать	заре́зать
PRES.	ре́жу ре́жешь ре́жет ре́жем ре́жете ре́жут	
PAST	ре́зал ре́зала ре́зало ре́зали	заре́зал заре́зала заре́зало заре́зали
FUT.	бу́ду ре́зать бу́дешь ре́зать бу́дет ре́зать бу́дем ре́зать бу́дете ре́зать бу́дут ре́зать	заре́жу заре́жешь заре́жет заре́жем заре́жете заре́жут
COND.	ре́зал бы ре́зала бы ре́зало бы ре́зали бы	заре́зал бы заре́зала бы заре́зало бы заре́зали бы
IMP.	ре́жь ре́жьте	заре́жь заре́жьте
	DEVERBALS	
PRES. ACT.	ре́жущий	
PRES. PASS.		
PAST ACT.	ре́завший	заре́завший
PAST PASS.	ре́занный	заре́занный
VERBAL ADVERB	ре́зав	заре́завши

ре́зать кого – что

Режьте лук без слез.	Cut onions without tears.
Бандиты едва не зарезали журналиста.	The bandits almost slaughtered the journalist.
После концерта были зарезаны двое молодых людей.	After the concert, two young males were stabbed.

	IMPERFECTIVE ASPECT	PERFECTIVE ASPECT
INF.	реша́ть (ся)	реши́ть (ся)
PRES.	реша́ю (сь) реша́ешь (ся) реша́ет (ся) реша́ем (ся) реша́ете (сь) реша́ют (ся)	
PAST	реша́л (ся) реша́ла (сь) реша́ло (сь) реша́ли (сь)	реши́л (ся) реши́ла (сь) реши́ло (сь) реши́ли (сь)
FUT.	бу́ду реша́ть (ся) бу́дешь реша́ть (ся) бу́дет реша́ть (ся) бу́дем реша́ть (ся) бу́дете реша́ть (ся) бу́дут реша́ть (ся)	решу́ (сь) реши́шь (ся) реши́т (ся) реши́м (ся) реши́те (сь) реша́т (ся)
COND.	реша́л (ся) бы реша́ла (сь) бы реша́ло (сь) бы реша́ли (сь) бы	реши́л (ся) бы реши́ла (сь) бы реши́ло (сь) бы реши́ли (сь) бы
IMP.	реша́й (ся) реша́йте (сь)	реши́ (сь) реши́те (сь)
	DEVERBALS	
PRES. ACT.	реша́ющий (ся)	
PRES. PASS.	реша́емый	
PAST ACT.	реша́вший (ся)	реши́вший (ся)
PAST PASS.		решённый решён, решена́
VERBAL ADVERB	реша́я (сь)	реши́в (шись)

реша́ть что, + infinitive
реша́ться на что, + infinitive

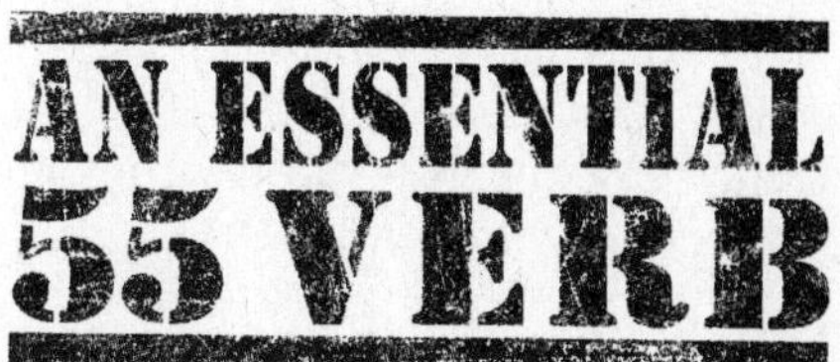

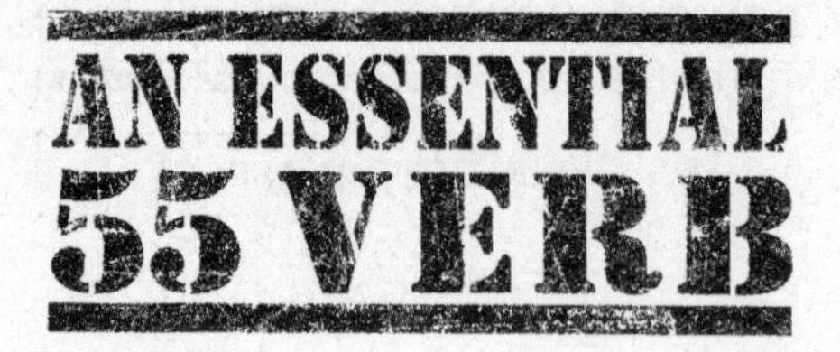

реша́ть (ся) / реши́ть (ся)

Examples

Их судьба решалась в Кремле.
Their fate was being decided in the Kremlin.

Решите для себя.
Decide for yourself.

Жду, пока решится вопрос моего участия.
I am waiting for the question of my participation to be resolved.

Решено снести здание.
It has been decided to raze the building.

Вопрос сложный но решаемый.
It's a difficult question, but one that can be resolved.

В настоящее время решается этот вопрос.
This issue is being decided at the present time.

Новые выборы не решат ее вопрос.
New elections will not resolve her issue.

Топливый кризис в аэропорту уже решен.
The fuel crisis at the airport has already been resolved.

Words and expressions related to this verb

Задача решается.

Этого никто не решит.

Подумав решайся, а решившись — не подумай.

решение

решительный

решительность

решимость

	IMPERFECTIVE ASPECT	PERFECTIVE ASPECT
INF.	рисова́ть	нарисова́ть
PRES.	рису́ю рису́ешь рису́ет рису́ем рису́ете рису́ют	
PAST	рисова́л рисова́ла рисова́ло рисова́ли	нарисова́л нарисова́ла нарисова́ло нарисова́ли
FUT.	бу́ду рисова́ть бу́дешь рисова́ть бу́дет рисова́ть бу́дем рисова́ть бу́дете рисова́ть бу́дут рисова́ть	нарису́ю нарису́ешь нарису́ет нарису́ем нарису́ете нарису́ют
COND.	рисова́л бы рисова́ла бы рисова́ло бы рисова́ли бы	нарисова́л бы нарисова́ла бы нарисова́ло бы нарисова́ли бы
IMP.	рису́й рису́йте	нарису́й нарису́йте
	DEVERBALS	
PRES. ACT.	рису́ющий	
PRES. PASS.	рису́емый	
PAST ACT.	рисова́вший	нарисова́вший
PAST PASS.	рисо́ванный	нарисо́ванный
VERBAL ADVERB	рису́я	нарисова́в

рисова́ть кого – что

Рисуйте и пойте песни. — Draw and sing songs.
Вы и в прошлый раз маму рисовали. — You drew your Mom last time too.
Вместе мы нарисуем новый мир. — Together we will draw a new world.

рожда́ть (ся) / роди́ть (ся)
to give birth to (be born, spring up)

	IMPERFECTIVE ASPECT	PERFECTIVE ASPECT
INF.	рожда́ть (ся)	роди́ть (ся)
PRES.	рожда́ю (сь) рожда́ешь (ся) рожда́ет (ся) рожда́ем (ся) рожда́ете (сь) рожда́ют (ся)	
PAST	рожда́л (ся) рожда́ла (сь) рожда́ло (сь) рожда́ли (сь)	роди́л – роди́лся́ родила́ (сь) роди́ло – родило́сь роди́ли – родили́сь
FUT.	бу́ду рожда́ть (ся) бу́дешь рожда́ть (ся) бу́дет рожда́ть (ся) бу́дем рожда́ть (ся) бу́дете рожда́ть (ся) бу́дут рожда́ть (ся)	рожу́ (сь) роди́шь (ся) роди́т (ся) роди́м (ся) роди́те (сь) родя́т (ся)
COND.	рожда́л (ся) бы рожда́ла (сь) бы рожда́ло (сь) бы рожда́ли (сь) бы	роди́л – роди́лся́ бы родила́ (сь) бы роди́ло – родило́сь бы роди́ли – родили́сь бы
IMP.	рожда́й (ся) рожда́йте (сь)	роди́ (сь) роди́те (сь)
	DEVERBALS	
PRES. ACT.	рожда́ющий (ся)	
PRES. PASS.	рожда́емый	
PAST ACT.	рожда́вший (ся)	роди́вший (ся)
PAST PASS.		рождённый рождён, рождена́
VERBAL ADVERB	рожда́я (сь)	роди́в (шись)

рожда́ть кого – что
Роди́ть (ся) can also be used in the imperfective aspect with the past tense forms: **роди́л (ся), роди́ла (сь), роди́ло (сь), роди́ли (сь).**

Спрос рождает предложение.	Demand gives birth to a proposal.
У них родилась первая внучка.	Their first granddaughter was born.
Зачем меня родили?	For what purpose was I born?

	IMPERFECTIVE ASPECT	PERFECTIVE ASPECT
INF.	роня́ть	урони́ть
PRES.	роня́ю роня́ешь роня́ет роня́ем роня́ете роня́ют	
PAST	ронял роняла роняло роняли	урони́л урони́ла урони́ло урони́ли
FUT.	бу́ду роня́ть бу́дешь роня́ть бу́дет роня́ть бу́дем роня́ть бу́дете роня́ть бу́дут роня́ть	ороню́ уро́нишь уро́нит уро́ним уро́ните уро́нят
COND.	роня́л бы роня́ла бы роня́ло бы роня́ли бы	урони́л бы урони́ла бы урони́ло бы урони́ли бы
IMP.	роня́й роня́йте	урони́ урони́те
	DEVERBALS	
PRES. ACT.	роня́ющий	
PRES. PASS.	роня́емый	
PAST ACT.	роня́вший	урони́вший
PAST PASS.		уро́ненный
VERBAL ADVERB	роня́я	урони́в

роня́ть кого – что

Эти слезы невольно роняю.	I shed these tears unwillingly.
Он чуть не уронил ее на сцену.	He almost dropped her on the stage.
Не уроним себя, не уроним свою честь.	If we don’t let ourselves down, we will not let our honor down.

рубúть / срубúть
to fell, chop up, hack

	IMPERFECTIVE ASPECT	PERFECTIVE ASPECT
INF.	рубúть	срубúть
PRES.	рублю́ рубúшь ру́бит ру́бим ру́бите ру́бят	
PAST	рубúл рубúла рубúло рубúли	срубúл срубúла срубúло срубúли
FUT.	бу́ду рубúть бу́дешь рубúть бу́дет рубúть бу́дем рубúть бу́дете рубúть бу́дут рубúть	срублю́ сру́бишь сру́бит сру́бим сру́бите сру́бят
COND.	рубúл бы рубúла бы рубúло бы рубúли бы	срубúл бы срубúла бы срубúло бы срубúли бы
IMP.	рубú рубúте	срубú срубúте
	DEVERBALS	
PRES. ACT.	ру́бящий	
PRES. PASS.		
PAST ACT.	рубúвший	срубúвший
PAST PASS.	рубленный	сру́бленный
VERBAL ADVERB	рубя́	срубúв

рубúть кого – что

Лес рубят.	The forest is being chopped down.
Увидели, как срубили елку?	Did you see them cut down the holiday tree?
Я его посадил, и я его срублю.	I planted it, and I will cut it down.

to swear at, criticize

	IMPERFECTIVE ASPECT	PERFECTIVE ASPECT
INF.	руга́ть (ся)	вы́ругать (ся)
PRES.	руга́ю (сь) руга́ешь (ся) руга́ет (ся) руга́ем (ся) руга́ете (сь) руга́ют (ся)	
PAST	руга́л (ся) руга́ла (сь) руга́ло (сь) руга́ли (сь)	вы́ругал (ся) вы́ругала (сь) вы́ругало (сь) вы́ругали (сь)
FUT.	бу́ду руга́ть (ся) бу́дешь руга́ть (ся) бу́дет руга́ть (ся) бу́дем руга́ть (ся) бу́дете руга́ть (ся) бу́дут руга́ть (ся)	вы́ругаю (сь) вы́ругаешь (ся) вы́ругает (ся) вы́ругаем (ся) вы́ругаете (сь) вы́ругают (ся)
COND.	руга́л (ся) бы руга́ла (сь) бы руга́ло (сь) бы руга́ли (сь) бы	вы́ругал (ся) бы вы́ругала (сь) бы вы́ругало (сь) бы вы́ругали (сь) бы
IMP.	руга́й (ся) руга́йте (сь)	вы́ругай (ся) вы́ругайте (сь)
	DEVERBALS	
PRES. ACT.	руга́ющий (ся)	
PRES. PASS.	руга́емый	
PAST ACT.	руга́вший (ся)	вы́ругавший (ся)
PAST PASS.	руга́нный	вы́руганный
VERBAL ADVERB	руга́я (сь)	вы́ругав (шись)

руга́ть кого – что; руга́ться с кем

Часто ли вы ругаете мужа?	Do you often criticize your husband?
Как я ругался с турфирмой.	How I swore at the tourist agency.
Выругайтесь по этому поводу матом.	That requires cursing with swear words.

P

сади́ться / се́сть
to sit down, take a seat

	IMPERFECTIVE ASPECT	PERFECTIVE ASPECT
INF.	сади́ться	се́сть
PRES.	сажу́сь сади́шься сади́тся сади́мся сади́тесь садя́тся	
PAST	сади́лся сади́лась сади́лось сади́лись	се́л се́ла се́ло се́ли
FUT.	бу́ду сади́ться бу́дешь сади́ться бу́дет сади́ться бу́дем сади́ться бу́дете сади́ться бу́дут сади́ться	ся́ду ся́дешь ся́дет ся́дем ся́дете ся́дут
COND.	сади́лся бы сади́лась бы сади́лось бы сади́лись бы	се́л бы се́ла бы се́ло бы се́ли бы
IMP.	сади́сь сади́тесь	ся́дь ся́дьте
	DEVERBALS	
PRES. ACT.	садя́щийся	
PRES. PASS.		
PAST ACT.	сади́вшийся	се́вший
PAST PASS.		
VERBAL ADVERB	садя́сь	се́в

сади́ться во / на что
The verbal pair **сади́ть / посади́ть** means ***to seat, imprison.***

сади́ться / се́сть

Examples

Солнце встает и садится только для тебя.
The sun rises and sets only for you.

Садимся на шоколадную диету.
Let's go on a chocolate diet.

Сяду в скорый поезд.
I'm boarding an express train.

Вы сели за компьютер?
Have you sat down at a computer?

Сядьте на пол.
Sit on the floor.

Садясь за руль, выключи мобильник.
Turn off your cell phone when you get behind the wheel.

Включаю лампу и сажусь.
I am turning on the lamp and sitting down.

Вы сели за компьютер?
Have you sat down at a computer?

В свои сани сядем сами.
We'll seat ourselves in our own sleds.

Words and expressions related to this verb

Садитесь, пожалуйста.

Садись, так гость будешь.

Садись, сядь, что стоишь?

Садись за дело.

Самолет садился.

сад

сажа́ть / посади́ть

to plant, seat, imprison

	IMPERFECTIVE ASPECT	PERFECTIVE ASPECT
INF.	сажа́ть	посади́ть
PRES.	сажа́ю сажа́ешь сажа́ет сажа́ем сажа́ете сажа́ют	
PAST	сажа́л сажа́ла сажа́ло сажа́ли	посади́л посади́ла посади́ло посади́ли
FUT.	бу́ду сажа́ть бу́дешь сажа́ть бу́дет сажа́ть бу́дем сажа́ть бу́дете сажа́ть бу́дут сажа́ть	посажу́ поса́дишь поса́дит поса́дим поса́дите поса́дят
COND.	сажа́л бы сажа́ла бы сажа́ло бы сажа́ли бы	посади́л бы посади́ла бы посади́ло бы посади́ли бы
IMP.	сажа́й сажа́йте	посади́ посади́те
	DEVERBALS	
PRES. ACT.	сажа́ющий	
PRES. PASS.	сажа́емый	
PAST ACT.	сажа́вший	посади́вший
PAST PASS.		поса́женный
VERBAL ADVERB	сажа́я	посади́в

сажа́ть кого – что в / на что, за что

Там сажают только деревья.	They plant only trees there.
Депутата посадили за воровство.	The deputy was imprisoned for theft.
Посадите экипаж, а остальных я посажу.	Seat the crew, and I'll seat the rest.

	IMPERFECTIVE ASPECT	PERFECTIVE ASPECT
INF.	свети́ть	посвети́ть
PRES.	свечу́ све́тишь све́тит (ся) све́тим све́тите све́тят (ся)	
PAST	свети́л (ся) свети́ла (сь) свети́ло (сь) свети́ли (сь)	посвети́л посвети́ла посвети́ло посвети́ли
FUT.	бу́ду свети́ть бу́дешь свети́ть бу́дет свети́ть бу́дем свети́ть бу́дете свети́ть бу́дут свети́ть	посвечу́ посве́тишь посве́тит посве́тим посве́тите посве́тят
COND.	свети́л (ся) бы свети́ла (сь) бы свети́ло (сь) бы свети́ли (сь) бы	посвети́л бы посвети́ла бы посвети́ло бы посвети́ли бы
IMP.	свети́ свети́те	посвети́ посвети́те
	DEVERBALS	
PRES. ACT.	све́тящий (ся)	
PRES. PASS.		
PAST ACT.	свети́вший (ся)	посвети́вший
PAST PASS.		
VERBAL ADVERB	светя́ (сь)	посвети́в

свети́ть кому – чему

Не только светит, но и греет.	It not only shines, but also provides heat.
Московский воздух светится чистотой.	The Moscow air shines with purity.
Я пойду первым и посвечу вам.	I'll go first and light the way for you.

сдава́ть (ся) / сда́ть (ся)

to hand over, rent, pass (surrender)

	IMPERFECTIVE ASPECT	PERFECTIVE ASPECT
INF.	сдава́ть (ся)	сда́ть
PRES.	сдаю́ (сь) сдаёшь (ся) сдаёт (ся) сдаём (ся) сдаёте (сь) сдаю́т (ся)	
PAST	сдава́л (ся) сдава́ла (сь) сдава́ло (сь) сдава́ли (сь)	сда́л (ся) сдала́ (сь) сда́ло – сда́ло́сь сда́ли – сда́ли́сь
FUT.	бу́ду сдава́ть (ся) бу́дешь сдава́ть (ся) бу́дет сдава́ть (ся) бу́дем сдава́ть (ся) бу́дете сдава́ть (ся) бу́дут сдава́ть (ся)	сда́м (ся) сда́шь (ся) сда́ст (ся) сдади́м (ся) сдади́те (сь) сдаду́т (ся)
COND.	сдава́л (ся) бы сдава́ла (сь) бы сдава́ло (сь) бы сдава́ли (сь) бы	сда́л (ся) бы сдала́ (сь) бы сда́ло – сда́ло́сь бы сда́ли – сда́ли́сь бы
IMP.	сдава́й (ся) сдава́йте (сь)	сда́й (ся) сда́йте (сь)

DEVERBALS

PRES. ACT.	сдаю́щий (ся)	
PRES. PASS.	сдава́емый	
PAST ACT.	сдава́вший (ся)	сда́вший (ся)
PAST PASS.		сда́нный, сда́н, сдана́
VERBAL ADVERB	сдава́я (сь)	сда́в (шись)

сдава́ть что

Сдаю квартиру, комнату.	I am renting an apartment, a room.
Еще немного, и я сдамся.	Just a little more, and I'll give in.
Преступник сдался властям.	The criminal surrendered to the authorities.

сердúть (ся) / рассердúть (ся)
to annoy, anger (get angry)

	IMPERFECTIVE ASPECT	PERFECTIVE ASPECT
INF.	сердúть (ся)	рассердúть (ся)
PRES.	сержу́ (сь) се́рдишь (ся) се́рдит (ся) се́рдим (ся) се́рдите (сь) се́рдят (ся)	
PAST	сердúл (ся) сердúла (сь) сердúло (сь) сердúли (сь)	рассердúл (ся) рассердúла (сь) рассердúло (сь) рассердúли (сь)
FUT.	бу́ду сердúть (ся) бу́дешь сердúть (ся) бу́дет сердúть (ся) бу́дем сердúть (ся) бу́дете сердúть (ся) бу́дут сердúть (ся)	рассержу́ (сь) рассе́рдишь (ся) рассе́рдит (ся) рассе́рдим (ся) рассе́рдите (сь) рассе́рдят (ся)
COND.	сердúл (ся) бы сердúла (сь) бы сердúло (сь) бы сердúли (сь) бы	рассердúл (ся) бы рассердúла (сь) бы рассердúло (сь) бы рассердúли (сь) бы
IMP.	сердú (сь) сердúте (сь)	рассердú (сь) рассердúте (сь)
	DEVERBALS	
PRES. ACT.	сердя́щий (ся)	
PRES. PASS.		
PAST ACT.	сердúвший (ся)	рассердúвший (ся)
PAST PASS.		рассе́рженный
VERBAL ADVERB	сердя́ (сь)	рассердúв (шись)

сердúть кого – что; сердúться на кого – что

Я не сержусь на недругов моих.	I am not angry at my enemies.
Не сердись на меня.	Don't be angry with me.
На что мы способны, когда мы рассердимся!	What we are capable of when we get angry!

C

сиде́ть / посиде́ть

to be in sitting, sit, fit

	IMPERFECTIVE ASPECT	PERFECTIVE ASPECT
INF.	сиде́ть	посиде́ть
PRES.	сижу́ сиди́шь сиди́т сиди́м сиди́те сидя́т	
PAST	сиде́л сиде́ла сиде́ло сиде́ли	посиде́л посиде́ла посиде́ло посиде́ли
FUT.	бу́ду сиде́ть бу́дешь сиде́ть бу́дет сиде́ть бу́дем сиде́ть бу́дете сиде́ть бу́дут сиде́ть	посижу́ посиди́шь посиди́т посиди́м посиди́те посидя́т
COND.	сиде́л бы сиде́ла бы сиде́ло бы сиде́ли бы	посиде́л бы посиде́ла бы посиде́ло бы посиде́ли бы
IMP.	сиди́ сиди́те	посиди́ посиди́те
	DEVERBALS	
PRES. ACT.	сидя́щий	
PRES. PASS.		
PAST ACT.	сиде́вший	посиде́вший
PAST PASS.		
VERBAL ADVERB	си́дя	посиде́в

сиде́ть за чем, на чём, с чем

сидéть / посидéть

Examples

Сижу и жду.
I sit and wait.

Карьера зависит от того, как вы сидите на работе.
Your career depends upon how you sit at work.

Не сиди дома.
Don't sit at home.

Пусть посидят в тюрьме.
Let them stay in prison.

Посидели, поболтали часа три.
We sat and talked for about three hours.

Посидев на разных диетах, пришла к выводу.
Having been on different diets, I have come to a conclusion.

С ним я не буду сидеть за одним столом.
I will not sit at the same table with him.

Последние дни я сижу на диете.
The last few days I have been on a diet.

Лидеры сидели на креслах.
The leaders sat in armchairs.

Мы хорошо посидели, поговорили.
We sat nicely for a while and chatted.

Words and expressions related to this verb

Сидит, как гость.

Дома сидит, ни на кого не глядит.

Сижу, посижу.

Сидит, не говорит.

Ему не сидится.

сидение

сидячий

сле́довать / после́довать
to follow, comply with, ought, should

	IMPERFECTIVE ASPECT	PERFECTIVE ASPECT
INF.	сле́довать	после́довать
PRES.	сле́дую сле́дуешь сле́дует сле́дуем сле́дуете сле́дуют	
PAST	сле́довал сле́довала сле́довало сле́довали	после́довал после́довала после́довало после́довали
FUT.	бу́ду сле́довать бу́дешь сле́довать бу́дет сле́довать бу́дем сле́довать бу́дете сле́довать бу́дут сле́довать	после́дую после́дуешь после́дует после́дуем после́дуете после́дуют
COND.	сле́довал бы сле́довала бы сле́довало бы сле́довали бы	после́довал бы после́довала бы после́довало бы после́довали бы
IMP.	сле́дуй сле́дуйте	после́дуй после́дуйте
	DEVERBALS	
PRES. ACT.	сле́дующий	
PRES. PASS.		
PAST ACT.	сле́довавший	после́довавший
PAST PASS.		
VERBAL ADVERB	сле́дуя	после́довав

сле́довать за кем – чем, кому
This verb can mean ***ought, should*** in the imperfective aspect only.

Я всегда следую за ним.	I always follow him.
Следуйте своей мечте.	Follow your dream.
Последим за дальнейшими событиями.	Let's keep up with future events.

	IMPERFECTIVE ASPECT	PERFECTIVE ASPECT
INF.	служи́ть	послужи́ть
PRES.	служу́ слу́жишь слу́жит слу́жим слу́жите слу́жат	
PAST	служи́л служи́ла служи́ло служи́ли	послужи́л послужи́ла послужи́ло послужи́ли
FUT.	бу́ду служи́ть бу́дешь служи́ть бу́дет служи́ть бу́дем служи́ть бу́дете служи́ть бу́дут служи́ть	послужу́ послу́жишь послу́жит послу́жим послу́жите послу́жат
COND.	служи́л бы служи́ла бы служи́ло бы служи́ли бы	послужи́л бы послужи́ла бы послужи́ло бы послужи́ли бы
IMP.	служи́ служи́те	послужи́ послужи́те
	DEVERBALS	
PRES. ACT.	слу́жащий	
PRES. PASS.		
PAST ACT.	служи́вший	послужи́вший
PAST PASS.		
VERBAL ADVERB	служа́	послужи́в

служи́ть кому – чему, кем в чём, что

Служу России.	I serve Russia.
Выборы послужили образованию.	The elections served the purpose of education.
В храмах будут послужены панихиды.	The funerals will be held in churches.

случа́ться / случи́ться
to happen, occur

	IMPERFECTIVE ASPECT	PERFECTIVE ASPECT
INF.	случа́ться	случи́ться
PRES.	случа́ется	
	случа́ются	
PAST	случа́лся случа́лась случа́лось случа́лись	случи́лся случи́лась случи́лось случи́лись
FUT.	бу́дет случа́ться	случи́тся
	бу́дут случа́ться	случа́тся
COND.	случа́лся бы случа́лась бы случа́лось бы случа́лись бы	случи́лся бы случи́лась бы случи́лось бы случи́лись бы
IMP.		
	DEVERBALS	
PRES. ACT.	случа́ющийся	
PRES. PASS.		
PAST ACT.	случа́вшийся	случи́вшийся
PAST PASS.		
VERBAL ADVERB	случа́ясь	случи́вшись

Отчего случаются лесные пожары?	What causes forest fires?
Что именно случилось с Россией?	What exactly was the matter with Russia?
Ничего не случится.	Nothing will happen.

	IMPERFECTIVE ASPECT	PERFECTIVE ASPECT
INF.	слу́шать (ся)	послу́шать (ся)
PRES.	слу́шаю (сь) слу́шаешь (ся) слу́шает (ся) слу́шаем (ся) слу́шаете (сь) слу́шают (ся)	
PAST	слу́шал (ся) слу́шала (сь) слу́шало (сь) слу́шали (сь)	послу́шал (ся) послу́шала (сь) послу́шало (сь) послу́шали (сь)
FUT.	бу́ду слу́шать (ся) бу́дешь слу́шать (ся) бу́дет слу́шать (ся) бу́дем слу́шать (ся) бу́дете слу́шать (ся) бу́дут слу́шать (ся)	послу́шаю (сь) послу́шаешь (ся) послу́шает (ся) послу́шаем (ся) послу́шаете (сь) послу́шают (ся)
COND.	слу́шал (ся) бы слу́шала (сь) бы слу́шало (сь) бы слу́шали (сь) бы	послу́шал (ся) бы послу́шала (сь) бы послу́шало (сь) бы послу́шали (сь) бы
IMP.	слу́шай (ся) слу́шайте (сь)	послу́шай (ся) послу́шайте (сь)
	DEVERBALS	
PRES. ACT.	слу́шающий (ся)	
PRES. PASS.	слу́шаемый	
PAST ACT.	слу́шавший (ся)	послу́шавший (ся)
PAST PASS.		послу́шанный
VERBAL ADVERB	слу́шая (сь)	послу́шав (шись)

слу́шать кого – что; слу́шаться кого – чего

слу́шать (ся) / послу́шать (ся)

Examples

Слушаем радио через интернет.
We listen to the radio on the Internet.

Слушайте классическую музыку.
Listen to classical music.

В конце концов она послушает тебя.
In the end she will listen to you.

Были послушаны доклады.
Several reports were heard.

В суде слушается дело.
The case is being heard in court.

Почему ты ее не послушаешься?
Why won't you obey her?

Послушаются — спасутся.
If they do what they are told — they will be saved.

Кого слушают наши дети?
Whom are our children listening to?

Слушаюсь твоего совета.
I follow your advice.

Только что послушала новый альбом.
I just listened to a new album.

Words and expressions related to this verb

Больше слушай, меньше говори.

Все мы говорим, да слушать–то некому.

Кто кого любит, тот того слушается.

Послушайтесь меня.

слушание

слух

слушатель

	IMPERFECTIVE ASPECT	PERFECTIVE ASPECT
INF.	слы́шать (ся)	услы́шать (ся)
PRES.	слы́шу слы́шишь слы́шит (ся) слы́шим слы́шите слы́шат (ся)	
PAST	слы́шал (ся) слы́шала (сь) слы́шало (сь) слы́шали (сь)	услы́шал (ся) услы́шала (сь) услы́шало (сь) услы́шали (сь)
FUT.	бу́ду слы́шать бу́дешь слы́шать бу́дет слы́шать (ся) бу́дем слы́шать бу́дете слы́шать бу́дут слы́шать (ся)	услы́шу услы́шишь услы́шит (ся) услы́шим услы́шите услы́шат (ся)
COND.	слы́шал (ся) бы слы́шала (сь) бы слы́шало (сь) бы слы́шали (сь) бы	услы́шал (ся) бы услы́шала (сь) бы услы́шало (сь) бы услы́шали (сь) бы
IMP.		услы́шь услы́шьте
	DEVERBALS	
PRES. ACT.	слы́шащий (ся)	
PRES. PASS.	слы́шимый	
PAST ACT.	слы́шавший (ся)	услы́шавший (ся)
PAST PASS.	слы́шанный	услы́шанный
VERBAL ADVERB	слы́ша (сь)	услы́шав (шись)

слы́шать кого – что, о ком – чём, про кого – что

слы́шать (ся) / услы́шать (ся)

Examples

Ничего не вижу, ничего не слышу.
I see nothing, I hear nothing.

Нам слышался смех.
We heard laughter.

Услышим мы еще ее прекрасный голос?
Will we hear her magnificent voice again?

Да будет услышан каждый.
Each one will be heard.

Услышьте друг друга.
Hear one another.

Что-то слышится родное.
Something sounds familiar.

Все имена мы будем слышать.
We will hear all the names.

Вы слышите меня?
Can you hear me?

Мне слышался голос тещи.
I heard my mother-in-law's voice.

Москвичи услышали новую оперу.
Muscovites heard a new opera.

Words and expressions related to this verb

Душа видит, сердце слышит.

Речи–то слышим, а сердца не видим.

Можно слышать не слушая.

Слышен запах.

Пишется, как слышится.

слышно

сме́ть / посме́ть

to dare to

	IMPERFECTIVE ASPECT	PERFECTIVE ASPECT
INF.	сме́ть	посме́ть
PRES.	сме́ю сме́ешь сме́ет сме́ем сме́ете сме́ют	
PAST	сме́л сме́ла сме́ло сме́ли	посме́л посме́ла посме́ло посме́ли
FUT.	бу́ду сме́ть бу́дешь сме́ть бу́дет сме́ть бу́дем сме́ть бу́дете сме́ть бу́дут сме́ть	посме́ю посме́ешь посме́ет посме́ем посме́ете посме́ют
COND.	сме́л бы сме́ла бы сме́ло бы сме́ли бы	посме́л бы посме́ла бы посме́ло бы посме́ли бы
IMP.	сме́й сме́йте	посме́й посме́йте
	DEVERBALS	
PRES. ACT.	сме́ющий	
PRES. PASS.		
PAST ACT.	сме́вший	посме́вший
PAST PASS.		
VERBAL ADVERB	сме́я	посме́в

сме́ть + infinitive

Кто смеет быть нашим начальником? — Who dares to be our boss?
Как же вы посмели? — How could you dare?
Некоторые торговцы посмеют поднять цену на товары. — Some merchants will dare to raise the prices of goods.

C

сме́яться / засме́яться
to laugh

	IMPERFECTIVE ASPECT	PERFECTIVE ASPECT
INF.	сме́яться	засме́яться
PRES.	смею́сь смеёшься смеётся смеёмся смеётесь смею́тся	
PAST	сме́ялся сме́ялась сме́ялось сме́ялись	засме́ялся засме́ялась засме́ялось засме́ялись
FUT.	бу́ду сме́яться бу́дешь сме́яться бу́дет сме́яться бу́дем сме́яться бу́дете сме́яться бу́дут сме́яться	засмею́сь засмеёшься засмеётся засмеёмся засмеётесь засмею́тся
COND.	сме́ялся бы сме́ялась бы сме́ялось бы сме́ялись бы	засме́ялся бы засме́ялась бы засме́ялось бы засме́ялись бы
IMP.	сме́йся сме́йтесь	засме́йся засме́йтесь
	DEVERBALS	
PRES. ACT.	смею́щийся	
PRES. PASS.		
PAST ACT.	сме́явшийся	засме́явшийся
PAST PASS.		
VERBAL ADVERB	сме́ясь	засме́явшись

сме́яться над кем – чем

Смейтесь с нами. — Laugh with us.
Джулия радостно засмеялась. — Julia laughed gleefully.
Заплачу . . . или засмеюсь. — I'll cry . . . or laugh.

смотре́ть (ся) / посмотре́ть (ся)
to look, see, watch

	IMPERFECTIVE ASPECT	PERFECTIVE ASPECT
INF.	смотре́ть (ся)	посмотре́ть (ся)
PRES.	смотрю́ (сь) смо́тришь (ся) смо́трит (ся) смо́трим (ся) смо́трите (сь) смо́трят (ся)	
PAST	смотре́л (ся) смотре́ла (сь) смотре́ло (сь) смотре́ли (сь)	посмотре́л (ся) посмотре́ла (сь) посмотре́ло (сь) посмотре́ли (сь)
FUT.	бу́ду смотре́ть (ся) бу́дешь смотре́ть (ся) бу́дет смотре́ть (ся) бу́дем смотре́ть (ся) бу́дете смотре́ть (ся) бу́дут смотре́ть (ся)	посмотрю́ (сь) посмо́тришь (ся) посмо́трит (ся) посмо́трим (ся) посмо́трите (сь) посмо́трят (ся)
COND.	смотре́л (ся) бы смотре́ла (сь) бы смотре́ло (сь) бы смотре́ли (сь) бы	посмотре́л (ся) бы посмотре́ла (сь) бы посмотре́ло (сь) бы посмотре́ли (сь) бы
IMP.	смотри́ (сь) смотри́те (сь)	посмотри́ (сь) посмотри́те (сь)
	DEVERBALS	
PRES. ACT.	смотря́щий (ся)	
PRES. PASS.		
PAST ACT.	смотре́вший (ся)	посмотре́вший (ся)
PAST PASS.	смо́тренный	посмо́тренный
VERBAL ADVERB	смотря́ (сь)	посмотре́в (шись)

смотре́ть кого – что, в / на кого – что

смотре́ть (ся) / посмотре́ть (ся)

Examples

Смотришь в небо, и видишь — звезду.
Look into the sky, and you will see — a star.

Мы тут хорошо смотримся?
Do we look good here?

Посмотри на реакцию людей.
Look at the reaction of the people.

Какой фильм вы посмотрели?
Which film did you watch?

Пусть посмотрятся в зеркало.
Let them look at themselves in a mirror.

Посмотрев балет, я влюбился в балерину.
After watching the ballet, I fell in love with a ballerina.

Не смотря на погоду, люди вышли на улицы.
Without looking at the weather, people went out into the streets.

Кто смотрел этот фильм?
Who has seen this film?

Настоящий мужчина – это звучит гордо, а смотрится еще лучше.
A real man – this sounds bold, and looks even better.

Посмотрите на себя со стороны.
Look at yourself from the side.

Words and expressions related to this verb

Смотри ему в глаза.

Она весь день смотрится в зеркало.

Смотря где.

Смотря как.

смотритель

смотровой

несмотря

	IMPERFECTIVE ASPECT	PERFECTIVE ASPECT
INF.	смуща́ть (ся)	смути́ть (ся)
PRES.	смуща́ю (сь) смуща́ешь (ся) смуща́ет (ся) смуща́ем (ся) смуща́ете (сь) смуща́ют (ся)	
PAST	смуща́л (ся) смуща́ла (сь) смуща́ло (сь) смуща́ли (сь)	смути́л (ся) смути́ла (сь) смути́ло (сь) смути́ли (сь)
FUT.	бу́ду смуща́ть (ся) бу́дешь смуща́ть (ся) бу́дет смуща́ть (ся) бу́дем смуща́ть (ся) бу́дете смуща́ть (ся) бу́дут смуща́ть (ся)	смущу́ (сь) смути́шь (ся) смути́т (ся) смути́м (ся) смути́те (сь) смутя́т (ся)
COND.	смуща́л (ся) бы смуща́ла (сь) бы смуща́ло (сь) бы смуща́ли (сь) бы	смути́л (ся) бы смути́ла (сь) бы смути́ло (сь) бы смути́ли (сь) бы
IMP.	смуща́й (ся) смуща́йте (сь)	смути́ (сь) смути́те (сь)
	DEVERBALS	
PRES. ACT.	смуща́ющий (ся)	
PRES. PASS.	смуща́емый	
PAST ACT.	смуща́вший (ся)	смути́вший (ся)
PAST PASS.		смущённый смущён, смущена́
VERBAL ADVERB	смуща́я (сь)	смути́в (шись)

смуща́ть кого – что

Не смущайте меня.	Don’t embarrass me.
И он не смущался никогда.	Even he never got embarrassed.
Может и я смущусь.	Maybe I’ll be embarrassed too.

снима́ть (ся) / сня́ть (ся)
to take off, remove, rent

	IMPERFECTIVE ASPECT	PERFECTIVE ASPECT
INF.	снима́ть (ся)	сня́ть (ся)
PRES.	снима́ю (сь) снима́ешь (ся) снима́ет (ся) снима́ем (ся) снима́ете (сь) снима́ют (ся)	
PAST	снима́л (ся) снима́ла (сь) снима́ло (сь) снима́ли (сь)	сня́л (ся) сняла́ (сь) сня́ло – сня́ло́сь сня́ли – сня́ли́сь
FUT.	бу́ду снима́ть (ся) бу́дешь снима́ть (ся) бу́дет снима́ть (ся) бу́дем снима́ть (ся) бу́дете снима́ть (ся) бу́дут снима́ть (ся)	сниму́ (сь) сни́мешь (ся) сни́мет (ся) сни́мем (ся) сни́мете (сь) сни́мут (ся)
COND.	снима́л (ся) бы снима́ла (сь) бы снима́ло (сь) бы снима́ли (сь) бы	сня́л (ся) бы сняла́ (сь) бы сня́ло – сня́ло́сь бы сня́ли – сня́ли́сь бы
IMP.	снима́й (ся) снима́йте (сь)	сними́ (сь) сними́те (сь)

DEVERBALS

PRES. ACT.	снима́ющий (ся)	
PRES. PASS.	снима́емый	
PAST ACT.	снима́вший (ся)	сня́вший (ся)
PAST PASS.		сня́тый сня́т, снята́, сня́то
VERBAL ADVERB	снима́я (сь)	сня́в (шись)

снима́ть кого – что с кого – чего

Я снимаю перед тобой шляпу.	I take off my hat to you.
Снимем офис.	We will rent an office.
Польша не сняла вето на переговоры.	Poland didn't rescind its veto on the negotiations.

собира́ть (ся) / собра́ть (ся)

to collect, gather, pick (gather, assemble, get ready to)

	IMPERFECTIVE ASPECT	PERFECTIVE ASPECT
INF.	собира́ть (ся)	собра́ть (ся)
PRES.	собира́ю (ся) собира́ешь (ся) собира́ет (ся) собира́ем (ся) собира́ете (сь) собира́ют (ся)	
PAST	собира́л (ся) собира́ла (сь) собира́ло (сь) собира́ли (сь)	собра́л (ся) собрала́ (сь) собра́ло – собрало́сь собра́ли – собрали́сь
FUT.	бу́ду собира́ть (ся) бу́дешь собира́ть (ся) бу́дет собира́ть (ся) бу́дем собира́ть (ся) бу́дете собира́ть (ся) бу́дут собира́ть (ся)	соберу́ (сь) соберёшь (ся) соберёт (ся) соберём (ся) соберёте (сь) соберу́т (ся)
COND.	собира́л (ся) бы собира́ла (сь) бы собира́ло (сь) бы собира́ли (сь) бы	собра́л (ся) бы собрала́ (сь) бы собра́ло – собрало́сь бы собра́ли – собрали́сь бы
IMP.	собира́й (ся) собира́йте (сь)	собери́ (сь) собери́те (сь)
	DEVERBALS	
PRES. ACT.	собира́ющий (ся)	
PRES. PASS.	собира́емый	
PAST ACT.	собира́вший (ся)	собра́вший (ся)
PAST PASS.		со́бранный со́бран, собрана́, со́брано
VERBAL ADVERB	собира́я (сь)	собра́в (шись)

собира́ть кого – что
собира́ться + infinitive

Скажи, как ты собираешь грибы.	Tell me how you pick mushrooms.
Никак не соберусь пробовать новую систему.	I simply can't contemplate trying the new system.
Французы собрали всю Европу на конференцию.	The French assembled all of Europe for the conference.

C

сова́ть (ся) / су́нуть (ся)

to thrust, shove

	IMPERFECTIVE ASPECT	PERFECTIVE ASPECT
INF.	сова́ть (ся)	су́нуть (ся)
PRES.	сую́ (сь) суёшь (ся) суёт (ся) суём (ся) суёте (сь) сую́т (ся)	
PAST	сова́л (ся) сова́ла (сь) сова́ло (сь) сова́ли (сь)	су́нул (ся) су́нула (сь) су́нуло (сь) су́нули (сь)
FUT.	бу́ду сова́ть (ся) бу́дешь сова́ть (ся) бу́дет сова́ть (ся) бу́дем сова́ть (ся) бу́дете сова́ть (ся) бу́дут сова́ть (ся)	су́ну (сь) су́нешь (ся) су́нет (ся) су́нем (ся) су́нете (сь) су́нут (ся)
COND.	сова́л (ся) бы сова́ла (сь) бы сова́ло (сь) бы сова́ли (сь) бы	су́нул (ся) бы су́нула (сь) бы су́нуло (сь) бы су́нули (сь) бы
IMP.	су́й (ся) су́йте (сь)	су́нь (ся) су́ньте (сь)
	DEVERBALS	
PRES. ACT.	сую́щий (ся)	
PRES. PASS.		
PAST ACT.	сова́вший (ся)	су́нувший (ся)
PAST PASS.	со́ванный	су́нутый
VERBAL ADVERB	суя́ (сь)	су́нув (шись)

сова́ть что кому, в / на что

Сую ключ в замок, а он не лезет.	I'm putting the key into the lock, but it won't go in.
В политику он не совался.	He didn't plunge into politics.
Суньте в духовку на 45 минут.	Put it in the oven for 45 minutes.

сове́товать (ся) / посове́товать (ся)

to advise, counsel, give advice (consult)

	IMPERFECTIVE ASPECT	PERFECTIVE ASPECT
INF.	сове́товать (ся)	посове́товать (ся)
PRES.	сове́тую (сь) сове́туешь (ся) сове́тует (ся) сове́туем (ся) сове́туете (сь) сове́туют (ся)	
PAST	сове́товал (ся) сове́товала (сь) сове́товало (сь) сове́товали (сь)	посове́товал (ся) посове́товала (сь) посове́товало (сь) посове́товали (сь)
FUT.	бу́ду сове́товать (ся) бу́дешь сове́товать (ся) бу́дет сове́товать (ся) бу́дем сове́товать (ся) бу́дете сове́товать (ся) бу́дут сове́товать (ся)	посове́тую (сь) посове́туешь (ся) посове́тует (ся) посове́туем (ся) посове́туете (сь) посове́туют (ся)
COND.	сове́товал (ся) бы сове́товала (сь) бы сове́товало (сь) бы сове́товали (сь) бы	посове́товал (ся) бы посове́товала (сь) бы посове́товало (сь) бы посове́товали (сь) бы
IMP.	сове́туй (ся) сове́туйте (сь)	посове́туй (ся) посове́туйте (сь)
	DEVERBALS	
PRES. ACT.	сове́тующий (ся)	
PRES. PASS.		
PAST ACT.	сове́товавший (ся)	посове́товавший (ся)
PAST PASS.		
VERBAL ADVERB	сове́туя (сь)	посове́товав (шись)

сове́товать кому – чему что + infinitive; **сове́товаться с кем – чем**

Почему я не советую студентам работать? — Why don't I advise students to work?

Советуйтесь с министерством. — Consult with the ministry.

Я хотела узнать, какие песни мне посоветуют слушать. — I wanted to know what songs you suggest I listen to.

соглаша́ться / согласи́ться

to agree, consent to

	IMPERFECTIVE ASPECT	PERFECTIVE ASPECT
INF.	соглаша́ться	согласи́ться
PRES.	соглаша́юсь соглаша́ешься соглаша́ется соглаша́емся соглаша́етесь соглаша́ются	
PAST	соглаша́лся соглаша́лась соглаша́лось соглаша́лись	согласи́лся согласи́лась согласи́лось согласи́лись
FUT.	бу́ду соглаша́ться бу́дешь соглаша́ться бу́дет соглаша́ться бу́дем соглаша́ться бу́дете соглаша́ться бу́дут соглаша́ться	соглашу́сь согласи́шься согласи́тся согласи́мся согласи́тесь соглася́тся
COND.	соглаша́лся бы соглаша́лась бы соглаша́лось бы соглаша́лись бы	согласи́лся бы согласи́лась бы согласи́лось бы согласи́лись бы
IMP.	соглаша́йся соглаша́йтесь	согласи́сь согласи́тесь
	DEVERBALS	
PRES. ACT.	соглаша́ющийся	
PRES. PASS.		
PAST ACT.	соглаша́вшийся	согласи́вшийся
PAST PASS.		
VERBAL ADVERB	соглаша́ясь	согласи́вшись

соглаша́ться на что, с кем – чем

Не соглашайтесь на полумеры.	Don't agree to half-measures.
Они согласили с моей трактовкой этого события.	They agreed with my interpretation of the event.
Я соглашусь с вами.	I will agree with you.

	IMPERFECTIVE ASPECT	PERFECTIVE ASPECT
INF.	соединя́ть (ся)	соедини́ть (ся)
PRES.	соединя́ю (сь) соединя́ешь (ся) соединя́ет (ся) соединя́ем (ся) соединя́ете (сь) соединя́ют (ся)	
PAST	соединя́л (ся) соединя́ла (сь) соединя́ло (сь) соединя́ли (сь)	соедини́л (ся) соедини́ла (сь) соедини́ло (сь) соедини́ли (сь)
FUT.	бу́ду соединя́ть (ся) бу́дешь соединя́ть (ся) бу́дет соединя́ть (ся) бу́дем соединя́ть (ся) бу́дете соединя́ть (ся) бу́дут соединя́ть (ся)	соединю́ (сь) соедини́шь (ся) соедини́т (ся) соедини́м (ся) соедини́те (сь) соединя́т (ся)
COND.	соединя́л (ся) бы соединя́ла (сь) бы соединя́ло (сь) бы соединя́ли (сь) бы	соедини́л (ся) бы соедини́ла (сь) бы соедини́ло (сь) бы соедини́ли (сь) бы
IMP.	соединя́й (ся) соединя́йте (сь)	соедини́ (сь) соедини́те (сь)
	DEVERBALS	
PRES. ACT.	соединя́ющий (ся)	
PRES. PASS.	соединя́емый	
PAST ACT.	соединя́вший (ся)	соедини́вший (ся)
PAST PASS.		соединённый соединён, соединена́
VERBAL ADVERB	соединя́я (сь)	соедини́в (шись)

соединя́ть кого – что

Эти дороги нас соединяют. — These roads unite us.

Русские всех стран, соединяйтесь. — Russians of all countries, unite.

Он успешно соединился с новым сервером. — He successfully linked up with the new server.

создава́ть (ся) / созда́ть (ся)
to create, found

	IMPERFECTIVE ASPECT	PERFECTIVE ASPECT
INF.	создава́ть (ся)	созда́ть (ся)
PRES.	создаю́ создаёшь создаёт (ся) создаём создаёте создаю́т (ся)	
PAST	создава́л (ся) создава́ла (сь) создава́ло (сь) создава́ли (сь)	со́здал – созда́лся создала́ (сь) со́здало – созда́ло́сь со́здали – созда́ли́сь
FUT.	бу́ду создава́ть бу́дешь создава́ть бу́дет создава́ть (ся) бу́дем создава́ть бу́дете создава́ть бу́дут создава́ть (ся)	созда́м созда́шь созда́ст (ся) создади́м создади́те создаду́т (ся)
COND.	создава́л (ся) бы создава́ла (сь) бы создава́ло (сь) бы создава́ли (сь) бы	со́здал – созда́лся бы создала́ (сь) бы со́здало – созда́ло́сь бы со́здали – созда́ли́сь бы
IMP.	создава́й создава́йте	созда́й созда́йте
	DEVERBALS	
PRES. ACT.	создаю́щий (ся)	
PRES. PASS.	создава́емый	
PAST ACT.	создава́вший(ся)	созда́вший(ся)
PAST PASS.		со́зданный, со́здан, создана́, со́здано
VERBAL ADVERB	создава́я (сь)	созда́в (шись)

создава́ть кого – что

Для чего вы создаете форум?	What are you creating the forum for?
И так создалась новая команда.	And thus a new team was created.
В России создадут четыре Лас-Вегаса.	They are creating four Las Vegases in Russia.

	IMPERFECTIVE ASPECT	PERFECTIVE ASPECT
INF.	сомнева́ться	
PRES.	сомнева́юсь сомнева́ешься сомнева́ется сомнева́емся сомнева́етесь сомнева́ются	
PAST	сомнева́лся сомнева́лась сомнева́лось сомнева́лись	
FUT.	бу́ду сомнева́ться бу́дешь сомнева́ться бу́дет сомнева́ться бу́дем сомнева́ться бу́дете сомнева́ться бу́дут сомнева́ться	
COND.	сомнева́лся бы сомнева́лась бы сомнева́лось бы сомнева́лись бы	
IMP.	сомнева́йся сомнева́йтесь	
	DEVERBALS	
PRES. ACT.	сомнева́ющийся	
PRES. PASS.		
PAST ACT.	сомнева́вшийся	
PAST PASS.		
VERBAL ADVERB	сомнева́ясь	

сомнева́ться в ком – чем

Я все больше сомневаюсь в его объективности.	More and more I doubt his objectivity.
Он не сомневался в правильном исходе дела.	He had no doubts about the proper outcome of the matter.
В том, что будут конкретные действия, не сомневайтесь.	Have no doubt that there will be concrete actions.

сообща́ть (ся) / сообщи́ть (ся)

to inform, communicate

	IMPERFECTIVE ASPECT	PERFECTIVE ASPECT
INF.	сообща́ть (ся)	сообщи́ть (ся)
PRES.	сообща́ю сообща́ешь сообща́ет (ся) сообща́ем сообща́ете сообща́ют (ся)	
PAST	сообща́л (ся) сообща́ла (сь) сообща́ло (сь) сообща́ли (сь)	сообщи́л (ся) сообщи́ла (сь) сообщи́ло (сь) сообщи́ли (сь)
FUT.	бу́ду сообща́ть бу́дешь сообща́ть бу́дет сообща́ть (ся) бу́дем сообща́ть бу́дете сообща́ть бу́дут сообща́ть (ся)	сообщу́ сообщи́шь сообщи́т (ся) сообщи́м сообщи́те сообща́т (ся)
COND.	сообща́л (ся) бы сообща́ла (сь) бы сообща́ло (сь) бы сообща́ли (сь) бы	сообщи́л (ся) бы сообщи́ла (сь) бы сообщи́ло (сь) бы сообщи́ли (сь) бы
IMP.	сообща́й сообща́йте	сообщи́ сообщи́те
	DEVERBALS	
PRES. ACT.	сообща́ющий (ся)	
PRES. PASS.	сообща́емый	
PAST ACT.	сообща́вший (ся)	сообщи́вший (ся)
PAST PASS.		сообщённый сообщён, сообщена́
VERBAL ADVERB	сообща́я (сь)	сообщи́в (шись)

сообща́ть что о чем

Сообщаем вам приятную новость.	We are announcing pleasant news to you.
Сообщался новый адрес для переписки.	A new address for correspondence was announced.
Производители сотовых телефонов сообщат данные о доходах.	Cellphone manufacturers will be announcing the data on earnings.

	IMPERFECTIVE ASPECT	PERFECTIVE ASPECT
INF.	соса́ть	пососа́ть
PRES.	сосу́ сосёшь сосёт сосём сосёте сосу́т	
PAST	соса́л соса́ла соса́ло соса́ли	пососа́л пососа́ла пососа́ло пососа́ли
FUT.	бу́ду соса́ть бу́дешь соса́ть бу́дет соса́ть бу́дем соса́ть бу́дете соса́ть бу́дут соса́ть	пососу́ пососёшь пососёт пососём пососёте пососу́т
COND.	соса́л бы соса́ла бы соса́ло бы соса́ли бы	пососа́л бы пососа́ла бы пососа́ло бы пососа́ли бы
IMP.	соси́ соси́те	пососи́ пососи́те
	DEVERBALS	
PRES. ACT.	сосу́щий	
PRES. PASS.		
PAST ACT.	соса́вший	пососа́вший
PAST PASS.	со́санный	посо́санный
VERBAL ADVERB	сося́	пососа́в

Почему дети сосут пальцы? — Why do children suck their fingers?
Медведь пососал лапу, заснул и проспал всю зиму. — The bear sucked its paw, fell asleep, and slept the entire winter.
Пососите кусочек льда. — Suck on a piece of ice.

C

составля́ть (ся) / соста́вить (ся)
to put together, compose (consist of)

	IMPERFECTIVE ASPECT	PERFECTIVE ASPECT
INF.	составля́ть (ся)	соста́вить (ся)
PRES.	составля́ю составля́ешь составля́ет (ся) составля́ем составля́ете составля́ют (ся)	
PAST	составля́л (ся) составля́ла (сь) составля́ло (сь) составля́ли (сь)	соста́вил (ся) соста́вила (сь) соста́вило (сь) соста́вили (сь)
FUT.	бу́ду составля́ть бу́дешь составля́ть бу́дет составля́ть (ся) бу́дем составля́ть бу́дете составля́ть бу́дут составля́ть (ся)	соста́влю соста́вишь соста́вит (ся) соста́вим соста́вите соста́вят (ся)
COND.	составля́л (ся) бы составля́ла (сь) бы составля́ло (сь) бы составля́ли (сь) бы	соста́вил (ся) бы соста́вила (сь) бы соста́вило (сь) бы соста́вили (сь) бы
IMP.	составля́й составля́йте	соста́вь соста́вьте
	DEVERBALS	
PRES. ACT.	составля́ющий (ся)	
PRES. PASS.	составля́емый	
PAST ACT.	составля́вший (ся)	соста́вивший (ся)
PAST PASS.		соста́вленный
VERBAL ADVERB	составля́я (сь)	соста́вив (шись)

составля́ть что

Я всегда составляю бизнес-план.	I always put together the business plan.
Составьте свой гороскоп.	Compose your own horoscope.
Как составляется список ссылок?	How is a list of links compiled?

	IMPERFECTIVE ASPECT	PERFECTIVE ASPECT
INF.	состоя́ть (ся)	
PRES.	состою́ состои́шь состои́т (ся) состои́м состои́те состоя́т (ся)	
PAST	состоя́л (ся) состоя́ла (сь) состоя́ло (сь) состоя́ли (сь)	
FUT.	бу́ду состоя́ть бу́дешь состоя́ть бу́дет состоя́ть (ся) бу́дем состоя́ть бу́дете состоя́ть бу́дут состоя́ть (ся)	
COND.	состоя́л (ся) бы состоя́ла (сь) бы состоя́ло (сь) бы состоя́ли (сь) бы	
IMP.		

DEVERBALS

PRES. ACT.	состоя́щий (ся)	
PRES. PASS.		
PAST ACT.	состоя́вший (ся)	
PAST PASS.		
VERBAL ADVERB	состоя́ (сь)	

состоя́ть из кого – чего, в чём, кем – чем, при ком – чём

Я состою в браке уже год.	I have already been married for a year.
Концерт состоится 22 декабря.	The concert will take place on December 22.
Из чего состоит компьютер?	What is a computer made of?

C

сохраня́ть (ся) / сохрани́ть (ся)

to protect, preserve

	IMPERFECTIVE ASPECT	PERFECTIVE ASPECT
INF.	сохраня́ть (ся)	сохрани́ть (ся)
PRES.	сохраня́ю (сь) сохраня́ешь (ся) сохраня́ет (ся) сохраня́ем (ся) сохраня́ете (сь) сохраня́ют (ся)	
PAST	сохраня́л (ся) сохраня́ла (сь) сохраня́ло (сь) сохраня́ли (сь)	сохрани́л (ся) сохрани́ла (сь) сохрани́ло (сь) сохрани́ли (сь)
FUT.	бу́ду сохраня́ть (ся) бу́дешь сохраня́ть (ся) бу́дет сохраня́ть (ся) бу́дем сохраня́ть (ся) бу́дете сохраня́ть (ся) бу́дут сохраня́ть (ся)	сохраню́ (сь) сохрани́шь (ся) сохрани́т (ся) сохрани́м (ся) сохрани́те (сь) сохраня́т (ся)
COND.	сохраня́л (ся) бы сохраня́ла (сь) бы сохраня́ло (сь) бы сохраня́ли (сь) бы	сохрани́л (ся) бы сохрани́ла (сь) бы сохрани́ло (сь) бы сохрани́ли (сь) бы
IMP.	сохраня́й (ся) сохраня́йте (сь)	сохрани́ (сь) сохрани́те (сь)
	DEVERBALS	
PRES. ACT.	сохраня́ющий (ся)	
PRES. PASS.	сохраня́емый	
PAST ACT.	сохраня́вший (ся)	сохрани́вший (ся)
PAST PASS.		сохранённый сохранён, сохранена́
VERBAL ADVERB	сохраня́я (сь)	сохрани́в (шись)

сохраня́ть кого – что

Сохраняем экологию и деньги.	We are saving the environment and money.
В ближайшие дни сохранится теплая погода.	Warm weather will hold for the next few days.
Мисс Америка сохранила титул.	Miss America retained her title.

	IMPERFECTIVE ASPECT	PERFECTIVE ASPECT
INF.	спаса́ть (ся)	спасти́ (сь)
PRES.	спаса́ю (сь) спаса́ешь (ся) спаса́ет (ся) спаса́ем (ся) спаса́ете (сь) спаса́ют (ся)	
PAST	спаса́л (ся) спаса́ла (сь) спаса́ло (сь) спаса́ли (сь)	спа́с (ся) спасла́ (сь) спасло́ (сь) спасли́ (сь)
FUT.	бу́ду спаса́ть (ся) бу́дешь спаса́ть (ся) бу́дет спаса́ть (ся) бу́дем спаса́ть (ся) бу́дете спаса́ть (ся) бу́дут спаса́ть (ся)	спасу́ (сь) спасёшь (ся) спасёт (ся) спасём (ся) спасёте (сь) спасу́т (ся)
COND.	спаса́л (ся) бы спаса́ла (сь) бы спаса́ло (сь) бы спаса́ли (сь) бы	спа́с (ся) бы спасла́ (сь) бы спасло́ (сь) бы спасли́ (сь) бы
IMP.	спаса́й (ся) спаса́йте (сь)	спаси́ (сь) спаси́те (сь)
	DEVERBALS	
PRES. ACT.	спаса́ющий (ся)	
PRES. PASS.	спаса́емый	
PAST ACT.	спаса́вший (ся)	спа́сший (ся)
PAST PASS.		спасённый спасён, спасена́
VERBAL ADVERB	спаса́я (сь)	спа́сши (сь)

спаса́ть кого – что

Рыбаки, спасайте тунца.	Fishermen, save the tuna.
Самый высокий человек в мире спас дельфина.	The tallest man in the world rescued a dolphin.
Из пожара спаслось тридцать человек.	Thirty people were rescued from the fire.

спа́ть / поспа́ть
to sleep / take a nap

	IMPERFECTIVE ASPECT	PERFECTIVE ASPECT
INF.	спа́ть	поспа́ть
PRES.	сплю́ спи́шь спи́т спи́м спи́те спя́т	
PAST	спа́л спала́ спа́ло спа́ли	поспа́л поспала́ поспа́ло поспа́ли
FUT.	бу́ду спа́ть бу́дешь спа́ть бу́дет спа́ть бу́дем спа́ть бу́дете спа́ть бу́дут спа́ть	посплю́ поспи́шь поспи́т поспи́м поспи́те поспя́т
COND.	спа́л бы спала́ бы спа́ло бы спа́ли бы	поспа́л бы поспала́ бы поспа́ло бы поспа́ли бы
IMP.	спи́ спи́те	поспи́ поспи́те
	DEVERBALS	
PRES. ACT.	спя́щий	
PRES. PASS.		
PAST ACT.	спа́вший	поспа́вший
PAST PASS.		
VERBAL ADVERB	спа́в	поспа́в

Я здесь не сплю.	I do not sleep here.
Я так устала, сегодня часик поспала.	I am so tired that I took a nap for an hour today.
Идеально конечно, если вы поспите восемь часов.	It is ideal, of course, if you sleep eight hours.

спеши́ть / поспеши́ть

to hurry, rush

	IMPERFECTIVE ASPECT	PERFECTIVE ASPECT
INF.	спеши́ть	поспеши́ть
PRES.	спешу́ спеши́шь спеши́т спеши́м спеши́те спеша́т	
PAST	спеши́л спеши́ла спеши́ло спеши́ли	поспеши́л поспеши́ла поспеши́ло поспеши́ли
FUT.	бу́ду спеши́ть бу́дешь спеши́ть бу́дет спеши́ть бу́дем спеши́ть бу́дете спеши́ть бу́дут спеши́ть	поспешу́ поспеши́шь поспеши́т поспеши́м поспеши́те поспеша́т
COND.	спеши́л бы спеши́ла бы спеши́ло бы спеши́ли бы	поспеши́л бы поспеши́ла бы поспеши́ло бы поспеши́ли бы
IMP.	спеши́ спеши́те	поспеши́ поспеши́те
	DEVERBALS	
PRES. ACT.	спеша́щий	
PRES. PASS.		
PAST ACT.	спеши́вший	поспеши́вший
PAST PASS.		
VERBAL ADVERB	спеша́	поспеши́в

спеши́ть с чем, + infinitive

Москвичи не спешат покупать жилье.	Muscovites are in no hurry to purchase housing.
С конфискацией поспешили.	They hurried with the confiscation.
Поспешим к ним на помощь.	Let's rush to his aid.
Часы спешат.	The watch (clock) is fast.

спо́рить / поспо́рить

to argue, quarrel, debate

	IMPERFECTIVE ASPECT	PERFECTIVE ASPECT
INF.	спо́рить	поспо́рить
PRES.	спо́рю спо́ришь спо́рит спо́рим спо́рите спо́рят	
PAST	спо́рил спо́рила спо́рило спо́рили	поспо́рил поспо́рила поспо́рило поспо́рили
FUT.	бу́ду спо́рить бу́дешь спо́рить бу́дет спо́рить бу́дем спо́рить бу́дете спо́рить бу́дут спо́рить	поспо́рю поспо́ришь поспо́рит поспо́рим поспо́рите поспо́рят
COND.	спо́рил бы спо́рила бы спо́рило бы спо́рили бы	поспо́рил бы поспо́рила бы поспо́рило бы поспо́рили бы
IMP.	спо́рь спо́рьте	поспо́рь поспо́рьте
	DEVERBALS	
PRES. ACT.	спо́рящий	
PRES. PASS.		
PAST ACT.	спо́ривший	поспо́ривший
PAST PASS.		
VERBAL ADVERB	спо́ря	поспо́рив

спо́рить с кем – чем о ком – чём

О вкусах не спорят.	There's no accounting for taste.
Часто с тобой мы спорили.	You and I argued frequently.
Попробуйте поспорьте со мной.	Just try to argue with me.

	IMPERFECTIVE ASPECT	PERFECTIVE ASPECT
INF.	спра́шивать	спроси́ть
PRES.	спра́шиваю спра́шиваешь спра́шивает спра́шиваем спра́шиваете спра́шивают	
PAST	спра́шивал спра́шивала спра́шивало спра́шивали	спроси́л спроси́ла спроси́ло спроси́ли
FUT.	бу́ду спра́шивать бу́дешь спра́шивать бу́дет спра́шивать бу́дем спра́шивать бу́дете спра́шивать бу́дут спра́шивать	спрошу́ спро́сишь спро́сит спро́сим спро́сите спро́сят
COND.	спра́шивал бы спра́шивала бы спра́шивало бы спра́шивали бы	спроси́л бы спроси́ла бы спроси́ло бы спроси́ли бы
IMP.	спра́шивай спра́шивайте	спроси́ спроси́те
	DEVERBALS	
PRES. ACT.	спра́шивающий	
PRES. PASS.	спра́шиваемый	
PAST ACT.	спра́шивавший	спроси́вший
PAST PASS.		спро́шенный
VERBAL ADVERB	спра́шивая	спроси́в

спра́шивать кого – что о ком – чём

спра́шивать / спроси́ть

Examples

Это я вас спрашиваю.
It's you I'm asking.

Спрашивайте — мы отвечаем.
Ask — we answer.

Спрошу совета.
I'm asking for advice.

Спросите эксперта.
Ask an expert.

Что сказали бы дети, если их спросили бы о любви?
What would children say if asked about love?

Он выйдет никого не спросив.
He's leaving without asking anyone.

Не спрашивая клиентов, вы не получите ценную информацию.
By not asking your clients, you won't get valuable information.

Спрашиваем юриста.
We are asking an attorney.

Я никогда не спрошу ее.
I will never ask her.

Words and expressions related to this verb

Кто много знает, с того много спрашивается.

Не спрашивай старого.

Сам потерял, а с меня спрашивают.

спрос

спрашивание

спуска́ть (ся) / спусти́ть (ся)
to lower, let down (descend)

	IMPERFECTIVE ASPECT	PERFECTIVE ASPECT
INF.	спуска́ть (ся)	спусти́ть (ся)
PRES.	спуска́ю (сь) спуска́ешь (ся) спуска́ет (ся) спуска́ем (ся) спуска́ете (сь) спуска́ют (ся)	
PAST	спуска́л (ся) спуска́ла (сь) спуска́ло (сь) спуска́ли (сь)	спусти́л (ся) спусти́ла (сь) спусти́ло (сь) спусти́ли (сь)
FUT.	бу́ду спуска́ть (ся) бу́дешь спуска́ть (ся) бу́дет спуска́ть (ся) бу́дем спуска́ть (ся) бу́дете спуска́ть (ся) бу́дут спуска́ть (ся)	спущу́ (сь) спу́стишь (ся) спу́стит (ся) спу́стим (ся) спу́стите (сь) спу́стят (ся)
COND.	спуска́л (ся) бы спуска́ла (сь) бы спуска́ло (сь) бы спуска́ли (сь) бы	спусти́л (ся) бы спусти́ла (сь) бы спусти́ло (сь) бы спусти́ли (сь) бы
IMP.	спуска́й (ся) спуска́йте (сь)	спусти́ (сь) спусти́те (сь)
	DEVERBALS	
PRES. ACT.	спуска́ющий (ся)	
PRES. PASS.	спуска́емый	
PAST ACT.	спуска́вший (ся)	спусти́вший (ся)
PAST PASS.		спу́щенный
VERBAL ADVERB	спуска́я (сь)	спусти́в (шись)

спуска́ть кого – что; спуска́ться на что

Вы неправильно поднимаете и спускаете коляску. — You are raising and collapsing the baby carriage incorrectly.

Я спущусь к вам с крыши. — I will descend to you from the roof.

Спустите лодку и сядьте в нее. — Launch the boat and get in it.

сра́внивать (ся) / сравни́ть (ся)

to compare

	IMPERFECTIVE ASPECT	PERFECTIVE ASPECT
INF.	сра́внивать (ся)	сравни́ть (ся)
PRES.	сра́вниваю (сь) сра́вниваешь (ся) сра́внивает (ся) сра́вниваем (ся) сра́вниваете (сь) сра́внивают (ся)	
PAST	сра́внивал (ся) сра́внивала (сь) сра́внивало (сь) сра́внивали (сь)	сравни́л (ся) сравни́ла (сь) сравни́ло (сь) сравни́ли (сь)
FUT.	бу́ду сра́внивать (ся) бу́дешь сра́внивать (ся) бу́дет сра́внивать (ся) бу́дем сра́внивать (ся) бу́дете сра́внивать (ся) бу́дут сра́внивать (ся)	сравню́ (сь) сравни́шь (ся) сравни́т (ся) сравни́м (ся) сравни́те (сь) сравня́т (ся)
COND.	сра́внивал (ся) бы сра́внивала (сь) бы сра́внивало (сь) бы сра́внивали (сь) бы	сравни́л (ся) бы сравни́ла (сь) бы сравни́ло (сь) бы сравни́ли (сь) бы
IMP.	сра́внивай (ся) сра́внивайте (сь)	сравни́ (сь) сравни́те (сь)
	DEVERBALS	
PRES. ACT.	сра́внивающий (ся)	
PRES. PASS.	сра́вниваемый	
PAST ACT.	сра́внивавший (ся)	сравни́вший (ся)
PAST PASS.		сравнённый сравнён, сравнена́
VERBAL ADVERB	сра́внивая (сь)	сравни́в (шись)

сра́внивать кого – что с кем – чем; сра́вниваться с кем – чем в чём

Как все, сравниваемся друг с другом.	Like everyone, we compare ourselves with each other.
Сравните наши цены с ценами конкурентов.	Compare our prices with those of our competitors.
С ним никто не сравнился.	No one could be compared to him.

ссóрить (ся) / поссóрить (ся)

to come between, split (quarrel)

	IMPERFECTIVE ASPECT	PERFECTIVE ASPECT
INF.	ссóрить (ся)	поссóрить (ся)
PRES.	ссóрю (сь) ссóришь (ся) ссóрит (ся) ссóрим (ся) ссóрите (сь) ссóрят (ся)	
PAST	ссóрил (ся) ссóрила (сь) ссóрило (сь) ссóрили (сь)	поссóрил (ся) поссóрила (сь) поссóрило (сь) поссóрили (сь)
FUT.	бýду ссóрить (ся) бýдешь ссóрить (ся) бýдет ссóрить (ся) бýдем ссóрить (ся) бýдете ссóрить (ся) бýдут ссóрить (ся)	поссóрю (сь) поссóришь (ся) поссóрит (ся) поссóрим (ся) поссóрите (сь) поссóрят (ся)
COND.	ссóрил (ся) бы ссóрила (сь) бы ссóрило (сь) бы ссóрили (сь) бы	поссóрил (ся) бы поссóрила (сь) бы поссóрило (сь) бы поссóрили (сь) бы
IMP.	ссóрь (ся) ссóрьте (сь)	поссóрь (ся) поссóрьте (сь)
	DEVERBALS	
PRES. ACT.	ссóрящий (ся)	
PRES. PASS.		
PAST ACT.	ссóривший (ся)	поссóривший (ся)
PAST PASS.		поссóренный
VERBAL ADVERB	ссóря (сь)	поссóрив (шись)

ссóрить кого – что с кем – чем; ссóриться с кем – чем

Я с многими ссорюсь, и других ссорю между собой.	I quarrel with lots of people, and I cause others to quarrel among themselves.
Энергетики поссорились с железнодорожниками.	The energy workers quarreled with the railroad workers.
Не поссорьтесь с вашей женой.	Don't quarrel with your wife.

ста́вить / поста́вить
to place, stand, put on [a performance]

	IMPERFECTIVE ASPECT	PERFECTIVE ASPECT
INF.	ста́вить	поста́вить
PRES.	ста́влю ста́вишь ста́вит ста́вим ста́вите ста́вят	
PAST	ста́вил ста́вила ста́вило ста́вили	поста́вил поста́вила поста́вило поста́вили
FUT.	бу́ду ста́вить бу́дешь ста́вить бу́дет ста́вить бу́дем ста́вить бу́дете ста́вить бу́дут ста́вить	поста́влю поста́вишь поста́вит поста́вим поста́вите поста́вят
COND.	ста́вил бы ста́вила бы ста́вило бы ста́вили бы	поста́вил бы поста́вила бы поста́вило бы поста́вили бы
IMP.	ста́вь ста́вьте	поста́вь поста́вьте
	DEVERBALS	
PRES. ACT.	ста́вящий	
PRES. PASS.		
PAST ACT.	ста́вивший	поста́вивший
PAST PASS.	ста́вленный	поста́вленный
VERBAL ADVERB	ста́вя	поста́вив

ста́вить что, кого – что

ста́вить / поста́вить

Examples

Банки ставят рекорды.
The banks are setting records.

Мы не ставили перед собой больших задач.
We didn't set great tasks for ourselves.

Поставьте на нас ссылку.
Place a link to us.

Поставь книгу на полку.
Stand the book on the shelf.

В Большом театре будет поставлен новый балет.
A new ballet will be put on at the Bolshoi Theater.

Нам ставились высокие задачи.
Lofty tasks were set for us.

Можно ли лечить болезнь, не поставив диагноз?
Can you cure a disease without making a diagnosis?

Как профессионал я ставлю диагноз.
As a professional, I am giving a diagnosis.

Их поставили на место.
They were put in their place.

Words and expressions related to this verb

Ставь стулья на места.

Часы не ставятся по солнцу.

Я ставлю сто рублей.

Он ставит вопрос.

ставить диагноз

ставить отметки

ставить условия

ставка

станови́ться / ста́ть
to stand, become / begin

	IMPERFECTIVE ASPECT	PERFECTIVE ASPECT
INF.	станови́ться	ста́ть
PRES.	становлю́сь стано́вишься стано́вится стано́вимся стано́витесь стано́вятся	
PAST	станови́лся станови́лась станови́лось станови́лись	ста́л ста́ла ста́ло ста́ли
FUT.	бу́ду станови́ться бу́дешь станови́ться бу́дет станови́ться бу́дем станови́ться бу́дете станови́ться бу́дут станови́ться	ста́ну ста́нешь ста́нет ста́нем ста́нете ста́нут
COND.	станови́лся бы станови́лась бы станови́лось бы станови́лись бы	ста́л бы ста́ла бы ста́ло бы ста́ли бы
IMP.	станови́сь станови́тесь	ста́нь ста́ньте
	DEVERBALS	
PRES. ACT.	становя́щийся	
PRES. PASS.		
PAST ACT.	станови́вшийся	ста́вший
PAST PASS.		
VERBAL ADVERB	становя́сь	ста́в

станови́ться кем – чем в чём, + infinitive

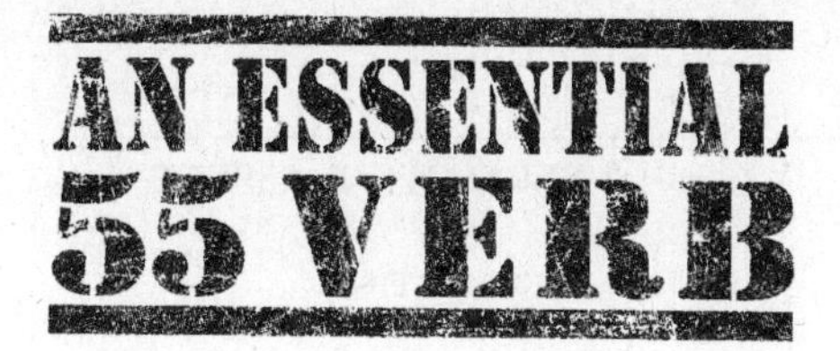

стано́виться / ста́ть

Examples

С каждым годом мы становимся старше.
We grow older with each year.

Как становились девушки спасателями?
How did the girls become rescuers?

Чем больше едите, тем больше становитесь.
The more you eat, the bigger you get.

Когда я стану взрослым, я ему покажу.
When I become an adult, I'll show him.

Стань автором.
Become an author.

Она стала министром.
She became a minister.

Слова станут золотыми.
The words will become golden.

Телефонное общение становится роскошью.
A telephone conversation is becoming a luxury.

Кем вы хотели стать в детстве?
What did you want to become as a child?

Мы еще станем первыми.
We'll still become the first.

Words and expressions related to this verb

Станьте в очередь.

Станьте на колени.

Станьте на ноги.

Станьте на сторону.

становление

становой

стара́ться / постара́ться
to try, make an effort

	IMPERFECTIVE ASPECT	PERFECTIVE ASPECT
INF.	стара́ться	постара́ться
PRES.	стара́юсь стара́ешься стара́ется стара́емся стара́етесь стара́ются	
PAST	стара́лся стара́лась стара́лось стара́лись	постара́лся постара́лась постара́лось постара́лись
FUT.	бу́ду стара́ться бу́дешь стара́ться бу́дет стара́ться бу́дем стара́ться бу́дете стара́ться бу́дут стара́ться	постара́юсь постара́ешься постара́ется постара́емся постара́етесь постара́ются
COND.	стара́лся бы стара́лась бы стара́лось бы стара́лись бы	постара́лся бы постара́лась бы постара́лось бы постара́лись бы
IMP.	стара́йся стара́йтесь	постара́йся постара́йтесь
	DEVERBALS	
PRES. ACT.	стара́ющийся	
PRES. PASS.		
PAST ACT.	стара́вшийся	постара́вшийся
PAST PASS.		
VERBAL ADVERB	стара́ясь	постара́вшись

Авторы стараются извлечь максимальную выгоду. — Authors try to derive the greatest advantage.

Постарайтесь ответить все вопросы. — Try to answer all the questions.

Я постаралась вложить в оперу всю свою душу. — I tried to put my entire soul into the opera.

	IMPERFECTIVE ASPECT	PERFECTIVE ASPECT
INF.	стира́ть (ся)	вы́стирать (ся)
PRES.	стира́ю стира́ешь стира́ет (ся) стира́ем стира́ете стира́ют (ся)	
PAST	стира́л (ся) стира́ла (сь) стира́ло (сь) стира́ли (сь)	вы́стирал (ся) вы́стирала (сь) вы́стирало (сь) вы́стирали (сь)
FUT.	бу́ду стира́ть бу́дешь стира́ть бу́дет стира́ть (ся) бу́дем стира́ть бу́дете стира́ть бу́дут стира́ть (ся)	вы́стираю вы́стираешь вы́стирает (ся) вы́стираем вы́стираете вы́стирают (ся)
COND.	стира́л (ся) бы стира́ла (сь) бы стира́ло (сь) бы стира́ли (сь) бы	вы́стирал (ся) бы вы́стирала (сь) бы вы́стирало (сь) бы вы́стирали (сь) бы
IMP.	стира́й стира́йте	вы́стирай вы́стирайте
	DEVERBALS	
PRES. ACT.	стира́ющий (ся)	
PRES. PASS.	стира́емый	
PAST ACT.	стира́вший (ся)	вы́стиравший (ся)
PAST PASS.	стира́нный	вы́стиранный
VERBAL ADVERB	стира́я (сь)	вы́стиравши (сь)

стира́ть что

Чем вы стираете одежду ребенка?	What do you wash the child's clothes with?
За два часа мне выстирали бальное платье.	For two hours they laundered my ball dress.
Вся краска выстиралась.	All the color was washed out.

стира́ть (ся) / стере́ть (ся)
to rub out, wipe off, erase

	IMPERFECTIVE ASPECT	PERFECTIVE ASPECT
INF.	стира́ть (ся)	стере́ть (ся)
PRES.	стира́ю (сь) стира́ешь (ся) стира́ет (ся) стира́ем (ся) стира́ете (сь) стира́ют (ся)	
PAST	стира́л (ся) стира́ла (сь) стира́ло (сь) стира́ли (сь)	стёр (ся) стёрла (сь) стёрло (сь) стёрли (сь)
FUT.	бу́ду стира́ть бу́дешь стира́ть бу́дет стира́ть (ся) бу́дем стира́ть бу́дете стира́ть бу́дут стира́ть (ся)	сотру́ (сь) сотрёшь (ся) сотрёт (ся) сотрём (ся) сотрёте (сь) сотру́т (ся)
COND.	стира́л (ся) бы стира́ла (сь) бы стира́ло (сь) бы стира́ли (сь) бы	стёр (ся) бы стёрла (сь) бы стёрло (сь) бы стёрли (сь) бы
IMP.	стира́й (ся) стира́йте (сь)	сотри́ (сь) сотри́те (сь)
	DEVERBALS	
PRES. ACT.	стира́ющий (ся)	
PRES. PASS.	стира́емый	
PAST ACT.	стира́вший (ся)	стёрший (ся)
PAST PASS.		стёртый
VERBAL ADVERB	стира́я (сь)	стере́в – стёршись

стира́ть что

Стираю с доски и начинаю все с начала.	I am wiping the slate clean and starting everything over from the beginning.
Река смёрла с лица земли сотни домов.	The river obliterated hundreds of houses.
В памяти моей война не стерлась.	The war has not been erased from my memory.

	IMPERFECTIVE ASPECT	PERFECTIVE ASPECT
INF.	сто́ить	
PRES.	сто́ю сто́ишь сто́ит сто́им сто́ите сто́ят	
PAST	сто́ил сто́ила сто́ило сто́или	
FUT.	бу́ду сто́ить бу́дешь сто́ить бу́дет сто́ить бу́дем сто́ить бу́дете сто́ить бу́дут отбить	
COND.	сто́ил бы сто́ила бы сто́ило бы сто́или бы	
IMP.		

DEVERBALS

PRES. ACT.	сто́ящий	
PRES. PASS.		
PAST ACT.	сто́ивший	
PAST PASS.		
VERBAL ADVERB	сто́я	

сто́ить что, чего, кому + infinitive

Сколько стоит безопасность?	How much does security cost?
Катание на лыжах стоило ему правой ноги.	Ice skating cost him his right leg.
Вечерние сеансы стоят в два раза дороже.	Evening performances cost twice as much.

стоя́ть / постоя́ть
to stand, be situated, stop

	IMPERFECTIVE ASPECT	PERFECTIVE ASPECT
INF.	стоя́ть	постоя́ть
PRES.	стою́ стои́шь стои́т стои́м стои́те стоя́т	
PAST	стоя́л стоя́ла стоя́ло стоя́ли	постоя́л постоя́ла постоя́ло постоя́ли
FUT.	бу́ду стоя́ть бу́дешь стоя́ть бу́дет стоя́ть бу́дем стоя́ть бу́дете стоя́ть бу́дут стоя́ть	постою́ постои́шь постои́т постои́м постои́те постоя́т
COND.	стоя́л бы стоя́ла бы стоя́ло бы стоя́ли бы	постоя́л бы постоя́ла бы постоя́ло бы постоя́ли бы
IMP.	сто́й сто́йте	посто́й посто́йте
	DEVERBALS	
PRES. ACT.	стоя́щий	
PRES. PASS.		
PAST ACT.	стоя́вший	постоя́вший
PAST PASS.		
VERBAL ADVERB	сто́я	постоя́в

стоя́ть за кого – что

стоя́ть / постоя́ть

Examples

Стою в очереди.
I'm standing in line.

Не стойте очень близко.
Don't stand very close.

Мы за стеной не постоим.
We will not stand behind the wall.

Она постояла за честь сестры.
She stood up for the honor of her sister.

Офицеры слушают стоя.
Officers listen while standing.

Постояв десять минут они отправились.
After standing about ten minutes, they set off.

Постойте слева.
Stand to the left.

Стойте справа.
Stand to the right.

Стояли, стоят и будут стоять.
They stood, are standing, and will continue to stand.

Хоть немного еще постою на краю.
I will stand on the edge just a little more.

Words and expressions related to this verb

Стой. Стойте.

Часы стоят.

Кто едет, не стоит.

Кто за правду стоит?

стоянка

стояние

стоячий

страда́ть / пострада́ть

to suffer, be in pain

	IMPERFECTIVE ASPECT	PERFECTIVE ASPECT
INF.	страда́ть	пострада́ть
PRES.	страда́ю страда́ешь страда́ет страда́ем страда́ете страда́ют	
PAST	страда́л страда́ла страда́ло страда́ли	пострада́л пострада́ла пострада́ло пострада́ли
FUT.	бу́ду страда́ть бу́дешь страда́ть бу́дет страда́ть бу́дем страда́ть бу́дете страда́ть бу́дут страда́ть	пострада́ю пострада́ешь пострада́ет пострада́ем пострада́ете пострада́ют
COND.	страда́л бы страда́ла бы страда́ло бы страда́ли бы	пострада́л бы пострада́ла бы пострада́ло бы пострада́ли бы
IMP.	страда́й страда́йте	пострада́й пострада́йте
	DEVERBALS	
PRES. ACT.	страда́ющий	
PRES. PASS.		
PAST ACT.	страда́вший	пострада́вший
PAST PASS.		
VERBAL ADVERB	страда́я	пострада́в

страда́ть чем, от чего, за что

Страдаете ли вы от стресса? — Do you suffer from stress?
Область пострадала от урагана. — The region suffered from the hurricane.
Пострадаю за вас. — I will suffer for you.

	IMPERFECTIVE ASPECT	PERFECTIVE ASPECT
INF.	стреля́ть (ся)	вы́стрелить
PRES.	стреля́ю (сь) стреля́ешь (ся) стреля́ет (ся) стреля́ем (ся) стреля́ете (сь) стреля́ют (ся)	
PAST	стреля́л (ся) стреля́ла (сь) стреля́ло (сь) стреля́ли (сь)	вы́стрелил вы́стрелила вы́стрелило вы́стрелили
FUT.	бу́ду стреля́ть (ся) бу́дешь стреля́ть (ся) бу́дет стреля́ть (ся) бу́дем стреля́ть (ся) бу́дете стреля́ть (ся) бу́дут стреля́ть (ся)	вы́стрелю вы́стрелишь вы́стрелит вы́стрелим вы́стрелите вы́стрелят
COND.	стреля́л (ся) бы стреля́ла (сь) бы стреля́ло (сь) бы стреля́ли (сь) бы	вы́стрелил бы вы́стрелила бы вы́стрелило бы вы́стрелили бы
IMP.	стреля́й (сь) стреля́йте (сь)	вы́стрели вы́стрелите
	DEVERBALS	
PRES. ACT.	стреля́ющий (ся)	
PRES. PASS.		
PAST ACT.	стреля́вший (ся)	вы́стреливший
PAST PASS.		
VERBAL ADVERB	стреля́я (сь)	вы́стрелив

стреля́ть в кого – что, кого – что; стреля́ться с кем

Почему ты не стреляешь в этого?	Why don't you shoot at this one?
Ему выстрелили в лицо.	He was shot in the face.
Лучше бы стрелялись на дуэли.	Let's duel instead.

стреми́ться

to strive, seek, aspire to

	IMPERFECTIVE ASPECT	PERFECTIVE ASPECT
INF.	стреми́ться	
PRES.	стремлю́сь стреми́шься стреми́тся стреми́мся стреми́тесь стремя́тся	
PAST	стреми́лся стреми́лась стреми́лось стреми́лись	
FUT.	бу́ду стреми́ться бу́дешь стреми́ться бу́дет стреми́ться бу́дем стреми́ться бу́дете стреми́ться бу́дут стреми́ться	
COND.	стреми́лся бы стреми́лась бы стреми́лось бы стреми́лись бы	
IMP.	стреми́сь стреми́тесь	

DEVERBALS

PRES. ACT.	стремя́щийся
PRES. PASS.	
PAST ACT.	стреми́вшийся
PAST PASS.	
VERBAL ADVERB	стремя́сь

стреми́ться к чему, + infinitive

Я в музыке моей к тебе стремлюсь.	In my music I long for you.
Сначала стремитесь понять, потом быть понятым.	Seek first to understand, then to be understood.
Казахи стремятся сохранить свою этничность.	The Kazakhs are striving to preserve their ethnicity.

стри́чь (ся) / остри́чь (ся)
to cut, clip, shear (get a haircut)

	IMPERFECTIVE ASPECT	PERFECTIVE ASPECT
INF.	стри́чь (ся)	остри́чь (ся)
PRES.	стригу́ (сь) стрижёшь (ся) стрижёт (ся) стрижём (ся) стрижёте (сь) стригу́т (ся)	
PAST	стри́г (ся) стри́гла (сь) стри́гло (сь) стри́гли (сь)	остри́г (ся) остри́гла (сь) остри́гло (сь) остри́гли (сь)
FUT.	бу́ду стри́чь (ся) бу́дешь стри́чь (ся) бу́дет стри́чь (ся) бу́дем стри́чь (ся) бу́дете стри́чь (ся) бу́дут стри́чь (ся)	остригу́ (сь) острижёшь (ся) острижёт (ся) острижём (ся) острижёте (сь) остригу́т (ся)
COND.	стри́г (ся) бы стри́гла (сь) бы стри́гло (сь) бы стри́гли (сь) бы	остри́г (ся) бы остри́гла (сь) бы остри́гло (сь) бы остри́гли (сь) бы
IMP.	стриги́ (сь) стриги́те (сь)	остриги́ (сь) остриги́те (сь)
	DEVERBALS	
PRES. ACT.	стри́гущий (ся)	
PRES. PASS.		
PAST ACT.	стри́гший (ся)	остри́гший (ся)
PAST PASS.	стри́женный	остри́женный
VERBAL ADVERB		остри́гши (сь)

стри́чь кого – что
There is also the verbal pair **остригáть (ся) / остри́чь (ся).**

Стригу исключительно дам.	I cut only women's hair.
Почему девушки коротко стригутся?	Why are girls getting short haircuts?
Очень хорошо, что ты остригся.	It's good that you got a haircut.

C

стро́ить (ся) / постро́ить (ся)

to build, construct (line up)

	IMPERFECTIVE ASPECT	PERFECTIVE ASPECT
INF.	стро́ить (ся)	постро́ить (ся)
PRES.	стро́ю (сь) стро́ишь (ся) стро́ит (ся) стро́им (ся) стро́ите (сь) стро́ят (ся)	
PAST	стро́ил (ся) стро́ила (сь) стро́ило (сь) стро́или (сь)	постро́ил (ся) постро́ила (сь) постро́ило (сь) постро́или (сь)
FUT.	бу́ду стро́ить (ся) бу́дешь стро́ить (ся) бу́дет стро́ить (ся) бу́дем стро́ить (ся) бу́дете стро́ить (ся) бу́дут стро́ить (ся)	постро́ю (сь) постро́ишь (ся) постро́ит (ся) постро́им (ся) постро́ите (сь) постро́ят (ся)
COND.	стро́ил (ся) бы стро́ила (сь) бы стро́ило (сь) бы стро́или (сь) бы	постро́ил (ся) бы постро́ила (сь) бы постро́ило (сь) бы постро́или (сь) бы
IMP.	стро́й (ся) стро́йте (сь)	постро́й (ся) постро́йте (сь)
	DEVERBALS	
PRES. ACT.	стро́ящий (ся)	
PRES. PASS.	стро́имый	
PAST ACT.	стро́ивший (ся)	постро́ивший (ся)
PAST PASS.		постро́енный
VERBAL ADVERB	стро́я (сь)	постро́ив (шись)

стро́ить что, на чём, кого – что

Строим вместе.	We are building it together.
У нас построился дом.	We had a house built.
Построилась вся рота.	The entire company got in formation.

	IMPERFECTIVE ASPECT	PERFECTIVE ASPECT
INF.	стуча́ть (ся)	постуча́ть (ся)
PRES.	стучу́ (сь)	
	стучи́шь (ся)	
	стучи́т (ся)	
	стучи́м (ся)	
	стучи́те (сь)	
	стуча́т (ся)	
PAST	стуча́л (ся)	постуча́л (ся)
	стуча́ла (сь)	постуча́ла (сь)
	стуча́ло (сь)	постуча́ло (сь)
	стуча́ли (сь)	постуча́ли (сь)
FUT.	бу́ду стуча́ть (ся)	постучу́ (сь)
	бу́дешь стуча́ть (ся)	постучи́шь (ся)
	бу́дет стуча́ть (ся)	постучи́т (ся)
	бу́дем стуча́ть (ся)	постучи́м (ся)
	бу́дете стуча́ть (ся)	постучи́те (сь)
	бу́дут стуча́ть (ся)	постуча́т (ся)
COND.	стуча́л (ся) бы	постуча́л (ся) бы
	стуча́ла (сь) бы	постуча́ла (сь) бы
	стуча́ло (сь) бы	постуча́ло (сь) бы
	стуча́ли (сь) бы	постуча́ли (сь) бы
IMP.	стучи́ (сь)	постучи́ (сь)
	стучи́те (сь)	постучи́те (сь)

DEVERBALS

PRES. ACT.	стуча́щий (ся)	
PRES. PASS.		
PAST ACT.	стуча́вший (ся)	постуча́вший (ся)
PAST PASS.		
VERBAL ADVERB	стуча́ (сь)	постуча́в (шись)

Стою у двери и стучу. — I am standing at the door and knocking.
Постучался кто-то в дверь. — Someone knocked at the door.
И однажды они к нам постучатся. — And one day they will knock on our door.

суди́ть (ся)
to judge, referee (be tried in court)

	IMPERFECTIVE ASPECT	PERFECTIVE ASPECT
INF.	суди́ть (ся)	
PRES.	сужу́ (сь) су́дишь (ся) су́дит (ся) су́дим (ся) су́дите (сь) су́дят (ся)	
PAST	суди́л (ся) суди́ла (сь) суди́ло (сь) суди́ли (сь)	
FUT.	бу́ду суди́ть (ся) бу́дешь суди́ть (ся) бу́дет суди́ть (ся) бу́дем суди́ть (ся) бу́дете суди́ть (ся) бу́дут суди́ть (ся)	
COND.	суди́л (ся) бы суди́ла (сь) бы суди́ло (сь) бы суди́ли (сь) бы	
IMP.	суди́ (сь) суди́те (сь)	
		DEVERBALS
PRES. ACT.	судя́щий (ся)	
PRES. PASS.	суди́мый	
PAST ACT.	суди́вший (ся)	
PAST PASS.	суждённый суждён, суждена́	
VERBAL ADVERB	судя́ (сь)	

суди́ть о ком – чём, кого – что; суди́ться с кем – чем
Note the stress in the phrase **су́дя по кому – чему** (***judging by***).

Не судите строго.	Do not judge harshly.
Школьница судилась с милиционерами, и выиграла.	The schoolgirl took legal action against the police, and she won.
Суди себя также, как судишь других.	Judge yourself as you judge others.

	IMPERFECTIVE ASPECT	PERFECTIVE ASPECT
INF.	существова́ть	
PRES.	существу́ю существу́ешь существу́ет существу́ем существу́ете существу́ют	
PAST	существова́л существова́ла существова́ло существова́ли	
FUT.	бу́ду существова́ть бу́дешь существова́ть бу́дет существова́ть бу́дем существова́ть бу́дете существова́ть бу́дут существова́ть	
COND.	существова́л бы существова́ла бы существова́ло бы существова́ли бы	
IMP.	существу́й существу́йте	

DEVERBALS

PRES. ACT.	существу́ющий	
PRES. PASS.		
PAST ACT.	существова́вший	
PAST PASS.		
VERBAL ADVERB	существу́я	

существова́ть чем, на что

Я мыслю. Значит существую.	I think. Therefore I am.
Дедушка Мороз! Так вы существуете на самом деле.	Father Frost! So you really exist.
Какие виды письма существовали на Руси?	What kinds of writing existed in Rus?

схва́тывать (ся) / схвати́ть (ся)

to grab, comprehend

	IMPERFECTIVE ASPECT	PERFECTIVE ASPECT
INF.	схва́тывать (ся)	схвати́ть (ся)
PRES.	схва́тываю (сь) схва́тываешь (ся) схва́тывает (ся) схва́тываем (ся) схва́тываете (сь) схва́тывают (ся)	
PAST	схва́тывал (ся) схва́тывала (сь) схва́тывало (сь) схва́тывали (сь)	схвати́л (ся) схвати́ла (сь) схвати́ло (сь) схвати́ли (сь)
FUT.	бу́ду схва́тывать (ся) бу́дешь схва́тывать (ся) бу́дет схва́тывать (ся) бу́дем схва́тывать (ся) бу́дете схва́тывать (ся) бу́дут схва́тывать (ся)	схвачу́ (сь) схва́тишь (ся) схва́тит (ся) схва́тим (ся) схва́тите (сь) схва́тят (ся)
COND.	схва́тывал (ся) бы схва́тывала (сь) бы схва́тывало (сь) бы схва́тывали (сь) бы	схвати́л (ся) бы схвати́ла (сь) бы схвати́ло (сь) бы схвати́ли (сь) бы
IMP.	схва́тывай (ся) схва́тывайте (сь)	схвати́ (сь) схвати́те (сь)
	DEVERBALS	
PRES. ACT.	схва́тывающий (ся)	
PRES. PASS.	схва́тываемый	
PAST ACT.	схва́тывавший (ся)	схвати́вший (ся)
PAST PASS.		схва́ченный
VERBAL ADVERB	схва́тывая (сь)	схвати́в (шись)

схва́тывать кого – что; схва́тываться за кого – что

Схватываем обеими руками тяжелый вес.	We grab the heavy weight with both hands.
И тогда он схватился за топор.	And then he grabbed for an axe.
Ничего я не схвачу, я все давным–давно выучила.	I don't have to comprehend a thing; I learned it all long, long ago.

сходи́ть (ся) / сойти́ (сь)

to come down, go down, get off (assemble)

	IMPERFECTIVE ASPECT	PERFECTIVE ASPECT
INF.	сходи́ть (ся)	сойти́ (сь)
PRES.	схожу́ (сь) схо́дишь (ся) схо́дит (ся) схо́дим (ся) схо́дите (сь) схо́дят (ся)	
PAST	сходи́л (ся) сходи́ла (сь) сходи́ло (сь) сходи́ли (сь)	сошёл (ся) сошла́ (сь) сошло́ (сь) сошли́ (сь)
FUT.	бу́ду сходи́ть (ся) бу́дешь сходи́ть (ся) бу́дет сходи́ть (ся) бу́дем сходи́ть (ся) бу́дете сходи́ть (ся) бу́дут сходи́ть (ся)	сойду́ (сь) сойдёшь (ся) сойдёт (ся) сойдём (ся) сойдёте (сь) сойду́т (ся)
COND.	сходи́л (ся) бы сходи́ла (сь) бы сходи́ло (сь) бы сходи́ли (сь) бы	сошёл (ся) бы сошла́ (сь) бы сошло́ (сь) бы сошли́ (сь) бы
IMP.	сходи́ (сь) сходи́те (сь)	сойди́ (сь) сойди́те (сь)
	DEVERBALS	
PRES. ACT.	сходящий (ся)	
PRES. PASS.		
PAST ACT.	сходи́вший (ся)	соше́дший (ся)
PAST PASS.		
VERBAL ADVERB	сходя́ (сь)	сойдя́ (сь)

сходи́ть с чего на что; сходи́ться в чём, чем, на чём
As a perfective verb, **сходи́ть** means ***to go somewhere and return.***

У меня ничего не сходится.	Nothing works out for me.
Электричка сошла с рельсов.	The electric train ran off the tracks.
Они последний раз сходили в Мавзолей.	They went to the Mausoleum last time.

счита́ть (ся) / сосчита́ть (ся)
to count, settle accounts

	IMPERFECTIVE ASPECT	PERFECTIVE ASPECT
INF.	счита́ть (ся)	сосчита́ть (ся)
PRES.	счита́ю (сь) счита́ешь (ся) счита́ет (ся) счита́ем (ся) счита́ете (сь) счита́ют (ся)	
PAST	счита́л (ся) счита́ла (сь) счита́ло (сь) счита́ли (сь)	сосчита́л (ся) сосчита́ла (сь) сосчита́ло (сь) сосчита́ли (сь)
FUT.	бу́ду счита́ть (ся) бу́дешь счита́ть (ся) бу́дет счита́ть (ся) бу́дем счита́ть (ся) бу́дете счита́ть (ся) бу́дут счита́ть (ся)	сосчита́ю (сь) сосчита́ешь (ся) сосчита́ет (ся) сосчита́ем (ся) сосчита́ете (сь) сосчита́ют (ся)
COND.	счита́л (ся) бы счита́ла (сь) бы счита́ло (сь) бы счита́ли (сь) бы	сосчита́л (ся) бы сосчита́ла (сь) бы сосчита́ло (сь) бы сосчита́ли (сь) бы
IMP.	счита́й (ся) счита́йте (сь)	сосчита́й (сь) сосчита́йте (сь)
	DEVERBALS	
PRES. ACT.	счита́ющий (ся)	
PRES. PASS.	счита́емый	
PAST ACT.	счита́вший (ся)	сосчита́вший (ся)
PAST PASS.	счи́танный	сосчи́танный
VERBAL ADVERB	счита́я (сь)	сосчита́в (шись)

счита́ть кого – что кем – чем, за кого – что

счита́ть (ся) / сосчита́ть (ся)

Examples

Виновным я себя не считаю.
I don't consider myself guilty.

Не считайте меня оптимистом.
Don't consider me an optimist.

Считай деньги.
Count the money.

Муж не считается с моим мнением.
My husband doesn't take my opinion into account.

Кто идёт — давайте сосчитаемся.
Who's going — let's take a count.

Мы с тобой сосчитаемся.
You and I will settle accounts.

Деньги были сосчитаны на ваших глазах.
The money was counted in front of your eyes.

Считаем, изучаем геометрические фигуры.
We do calculations and study geometric figures.

Я никого не считаю противником.
I don't consider anyone an opponent.

Быстро все сосчиталось.
Everything was quickly settled.

Words and expressions related to this verb

Все это надо считать вздором.

Считаю его порядочным человеком.

Как считается?

счёт

счеты

счётчик

танцева́ть (ся) / потанцева́ть
to dance (dance steps)

	IMPERFECTIVE ASPECT	PERFECTIVE ASPECT
INF.	танцева́ть (ся)	потанцева́ть
PRES.	танцу́ю танцу́ешь танцу́ет (ся) танцу́ем танцу́ете танцу́ют (ся)	
PAST	танцева́л (ся) танцева́ла (сь) танцева́ло (сь) танцева́ли (сь)	потанцева́л потанцева́ла потанцева́ло потанцева́ли
FUT.	бу́ду танцева́ть бу́дешь танцева́ть бу́дет танцева́ть (ся) бу́дем танцева́ть бу́дете танцева́ть бу́дут танцева́ть (ся)	потанцу́ю потанцу́ешь потанцу́ет потанцу́ем потанцу́ете потанцу́ют
COND.	танцева́л (ся) бы танцева́ла (сь) бы танцева́ло (сь) бы танцева́ли (сь) бы	потанцева́л бы потанцева́ла бы потанцева́ло бы потанцева́ли бы
IMP.	танцу́й танцу́йте	потанцу́й потанцу́йте
	DEVERBALS	
PRES. ACT.	танцу́ющий (ся)	
PRES. PASS.		
PAST ACT.	танцева́вший (ся)	потанцева́вший
PAST PASS.		
VERBAL ADVERB	танцу́я (сь)	потанцева́в

танцева́ть что с кем
Another perfective verb is **станцева́ть.**

Танцуй и пой.	Dance and sing.
Давай потанцуем.	Let's dance.
Салсу я бы с удовольствием потанцевала.	I would dance the salsa with pleasure.

	MULTIDIRECTIONAL	UNIDIRECTIONAL	PERFECTIVE ASPECT
INF.	таска́ть	тащи́ть	потащи́ть
PRES.	таска́ю таска́ешь таска́ет таска́ем таска́ете таска́ют	тащу́ та́щишь та́щит та́щим та́щите та́щат	
PAST	таска́л таска́ла таска́ло таска́ли	тащи́л тащи́ла тащи́ло тащи́ли	потащи́л потащи́ла потащи́ло потащи́ли
FUT.	бу́ду таска́ть бу́дешь таска́ть бу́дет таска́ть бу́дем таска́ть бу́дете таска́ть бу́дут таска́ть	бу́ду тащи́ть бу́дешь тащи́ть бу́дет тащи́ть бу́дем тащи́ть бу́дете тащи́ть бу́дут тащи́ть	потащу́ пота́щишь пота́щит пота́щим пота́щите пота́щат
COND.	таска́л бы таска́ла бы таска́ло бы таска́ли бы	тащи́л бы тащи́ла бы тащи́ло бы тащи́ли бы	потащи́л бы потащи́ла бы потащи́ло бы потащи́ли бы
IMP.	таска́й таска́йте	тащи́ тащи́те	потащи́ потащи́те
		DEVERBALS	
PRES. ACT.	таска́ющий	та́щащий	
PRES. PASS.	таска́емый	тащи́мый	
PAST ACT.	таска́вший	тащи́вший	потащи́вший
PAST PASS.	та́сканный		пота́щенный
VERBAL ADVERB	таска́я	таща́	потащи́вши

T

таска́ть – тащи́ть кого – что

Не таскайте проблемы за собой. — Don't carry problems around with you.
Мы тащили за собой большую коляску. — We dragged a big carriage after us.
Нас в суд потащат. — They will drag us to court.

та́ять / раста́ять

to melt, thaw, melt away

	IMPERFECTIVE ASPECT	PERFECTIVE ASPECT
INF.	та́ять	раста́ять
PRES.	та́ю та́ешь та́ет та́ем та́ете та́ют	
PAST	та́ял та́яла та́яло та́яли	раста́ял раста́яла раста́яло раста́яли
FUT.	бу́ду та́ять бу́дешь та́ять бу́дет та́ять бу́дем та́ять бу́дете та́ять бу́дут та́ять	раста́ю раста́ешь раста́ет раста́ем раста́ете раста́ют
COND.	та́ял бы та́яла бы та́яло бы та́яли бы	раста́ял бы раста́яла бы раста́яло бы раста́яли бы
IMP.	та́й та́йте	раста́й раста́йте
	DEVERBALS	
PRES. ACT.	та́ющий	
PRES. PASS.		
PAST ACT.	та́явший	раста́явший
PAST PASS.		
VERBAL ADVERB	та́я	раста́яв

та́ять от чего

Планета тает на глазах.	The planet is melting before our eyes.
Она растаяла от комплиментов.	She melted from the compliments.
Льды Артики растают.	The Arctic ice is melting.

	IMPERFECTIVE ASPECT	PERFECTIVE ASPECT
INF.	терпе́ть	потерпе́ть
PRES.	терплю́ те́рпишь те́рпит те́рпим те́рпите те́рпят	
PAST	терпе́л терпе́ла терпе́ло терпе́ли	потерпе́л потерпе́ла потерпе́ло потерпе́ли
FUT.	бу́ду терпе́ть бу́дешь терпе́ть бу́дет терпе́ть бу́дем терпе́ть бу́дете терпе́ть бу́дут терпе́ть	потерплю́ поте́рпишь поте́рпит поте́рпим поте́рпите поте́рпят
COND.	терпе́л бы терпе́ла бы терпе́ло бы терпе́ли бы	потерпе́л бы потерпе́ла бы потерпе́ло бы потерпе́ли бы
IMP.	терпи́ терпи́те	потерпи́ потерпи́те
	DEVERBALS	
PRES. ACT.	те́рпящий	
PRES. PASS.	терпи́мый	
PAST ACT.	терпе́вший	потерпе́вший
PAST PASS.		
VERBAL ADVERB	терпя́	потерпе́в

терпе́ть кого – что

Не терплю безразличия.	I do not tolerate indifference.
Команда потерпела первое поражение.	The team suffered its first loss.
Жизнь коротка, потерпите немного.	Life is short; be patient a little longer.

теря́ть (ся) / потеря́ть (ся)
to lose

	IMPERFECTIVE ASPECT	PERFECTIVE ASPECT
INF.	теря́ть (ся)	потеря́ть (ся)
PRES.	теря́ю (сь) теря́ешь (ся) теря́ет (ся) теря́ем (ся) теря́ете (сь) теря́ют (ся)	
PAST	теря́л (ся) теря́ла (сь) теря́ло (сь) теря́ли (сь)	потеря́л (ся) потеря́ла (сь) потеря́ло (сь) потеря́ли (сь)
FUT.	бу́ду теря́ть (ся) бу́дешь теря́ть (ся) бу́дет теря́ть (ся) бу́дем теря́ть (ся) бу́дете теря́ть (ся) бу́дут теря́ть (ся)	потеря́ю (сь) потеря́ешь (ся) потеря́ет (ся) потеря́ем (ся) потеря́ете (сь) потеря́ют (ся)
COND.	теря́л (ся) бы теря́ла (сь) бы теря́ло (сь) бы теря́ли (сь) бы	потеря́л (ся) бы потеря́ла (сь) бы потеря́ло (сь) бы потеря́ли (сь) бы
IMP.	теря́й (ся) теря́йте (сь)	потеря́й (ся) потеря́йте (сь)
	DEVERBALS	
PRES. ACT.	теря́ющий (ся)	
PRES. PASS.	теря́емый	
PAST ACT.	теря́вший (ся)	потеря́вший (ся)
PAST PASS.		потеря́нный
VERBAL ADVERB	теря́я (сь)	потеря́в (шись)

теря́ть кого – что

Теряем даже то, чего не имеем.	We are losing even what we don't have.
Потерялся кошелек с банковской карточкой.	A purse with a bank card has been lost.
Когда ищете грибы, не потеряйтесь сами.	When you look for mushrooms, don't get yourselves lost.

	IMPERFECTIVE ASPECT	PERFECTIVE ASPECT
INF.	тону́ть	утону́ть
PRES.	тону́ то́нешь то́нет то́нем то́нете то́нут	
PAST	тону́л тону́ла тону́ло тону́ли	утону́л утону́ла утону́ло утону́ли
FUT.	бу́ду тону́ть бу́дешь тону́ть бу́дет тону́ть бу́дем тону́ть бу́дете тону́ть бу́дут тону́ть	утону́ уто́нешь уто́нет уто́нем уто́нете уто́нут
COND.	тону́л бы тону́ла бы тону́ло бы тону́ли бы	утону́л бы утону́ла бы утону́ло бы утону́ли бы
IMP.	тони́ тони́те	утони́ утони́те
	DEVERBALS	
PRES. ACT.	то́нущий	
PRES. PASS.		
PAST ACT.	тону́вший	утону́вший
PAST PASS.		
VERBAL ADVERB	тону́в	утону́в

тону́ть в чём
There is also the perfective verb **потону́ть.**

Сегодня ночью чуть не утонула девочка.	Last night a young girl almost drowned.
Потонула во тьме отдаленная пристань.	The distant pier was drowned in darkness.
Тонув, он кричал.	While drowning, he screamed.

торопи́ть (ся) / поторопи́ть (ся)
to urge on, hurry (be in a hurry)

	IMPERFECTIVE ASPECT	PERFECTIVE ASPECT
INF.	торопи́ть (ся)	поторопи́ть (ся)
PRES.	тороплю́ (сь) торо́пишь (ся) торо́пит (ся) торо́пим (ся) торо́пите (сь) торо́пят (ся)	
PAST	торопи́л (ся) торопи́ла (сь) торопи́ло (сь) торопи́ли (сь)	поторопи́л (ся) поторопи́ла (сь) поторопи́ло (сь) поторопи́ли (сь)
FUT.	бу́ду торопи́ть (ся) бу́дешь торопи́ть (ся) бу́дет торопи́ть (ся) бу́дем торопи́ть (ся) бу́дете торопи́ть (ся) бу́дут торопи́ть (ся)	потороплю́ (сь) потoро́пишь (ся) поторо́пит (ся) поторо́пим (ся) поторо́пите (сь) поторо́пят (ся)
COND.	торопи́л (ся) бы торопи́ла (сь) бы торопи́ло (сь) бы торопи́ли (сь) бы	поторопи́л (ся) бы поторопи́ла (сь) бы поторопи́ло (сь) бы поторопи́ли (сь) бы
IMP.	торопи́ (сь) торопи́те (сь)	поторопи́ (сь) поторопи́те (сь)
	DEVERBALS	
PRES. ACT.	торопя́щий (ся)	
PRES. PASS.		
PAST ACT.	торопи́вший (ся)	поторопи́вший (ся)
PAST PASS.		поторо́пленный
VERBAL ADVERB	торопя́ (сь)	поторопи́в (шись)

торопи́ть кого – что с чем

Я часто тороплю их. — I often urge them on.
Возможно, мы поторопились с новым мячом. — It's possible that we were in too great a hurry with the new ball.
Этот срок мы тоже поторопим. — We'll speed up this deadline too.

	IMPERFECTIVE ASPECT	PERFECTIVE ASPECT
INF.	тра́тить (ся)	потра́тить (ся)
PRES.	тра́чу (сь) тра́тишь (ся) тра́тит (ся) тра́тим (ся) тра́тите (сь) тра́тят (ся)	
PAST	тра́тил (ся) тра́тила (сь) тра́тило (сь) тра́тили (сь)	потра́тил (ся) потра́тила (сь) потра́тило (сь) потра́тили (сь)
FUT.	бу́ду тра́тить (ся) бу́дешь тра́тить (ся) бу́дет тра́тить (ся) бу́дем тра́тить (ся) бу́дете тра́тить (ся) бу́дут тра́тить (ся)	потра́чу (сь) потра́тишь (ся) потра́тит (ся) потра́тим (ся) потра́тите (сь) потра́тят (ся)
COND.	тра́тил (ся) бы тра́тила (сь) бы тра́тило (сь) бы тра́тили (сь) бы	потра́тил (ся) бы потра́тила (сь) бы потра́тило (сь) бы потра́тили (сь) бы
IMP.	тра́ть (ся) тра́тьте (сь)	потра́ть (ся) потра́тьте (сь)
	DEVERBALS	
PRES. ACT.	тра́тящий (ся)	
PRES. PASS.		
PAST ACT.	тра́тивший (ся)	потра́тивший (ся)
PAST PASS.	тра́ченный	потра́ченный
VERBAL ADVERB	тра́тя (сь)	потра́тив (шись)

тра́тить что; тра́титься на что

На что мы тратим 12 рабочих дней в году? — What are we wasting 12 working days a year on?

Как и на что деньги тратились, я не знаю. — How and on what the money was spent, I do not know.

Сколько вы потратите на подарки? — How much will you spend on presents?

тре́бовать (ся) / потре́бовать (ся)
to demand, request (required)

	IMPERFECTIVE ASPECT	PERFECTIVE ASPECT
INF.	тре́бовать (ся)	потре́бовать (ся)
PRES.	тре́бую тре́буешь тре́бует (ся) тре́буем тре́буете тре́буют (ся)	
PAST	тре́бовал (ся) тре́бовала (сь) тре́бовало (сь) тре́бовали (сь)	потре́бовал (ся) потре́бовала (сь) потре́бовало (сь) потре́бовали (сь)
FUT.	бу́ду тре́бовать бу́дешь тре́бовать бу́дет тре́бовать (ся) бу́дем тре́бовать бу́дете тре́бовать бу́дут тре́бовать (ся)	потре́бую потре́буешь потре́бует (ся) потре́буем потре́буете потре́буют (ся)
COND.	тре́бовал (ся) бы тре́бовала (сь) бы тре́бовало (сь) бы тре́бовали (сь) бы	потре́бовал (ся) бы потре́бовала (сь) бы потре́бовало (сь) бы потре́бовали (сь) бы
IMP.	тре́буй тре́буйте	потре́буй потре́буйте
	DEVERBALS	
PRES. ACT.	тре́бующий (ся)	
PRES. PASS.	тре́буемый	
PAST ACT.	тре́бовавший (ся)	потре́бовавший (ся)
PAST PASS.		потре́бованный
VERBAL ADVERB	тре́буя (сь)	потре́бовав (шись)

тре́бовать кого – что, чего от кого – чего

Ты все требуешь объяснений от других. — You are always demanding explanations from others.

Второй тур не потребовался. — A second round was not required.

Потребуйте копию для себя. — Demand a copy for yourself.

трудиться / потрудиться
to labor, work

	IMPERFECTIVE ASPECT	PERFECTIVE ASPECT
INF.	труди́ться	потруди́ться
PRES.	тружу́сь тру́дишься тру́дится тру́димся тру́дитесь тру́дятся	
PAST	труди́лся труди́лась труди́лось труди́лись	потруди́лся потруди́лась потруди́лось потруди́лись
FUT.	бу́ду труди́ться бу́дешь труди́ться бу́дет труди́ться бу́дем труди́ться бу́дете труди́ться бу́дут труди́ться	потружу́сь потру́дишься потру́дится потру́димся потру́дитесь потру́дятся
COND.	труди́лся бы труди́лась бы труди́лось бы труди́лись бы	потруди́лся бы потруди́лась бы потруди́лось бы потруди́лись бы
IMP.	труди́сь труди́тесь	потруди́сь потруди́тесь
	DEVERBALS	
PRES. ACT.	трудя́щийся	
PRES. PASS.		
PAST ACT.	труди́вшийся	потруди́вшийся
PAST PASS.		
VERBAL ADVERB	трудя́сь	потруди́вшись

труди́ться над кем – чем

Мы трудимся по всей России. — We work all over Russia.
Я еще над ним потружусь немного. — I will work on it a little bit more.
Потрудните объяснить свою позицию. — Work on explaining your position.

тяну́ть (ся) / потяну́ть (ся)

to pull, draw (stretch, reach out)

	IMPERFECTIVE ASPECT	PERFECTIVE ASPECT
INF.	тяну́ть (ся)	потяну́ть (ся)
PRES.	тяну́ (сь) тя́нешь (ся) тя́нет (ся) тя́нем (ся) тя́нете (сь) тя́нут (ся)	
PAST	тяну́л (ся) тяну́ла (сь) тяну́ло (сь) тяну́ли (сь)	потяну́л (ся) потяну́ла (сь) потяну́ло (сь) потяну́ли (сь)
FUT.	бу́ду тяну́ть (ся) бу́дешь тяну́ть (ся) бу́дет тяну́ть (ся) бу́дем тяну́ть (ся) бу́дете тяну́ть (ся) бу́дут тяну́ть (ся)	потяну́ (сь) потя́нешь (ся) потя́нет (ся) потя́нем (ся) потя́нете (сь) потя́нут (ся)
COND.	тяну́л (ся) бы тяну́ла (сь) бы тяну́ло (сь) бы тяну́ли (сь) бы	потяну́л (ся) бы потяну́ла (сь) бы потяну́ло (сь) бы потяну́ли (сь) бы
IMP.	тяни́ (сь) тяни́те (сь)	потяни́ (сь) потяни́те (сь)
	DEVERBALS	
PRES. ACT.	тя́нущий (ся)	
PRES. PASS.		
PAST ACT.	тяну́вший (ся)	потяну́вший (ся)
PAST PASS.	тя́нутый	потя́нутый
VERBAL ADVERB	тяну́в (шись)	потяну́в (шись)

тяну́ть кого – что с чем; тяну́ться к кому – чему, за кем – чем
There is also the verbal pair **потя́гивать (ся) / потяну́ть (ся)**

Тянем-потянем, но вытянуть не можем.	We pull — will pull, but won't be able to pull it out.
Потяни сиденье на себя.	Pull the seat toward you.

	IMPERFECTIVE ASPECT	PERFECTIVE ASPECT
INF.	убегáть	убежáть
PRES.	убегáю убегáешь убегáет убегáем убегáете убегáют	
PAST	убегáл убегáла убегáло убегáли	убежáл убежáла убежáло убежáли
FUT.	бýду убегáть бýдешь убегáть бýдет убегáть бýдем убегáть бýдете убегáть бýдут убегáть	убегý убежи́шь убежи́т убежи́м убежи́те убегýт
COND.	убегáл бы убегáла бы убегáло бы убегáли бы	убежáл бы убежáла бы убежáло бы убежáли бы
IMP.	убегáй убегáйте	убеги́ убеги́те
	DEVERBALS	
PRES. ACT.	убегáющий	
PRES. PASS.		
PAST ACT.	убегáвший	убежáвший
PAST PASS.		
VERBAL ADVERB	убегáя	убежáв

Убегаете от важных вопросов.	You run away from important issues.
Брошу все и убегу с ним на край света.	I am leaving everything and will run with him to the ends of the earth.
Пока запрягали, лошадь убежала.	While it was being harnessed, the horse ran away.

убежда́ть (ся) / убеди́ть (ся)

to convince, persuade (assure oneself)

	IMPERFECTIVE ASPECT	PERFECTIVE ASPECT
INF.	убежда́ть (ся)	убеди́ть (ся)
PRES.	убежда́ю (сь) убежда́ешь (ся) убежда́ет (ся) убежда́ем (ся) убежда́ете (сь) убежда́ют (ся)	
PAST	убежда́л (ся) убежда́ла (сь) убежда́ло (сь) убежда́ли (сь)	убеди́л (ся) убеди́ла (сь) убеди́ло (сь) убеди́ли (сь)
FUT.	бу́ду убежда́ть (ся) бу́дешь убежда́ть (ся) бу́дет убежда́ть (ся) бу́дем убежда́ть (ся) бу́дете убежда́ть (ся) бу́дут убежда́ть (ся)	 убеди́шь (ся) убеди́т (ся) убеди́м (ся) убеди́те (сь) убедя́т (ся)
COND.	убежда́л (ся) бы убежда́ла (сь) бы убежда́ло (сь) бы убежда́ли (сь) бы	убеди́л (ся) бы убеди́ла (сь) бы убеди́ло (сь) бы убеди́ли (сь) бы
IMP.	убежда́й (ся) убежда́йте (сь)	убеди́ (сь) убеди́те (сь)
	DEVERBALS	
PRES. ACT.	убежда́ющий (ся)	
PRES. PASS.	убежда́емый	
PAST ACT.	убежда́вший (ся)	убеди́вший (ся)
PAST PASS.		убеждённый убеждён, убеждена́
VERBAL ADVERB	убежда́я (сь)	убеди́в (шись)

убежда́ть кого – что в чём, + infinitive; **убежда́ться в чём**
The first person singular of the perfective future is not used.

Лично я никого ни в чем не убеждаю.	Personally I am not trying to persuade anyone of anything.
Она убедилась в том, что ошиблась.	She was convinced that she had erred.
Мы их убедим объединиться.	We will convince them to unite.

	IMPERFECTIVE ASPECT	PERFECTIVE ASPECT
INF.	убива́ть	уби́ть
PRES.	убива́ю убива́ешь убива́ет убива́ем убива́ете убива́ют	
PAST	убива́л убива́ла убива́ло убива́ли	уби́л уби́ла уби́ло уби́ли
FUT.	бу́ду убива́ть бу́дешь убива́ть бу́дет убива́ть бу́дем убива́ть бу́дете убива́ть бу́дут убива́ть	убью́ убьёшь убьёт убьём убьёте убью́т
COND.	убива́л бы убива́ла бы убива́ло бы убива́ли бы	уби́л бы уби́ла бы уби́ло бы уби́ли бы
IMP.	убива́й убива́йте	убе́й убе́йте
	DEVERBALS	
PRES. ACT.	убива́ющий	
PRES. PASS.		
PAST ACT.	убива́вший	уби́вший
PAST PASS.	убива́емый	уби́тый
VERBAL ADVERB	убива́я	уби́в

убива́ть кого – что

Ты во мне убиваешь любовь.	You are killing the love in me.
Его убили, а виновных никак не накажут.	They killed him, and the guilty will not be punished at all.
Убьем насекомых.	We will kill insects.

У

уважа́ть
to respect, esteem, honor

	IMPERFECTIVE ASPECT	PERFECTIVE ASPECT
INF.	уважа́ть	
PRES.	уважа́ю уважа́ешь уважа́ет уважа́ем уважа́ете уважа́ют	
PAST	уважа́л уважа́ла уважа́ло уважа́ли	
FUT.	бу́ду уважа́ть бу́дешь уважа́ть бу́дет уважа́ть бу́дем уважа́ть бу́дете уважа́ть бу́дут уважа́ть	
COND.	уважа́л бы уважа́ла бы уважа́ло бы уважа́ли бы	
IMP.	уважа́й уважа́йте	
	DEVERBALS	
PRES. ACT.	уважа́ющий	
PRES. PASS.	уважа́емый	
PAST ACT.	уважа́вший	
PAST PASS.		
VERBAL ADVERB	уважа́я	

уважа́ть кого – что

Вы меня уважаете?	Do you respect me?
Всю жизнь любила, уважала студентов.	Her whole life she loved and respected her students.
Уважай своего шефа.	Respect your boss.

увлека́ть (ся) / увле́чь (ся)

to carry away, draw along (be captivated by)

	IMPERFECTIVE ASPECT	PERFECTIVE ASPECT
INF.	увлека́ть (ся)	увле́чь (ся)
PRES.	увлека́ю (ся) увлека́ешь (ся) увлека́ет (ся) увлека́ем (ся) увлека́ете (сь) увлека́ют (ся)	
PAST	увлека́л (ся) увлека́ла (сь) увлека́ло (сь) увлека́ли (сь)	увлёк (ся) увлекла́ (сь) увлекло́ (сь) увлекли́ (сь)
FUT.	бу́ду увлека́ть (ся) бу́дешь увлека́ть (ся) бу́дет увлека́ть (ся) бу́дем увлека́ть (ся) бу́дете увлека́ть (ся) бу́дут увлека́ть (ся)	увлеку́ (сь) увлечёшь (ся) увлечёт (ся) увлечём (ся) увлечёте (сь) увлеку́т (ся)
COND.	увлека́л (ся) бы увлека́ла (сь) бы увлека́ло (сь) бы увлека́ли (сь) бы	увлёк (ся) бы увлекла́ (сь) бы увлекло́ (сь) бы увлекли́ (сь) бы
IMP.	увлека́й (ся) увлека́йте (сь)	увлеки́ (сь) увлеки́те (сь)
	DEVERBALS	
PRES. ACT.	увлека́ющий (ся)	
PRES. PASS.	увлека́емый	
PAST ACT.	увлека́вший (ся)	увлёкший (ся)
PAST PASS.		увлечённый увлечён, увлечена́
VERBAL ADVERB	увлека́я (сь)	увлёкши (сь)

увлека́ть кого – что; увлека́ться кем – чем

Театр — это искусство, которое увлекает и развлекает.	Theater — this is art that captivates and entertains.
Он увлекся интернетом.	He was captivated by the Internet.
Очаровательные мелодии увлекут вас в волшебный мир музыки.	The enchanting melodies will carry you away to the magical world of music.

угоща́ть / угости́ть

to entertain, treat

	IMPERFECTIVE ASPECT	PERFECTIVE ASPECT
INF.	угоща́ть	угости́ть
PRES.	угоща́ю угоща́ешь угоща́ет угоща́ем угоща́ете угоща́ют	
PAST	угоща́л угоща́ла угоща́ло угоща́ли	угости́л угости́ла угости́ло угости́ли
FUT.	бу́ду угоща́ть бу́дешь угоща́ть бу́дет угоща́ть бу́дем угоща́ть бу́дете угоща́ть бу́дут угоща́ть	угощу́ угости́шь угости́т угости́м угости́те угостя́т
COND.	угоща́л бы угоща́ла бы угоща́ло бы угоща́ли бы	угости́л бы угости́ла бы угости́ло бы угости́ли бы
IMP.	угоща́й угоща́йте	угости́ угости́те
	DEVERBALS	
PRES. ACT.	угоща́ющий	
PRES. PASS.	угоща́емый	
PAST ACT.	угоща́вший	угости́вший
PAST PASS.		угощённый угощён, угощена́
VERBAL ADVERB	угоща́я	угости́в

угоща́ть кого – что чем

Девушек угощаем шампанским и сладостями. — We're treating the girls to champagne and sweets.

Пришли гости, угостились пирожками. — The guests arrived, and were treated to piroshkis.

Я вас чаем угощу. — I will offer you tea.

	IMPERFECTIVE ASPECT	PERFECTIVE ASPECT
INF.	удава́ться	уда́ться
PRES.	удаётся удаю́тся	
PAST	удава́лся удава́лась удава́лось удава́лись	уда́лся удала́сь удало́сь удали́сь
FUT.	бу́дет удава́ться бу́дут удава́ться	уда́стся удаду́тся
COND.	удава́лся бы удава́лась бы удава́лось бы удава́лись бы	уда́лся бы удала́сь бы удало́сь бы удали́сь бы
IMP.		
	DEVERBALS	
PRES. ACT.	удаю́щийся	
PRES. PASS.		
PAST ACT.	удава́вшийся	уда́вшийся
PAST PASS.		
VERBAL ADVERB	удава́ясь	уда́вшись

удава́ться кому

Пока не удается потушить полностью пожар.	The fire has not yet been successfully extinguished.
Если нам переговоры не удадутся, мы будем говорить с другими.	If the negotiations do not turn out well for us, we will speak with others.
Врачам удалось спасти младенца.	The doctors succeeded in saving the infant.

удивля́ть (ся) / удиви́ть (ся)

to amaze, surprise

	IMPERFECTIVE ASPECT	PERFECTIVE ASPECT
INF.	удивля́ть (ся)	удиви́ть (ся)
PRES.	удивля́ю (сь) удивля́ешь (ся) удивля́ет (ся) удивля́ем (ся) удивля́ете (сь) удивля́ют (ся)	
PAST	удивля́л (ся) удивля́ла (сь) удивля́ло (сь) удивля́ли (сь)	удиви́л (ся) удиви́ла (сь) удиви́ло (сь) удиви́ли (сь)
FUT.	бу́ду удивля́ть (ся) бу́дешь удивля́ть (ся) бу́дет удивля́ть (ся) бу́дем удивля́ть (ся) бу́дете удивля́ть (ся) бу́дут удивля́ть (ся)	удивлю́ (сь) удиви́шь (ся) удиви́т (ся) удиви́м (ся) удиви́те (сь) удивя́т (ся)
COND.	удивля́л (ся) бы удивля́ла (сь) бы удивля́ло (сь) бы удивля́ли (сь) бы	удиви́л (ся) бы удиви́ла (сь) бы удиви́ло (сь) бы удиви́ли (сь) бы
IMP.	удивля́й (ся) удивля́йте (сь)	удиви́ (сь) удиви́те (сь)
	DEVERBALS	
PRES. ACT.	удивля́ющий (ся)	
PRES. PASS.	удивля́емый	
PAST ACT.	удивля́вший (ся)	удиви́вший (ся)
PAST PASS.		удивлённый удивлён, удивлена́
VERBAL ADVERB	удивля́я (сь)	удиви́в (шись) – удивя́сь

удивля́ть кого – что; удивля́ться чему

Погода всех удивляет. — The weather amazes us all.

Чему она так удивилась? — What was she so surprised at?

Удивите друзей новым цветом ваших глаз. — Surprise your friends with the new color of your eyes.

	IMPERFECTIVE ASPECT	PERFECTIVE ASPECT
INF.	уезжа́ть	уе́хать
PRES.	уезжа́ю уезжа́ешь уезжа́ет уезжа́ем уезжа́ете уезжа́ют	
PAST	уезжа́л уезжа́ла уезжа́ло уезжа́ли	уе́хал уе́хала уе́хало уе́хали
FUT.	бу́ду уезжа́ть бу́дешь уезжа́ть бу́дет уезжа́ть бу́дем уезжа́ть бу́дете уезжа́ть бу́дут уезжа́ть	уе́ду уе́дешь уе́дет уе́дем уе́дете уе́дут
COND.	уезжа́л бы уезжа́ла бы уезжа́ло бы уезжа́ли бы	уе́хал бы уе́хала бы уе́хало бы уе́хали бы
IMP.	уезжа́й уезжа́йте	
	DEVERBALS	
PRES. ACT.	уезжа́ющий	
PRES. PASS.		
PAST ACT.	уезжа́вший	уе́хавший
PAST PASS.		
VERBAL ADVERB	уезжа́я	уе́хав

Не уезжай ты, мой голубчик.
Далеко ли мы уедем на макой побозке?
У нас уехали все, деревня пуста.

Do not leave, my darling.
Will we get far on such a carriage?
Everyone has left us; the countryside is bare.

у́жинать / поу́жинать
to have supper

	IMPERFECTIVE ASPECT	PERFECTIVE ASPECT
INF.	у́жинать	поу́жинать
PRES.	у́жинаю у́жинаешь у́жинает у́жинаем у́жинаете у́жинают	
PAST	у́жинал у́жинала у́жинало у́жинали	поу́жинал поу́жинала поу́жинало поу́жинали
FUT.	бу́ду у́жинать бу́дешь у́жинать бу́дет у́жинать бу́дем у́жинать бу́дете у́жинать бу́дут у́жинать	поу́жинаю поу́жинаешь поу́жинает поу́жинаем поу́жинаете поу́жинают
COND.	у́жинал бы у́жинала бы у́жинало бы у́жинали бы	поу́жинал бы поу́жинала бы поу́жинало бы поу́жинали бы
IMP.	у́жинай у́жинайте	поу́жинай поу́жинайте
	DEVERBALS	
PRES. ACT.	у́жинающий	
PRES. PASS.		
PAST ACT.	у́жинавший	поу́жинавший
PAST PASS.		
VERBAL ADVERB	у́жиная	поу́жинав

Завтракаю и ужинаю в студии. — I have breakfast and supper in the studio.
Она поужинала в арабском ресторане. — She dined in an Arab restaurant.
В какой вечер вы со мной поужинаете? — What evening are you and I going to have dinner?

	IMPERFECTIVE ASPECT	PERFECTIVE ASPECT
INF.	узнава́ть	узна́ть
PRES.	узнаю́ узнаёшь узнаёт узнаём узнаёте узнаю́т	
PAST	узнава́л узнава́ла узнава́ло узнава́ли	узна́л узна́ла узна́ло узна́ли
FUT.	бу́ду узнава́ть бу́дешь узнава́ть бу́дет узнава́ть бу́дем узнава́ть бу́дете узнава́ть бу́дут узнава́ть	узна́ю узна́ешь узна́ет узна́ем узна́ете узна́ют
COND.	узнава́л бы узнава́ла бы узнава́ло бы узнава́ли бы	узна́л бы узна́ла бы узна́ло бы узна́ли бы
IMP.	узнава́й узнава́йте	узна́й узна́йте
	DEVERBALS	
PRES. ACT.	узнаю́щий	
PRES. PASS.	узнава́емый	
PAST ACT.	узнава́вший	узна́вший
PAST PASS.		узна́нный
VERBAL ADVERB	узнава́я	узна́в

узнава́ть кого – что о чём

узнава́ть / узна́ть

Examples

Я узнаю тебя по запаху.
I recognize you by your scent.

Узнавай новые способы решения математических задач.
Learn new methods of solving mathematical problems.

Я первой узнавала его секреты.
I was the first to learn his secrets.

Правду узнаем нескоро.
We won't learn the truth soon.

Узнай все о нем.
Learn everything about him.

Узнав о его смерти, все заплакали.
Having learned of his death, they all broke into tears.

Много узнано — мало понято.
A lot has been learned — little has been understood.

Узнавайте Европу по интернету.
Learn about Europe on the Internet.

Вскоре мы узнаем всю правду о Сталине.
Soon we will learn the whole truth about Stalin.

О новых планах узнала вся Россия.
All of Russia learned of the new plans.

Words and expressions related to this verb

Я узнаю в вас старого друга.

Богач друга не узнаёт.

Без беды друга не узнаёшь.

Человек узнаётся по делам своим.

узнание

узнавание

узнаватель

	IMPERFECTIVE ASPECT	PERFECTIVE ASPECT
INF.	укáзывать	указáть
PRES.	укáзываю укáзываешь укáзывает укáзываем укáзываете укáзывают	
PAST	укáзывал укáзывала укáзывало укáзывали	указáл указáла указáло указáли
FUT.	бýду укáзывать бýдешь укáзывать бýдет укáзывать бýдем укáзывать бýдете укáзывать бýдут укáзывать	укажý укáжешь укáжет укáжем укáжете укáжут
COND.	укáзывал бы укáзывала бы укáзывало бы укáзывали бы	указáл бы указáла бы указáло бы указáли бы
IMP.	укáзывай укáзывайте	укажи́ укажи́те
	DEVERBALS	
PRES. ACT.	укáзывающий	
PRES. PASS.	укáзываемый	
PAST ACT.	укáзывавший	указáвший
PAST PASS.		укáзанный
VERBAL ADVERB	укáзывая	указáв

укáзывать на кого – что

Я просто указываю на другого человека. — I am simply indicating a different person.
Укажи мне дорогу в твое сердце. — Point me the way to your heart.
Она указала ему на дверь. — She showed him the door.

украша́ть (ся) / укра́сить (ся)

to adorn, decorate, paint

	IMPERFECTIVE ASPECT	PERFECTIVE ASPECT
INF.	украша́ть (ся)	укра́сить (ся)
PRES.	украша́ю украша́ешь украша́ет (ся) украша́ем украша́ете украша́ют (ся)	
PAST	украша́л (ся) украша́ла (сь) украша́ло (сь) украша́ли (сь)	укра́сил (ся) укра́сила (сь) укра́сило (сь) укра́сили (сь)
FUT.	бу́ду украша́ть бу́дешь украша́ть бу́дет украша́ть (ся) бу́дем украша́ть бу́дете украша́ть бу́дут украша́ть (ся)	укра́шу укра́сишь укра́сит (ся) укра́сим укра́сите укра́сят (ся)
COND.	украша́л (ся) бы украша́ла (сь) бы украша́ло (сь) бы украша́ли (сь) бы	укра́сил (ся) бы укра́сила (сь) бы укра́сило (сь) бы укра́сили (сь) бы
IMP.	украша́й украша́йте	укра́сь укра́сьте
	DEVERBALS	
PRES. ACT.	украша́ющий (ся)	
PRES. PASS.	украша́емый	
PAST ACT.	украша́вший (ся)	укра́сивший (ся)
PAST PASS.		укра́шенный
VERBAL ADVERB	украша́я (сь)	укра́сив (шись)

украша́ть кого – что чем

Рыбу заливают овощным маринадом и украшают зеленью.	The vegetable marinade is poured over the fish and it is garnished with greens.
Аэропорт украсился пятью звездами.	The airport was decorated with five stars.
Украсьтесь скромностью.	Adorn yourself with modesty.

	IMPERFECTIVE ASPECT	PERFECTIVE ASPECT
INF.	улета́ть	улете́ть
PRES.	улета́ю улета́ешь улета́ет улета́ем улета́ете улета́ют	
PAST	улета́л улета́ла улета́ло улета́ли	улете́л улете́ла улете́ло улете́ли
FUT.	бу́ду улета́ть бу́дешь улета́ть бу́дет улета́ть бу́дем улета́ть бу́дете улета́ть бу́дут улета́ть	улечу́ улети́шь улети́т улети́м улети́те улетя́т
COND.	улета́л бы улета́ла бы улета́ло бы улета́ли бы	улете́л бы улете́ла бы улете́ло бы улете́ли бы
IMP.	улета́й улета́йте	улети́ улети́те
	DEVERBALS	
PRES. ACT.	улета́ющий	
PRES. PASS.		
PAST ACT.	улета́вший	улете́вший
PAST PASS.		
VERBAL ADVERB	улета́я	улете́в

Я улетаю из этого мира. — I am flying out of this world.

Без России США на Марс не улетят. — Without Russia the U.S. will not fly to Mars.

Делегация улетела в Москву на Кремлевскую елку. — The delegation flew to Moscow for the Kremlin holiday tree.

улыба́ться / улыбну́ться
to smile

	IMPERFECTIVE ASPECT	PERFECTIVE ASPECT
INF.	улыба́ться	улыбну́ться
PRES.	улыба́юсь улыба́ешься улыба́ется улыба́емся улыба́етесь улыба́ются	
PAST	улыба́лся улыба́лась улыба́лось улыба́лись	улыбну́лся улыбну́лась улыбну́лось улыбну́лись
FUT.	бу́ду улыба́ться бу́дешь улыба́ться бу́дет улыба́ться бу́дем улыба́ться бу́дете улыба́ться бу́дут улыба́ться	улыбну́сь улыбнёшься улыбнётся улыбнёмся улыбнётесь улыбну́тся
COND.	улыба́лся бы улыба́лась бы улыба́лось бы улыба́лись бы	улыбну́лся бы улыбну́лась бы улыбну́лось бы улыбну́лись бы
IMP.	улыба́йся улыба́йтесь	улыбни́сь улыбни́тесь
	DEVERBALS	
PRES. ACT.	улыба́ющийся	
PRES. PASS.		
PAST ACT.	улыба́вшийся	улыбну́вшийся
PAST PASS.		
VERBAL ADVERB	улыба́ясь	улыбну́вшись

улыба́ться кому – чему

Кому улыбаешься? — Whom are you smiling at?
Я улыбнусь тебе сквозь слезы. — I will smile at you through tears.
Крокодил улыбнулся птилке. — The crocodile smiled to the bird.

	IMPERFECTIVE ASPECT	PERFECTIVE ASPECT
INF.	уменьша́ть (ся)	уме́ньши́ть (ся)
PRES.	уменьша́ю (сь) уменьша́ешь (ся) уменьша́ет (ся) уменьша́ем (ся) уменьша́ете (сь) уменьша́ют (ся)	
PAST	уменьша́л (ся) уменьша́ла (сь) уменьша́ло (сь) уменьша́ли (сь)	уме́ньши́л (ся) уме́ньши́ла (сь) уме́ньши́ло (сь) уме́ньши́ли (сь)
FUT.	бу́ду уменьша́ть (ся) бу́дешь уменьша́ть (ся) бу́дет уменьша́ть (ся) бу́дем уменьша́ть (ся) бу́дете уменьша́ть (ся) бу́дут уменьша́ть (ся)	уме́ньшу́ (сь) уме́ньши́шь (ся) уме́ньши́т (ся) уме́ньши́м (ся) уме́ньши́те (сь) уме́ньша́т (ся)
COND.	уменьша́л (ся) бы уменьша́ла (сь) бы уменьша́ло (сь) бы уменьша́ли (сь) бы	уме́ньши́л (ся) бы уме́ньши́ла (сь) бы уме́ньши́ло (сь) бы уме́ньши́ли (сь) бы
IMP.	уменьша́й (ся) уменьша́йте (сь)	уме́ньши́ (сь) уме́ньши́те (сь)
	DEVERBALS	
PRES. ACT.	уменьша́ющий (ся)	
PRES. PASS.	уменьша́емый	
PAST ACT.	уменьша́вший (ся)	уме́ньши́вший (ся)
PAST PASS.		уме́ньшённый
VERBAL ADVERB	уменьша́я (сь)	уме́ньши́в (шись)

уменьша́ть что

Иногда я просто уменьшаю размер. — Sometimes I simply decrease the size.

За последние годы уменьшилась численность детей до 17 лет. — The number of children under 17 has decreased the past few years.

Я его уменьшу как надо. — I will reduce it as necessary.

умéть / сумéть
to be able, know how

	IMPERFECTIVE ASPECT	PERFECTIVE ASPECT
INF.	умéть	сумéть
PRES.	умéю умéешь умéет умéем умéете умéют	
PAST	умéл умéла умéло умéли	сумéл сумéла сумéло сумéли
FUT.	бýду умéть бýдешь умéть бýдет умéть бýдем умéть бýдете умéть бýдут умéть	сумéю сумéешь сумéет сумéем сумéете сумéют
COND.	умéл бы умéла бы умéло бы умéли бы	сумéл бы сумéла бы сумéло бы сумéли бы
IMP.	умéй умéйте	сумéй сумéйте
	DEVERBALS	
PRES. ACT.	умéющий	
PRES. PASS.		
PAST ACT.	умéвший	сумéвший
PAST PASS.		
VERBAL ADVERB	умéя	сумéв

умéть + infinitive

Плавать вы не умеете?	Do you not know how to swim?
Внимательные родители сумеют заметить болезнь.	Attentive parents will know how to recognize an illness.
Кампания сумела собрать один миллион долларов.	The campaign succeeded in raising one million dollars.

	IMPERFECTIVE ASPECT	PERFECTIVE ASPECT
INF.	умира́ть	умере́ть
PRES.	умира́ю умира́ешь умира́ет умира́ем умира́ете умира́ют	
PAST	умира́л умира́ла умира́ло умира́ли	у́мер умерла́ у́мерло у́мерли
FUT.	бу́ду умира́ть бу́дешь умира́ть бу́дет умира́ть бу́дем умира́ть бу́дете умира́ть бу́дут умира́ть	умру́ умрёшь умрёт умрём умрёте умру́т
COND.	умира́л бы умира́ла бы умира́ло бы умира́ли бы	у́мер бы умерла́ бы у́мерло бы у́мерли бы
IMP.	умира́й умира́йте	умри́ умри́те
	DEVERBALS	
PRES. ACT.	умира́ющий	
PRES. PASS.		
PAST ACT.	умира́вший	уме́рший
PAST PASS.		
VERBAL ADVERB	умира́я	умере́в – уме́рши

умира́ть с чего, от чего

Как странно, что ты умираешь от скуки.	How strange that you are dying of boredom.
Умерли со смеху.	They died of laughter.
От гриппа умрут более 60 миллионов человек.	More than 60 million people will die of the flu.

умыва́ть (ся) / умы́ть (ся)
to wash up (wash yourself)

	IMPERFECTIVE ASPECT	PERFECTIVE ASPECT
INF.	умыва́ть (ся)	умы́ть (ся)
PRES.	умыва́ю (сь) умыва́ешь (ся) умыва́ет (ся) умыва́ем (ся) умыва́ете (ся) умыва́ют (ся)	
PAST	умыва́л (ся) умыва́ла (сь) умыва́ло (сь) умыва́ли (сь)	умы́л (ся) умы́ла (сь) умы́ло (сь) умы́ли (сь)
FUT.	бу́ду умыва́ть (ся) бу́дешь умыва́ть (ся) бу́дет умыва́ть (ся) бу́дем умыва́ть (ся) бу́дете умыва́ть (ся) бу́дут умыва́ть (ся)	умо́ю (сь) умо́ешь (ся) умо́ет (ся) умо́ем (ся) умо́ете (сь) умо́ют (ся)
COND.	умыва́л (ся) бы умыва́ла (сь) бы умыва́ло (сь) бы умыва́ли (сь) бы	умы́л (ся) бы умы́ла (сь) бы умы́ло (сь) бы умы́ли (сь) бы
IMP.	умыва́й (ся) умыва́йте (сь)	умо́й (сь) умо́йте (сь)
	DEVERBALS	
PRES. ACT.	умыва́ющий (ся)	
PRES. PASS.	умыва́емый	
PAST ACT.	умыва́вший (ся)	умы́вший (ся)
PAST PASS.		умы́тый
VERBAL ADVERB	умыва́я (сь)	умы́в (шись)

умыва́ть кого – что

Чем умываете лицо?	What do you wash your face with?
Ты разве не умывалася перед сном?	Did you really not wash up before you went to sleep?
Все здания исторической части город умоют.	All buildings in the historical section of the city will be washed.

	IMPERFECTIVE ASPECT	PERFECTIVE ASPECT
INF.	уничтожáть (ся)	уничтóжить (ся)
PRES.	уничтожáю уничтожáешь уничтожáет (ся) уничтожáем уничтожáете уничтожáют (ся)	
PAST	уничтожáл (ся) уничтожáла (сь) уничтожáло (сь) уничтожáли (сь)	уничтóжил (ся) уничтóжила (сь) уничтóжило (сь) уничтóжили (сь)
FUT.	бýду уничтожáть бýдешь уничтожáть бýдет уничтожáть (ся) бýдем уничтожáть бýдете уничтожáть бýдут уничтожáть (ся)	уничтóжу уничтóжишь уничтóжит (ся) уничтóжим уничтóжите уничтóжат (ся)
COND.	уничтожáл (ся) бы уничтожáла (сь) бы уничтожáло (сь) бы уничтожáли (сь) бы	уничтóжил (ся) бы уничтóжила (сь) бы уничтóжило (сь) бы уничтóжили (сь) бы
IMP.	уничтожáй уничтожáйте	уничтóжь уничтóжьте
	DEVERBALS	
PRES. ACT.	уничтожáющий (ся)	
PRES. PASS.	уничтожáемый	
PAST ACT.	уничтожáвший (ся)	уничтóживший (ся)
PAST PASS.		уничтóженный
VERBAL ADVERB	уничтожáя (сь)	уничтóжив (шись)

уничтожáть кого – что

Компьютер уничтожает человека?	Is the computer destroying humans?
Там порядок совсем уничтожился.	Order there was completely destroyed.
Так вы микробов уничтожите и витамины сохраните.	That way you will destroy microbes and preserve vitamins.

употребля́ть (ся) / употреби́ть (ся)

to use, make use of

	IMPERFECTIVE ASPECT	PERFECTIVE ASPECT
INF.	употребля́ть (ся)	употреби́ть (ся)
PRES.	употребля́ю употребля́ешь употребля́ет (ся) употребля́ем употребля́ете употребля́ют (ся)	
PAST	употребля́л (ся) употребля́ла (сь) употребля́ло (сь) употребля́ли (сь)	употреби́л (ся) употреби́ла (сь) употреби́ло (сь) употреби́ли (сь)
FUT.	бу́ду употребля́ть бу́дешь употребля́ть бу́дет употребля́ть (ся) бу́дем употребля́ть бу́дете употребля́ть бу́дут употребля́ть (ся)	употреблю́ употреби́шь употреби́т (ся) употреби́м употреби́те употребя́т (ся)
COND.	употребля́л (ся) бы употребля́ла (сь) бы употребля́ло (сь) бы употребля́ли (сь) бы	употреби́л (ся) бы употреби́ла (сь) бы употреби́ло (сь) бы употреби́ли (сь) бы
IMP.	употребля́й употребля́йте	употреби́ употреби́те
	DEVERBALS	
PRES. ACT.	употребля́ющий (ся)	
PRES. PASS.	употребля́емый	
PAST ACT.	употребля́вший (ся)	употреби́вший (ся)
PAST PASS.		употреблённый употреблён, употреблена́
VERBAL ADVERB	употребля́я (сь)	употреби́в (шись)

употребля́ть кого – что

Я не употребляю крепких напитков. — I don't use hard liquor.

Эта фраза употребилась в его статье. — This phrase was used in his article.

Употребите правильный предлог. — Use the correct preposition.

	IMPERFECTIVE ASPECT	PERFECTIVE ASPECT
INF.	управля́ть (ся)	упра́вить (ся)
PRES.	управля́ю (сь) управля́ешь (ся) управля́ет (ся) управля́ем (ся) управля́ете (сь) управля́ют (ся)	
PAST	управля́л (ся) управля́ла (сь) управля́ло (сь) управля́ли (сь)	упра́вил (ся) упра́вила (сь) упра́вило (сь) упра́вили (сь)
FUT.	бу́ду управля́ть (ся) бу́дешь управля́ть (ся) бу́дет управля́ть (ся) бу́дем управля́ть (ся) бу́дете управля́ть (ся) бу́дут управля́ть (ся)	упра́влю (сь) упра́вишь (ся) упра́вит (ся) упра́вим (ся) упра́вите (сь) упра́вят (ся)
COND.	управля́л (ся) бы управля́ла (сь) бы управля́ло (сь) бы управля́ли (сь) бы	упра́вил (ся) бы упра́вила (сь) бы упра́вило (сь) бы упра́вили (сь) бы
IMP.	управля́й (ся) управля́йте (сь)	упра́вь (ся) упра́вьте (сь)
	DEVERBALS	
PRES. ACT.	управля́ющий (ся)	
PRES. PASS.	управля́емый	
PAST ACT.	управля́вший (ся)	упра́вивший (ся)
PAST PASS.		
VERBAL ADVERB	управля́я (сь)	упра́вив (шись)

управля́ть кем – чем; управля́ться с кем – чем

Я управляю своими эмоциями.	I control my emotions.
Роботы управляются силой мысли.	Robots are controlled by the power of thought.
Завтра с утра управимся с дровами.	Beginning tomorrow morning, we'll deal with the firewood.

успева́ть / успе́ть

to have time, succeed, manage to

	IMPERFECTIVE ASPECT	PERFECTIVE ASPECT
INF.	успева́ть	успе́ть
PRES.	успева́ю успева́ешь успева́ет успева́ем успева́ете успева́ют	
PAST	успева́л успева́ла успева́ло успева́ли	успе́л успе́ла успе́ло успе́ли
FUT.	бу́ду успева́ть бу́дешь успева́ть бу́дет успева́ть бу́дем успева́ть бу́дете успева́ть бу́дут успева́ть	успе́ю успе́ешь успе́ет успе́ем успе́ете успе́ют
COND.	успева́л бы успева́ла бы успева́ло бы успева́ли бы	успе́л бы успе́ла бы успе́ло бы успе́ли бы
IMP.	успева́й успева́йте	успе́й успе́йте
	DEVERBALS	
PRES. ACT.	успева́ющий	
PRES. PASS.		
PAST ACT.	успева́вший	успе́вший
PAST PASS.		
VERBAL ADVERB	успева́я	успе́в

успева́ть к чему, на что, в чём

Жизнь так коротка, что едва успеваешь ее испортить.	Life is so short that you can barely manage to ruin it.
Я все успела в жизни сделать.	I was able to accomplish everything in life.
Успей купить к Новому Году.	Make time to buy it before New Year's.

	IMPERFECTIVE ASPECT	PERFECTIVE ASPECT
INF.	успока́ивать (ся)	успоко́ить (ся)
PRES.	успока́иваю (сь) успока́иваешь (ся) успока́ивает (ся) успока́иваем (ся) успока́иваете (сь) успока́ивают (ся)	
PAST	успока́ивал (ся) успока́ивала (сь) успока́ивало (сь) успока́ивали (сь)	успоко́ил (ся) успоко́ила (сь) успоко́ило (сь) успоко́или (сь)
FUT.	бу́ду успока́ивать (ся) бу́дешь успока́ивать (ся) бу́дет успока́ивать (ся) бу́дем успока́ивать (ся) бу́дете успока́ивать (ся) бу́дут успока́ивать (ся)	успоко́ю (сь) успоко́ишь (ся) успоко́ит (ся) успоко́им (ся) успоко́ите (сь) успоко́ят (ся)
COND.	успока́ивал (ся) бы успока́ивала (сь) бы успока́ивало (сь) бы успока́ивали (сь) бы	успоко́ил (ся) бы успоко́ила (сь) бы успоко́ило (сь) бы успоко́или (сь) бы
IMP.	успока́ивай (ся) успока́ивайте (сь)	успоко́й (ся) успоко́йте (сь)
	DEVERBALS	
PRES. ACT.	успока́ивающий (ся)	
PRES. PASS.	успока́иваемый	
PAST ACT.	успока́ивавший (ся)	успоко́ивший (ся)
PAST PASS.		успоко́енный
VERBAL ADVERB	успока́ивая (сь)	успоко́ив (шись)

успока́ивать кого – что

Чем же она тебя успокаивает? — What does she soothe you with?

Рынок жилья успокоился ненадолго. — The housing market quieted down for a short time.

Успокойтесь. Если сами не успокоитесь, то ребенок будет еще долго орать. — Calm down. If you don't calm yourself, the child will keep on screaming for a long time.

устава́ть / уста́ть

to get tired

	IMPERFECTIVE ASPECT	PERFECTIVE ASPECT
INF.	устава́ть	уста́ть
PRES.	устаю́ устаёшь устаёт устаём устаёте устаю́т	
PAST	устава́л устава́ла устава́ло устава́ли	уста́л уста́ла уста́ло уста́ли
FUT.	бу́ду устава́ть бу́дешь устава́ть бу́дет устава́ть бу́дем устава́ть бу́дете устава́ть бу́дут устава́ть	уста́ну уста́нешь уста́нет уста́нем уста́нете уста́нут
COND.	устава́л бы устава́ла бы устава́ло бы устава́ли бы	уста́л бы уста́ла бы уста́ло бы уста́ли бы
IMP.	устава́й устава́йте	уста́нь уста́ньте
	DEVERBALS	
PRES. ACT.	устаю́щий	
PRES. PASS.		
PAST ACT.	устава́вший	уста́вший
PAST PASS.		
VERBAL ADVERB	устава́я	уста́в

Отдыхаю хорошо, только устаю очень. — I am resting well, only I tire a lot.

Я почувствовала, что люди устали жить без любви и без дома. — I felt that people were tired of living without love and without a home.

Любить друг друга не устаньте. — Do not grow tired of loving one another.

	IMPERFECTIVE ASPECT	PERFECTIVE ASPECT
INF.	устана́вливать (ся)	установи́ть (ся)
PRES.	устана́вливаю устана́вливаешь устана́вливает (ся) устана́вливаем устана́вливаете устана́вливают (ся)	
PAST	устана́вливал (ся) устана́вливала (сь) устана́вливало (сь) устана́вливали (сь)	установи́л (ся) установи́ла (сь) установи́ло (сь) установи́ли (сь)
FUT.	бу́ду устана́вливать бу́дешь устана́вливать бу́дет устана́вливать (ся) бу́дем устана́вливать бу́дете устана́вливать бу́дут устана́вливать (ся)	установлю́ устано́вишь устано́вит (ся) устано́вим устано́вите устано́вят (ся)
COND.	устана́вливал (ся) бы устана́вливала (сь) бы устана́вливало (сь) бы устана́вливали (сь) бы	установи́л (ся) бы установи́ла (сь) бы установи́ло (сь) бы установи́ли (сь) бы
IMP.	устана́вливай устана́вливайте	установи́ установи́те
	DEVERBALS	
PRES. ACT.	устана́вливающий (ся)	
PRES. PASS.	устана́вливаемый	
PAST ACT.	устана́вливавший (ся)	установи́вший (ся)
PAST PASS.		устано́вленный
VERBAL ADVERB	устана́вливая (сь)	установи́в (шись)

устана́вливать что

Устанавливаем безплатный антивирус.	We are installing a free antivirus.
Густой туман установился в Москве.	A thick cloud settled in over Moscow.
Установите ссылку на ваш сайт.	Place a link to your site.

У

устра́ивать (ся) / устро́ить (ся)

to arrange, put in order (get a job)

	IMPERFECTIVE ASPECT	PERFECTIVE ASPECT
INF.	устра́ивать (ся)	устро́ить (ся)
PRES.	устра́иваю (сь) устра́иваешь (ся) устра́ивает (ся) устра́иваем (ся) устра́иваете (сь) устра́ивают (ся)	
PAST	устра́ивал (ся) устра́ивала (сь) устра́ивало (сь) устра́ивали (сь)	устро́ил (ся) устро́ила (сь) устро́ило (сь) устро́или (сь)
FUT.	бу́ду устра́ивать (ся) бу́дешь устра́ивать (ся) бу́дет устра́ивать (ся) бу́дем устра́ивать (ся) бу́дете устра́ивать (ся) бу́дут устра́ивать (ся)	устро́ю (сь) устро́ишь (ся) устро́ит (ся) устро́им (ся) устро́ите (сь) устро́ят (ся)
COND.	устра́ивал (ся) бы устра́ивала (сь) бы устра́ивало (сь) бы устра́ивали (сь) бы	устро́ил (ся) бы устро́ила (сь) бы устро́ило (сь) бы устро́или (сь) бы
IMP.	устра́ивай (ся) устра́ивайте (сь)	устро́й (ся) устро́йте (сь)
	DEVERBALS	
PRES. ACT.	устра́ивающий (ся)	
PRES. PASS.	устра́иваемый	
PAST ACT.	устра́ивавший (ся)	устро́ивший (ся)
PAST PASS.		устро́енный
VERBAL ADVERB	устра́ивая (сь)	устро́ив (шись)

устра́ивать кого – что на что

Искусственный снегопад устраивают в испанском городе.	They are arranging an artificial snowstorm in a Spanish city.
Устраивались походы и вечерние костры.	Hikes and evening campfires were arranged.
Актриса устроилась на работу в ресторан.	The actress got herself a job in the restaurant.

	IMPERFECTIVE ASPECT	PERFECTIVE ASPECT
INF.	уступа́ть	уступи́ть
PRES.	уступа́ю уступа́ешь уступа́ет уступа́ем уступа́ете уступа́ют	
PAST	уступа́л уступа́ла уступа́ло уступа́ли	уступи́л уступи́ла уступи́ло уступи́ли
FUT.	бу́ду уступа́ть бу́дешь уступа́ть бу́дет уступа́ть бу́дем уступа́ть бу́дете уступа́ть бу́дут уступа́ть	уступлю́ усту́пишь усту́пит усту́пим усту́пите усту́пят
COND.	уступа́л бы уступа́ла бы уступа́ло бы уступа́ли бы	уступи́л бы уступи́ла бы уступи́ло бы уступи́ли бы
IMP.	уступа́й уступа́йте	уступи́ уступи́те
	DEVERBALS	
PRES. ACT.	уступа́ющий	
PRES. PASS.	уступа́емый	
PAST ACT.	уступа́вший	уступи́вший
PAST PASS.		усту́пленный
VERBAL ADVERB	уступа́я	уступи́в

уступа́ть кого – что кому – чему, в чём

Я уступаю дорогу молодым.	I yield the road to young people.
В спринте она уступила только своей сестре.	In the sprint she yielded only to her sister.
Пожалуйста, уступи место пожилой женщине.	Please give up your seat to the elderly woman.

уха́живать / поуха́живать

to nurse, tend to, make advances

	IMPERFECTIVE ASPECT	PERFECTIVE ASPECT
INF.	уха́живать	поуха́живать
PRES.	уха́живаю уха́живаешь уха́живает уха́живаем уха́живаете уха́живают	
PAST	уха́живал уха́живала уха́живало уха́живали	поуха́живал поуха́живала поуха́живало поуха́живали
FUT.	бу́ду уха́живать бу́дешь уха́живать бу́дет уха́живать бу́дем уха́живать бу́дете уха́живать бу́дут уха́живать	поуха́живаю поуха́живаешь поуха́живает поуха́живаем поуха́живаете поуха́живают
COND.	уха́живал бы уха́живала бы уха́живало бы уха́живали бы	поуха́живал бы поуха́живала бы поуха́живало бы поуха́живали бы
IMP.	уха́живай уха́живайте	поуха́живай поуха́живайте
	DEVERBALS	
PRES. ACT.	уха́живающий	
PRES. PASS.		
PAST ACT.	уха́живавший	поуха́живавший
PAST PASS.		
VERBAL ADVERB	уха́живая	поуха́жив

уха́живать за кем – чем

Она ухаживает за каменным садом.	She is tending her rock garden.
Кто за мной поухаживает?	Who will make advances to me?
Вчера рассталась с мужчиной, который за мной ухаживал.	Yesterday I broke up with the man who had been courting me.

	IMPERFECTIVE ASPECT	PERFECTIVE ASPECT
INF.	уходи́ть	уйти́
PRES.	ухожу́ ухо́дишь ухо́дит ухо́дим ухо́дите ухо́дят	
PAST	уходи́л уходи́ла уходи́ло уходи́ли	ушёл ушла́ ушло́ ушли́
FUT.	бу́ду уходи́ть бу́дешь уходи́ть бу́дет уходи́ть бу́дем уходи́ть бу́дете уходи́ть бу́дут уходи́ть	уйду́ уйдёшь уйдёт уйдём уйдёте уйду́т
COND.	уходи́л бы уходи́ла бы уходи́ло бы уходи́ли бы	ушёл бы ушла́ бы ушло́ бы ушли́ бы
IMP.	уходи́ уходи́те	уйди́ уйди́те
	DEVERBALS	
PRES. ACT.	уходя́щий	
PRES. PASS.		
PAST ACT.	уходи́вший	уше́дший
PAST PASS.		
VERBAL ADVERB	уходя́	уйдя́

У

Я каждой ночью ухожу в придуманный Китай. — Every night I go off to an imaginary China.

Ушла из жизни знаменитая балерина. — A famous ballerina has departed this life.

Без покупки не уйдете. — Don't leave without a purchase.

уча́ствовать
to take part, participate

	IMPERFECTIVE ASPECT	PERFECTIVE ASPECT
INF.	уча́ствовать	
PRES.	уча́ствую уча́ствуешь уча́ствует уча́ствуем уча́ствуете уча́ствуют	
PAST	уча́ствовал уча́ствовала уча́ствовало уча́ствовали	
FUT.	бу́ду уча́ствовать бу́дешь уча́ствовать бу́дет уча́ствовать бу́дем уча́ствовать бу́дете уча́ствовать бу́дут уча́ствовать	
COND.	уча́ствовал бы уча́ствовала бы уча́ствовало бы уча́ствовали бы	
IMP.	уча́ствуй уча́ствуйте	
	DEVERBALS	
PRES. ACT.	уча́ствующий	
PRES. PASS.		
PAST ACT.	уча́ствовавший	
PAST PASS.		
VERBAL ADVERB	уча́ствуя	

уча́ствовать в чём

Участвую в конкурсе красоты.	I am participating in a beauty contest.
В референдуме участвовали два миллиона человек.	Two million people took part in the referendum.
Участвуйте в молодежном фестивале.	Take part in a youth festival.

	IMPERFECTIVE ASPECT	PERFECTIVE ASPECT
INF.	учи́ть (ся)	научи́ть (ся)
PRES.	учу́ (сь) у́чишь (ся) у́чит (ся) у́чим (ся) у́чите (сь) у́чат (ся)	
PAST	учи́л (ся) учи́ла (сь) учи́ло (сь) учи́ли (сь)	научи́л (ся) научи́ла (сь) научи́ло (сь) научи́ли (сь)
FUT.	бу́ду учи́ть (ся) бу́дешь учи́ть (ся) бу́дет учи́ть (ся) бу́дем учи́ть (ся) бу́дете учи́ть (ся) бу́дут учи́ть (ся)	научу́ (сь) нау́чишь (ся) нау́чит (ся) нау́чим (ся) нау́чите (сь) нау́чат (ся)
COND.	учи́л (ся) бы учи́ла (сь) бы учи́ло (сь) бы учи́ли (сь) бы	научи́л (ся) бы научи́ла (сь) бы научи́ло (сь) бы научи́ли (сь) бы
IMP.	учи́ (сь) учи́те (сь)	научи́ (сь) научи́те (сь)
	DEVERBALS	
PRES. ACT.	уча́щий (ся)	
PRES. PASS.		
PAST ACT.	учи́вший (ся)	научи́вший (ся)
PAST PASS.	у́ченный	нау́ченный
VERBAL ADVERB	уча́ (сь)	научи́в (шись)

учи́ть кого – что чему (***teach someone something***)
учи́ть что (***study something***)
учи́ться чему (***study***); **научиться чему,** or infinitive (***learn***)

Я учу себя сам.	I am teaching myself.
Она училась водить машину.	She learned how to drive a car.
Кто и чему научился в ВУЗе?	Who studied what in college?

характеризова́ть (ся) / охарактеризова́ть (ся)

to characterize, describe

	IMPERFECTIVE ASPECT	PERFECTIVE ASPECT
INF.	характеризова́ть (ся)	охарактеризова́ть (ся)
PRES.	характеризу́ю характеризу́ешь характеризу́ет (ся) характеризу́ем характеризу́ете характеризу́ют (ся)	
PAST	характеризова́л (ся) характеризова́ла (сь) характеризова́ло (сь) характеризова́ли (сь)	охарактеризова́л (ся) охарактеризова́ла (сь) охарактеризова́ло (сь) охарактеризова́ли (сь)
FUT.	бу́ду характеризова́ть бу́дешь характеризова́ть бу́дет характеризова́ть (ся) бу́дем характеризова́ть бу́дете характеризова́ть бу́дут характеризова́ть (ся)	охарактеризу́ю охарактеризу́ешь охарактеризу́ет (ся) охарактеризу́ем охарактеризу́ете охарактеризу́ют (ся)
COND.	характеризова́л (ся) бы характеризова́ла (сь) бы характеризова́ло (сь) бы характеризова́ли (сь) бы	охарактеризова́л (ся) бы охарактеризова́ла (сь) бы охарактеризова́ло (сь) бы охарактеризова́ли (сь) бы
IMP.	характеризу́й характеризу́йте	охарактеризу́й охарактеризу́йте
	DEVERBALS	
PRES. ACT.	характеризу́ющий (ся)	
PRES. PASS.	характеризу́емый	
PAST ACT.	характеризова́вший (ся)	охарактеризова́вший (ся)
PAST PASS.		охарактеризо́ванный
VERBAL ADVERB	характеризу́я (сь)	охарактеризова́в (шись)

характеризова́ть кого – что; характеризова́ться чем
Характеризова́ть can be used in both the imperfective and the perfective aspects.

Это молчание я характеризую как враньe.	I characterize this silence as lying.
Вторник характеризовался высокой активностью рынка.	Tuesday was characterized by great activity in the market.
Весна охарактеризовалась красотой.	Spring was characterized by beauty.

	IMPERFECTIVE ASPECT	PERFECTIVE ASPECT
INF.	хвали́ть (ся)	похвали́ть (ся)
PRES.	хвалю́ (сь) хва́лишь (ся) хва́лит (ся) хва́лим (ся) хва́лите (сь) хва́лят (ся)	
PAST	хвали́л (ся) хвали́ла (сь) хвали́ло (сь) хвали́ли (сь)	похвали́л (ся) похвали́ла (сь) похвали́ло (сь) похвали́ли (сь)
FUT.	бу́ду хвали́ть (ся) бу́дешь хвали́ть (ся) бу́дет хвали́ть (ся) бу́дем хвали́ть (ся) бу́дете хвали́ть (ся) бу́дут хвали́ть (ся)	похвалю́ (сь) похва́лишь (ся) похва́лит (ся) похва́лим (ся) похва́лите (сь) похва́лят (ся)
COND.	хвали́л (ся) бы хвали́ла (сь) бы хвали́ло (сь) бы хвали́ли (сь) бы	похвали́л (ся) бы похвали́ла (сь) бы похвали́ло (сь) бы похвали́ли (сь) бы
IMP.	хвали́ (сь) хвали́те (сь)	похвали́ (сь) похвали́те (сь)
	DEVERBALS	
PRES. ACT.	хваля́щий (ся)	
PRES. PASS.	хвали́мый	
PAST ACT.	хвали́вший (ся)	похвали́вший (ся)
PAST PASS.		похва́ленный
VERBAL ADVERB	хваля́ (сь)	похвали́в (шись)

хвали́ть кого – что за что; хвали́ться кем – чем

Почему ты хвалишь только внешнюю политику?	Why do you praise only foreign policy?
Фирма похвалилась успехами в области экологии.	The firm was hailed for successes in the area of ecology.
Я похвалю наших авторов.	I will compliment our authors.

хвата́ть (ся) / схвати́ть (ся)

to seize, grasp

	IMPERFECTIVE ASPECT	PERFECTIVE ASPECT
INF.	хвата́ть (ся)	схвати́ть (ся)
PRES.	хвата́ю (сь) хвата́ешь (ся) хвата́ет (ся) хвата́ем (ся) хвата́ете (сь) хвата́ют (ся)	
PAST	хвата́л (ся) хвата́ла (сь) хвата́ло (сь) хвата́ли (сь)	схвати́л (ся) схвати́ла (сь) схвати́ло (сь) схвати́ли (сь)
FUT.	бу́ду хвата́ть (ся) бу́дешь хвата́ть (ся) бу́дет хвата́ть (ся) бу́дем хвата́ть (ся) бу́дете хвата́ть (ся) бу́дут хвата́ть (ся)	схвачу́ (сь) схва́тишь (ся) схва́тит (ся) схва́тим (ся) схва́тите (сь) схва́тят (ся)
COND.	хвата́л (ся) бы хвата́ла (сь) бы хвата́ло (сь) бы хвата́ли (сь) бы	схвати́л (ся) бы схвати́ла (сь) бы схвати́ло (сь) бы схвати́ли (сь) бы
IMP.	хвата́й (ся) хвата́йте (сь)	схвати́ (сь) схвати́те (сь)
	DEVERBALS	
PRES. ACT.	хвата́ющий (ся)	
PRES. PASS.	хвата́емый	
PAST ACT.	хвата́вший (ся)	схвати́вший (ся)
PAST PASS.		схва́ченный
VERBAL ADVERB	хвата́я (сь)	схвати́в (шись)

хвата́ть кого – что; хвата́ться за кого – что
хвата́ть / хватить чего is used in impersonal constructions to mean ***be enough, suffice.***

Хватай деньги и беги.	Grab the money and run.
Почему они схватилась за оружие?	Why did they reach for their weapons?
Боксёрам не хватает женских качеств.	Boxers lack feminine qualities.

	MULTIDIRECTIONAL	UNIDIRECTIONAL	PERFECTIVE ASPECT
INF.	ходи́ть	идти́	пойти́
PRES.	хожу́ хо́дишь хо́дит хо́дим хо́дите хо́дят	иду́ идёшь идёт идём идёте иду́т	
PAST	ходи́л ходи́ла ходи́ло ходи́ли	шёл шла́ шло́ шли́	пошёл пошла́ пошло́ пошли́
FUT.	бу́ду ходи́ть бу́дешь ходи́ть бу́дет ходи́ть бу́дем ходи́ть бу́дете ходи́ть бу́дут ходи́ть	бу́ду идти́ бу́дешь идти́ бу́дет идти́ бу́дем идти́ бу́дете идти́ бу́дут идти́	пойду́ пойдёшь пойдёт пойдём пойдёте пойду́т
COND.	ходи́л бы ходи́ла бы ходи́ло бы ходи́ли бы	шёл бы шла́ бы шло́ бы шли́ бы	пошёл бы пошла́ бы пошло́ бы пошли́ бы
IMP.	ходи́ ходи́те	иди́ иди́те	пойди́ пойди́те
		DEVERBALS	
PRES. ACT.	ходя́щий	иду́щий	
PRES. PASS.			
PAST ACT.	ходи́вший	ше́дший	поше́дший
PAST PASS.			
VERBAL ADVERB	ходя́ – ходи́в	идя́	пойдя́

ходи́ть – идти́ во что, на что, к кому – чему, за кем – чем, в чём
With an imperfective infinitive, **пойти** can mean ***start to.***

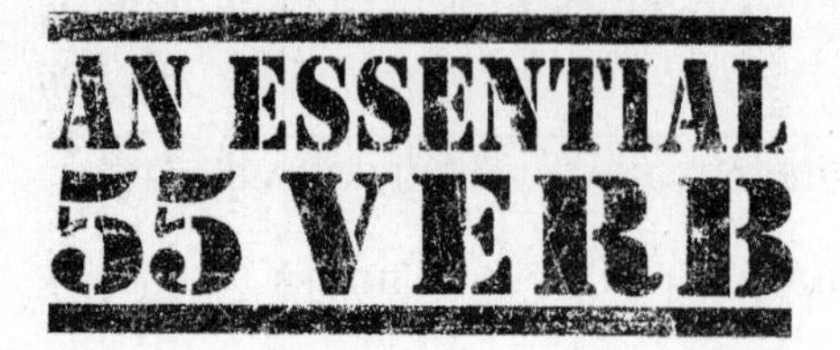

ходи́ть – идти́ / пойти́

Examples

Я хожу, где хочу.
I go where I want.

Сегодня к маме в гости ходила.
I went to visit Mama today.

Ты туда не ходи, ходи сюда.
Don't go there, come here.

Идите верной дорогой.
Travel the safe road.

Шла Саша по шоссе.
Sasha walked along the highway.

В Москве пошёл снег.
It snowed in Moscow.

Пойдите направо.
Go to the right.

Мы ходили на дискотеку.
We went to the disco.

Шли бы вы все в баню.
You should all go to the bathhouse.

Дельфин пошел в атаку на человека.
The dolphin went on the attack against the human.

Words and expressions related to this verb

Ребенок стал ходить.

Болезнь не по лесу ходит, а по людям.

Он ходит в правде.

Шёл дождь.

Пошли.

ход

хождение

ходьба

	IMPERFECTIVE ASPECT	PERFECTIVE ASPECT
INF.	хоте́ть (ся)	захоте́ть (ся)
PRES.	хочу́ хо́чешь хо́чет (ся) хоти́м хоти́те хотя́т	
PAST	хоте́л хоте́ла хоте́ло (сь) хоте́ли	захоте́л захоте́ла захоте́ло (сь) захоте́ли
FUT.		захочу́ захо́чешь захо́чет (ся) захоти́м захоти́те захотя́т
COND.	хоте́л бы хоте́ла бы хоте́ло (сь) бы хоте́ли бы	захоте́л бы захоте́ла бы захоте́ло (сь) бы захоте́ли бы
IMP.		
	DEVERBALS	
PRES. ACT.	хотя́щий	
PRES. PASS.		
PAST ACT.	хоте́вший	захоте́вший
PAST PASS.		
VERBAL ADVERB	хоте́в	захоте́в

хоте́ть чего, + infinitive, + **чтобы; хо́чется кому**
This verb is not used in the future tense of the imperfective aspect.

хоте́ть (ся) / захоте́ть (ся)

Examples

А хочешь, я тебе спою?
If you want, I'll sing to you.

Мне хочется верить тебе.
I want to believe you.

Я бы хотела пожелать вам всего хорошего.
I would like to wish you all the best.

Если захочу, я одену новое платье сегодня.
If I want, I'll put on the new dress today.

Мне просто захотелось стать великим.
I just wanted to become great.

Захотят — пусть посещают.
If they want — let them visit.

Посмотрите эти фото, и вам тоже захочется в Санкт-Петербурге.
Look at these photos and you too will want to visit St. Petersburg.

Хочу все знать.
I want to know everything.

Тем больше ему хочется бежать за ней.
He wants to run after her all the more.

Можем вместе, когда захотим.
We can do it together if we want.

Words and expressions related to this verb

Что вы хотите?

Очень хочется.

Мне хотелось бы.

хоть

хотя

	IMPERFECTIVE ASPECT	PERFECTIVE ASPECT
INF.	храни́ть (ся)	
PRES.	храню́ храни́шь храни́т (ся) храни́м храни́те храня́т (ся)	
PAST	храни́л (ся) храни́ла (сь) храни́ло (сь) храни́ли (сь)	
FUT.	бу́ду храни́ть бу́дешь храни́ть бу́дет храни́ть (ся) бу́дем храни́ть бу́дете храни́ть бу́дут храни́ть (ся)	
COND.	храни́л (ся) бы храни́ла (сь) бы храни́ло (сь) бы храни́ли (сь) бы	
IMP.	храни́ храни́те	
	DEVERBALS	
PRES. ACT.	храня́щий (ся)	
PRES. PASS.	храни́мый	
PAST ACT.	храни́вший (ся)	
PAST PASS.		
VERBAL ADVERB	храня́ (сь)	

храни́ть что
There is the verbal pair **сохраня́ть (ся) / сохрани́ть (ся)**

В твоей душе храню я счастье.	I preserve happiness in your soul.
Где хранятся земные сокровища?	Where are the earth's treasures preserved?
Храни меня, любимая.	Protect me, my beloved.

целова́ть (ся) / поцелова́ть (ся)
to kiss

	IMPERFECTIVE ASPECT	PERFECTIVE ASPECT
INF.	целова́ть (ся)	поцелова́ть (ся)
PRES.	целу́ю (сь) целу́ешь (ся) целу́ет (ся) целу́ем (ся) целу́ете (сь) целу́ют (ся)	
PAST	целова́л (ся) целова́ла (сь) целова́ло (сь) целова́ли (сь)	поцелова́л (ся) поцелова́ла (сь) поцелова́ло (сь) поцелова́ли (сь)
FUT.	бу́ду целова́ть (ся) бу́дешь целова́ть (ся) бу́дет целова́ть (ся) бу́дем целова́ть (ся) бу́дете целова́ть (ся) бу́дут целова́ть (ся)	поцелу́ю (сь) поцелу́ешь (ся) поцелу́ет (ся) поцелу́ем (ся) поцелу́ете (сь) поцелу́ют (ся)
COND.	целова́л (ся) бы целова́ла (сь) бы целова́ло (сь) бы целова́ли (сь) бы	поцелова́л (ся) бы поцелова́ла (сь) бы поцелова́ло (сь) бы поцелова́ли (сь) бы
IMP.	целу́й (ся) целу́йте (сь)	поцелу́й (ся) поцелу́йте (сь)
	DEVERBALS	
PRES. ACT.	целу́ющий (ся)	
PRES. PASS.	целу́емый	
PAST ACT.	целова́вший (ся)	поцелова́вший (ся)
PAST PASS.	цело́ванный	поцело́ванный
VERBAL ADVERB	целу́я (сь)	поцелова́в (шись)

целова́ть кого – что; целова́ться с кем

Целую всех и очень тщательно тебя.	I kiss everyone and most thoroughly you.
Когда вы в первый раз поцеловались?	When did you kiss for the first time?
Если вы поцелуете меня, то я превращусь в красивую принцессу.	If you kiss me, I will turn into a beautiful princess.

	IMPERFECTIVE ASPECT	PERFECTIVE ASPECT
INF.	черне́ть	почерне́ть
PRES.	черне́ю черне́ешь черне́ет черне́ем черне́ете черне́ют	
PAST	черне́л черне́ла черне́ло черне́ли	почерне́л почерне́ла почерне́ло почерне́ли
FUT.	бу́ду черне́ть бу́дешь черне́ть бу́дет черне́ть бу́дем черне́ть бу́дете черне́ть бу́дут черне́ть	почерне́ю почерне́ешь почерне́ет почерне́ем почерне́ете почерне́ют
COND.	черне́л бы черне́ла бы черне́ло бы черне́ли бы	почерне́л бы почерне́ла бы почерне́ло бы почерне́ли бы
IMP.	черне́й черне́йте	почерне́й почерне́йте
	DEVERBALS	
PRES. ACT.	черне́ющий	
PRES. PASS.		
PAST ACT.	черне́вший	почерне́вший
PAST PASS.		
VERBAL ADVERB	черне́я	почерне́в

Мы чернеем от зависти к вашим достижениям.	We are tarnished by envy of your accomplishments.
Моя серьга почернела.	My earring turned black.
Бегите в деревню, чернейте от солнца.	Run into the countryside and get burnt by the sun.

чи́стить (ся) / почи́стить (ся)

to clean, peel

	IMPERFECTIVE ASPECT	PERFECTIVE ASPECT
INF.	чи́стить (ся)	почи́стить (ся)
PRES.	чи́щу (сь) чи́стишь (ся) чи́стит (ся) чи́стим (ся) чи́стите (сь) чи́стят (ся)	
PAST	чи́стил (ся) чи́стила (сь) чи́стило (сь) чи́стили (сь)	почи́стил (ся) почи́стила (сь) почи́стило (сь) почи́стили (сь)
FUT.	бу́ду чи́стить (ся) бу́дешь чи́стить (ся) бу́дет чи́стить (ся) бу́дем чи́стить (ся) бу́дете чи́стить (ся) бу́дут чи́стить (ся)	почи́щу (сь) почи́стишь (ся) почи́стит (ся) почи́стим (ся) почи́стите (сь) почи́стят (ся)
COND.	чи́стил (ся) бы чи́стила (сь) бы чи́стило (сь) бы чи́стили (сь) бы	почи́стил (ся) бы почи́стила (сь) бы почи́стило (сь) бы почи́стили (сь) бы
IMP.	чи́сти (сь) чи́стите (сь)	почи́сти (сь) почи́стите (сь)
	DEVERBALS	
PRES. ACT.	чи́стящий (ся)	
PRES. PASS.	чи́стимый	
PAST ACT.	чи́стивший	почи́стивший
PAST PASS.	чи́щенный	почи́щенный
VERBAL ADVERB	чи́стя (сь)	почи́стив (шись)

чи́стить кого – что

Меня часто спрашивают, как я чищу квартиру.	They often ask me how I clean the apartment.
Стулья легко моются и чистятся.	The chairs can be easily washed and cleaned.
Тщательно почистите промежутки между зубами.	Carefully clean the spaces between the teeth.

	IMPERFECTIVE ASPECT	PERFECTIVE ASPECT
INF.	чита́ть	прочита́ть
PRES.	чита́ю чита́ешь чита́ет чита́ем чита́ете чита́ют	
PAST	чита́л чита́ла чита́ло чита́ли	прочита́л прочита́ла прочита́ло прочита́ли
FUT.	бу́ду чита́ть бу́дешь чита́ть бу́дет чита́ть бу́дем чита́ть бу́дете чита́ть бу́дут чита́ть	прочита́ю прочита́ешь прочита́ет прочита́ем прочита́ете прочита́ют
COND.	чита́л бы чита́ла бы чита́ло бы чита́ли бы	прочита́л бы прочита́ла бы прочита́ло бы прочита́ли бы
IMP.	чита́й чита́йте	прочита́й прочита́йте
	DEVERBALS	
PRES. ACT.	чита́ющий	
PRES. PASS.	чита́емый	
PAST ACT.	чита́вший	прочита́вший
PAST PASS.	чи́танный	прочи́танный
VERBAL ADVERB	читая́	прочита́в

чита́ть кого – что
There is also the verbal pair
прочи́тывать / прочита́ть.

чита́ть / прочита́ть

Examples

Скажи мне, что ты читаешь, слушаешь, смортишь.
Tell me what you read, what you listen to, what you watch.

Я когда читала, плакала.
As I was reading, I cried.

Прочитай и запомни.
Read and remember.

Их доклады прочитают во всем мире.
Their reports will be read all over the world.

Его роман еще не прочитан.
His novel has not been read yet.

Прочитав этот стих, вы научитесь понимать друг друга.
After reading this poem, you will learn to understand one another.

Учим русский язык, читая художественную литературу.
Let's learn Russian by reading literature.

Кто что читает?
Who is reading what?

Я читала твое письмо и плакала.
I read your letter and cried.

Прочитал энциклопедию.
I read through the encyclopedia.

Words and expressions related to this verb

Читай вслух.

Читаю, а писать не умею.

Читает лекцию.

чтение

читатель

читательный

	IMPERFECTIVE ASPECT	PERFECTIVE ASPECT
INF.	чу́вствовать (ся)	почу́вствовать (ся)
PRES.	чу́вствую (сь)	
	чу́вствуешь (ся)	
	чу́вствует (ся)	
	чу́вствуем (ся)	
	чу́вствуете (сь)	
	чу́вствуют (ся)	
PAST	чу́вствовал (ся)	почу́вствовал (ся)
	чу́вствовала (сь)	почу́вствовала (сь)
	чу́вствовало (сь)	почу́вствовало (сь)
	чу́вствовали (сь)	почу́вствовали (сь)
FUT.	бу́ду чу́вствовать (ся)	почу́вствую (сь)
	бу́дешь чу́вствовать (ся)	почу́вствуешь (ся)
	бу́дет чу́вствовать (ся)	почу́вствует (ся)
	бу́дем чу́вствовать (ся)	почу́вствуем (ся)
	бу́дете чу́вствовать (ся)	почу́вствуете (сь)
	бу́дут чу́вствовать (ся)	почу́вствуют (ся)
COND.	чу́вствовал (ся) бы	почу́вствовал (ся) бы
	чу́вствовала (сь) бы	почу́вствовала (сь) бы
	чу́вствовало (сь) бы	почу́вствовало (сь) бы
	чу́вствовали (сь) бы	почу́вствовали (сь) бы
IMP.	чу́вствуй (ся)	почу́вствуй (ся)
	чу́вствуйте (сь)	почу́вствуйте (сь)
	DEVERBALS	
PRES. ACT.	чу́вствующий (ся)	
PRES. PASS.	чу́вствуемый	
PAST ACT.	чу́вствовавший (ся)	почу́вствовавший (ся)
PAST PASS.		
VERBAL ADVERB	чу́вствуя (сь)	почу́вствовав (шись)

чу́вствовать что, себя

чу́вствовать (ся) / почу́вствовать (ся)

Examples

Мы чувствуем себя открытыми ко всему.
We feel open to everything.

Не думай, просто чувствуй.
Don't think, just feel.

Я всегда чувствовала его помощь.
I always felt his help.

Вы не почувствуете разницу.
You won't feel any difference.

Чувствуется русский дух.
The Russian spirit can be sensed.

Почувствуются новые влияния.
New influences will be felt.

Почувствовав страх, я бросился вперед.
Having sensed fear, I threw myself forward.

Я не чувствую никакого давления.
I do not feel any pressure.

Страх чувствовался в его голосе.
The fear in his voice could be felt.

Как говорится, почувствуйте разницу.
As they say, you will notice the difference.

Words and expressions related to this verb

Не все высказывается, что чувствуется.

Почувствовать близость друга.

Я чувствую себя хорошо.

чувство

чувствительный

чувственность

	IMPERFECTIVE ASPECT	PERFECTIVE ASPECT
INF.	ши́ть	сши́ть
PRES.	шью́ шьёшь шьёт шьём шьёте шью́т	
PAST	ши́л ши́ла ши́ло ши́ли	сши́л сши́ла сши́ло сши́ли
FUT.	бу́ду ши́ть бу́дешь ши́ть бу́дет ши́ть бу́дем ши́ть бу́дете ши́ть бу́дут ши́ть	сошью́ сошьёшь сошьёт сошьём сошьёте сошью́т
COND.	ши́л бы ши́ла бы ши́ло бы ши́ли бы	сши́л бы сши́ла бы сши́ло бы сши́ли бы
IMP.	ше́й ше́йте	сше́й сше́йте
	DEVERBALS	
PRES. ACT.	шью́щий	
PRES. PASS.		
PAST ACT.	ши́вший	сши́вший
PAST PASS.	ши́тый	сши́тый
VERBAL ADVERB	ши́в	сши́в

ши́ть что чем, по чему
The pair **сшива́ть / сши́ть** also means ***to sew.***

Красиво рисую, шью и вяжу.	I draw beautifully, sew, and knit.
Мама мне шила трусы.	Mom sewed me shorts.
Сшейте модную юбку из шелка.	Sew a fashionable skirt from silk.

шуме́ть / пошуме́ть
to make noise, cause a sensation

	IMPERFECTIVE ASPECT	PERFECTIVE ASPECT
INF.	шуме́ть	пошуме́ть
PRES.	шумлю́ шуми́шь шуми́т шуми́м шуми́те шумя́т	
PAST	шуме́л шуме́ла шуме́ло шуме́ли	пошуме́л пошуме́ла пошуме́ло пошуме́ли
FUT.	бу́ду шуме́ть бу́дешь шуме́ть бу́дет шуме́ть бу́дем шуме́ть бу́дете шуме́ть бу́дут шуме́ть	пошумлю́ пошуми́шь пошуми́т пошуми́м пошуми́те пошумя́т
COND.	шуме́л бы шуме́ла бы шуме́ло бы шуме́ли бы	пошуме́л бы пошуме́ла бы пошуме́ло бы пошуме́ли бы
IMP.	шуми́ шуми́те	пошуми́ пошуми́те
	DEVERBALS	
PRES. ACT.	шумя́щий	
PRES. PASS.		
PAST ACT.	шуме́вший	пошуме́вший
PAST PASS.		
VERBAL ADVERB	шумя́	пошуме́в

Строители шумят днем и ночью. — The construction workers are noisy day and night.

Толпа пошумела, но через час разошлась. — The crowd caused a sensation, but dispersed within an hour.

Пошуми ветерок, пошуми мне. — Make a noise, little wind, make some noise for me.

	IMPERFECTIVE ASPECT	PERFECTIVE ASPECT
INF.	шути́ть	пошути́ть
PRES.	шучу́ шу́тишь шу́тит шу́тим шу́тите шу́тят	
PAST	шути́л шути́ла шути́ло шути́ли	пошути́л пошути́ла пошути́ло пошути́ли
FUT.	бу́ду шути́ть бу́дешь шути́ть бу́дет шути́ть бу́дем шути́ть бу́дете шути́ть бу́дут шути́ть	пошучу́ пошу́тишь пошу́тит пошу́тим пошу́тите пошу́тят
COND.	шути́л бы шути́ла бы шути́ло бы шути́ли бы	пошути́л бы пошути́ла бы пошути́ло бы пошути́ли бы
IMP.	шути́ шути́те	пошути́ пошути́те
	DEVERBALS	
PRES. ACT.	шутя́щий	
PRES. PASS.		
PAST ACT.	шути́вший	пошути́вший
PAST PASS.		
VERBAL ADVERB	шутя́	пошути́в

шути́ть над кем – чем

Над очень серьезными вещами я не шучу.	I do not jest about very serious matters.
Пошутили над одним сотрудником.	They played a prank on a co-worker.
Пошути над другом.	Play a joke on your friend.

явля́ть (ся) / яви́ть (ся)
to reveal (present oneself, turn up, to be)

	IMPERFECTIVE ASPECT	PERFECTIVE ASPECT
INF.	явля́ть (ся)	яви́ть (ся)
PRES.	явля́ю (сь) явля́ешь (ся) явля́ет (ся) явля́ем (ся) явля́ете (сь) явля́ют (ся)	
PAST	явля́л (ся) явля́ла (сь) явля́ло (сь) явля́ли (сь)	яви́л (ся) яви́ла (сь) яви́ло (сь) яви́ли (сь)
FUT.	бу́ду явля́ть (ся) бу́дешь явля́ть (ся) бу́дет явля́ть (ся) бу́дем явля́ть (ся) бу́дете явля́ть (ся) бу́дут явля́ть (ся)	явлю́ (сь) я́вишь (ся) я́вит (ся) я́вим (ся) я́вите (сь) я́вят (ся)
COND.	явля́л (ся) бы явля́ла (сь) бы явля́ло (сь) бы явля́ли (сь) бы	яви́л (ся) бы яви́ла (сь) бы яви́ло (сь) бы яви́ли (сь) бы
IMP.	явля́й (ся) явля́йте (сь)	яви́ (сь) яви́те (сь)
	DEVERBALS	
PRES. ACT.	явля́ющий (ся)	
PRES. PASS.	явля́емый	
PAST ACT.	явля́вший (ся)	яви́вший (ся)
PAST PASS.		я́вленный
VERBAL ADVERB	явля́я (сь)	яви́в (шись)

явля́ть кого – что; явля́ться кем – чем

Я являюсь директором одной фирмы.	I am the director of a firm.
Он не явился в суд.	He did not present himself at the trial.
Группа явила новый альбом.	The group brought out a new album.

Russian Verbs in the Twenty-First Century

The advent of the personal computer and the spread of the Internet, including the World Wide Web, have brought new vocabulary to the Russian language. As could be expected, many new nouns have appeared, such as the words for *browser* (браузер). Many old words are used in new meanings: *The Net* is Сеть. There is also an increasing use of English words in Roman script in Russian publications, such as **Internet.** For the most part, however, the verbal system simply uses already existing verbs to encompass new meanings. Note the following usage of verbs already found in the original *501 Russian Verbs*.

открывать / открыть окно	to open a window
закрывать / закрыть папку	to close a file
включать / включить принтер	to turn on the printer
выключать / выключить монитор	to turn off the monitor
показывать / показать все окна	to show all windows
создавать / создать псевдоним	to create an alias

The dramatic democratic reforms that brought an end to the Soviet Union and the emergence of the Russian Federation were also accompanied by an influx or re-emergence in the language of a vocabulary needed to explain new political realities and structures, and economic concepts such as private property, real estate, free market economy forces, and so on. Here too, many existing words were called upon anew or ever more frequently.

There has also been a tendency to use words similar to those in common usage in English and other European languages. Many of these verbs end in -овать or -ировать and when pronounced aloud will seem very familiar: программировать = to program, приватизировать = to privatize.

The language continues to adapt to changing times. On the next few pages we have 100 verbal pairs selected from contemporary newspapers, journals, and web sites that are representative of this new, up-to-date Russian language. This list is just a beginning. The twenty-first century will surely yield more!

The verbs are presented in a somewhat abbreviated form, listing the principal parts from which all the other forms of the verb can be easily derived. The following example indicates in *italics* the forms that are to be derived or deduced from those in the standard, non-italic font.

Some of these verbs are listed with perfective forms in standard reference works. In many cases one form of the verb, particularly those ending in -ировать, serves as an imperfective and perfective verb. The use of the particle **ся** is widespread (particularly in writing), transforming a transitive verb into an intransitive one or a passive construction. As with the original *501 Russian Verbs,* only those forms we have found in standard reference works or have actually encountered are provided.

SAMPLE VERB:

адапти́ровать / адапти́ровать
to adapt

	IMPERFECTIVE ASPECT	PERFECTIVE ASPECT
INF.	адапти́ровать	адапти́ровать
PRES.	адапти́рую адапти́руешь *адапти́рует* *адапти́руем* *адапти́руете* адапти́руют	
PAST	адапти́ровал *адапти́ровала* *адапти́ровало* *адапти́ровали*	адапти́ровал *адапти́ровала* *адапти́ровало* *адапти́ровали*
FUT.	бу́ду адапти́ровать бу́дешь адапти́ровать *бу́дет адапти́ровать* *бу́дем адапти́ровать* *бу́дете адапти́ровать* бу́дут адапти́ровать	адапти́рую адапти́руешь *адапти́рует* *адапти́руем* *адапти́руете* адапти́руют
COND.	адапти́ровал бы *адапти́ровала бы* *адапти́ровало бы* *адапти́ровали бы*	адапти́ровал бы *адапти́ровала бы* *адапти́ровало бы* *адапти́ровали бы*
IMP.	адапти́руй *адапти́руйте*	адапти́руй *адапти́руйте*

DEVERBALS

PRES. ACT.	адапти́рующий	
PRES. PASS.	*адапти́руемый*	
PAST ACT.	адапти́ровавший	адапти́ровавший
PAST PASS.		адапти́рованный
VERBAL ADVERB	адапти́руя	адапти́ровав

адапти́ровать что

Principal Parts of 100 Russian Verbs for the Twenty-First Century

адапти́ровать (ся) / адапти́ровать (ся)

to adapt

	IMPERFECTIVE ASPECT	PERFECTIVE ASPECT
INF.	адапти́ровать (ся)	адапти́ровать (ся)
PRES.	адапти́рую (сь)	
	адапти́руешь (ся)	
	адапти́руют (ся)	
PAST	адапти́ровал (ся)	адапти́ровал (ся)
FUT.	бу́ду адапти́ровать (ся)	адапти́рую (сь)
	бу́дешь адапти́ровать (ся)	адапти́руешь (ся)
	бу́дут адапти́ровать (ся)	адапти́руют (ся)
COND.	адапти́ровал (ся) бы	адапти́ровал (ся) бы
IMP.	адапти́руй (ся) (те) (сь)	адапти́руй (ся) (те) (сь)
	DEVERBALS	
PRES. ACT.	адапти́рующий (ся)	
PAST ACT.	адапти́ровавший (ся)	адапти́ровавший (ся)
PAST PASS.		адапти́рованный
VERBAL ADVERB	адапти́руя	адапти́ровав (шись)

адапти́ровать что, адапти́роваться к кому-чему

администри́ровать

to administer, manage

	IMPERFECTIVE ASPECT	PERFECTIVE ASPECT
INF.	администри́ровать	
PRES.	администри́рую	
	администри́руешь	
	администри́руют	
PAST	администри́ровал	
FUT.	бу́ду администри́ровать	
	бу́дешь администри́ровать	
	бу́дут администри́ровать	
COND.	администри́ровал бы	
IMP.	администри́руй (те)	
	DEVERBALS	
PRES. ACT.	администри́рующий	
PAST ACT.	администри́ровавший	
PAST PASS.		
VERBAL ADVERB	администри́руя	

адресова́ть (ся) / адресова́ть (ся)
to address

	IMPERFECTIVE ASPECT	PERFECTIVE ASPECT
INF.	адресова́ть (ся)	адресова́ть (ся)
PRES.	адресу́ю (сь)	
	адресу́ешь (ся)	
	адресу́ют (ся)	
PAST	адресова́л (ся)	адресова́л (ся)
FUT.	бу́ду адресова́ть (ся)	адресу́ю (сь)
	бу́дешь адресова́ть (ся)	адресу́ешь (ся)
	бу́дут адресова́ть (ся)	адресу́ют (ся)
COND.	адресова́л (ся) бы	адресова́л (ся) бы
IMP.	адресу́й (ся) (те) (сь)	адресу́й (ся) (те) (сь)
	DEVERBALS	
PRES. ACT.	адресу́ющий (ся)	
PAST ACT.	адресова́вший (ся)	адресова́вший (ся)
PAST PASS.		адресо́ванный
VERBAL ADVERB	адресу́я (сь)	адресова́в (шись)

адресова́ть что кому

аннoти́ровать / аннoти́ровать
to annotate

	IMPERFECTIVE ASPECT	PERFECTIVE ASPECT
INF.	аннoти́ровать	аннoти́ровать
PRES.	аннoти́рую	
	аннoти́руешь	
	аннoти́руют	
PAST	аннoти́ровал	аннoти́ровал
FUT.	бу́ду аннoти́ровать	аннoти́рую
	бу́дешь аннoти́ровать	аннoти́руешь
	бу́дут аннoти́ровать	аннoти́руют
COND.	аннoти́ровал бы	аннoти́ровал бы
IMP.	аннoти́руй (те)	аннoти́руй (те)
	DEVERBALS	
PRES. ACT.	аннoти́рующий	
PAST ACT.	аннoти́ровавший	аннoти́ровавший
PAST PASS.		аннoти́рованный
VERBAL ADVERB	аннoти́руя	аннoти́ровав

аннoти́ровать что

арендова́ть / арендова́ть

to rent, lease

	IMPERFECTIVE ASPECT	PERFECTIVE ASPECT
INF.	арендова́ть	арендова́ть
PRES.	аренду́ю	
	аренду́ешь	
	аренду́ют	
PAST	арендова́л	арендова́л
FUT.	бу́ду арендова́ть	аренду́ю
	бу́дешь арендова́ть	аренду́ешь
	бу́дут арендова́ть	аренду́ют
COND.	арендова́л бы	арендова́л бы
IMP.	аренду́й (те)	аренду́й (те)
	DEVERBALS	
PRES. ACT.	аренду́ющий	
PAST ACT.	арендова́вший	арендова́вший
PAST PASS.		арендо́ванный
VERBAL ADVERB	аренду́я	арендова́в

арендова́ть что

ассоции́ровать (ся) / ассоции́ровать (ся)

to associate with

	IMPERFECTIVE ASPECT	PERFECTIVE ASPECT
INF.	ассоции́ровать (ся)	ассоции́ровать (ся)
PRES.	ассоции́рую (сь)	
	ассоции́руешь (ся)	
	ассоции́руют (ся)	
PAST	ассоции́ровал (ся)	ассоции́ровал (ся)
FUT.	бу́ду ассоции́ровать (ся)	ассоции́рую (сь)
	бу́дешь ассоции́ровать (ся)	ассоции́руешь (ся)
	бу́дут ассоции́ровать (ся)	ассоции́руют ся)
COND.	ассоции́ровал (ся) бы	ассоции́ровал (ся) бы
IMP.	ассоции́руй (ся) (те) (сь)	ассоции́руй (ся) (те) (сь)
	DEVERBALS	
PRES. ACT.	ассоции́рующий (ся)	
PAST ACT.	ассоции́ровавший (ся)	ассоции́ровавший (ся)
PAST PASS.		ассоции́рованный
VERBAL ADVERB	ассоции́руя (сь)	ассоции́ровав (шись)

ассоции́ровать что с чем, с кем

бази́ровать (ся)

to base on

	IMPERFECTIVE ASPECT	PERFECTIVE ASPECT
INF.	бази́ровать (ся)	
PRES.	бази́рую (сь)	
	бази́руешь (ся)	
	бази́руют (ся)	
PAST	бази́ровал (ся)	
FUT.	бу́ду бази́ровать (ся)	
	бу́дешь бази́ровать (ся)	
	бу́дут бази́ровать (ся)	
COND.	бази́ровал (ся) бы	
IMP.	бази́руй (ся) (те) (сь)	
	DEVERBALS	
PRES. ACT.	бази́рующий (ся)	
PAST ACT.	бази́ровавший (ся)	
PAST PASS.		
VERBAL ADVERB	бази́руя (сь)	

бази́ровать что на чём

баллоти́ровать (ся)

to vote for, vote on (run for office)

	IMPERFECTIVE ASPECT	PERFECTIVE ASPECT
INF.	баллоти́ровать (ся)	
PRES.	баллоти́рую (сь)	
	баллоти́руешь (ся)	
	баллоти́руют (ся)	
PAST	баллоти́ровал (ся)	
FUT.	бу́ду баллоти́ровать (ся)	
	бу́дешь баллоти́ровать (ся)	
	бу́дут баллоти́ровать (ся)	
COND.	баллоти́ровал (ся) бы	
IMP.	баллоти́руй (ся) (те) (сь)	
	DEVERBALS	
PRES. ACT.	баллоти́рующий (ся)	
PAST ACT.	баллоти́ровавший (ся)	
PAST PASS.		
VERBAL ADVERB	баллоти́руя (сь)	

баллоти́ровать кого-что, баллоти́роваться в кто

блоки́ровать / блоки́ровать
to blockade

	IMPERFECTIVE ASPECT	PERFECTIVE ASPECT
INF.	блоки́ровать	блоки́ровать
PRES.	блоки́рую	
	блоки́руешь	
	блоки́руют	
PAST	блоки́ровал	блоки́ровал
FUT.	бу́ду блоки́ровать	блоки́рую
	бу́дешь блоки́ровать	блоки́руешь
	бу́дут блоки́ровать	блоки́руют
COND.	блоки́ровал бы	блоки́ровал бы
IMP.	блоки́руй (те)	блоки́руй (те)
	DEVERBALS	
PRES. ACT.	блоки́рующий	
PAST ACT.	блоки́ровавший	блоки́ровавший
PAST PASS.		блоки́рованный
VERBAL ADVERB	блоки́руя	блоки́ровав

блоки́ровать кого-что

блоки́роваться / сблоки́роваться
to form a political bloc

	IMPERFECTIVE ASPECT	PERFECTIVE ASPECT
INF.	блоки́роваться	сблоки́роваться
PRES.	блоки́руюсь	
	блоки́руешься	
	блоки́руются	
PAST	блоки́ровался	сблоки́ровался
FUT.	бу́ду блоки́роваться	сблоки́руюсь
	бу́дешь блоки́роваться	сблоки́руешься
	бу́дут блоки́роваться	сблоки́руются
COND.	блоки́ровался бы	сблоки́ровался бы
IMP.	блоки́руйся (тесь)	сблоки́руйся (тесь)
	DEVERBALS	
PRES. ACT.	блоки́рующийся	
PAST ACT.	блоки́ровавшийся	сблоки́ровавшийся
PAST PASS.		
VERBAL ADVERB	блоки́руясь	сблоки́ровавшись

блоки́роваться с кем-чем

взрывáть (ся) / взорвáть (ся)

to explode, blow up

	IMPERFECTIVE ASPECT	PERFECTIVE ASPECT
INF.	взрывáть (ся)	взорвáть (ся)
PRES.	взрывáю	
	взрывáешь	
	взрывáют (ся)	
PAST	взрывáл (ся)	взорвáл (ся)
FUT.	бýду взрывáть	взорвý
	бýдешь взрывáть	взорвёшь
	бýдут взрывáть (ся)	взорвýт (ся)
COND.	взрывáл (ся) бы	взорвáл (ся) бы
IMP.	взрывáй (те)	взорвú (те)
	DEVERBALS	
PRES. ACT.	взрывáющий (ся)	
PAST ACT.	взрывáвший (ся)	взорвáвший (ся)
PAST PASS.		взрóрванный
VERBAL ADVERB	взрывáя (сь)	взорвáв (шись)

взрывáть кого-что

возлагáть / возложúть

to entrust, lay something on

	IMPERFECTIVE ASPECT	PERFECTIVE ASPECT
INF.	возлагáть	возложúть
PRES.	возлагáю	
	возлагáешь	
	возлагáют	
PAST	возлагáл	возложúл
FUT.	бýду возлагáть	возложý
	бýдешь возлагáть	возлóжишь
	бýдут возлагáть	возлóжат
COND.	возлагáл бы	возложúл бы
IMP.	возлагáй (те)	возложú (те)
	DEVERBALS	
PRES. ACT.	возлагáющий	
PAST ACT.	возлагáвший	возложúвший
PAST PASS.		возлóженный
VERBAL ADVERB	возлагáя	возложúв

возлагáть что на кого-что

восстановля́ть (ся) / восстанови́ть (ся)

to restore, recover

	IMPERFECTIVE ASPECT	PERFECTIVE ASPECT
INF.	восстановля́ть (ся)	восстанови́ть (ся)
PRES.	восстановля́ю (сь)	
	восстановля́ешь (ся)	
	восстановля́ют (ся)	
PAST	восстановля́л (ся)	восстанови́л (ся)
FUT.	бу́ду восстановля́ть (ся)	восстановлю (сь)
	бу́дешь восстановля́ть (ся)	восстано́вишь (ся)
	бу́дут восстановля́ть (ся)	восстано́вят (ся)
COND.	восстановля́л (ся) бы	восстанови́л (ся) бы
IMP.	восстановля́й (ся) (те) (сь)	восстанови́ (сь) (те) (сь)
	DEVERBALS	
PRES. ACT.	восстановля́ющий (ся)	
PAST ACT.	восстановля́вший (ся)	восстанови́вший (ся)
PAST PASS.		восстано́вленный
VERBAL ADVERB	восстановля́я (сь)	восстанови́в (шись)

восстановля́ть кого-что, восстановля́ть программу means ***restore a program.***

вставля́ть / вста́вить

to insert, "paste"

	IMPERFECTIVE ASPECT	PERFECTIVE ASPECT
INF.	вставля́ть	вста́вить
PRES.	вставля́ю	
	вставля́ешь	
	вставля́ют	
PAST	вставля́л	вста́вил
FUT.	бу́ду вставля́ть	вста́влю
	бу́дешь вставля́ть	вста́вишь
	бу́дут вставля́ть	вста́вят
COND.	вставля́л бы	вста́вил бы
IMP.	вставля́й (те)	вста́вь (те)
	DEVERBALS	
PRES. ACT.	вставля́ющий	
PAST ACT.	вставля́вший	вста́вивший
PAST PASS.		вста́вленный
VERBAL ADVERB	вставля́я	вста́вив

вставля́ть кого-что во что, вставля́ть слово

выделя́ть (ся) / вы́делить (ся)
to select, choose

	IMPERFECTIVE ASPECT	PERFECTIVE ASPECT
INF.	выделя́ть (ся)	вы́делить (ся)
PRES.	выделя́ю (сь)	
	выделя́ешь (ся)	
	выделя́ют (ся)	
PAST	выделя́л (ся)	вы́делил (ся)
FUT.	бу́ду выделя́ть (ся)	вы́делю (сь)
	бу́дешь выделя́ть (ся)	вы́делишь (ся)
	бу́дут выделя́ть (ся)	вы́делят (ся)
COND.	выделя́л (ся) бы	вы́делил (ся) бы
IMP.	выделя́й (ся) (те) (сь)	вы́дели (сь) (те) (сь)
	DEVERBALS	
PRES. ACT.	выделя́ющий (ся)	
PAST ACT.	выделя́вший (ся)	вы́деливший (ся)
PAST PASS.		вы́деленный
VERBAL ADVERB	выделя́я (сь)	вы́делив (шись)

выделя́ть кого-что, вы́делять все means ***to select all***

выреза́ть / вы́резать
to cut out

	IMPERFECTIVE ASPECT	PERFECTIVE ASPECT
INF.	выреза́ть	вы́резать
PRES.	выреза́ю	
	выреза́ешь	
	выреза́ют	
PAST	выреза́л	вы́резал
FUT.	бу́ду выреза́ть	вы́режу
	бу́дешь выреза́ть	вы́режешь
	бу́дут выреза́ть	вы́режут
COND.	выреза́л бы	вы́резал бы
IMP.	выреза́й (те)	вы́режь (те)
	DEVERBALS	
PRES. ACT.	выреза́ющий	
PAST ACT.	выреза́вший	вы́резавший
PAST PASS.		вы́резанный
VERBAL ADVERB	выреза́я	вы́резав

выреза́ть кого-что, выреза́ть текст

голосова́ть / проголосова́ть
to vote

	IMPERFECTIVE ASPECT	PERFECTIVE ASPECT
INF.	голосова́ть	проголосова́ть
PRES.	голосу́ю	
	голосу́ешь	
	голосу́ют	
PAST	голосова́л	проголосова́л
FUT.	бу́ду голосова́ть	проголосу́ю
	бу́дешь голосова́ть	проголосу́ешь
	бу́дут голосова́ть	проголосу́ют
COND.	голосова́л бы	проголосова́л бы
IMP.	голосу́й (те)	проголосу́й (те)
	DEVERBALS	
PRES. ACT.	голосу́ющий	
PAST ACT.	голосова́вший	проголосова́вший
PAST PASS.		проголосо́ванный
VERBAL ADVERB	голосу́я	проголосова́в

голосова́ть что за кого-что

грози́ть / погрози́ть
to threaten

	IMPERFECTIVE ASPECT	PERFECTIVE ASPECT
INF.	грози́ть	погрози́ть
PRES.	грожу́	
	грози́шь	
	грозя́т	
PAST	грози́л	погрози́л
FUT.	бу́ду грози́ть	погрожу́
	бу́дешь грози́ть	погрози́шь
	бу́дут грози́ть	погрозя́т
COND.	грози́л бы	погрози́л бы
IMP.	грози́ (те)	погрози́ (те)
	DEVERBALS	
PRES. ACT.	грозя́щий	
PAST ACT.	грози́вший	погрози́вший
PAST PASS.		
VERBAL ADVERB	грозя́	погрози́в

грози́ть кому-чему чем

демонстри́ровать / продемонстри́ровать
to demonstrate, show

	IMPERFECTIVE ASPECT	PERFECTIVE ASPECT
INF.	демонстри́ровать	продемонстри́ровать
PRES.	демонстри́рую	
	демонстри́руешь	
	демонстри́руют	
PAST	демонстри́ровал	продемонстри́ровал
FUT.	бу́ду демонстри́ровать	продемонстри́рую
	бу́дешь демонстри́ровать	продемонстри́руешь
	бу́дут демонстри́ровать	продемонстри́руют
COND.	демонстри́ровал бы	продемонстри́ровал бы
IMP.	демонстри́руй (те)	продемонстри́руй (те)
	DEVERBALS	
PRES. ACT.	демонстри́рующий	
PAST ACT.	демонстри́ровавший	продемонстри́ровавший
PAST PASS.		продемонстри́рованный
VERBAL ADVERB	демонстри́руя	продемонстри́ровав

демонстри́ровать что
демонстри́ровать used as a perfective verb means ***to participate in a demonstration***

дога́дываться / догада́ться
to guess

	IMPERFECTIVE ASPECT	PERFECTIVE ASPECT
INF.	дога́дываться	догада́ться
PRES.	дога́дываюсь	
	дога́дываешься	
	дога́дываются	
PAST	дога́дывался	догада́лся
FUT.	бу́ду дога́дываться	догада́юсь
	бу́дешь дога́дываться	догада́ешься
	бу́дут дога́дываться	догада́ются
COND.	дога́дывался бы	догада́лся бы
IMP.	дога́дывайся (тесь)	догада́йся (тесь)
	DEVERBALS	
PRES. ACT.	дога́дывающийся	
PAST ACT.	дога́дывавшийся	догада́вшийся
PAST PASS.		
VERBAL ADVERB	дога́дываясь	догада́вшись

доминúровать
to dominate over

	IMPERFECTIVE ASPECT	PERFECTIVE ASPECT
INF.	доминúровать	
PRES.	доминúрую	
	доминúруешь	
	доминúруют	
PAST	доминúровал	
FUT.	бýду доминúровать	
	бýдешь доминúровать	
	бýдут доминúровать	
COND.	доминúровал бы	
IMP.	доминúруй (те)	
	DEVERBALS	
PRES. ACT.	доминúрующий	
PAST ACT.	доминúровавший	
PAST PASS.		
VERBAL ADVERB	доминúруя	

доминúровать над чем

дублúровать
to duplicate, make a copy

	IMPERFECTIVE ASPECT	PERFECTIVE ASPECT
INF.	дублúровать	
PRES.	дублúрую	
	дублúруешь	
	дублúруют	
PAST	дублúровал	
FUT.	бýду дублúровать	
	бýдешь дублúровать	
	бýдут дублúровать	
COND.	дублúровал бы	
IMP.	дублúруй (те)	
	DEVERBALS	
PRES. ACT.	дублúрующий	
PAST ACT.	дублúровавший	
PAST PASS.	дублúрованный	
VERBAL ADVERB	дублúруя	

дублúровать что

жева́ть / пожева́ть
to chew

	IMPERFECTIVE ASPECT	PERFECTIVE ASPECT
INF.	жева́ть	пожева́ть
PRES.	жу́ю	
	жу́ешь	
	жу́ют	
PAST	жева́л	пожева́л
FUT.	бу́ду жева́ть	пожу́ю
	бу́дешь жева́ть	пожу́ешь
	бу́дут жева́ть	пожу́ют
COND.	жева́л бы	пожева́л бы
IMP.	жу́й (те)	пожу́й (те)
	DEVERBALS	
PRES. ACT.	жу́ющий	
PAST ACT.	жева́вший	пожева́вший
PAST PASS.		пожёванный
VERBAL ADVERB	жу́я	пожева́в

жева́ть что, чего

заблужда́ться / заблуди́ться
to get lost, lose one's way

	IMPERFECTIVE ASPECT	PERFECTIVE ASPECT
INF.	заблужда́ться	заблуди́ться
PRES.	заблужда́юсь	
	заблужда́ешься	
	заблужда́ются	
PAST	заблужда́лся	заблуди́лся
FUT.	бу́ду заблужда́ться	заблужу́сь
	бу́дешь заблужда́ться	заблу́дишься
	бу́дут заблужда́ться	заблу́дятся
COND.	заблужда́лся бы	заблуди́лся бы
IMP.	заблужда́йся (тесь)	заблуди́сь (тесь)
	DEVERBALS	
PRES. ACT.	заблужда́ющийся	
PAST ACT.	заблужда́вшийся	заблуди́вшийся
PAST PASS.		
VERBAL ADVERB	заблужда́ясь	заблуди́вшись

загружа́ть (ся) / загрузи́ть (ся)

to load (start up computer)

	IMPERFECTIVE ASPECT	PERFECTIVE ASPECT
INF.	загружа́ть (ся)	загрузи́ть (ся)
PRES.	загру́жа́ю (сь)	
	загру́жа́ешь (ся)	
	загру́жа́ют (ся)	
PAST	загружа́л (ся)	загрузи́л (ся)
FUT.	бу́ду загружа́ть (ся)	загружу́ (сь)
	бу́дешь загружа́ть (ся)	загру́зи́шь (ся)
	бу́дут загружа́ть (ся)	загру́зя́т (ся)
COND.	загружа́л (ся) бы	загрузи́л (ся) бы
IMP.	загружа́й (ся) (те) (сь)	загрузи́ (сь) (те) (сь)
	DEVERBALS	
PRES. ACT.	загружа́ющий (ся)	
PAST ACT.	загружа́вший (ся)	загрузи́вший (ся)
PAST PASS.		загру́женный
VERBAL ADVERB	загружа́я (сь)	загрузи́в (шись)

загружа́ть кого-что, загружа́ть программу

заполня́ть (ся) / запо́лнить (ся)

to fill in, fill out

	IMPERFECTIVE ASPECT	PERFECTIVE ASPECT
INF.	заполня́ть (ся)	запо́лнить (ся)
PRES.	заполня́ю	
	заполня́ешь	
	заполня́ют (ся)	
PAST	заполня́л (ся)	запо́лнил (ся)
FUT.	бу́ду заполня́ть	запо́лню
	бу́дешь заполня́ть	запо́лнишь
	бу́дут заполня́ть (ся)	запо́лнят (ся)
COND.	заполня́л (ся) бы	запо́лнил (ся) бы
IMP.	заполня́й (те)	запо́лни (те)
	DEVERBALS	
PRES. ACT.	заполня́ющий (ся)	
PAST ACT.	заполня́вший (ся)	запо́лнивший (ся)
PAST PASS.		запо́лненный
VERBAL ADVERB	заполня́я (сь)	запо́лнив (шись)

заполня́ть что

заража́ть (ся) / зарази́ть (ся)

to infect

	IMPERFECTIVE ASPECT	PERFECTIVE ASPECT
INF.	заража́ть (ся)	зарази́ть (ся)
PRES.	заража́ю (сь)	
	заража́ешь (ся)	
	заража́ют (ся)	
PAST	заража́л (ся)	зарази́л (ся)
FUT.	бу́ду заража́ть (ся)	заражу́ (сь)
	бу́дешь заража́ть (ся)	зарази́шь (ся)
	бу́дут заража́ть (ся)	заразя́т (ся)
COND.	заража́л (ся) бы	зарази́л (ся) бы
IMP.	заража́й (ся) (те) (сь)	зарази́ (сь) (те) (сь)
	DEVERBALS	
PRES. ACT.	заража́ющий (ся)	
PAST ACT.	заража́вший (ся)	зарази́вший (ся)
PAST PASS.		заражённый
VERBAL ADVERB	заража́я (сь)	зарази́в (шись)

заража́ть кого-что чем, заража́ться вирусом

иллюстри́ровать / иллюстри́ровать

to illustrate

	IMPERFECTIVE ASPECT	PERFECTIVE ASPECT
INF.	иллюстри́ровать	иллюстри́ровать
PRES.	иллюстри́рую	
	иллюстри́руешь	
	иллюстри́руют	
PAST	иллюстри́ровал	иллюстри́ровал
FUT.	бу́ду иллюстри́ровать	иллюстри́рую
	бу́дешь иллюстри́ровать	иллюстри́руешь
	бу́дут иллюстри́ровать	иллюстри́руют
COND.	иллюстри́ровал бы	иллюстри́ровал бы
IMP.	иллюстри́руй (те)	иллюстри́руй (те)
	DEVERBALS	
PRES. ACT.	иллюстри́рующий	
PAST ACT.	иллюстри́ровавший	иллюстри́ровавший
PAST PASS.		иллюстри́рованный
VERBAL ADVERB	иллюстри́руя	иллюстри́ровав

иллюстри́ровать что

иммигри́ровать / иммигри́ровать

to immigrate

	IMPERFECTIVE ASPECT	PERFECTIVE ASPECT
INF.	иммигри́ровать	иммигри́ровать
PRES.	иммигри́рую	
	иммигри́руешь	
	иммигри́руют	
PAST	иммигри́ровал	иммигри́ровал
FUT.	бу́ду иммигри́ровать	иммигри́рую
	бу́дешь иммигри́ровать	иммигри́руешь
	бу́дут иммигри́ровать	иммигри́руют
COND.	иммигри́ровал бы	иммигри́ровал бы
IMP.	иммигри́руй (те)	иммигри́руй (те)
	DEVERBALS	
PRES. ACT.	иммигри́рующий	
PAST ACT.	иммигри́ровавший	иммигри́ровавший
PAST PASS.		
VERBAL ADVERB	иммигри́руя	иммигри́ровав

инвести́ровать / инвести́ровать

to invest

	IMPERFECTIVE ASPECT	PERFECTIVE ASPECT
INF.	инвести́ровать	инвести́ровать
PRES.	инвести́рую	
	инвести́руешь	
	инвести́руют	
PAST	инвести́ровал	инвести́ровал
FUT.	бу́ду инвести́ровать	инвести́рую
	бу́дешь инвести́ровать	инвести́руешь
	бу́дут инвести́ровать	инвести́руют
COND.	инвести́ровал бы	инвести́ровал бы
IMP.	инвести́руй (те)	инвести́руй (те)
	DEVERBALS	
PRES. ACT.	инвести́рующий	
PAST ACT.	инвести́ровавший	инвести́ровавший
PAST PASS.		инвести́рованный
VERBAL ADVERB	инвести́руя	инвести́ровав

инвести́ровать что

интегри́ровать / интегри́ровать
to integrate

	IMPERFECTIVE ASPECT	PERFECTIVE ASPECT
INF.	интегри́ровать	интегри́ровать
PRES.	интегри́рую интегри́руешь интегри́руют	
PAST	интегри́ровал	интегри́ровал
FUT.	бу́ду интегри́ровать бу́дешь интегри́ровать бу́дут интегри́ровать	интегри́рую интегри́руешь интегри́руют
COND.	интегри́ровал бы	интегри́ровал бы
IMP.	интегри́руй (те)	интегри́руй (те)
	DEVERBALS	
PRES. ACT.	интегри́рующий	
PAST ACT.	интегри́ровавший	интегри́ровавший
PAST PASS.		интегри́рованный
VERBAL ADVERB	интегри́руя	интегри́ровав

интегри́ровать что

инфици́ровать / инфици́ровать
to infect

	IMPERFECTIVE ASPECT	PERFECTIVE ASPECT
INF.	инфици́ровать	инфици́ровать
PRES.	инфици́рую инфици́руешь инфици́руют	
PAST	инфици́ровал	инфици́ровал
FUT.	бу́ду инфици́ровать бу́дешь инфици́ровать бу́дут инфици́ровать	инфици́рую инфици́руешь инфици́руют
COND.	инфици́ровал бы	инфици́ровал бы
IMP.	инфици́руй (те)	инфици́руй (те)
	DEVERBALS	
PRES. ACT.	инфици́рующий	
PAST ACT.	инфици́ровавший	инфици́ровавший
PAST PASS.		инфици́рованный
VERBAL ADVERB	инфици́руя	инфици́ровав

инфици́ровать кого-что чем

комбини́ровать / скомбини́ровать

to combine

	IMPERFECTIVE ASPECT	PERFECTIVE ASPECT
INF.	комбини́ровать	скомбини́ровать
PRES.	комбини́рую	
	комбини́руешь	
	комбини́руют	
PAST	комбини́ровал	скомбини́ровал
FUT.	бу́ду комбини́ровать	скомбини́рую
	бу́дешь комбини́ровать	скомбини́руешь
	бу́дут комбини́ровать	скомбини́руют
COND.	комбини́ровал бы	скомбини́ровал бы
IMP.	комбини́руй (те)	скомбини́руй (те)
	DEVERBALS	
PRES. ACT.	комбини́рующий	
PAST ACT.	комбини́ровавший	скомбини́ровавший
PAST PASS.		скомбини́рованный
VERBAL ADVERB	комбини́руя	скомбини́ровав

комбини́ровать что

компенси́ровать / компенси́ровать

to compensate

	IMPERFECTIVE ASPECT	PERFECTIVE ASPECT
INF.	компенси́ровать	компенси́ровать
PRES.	компенси́рую	
	компенси́руешь	
	компенси́руют	
PAST	компенси́ровал	компенси́ровал
FUT.	бу́ду компенси́ровать	компенси́рую
	бу́дешь компенси́ровать	компенси́руешь
	бу́дут компенси́ровать	компенси́руют
COND.	компенси́ровал бы	компенси́ровал бы
IMP.	компенси́руй (те)	компенси́руй (те)
	DEVERBALS	
PRES. ACT.	компенси́рующий	
PAST ACT.	компенси́ровавший	компенси́ровавший
PAST PASS.		компенси́рованный
VERBAL ADVERB	компенси́руя	компенси́ровав

компенси́ровать кого-что

компили́ровать / скомпили́ровать
to compile

	IMPERFECTIVE ASPECT	PERFECTIVE ASPECT
INF.	компили́ровать	скомпили́ровать
PRES.	компили́рую	
	компили́руешь	
	компили́руют	
PAST	компили́ровал	скомпили́ровал
FUT.	бу́ду компили́ровать	скомпили́рую
	бу́дешь компили́ровать	скомпили́руешь
	бу́дут компили́ровать	скомпили́руют
COND.	компили́ровал бы	скомпили́ровал бы
IMP.	компили́руй (те)	скомпили́руй (те)
	DEVERBALS	
PRES. ACT.	компили́рующий	
PAST ACT.	компили́ровавший	скомпили́ровавший
PAST PASS.		скомпили́рованный
VERBAL ADVERB	компили́руя	скомпили́ровав

компили́ровать кого-что

конкури́ровать
to compete

	IMPERFECTIVE ASPECT	PERFECTIVE ASPECT
INF.	конкури́ровать	
PRES.	конкури́рую	
	конкури́руешь	
	конкури́руют	
PAST	конкури́ровал	
FUT.	бу́ду конкури́ровать	
	бу́дешь конкури́ровать	
	бу́дут конкури́ровать	
COND.	конкури́ровал бы	
IMP.	конкури́руй (те)	
	DEVERBALS	
PRES. ACT.	конкури́рующий	
PAST ACT.	конкури́ровавший	
PAST PASS.		
VERBAL ADVERB	конкури́руя	

конкури́ровать с кем-чем

консульти́ровать (ся) / проконсульти́ровать (ся)

to consult

	IMPERFECTIVE ASPECT	PERFECTIVE ASPECT
INF.	консульти́ровать (ся)	проконсульти́ровать (ся)
PRES.	консульти́рую (сь)	
	консульти́руешь (ся)	
	консульти́руют (ся)	
PAST	консульти́ровал (ся)	проконсульти́ровал (ся)
FUT.	бу́ду консульти́ровать (ся)	проконсульти́рую (сь)
	бу́дешь консульти́ровать (ся)	проконсульти́руешь (ся)
	бу́дут консульти́ровать (ся)	проконсульти́руют (ся)
COND.	консульти́ровал (ся) бы	проконсульти́ровал (ся) бы
IMP.	консульти́руй (ся) (те) (сь)	проконсульти́руй (ся) (те) (сь)
	DEVERBALS	
PRES. ACT.	консульти́рующий (ся)	
PAST ACT.	консульти́ровавший (ся)	проконсульти́ровавший (ся)
PAST PASS.		проконсульти́рованный
VERBAL ADVERB	консульти́руя (сь)	проконсульти́ровав (шись)

консульти́ровать кого-что, с кем-чем
консульти́роваться с кем-чем

копи́ровать / скопи́ровать

to copy, imitate

	IMPERFECTIVE ASPECT	PERFECTIVE ASPECT
INF.	копи́ровать	скопи́ровать
PRES.	копи́рую	
	копи́руешь	
	копи́руют	
PAST	копи́ровал	скопи́ровал
FUT.	бу́ду копи́ровать	скопи́рую
	бу́дешь копи́ровать	скопи́руешь
	бу́дут копи́ровать	скопи́руют
COND.	копи́ровал бы	скопи́ровал бы
IMP.	копи́руй (те)	скопи́руй (те)
	DEVERBALS	
PRES. ACT.	копи́рующий	
PAST ACT.	копи́ровавший	скопи́ровавший
PAST PASS.		скопи́рованный
VERBAL ADVERB	копи́руя	скопи́ровав

копи́ровать кого-что

краснéть (ся) / покраснéть

to redden, blush

	IMPERFECTIVE ASPECT	PERFECTIVE ASPECT
INF.	краснéть (ся)	покраснéть
PRES.	краснéю	
	краснéешь	
	краснéют (ся)	
PAST	краснéл (ся)	покраснéл
FUT.	бýду краснéть (ся)	покраснéю
	бýдешь краснéть (ся)	покраснéешь
	бýдут краснéть (ся)	покраснéют
COND.	краснéл (ся) бы	покраснéл бы
IMP.	краснéй (те)	покраснéй (те)
	DEVERBALS	
PRES. ACT.	краснéющий (ся)	
PAST ACT.	краснéвший (ся)	покраснéвший
PAST PASS.		
VERBAL ADVERB	краснéя (сь)	покраснéв

легализúровать (ся) / легализúровать (ся)

to legalize

	IMPERFECTIVE ASPECT	PERFECTIVE ASPECT
INF.	легализúровать (ся)	легализúровать (ся)
PRES.	легализúрую (сь)	
	легализúруешь (ся)	
	легализúруют (ся)	
PAST	легализúровал (ся)	легализúровал (ся)
FUT.	бýду легализúровать (ся)	легализúрую (сь)
	бýдешь легализúровать (ся)	легализúруешь (ся)
	бýдут легализúровать (ся)	легализúруют (ся)
COND.	легализúровал (ся) бы	легализúровал (ся) бы
IMP.	легализúруй (ся) (те) (сь)	легализúруй (ся) (те) (сь)
	DEVERBALS	
PRES. ACT.	легализúрующий (ся)	
PAST ACT.	легализúровавший (ся)	легализúровавший (ся)
PAST PASS.		легализúрованный
VERBAL ADVERB	легализúруя (сь)	легализúровав (сь)

легализúровать что

ликвиди́ровать (ся) / ликвиди́ровать (ся)

to liquidate, go out of business

	IMPERFECTIVE ASPECT	PERFECTIVE ASPECT
INF.	ликвиди́ровать (ся)	ликвиди́ровать (ся)
PRES.	ликвиди́рую	
	ликвиди́руешь	
	ликвиди́руют (ся)	
PAST	ликвиди́ровал (ся)	ликвиди́ровал (ся)
FUT.	бу́ду ликвиди́ровать	ликвиди́рую
	бу́дешь ликвиди́ровать	ликвиди́руешь
	бу́дут ликвиди́ровать (ся)	ликвиди́руют (ся)
COND.	ликвиди́ровал (ся) бы	ликвиди́ровал (ся) бы
IMP.	ликвиди́руй (те)	ликвиди́руй (те)
	DEVERBALS	
PRES. ACT.	ликвиди́рующий (ся)	
PAST ACT.	ликвиди́ровавший (ся)	ликвиди́ровавший (ся)
PAST PASS.		ликвиди́рованный
VERBAL ADVERB	ликвиди́руя (сь)	ликвиди́ровав (шись)

ликвиди́ровать что

лиша́ть (ся) / лиши́ть (ся)

to deprive, take away

	IMPERFECTIVE ASPECT	PERFECTIVE ASPECT
INF.	лиша́ть (ся)	лиши́ть (ся)
PRES.	лиша́ю (сь)	
	лиша́ешь (ся)	
	лиша́ют (ся)	
PAST	лиша́л (ся)	лиши́л (ся)
FUT.	бу́ду лиша́ть (ся)	лишу́ (сь)
	бу́дешь лиша́ть (ся)	лиши́шь (ся)
	бу́дут лиша́ть (ся)	лиша́т (ся)
COND.	лиша́л (ся) бы	лиши́л (ся) бы
IMP.	лиша́й (ся) (те) (сь)	лиши́ (сь) (те) (сь)
	DEVERBALS	
PRES. ACT.	лиша́ющий (ся)	
PAST ACT.	лиша́вший (ся)	лиши́вший (ся)
PAST PASS.		лишённый
VERBAL ADVERB	лиша́я (сь)	лиши́в (шись)

лиша́ть кого-что чего

мёрзнуть / замёрзнуть
to freeze, feel cold / freeze to death

	IMPERFECTIVE ASPECT	PERFECTIVE ASPECT
INF.	мёрзнуть	замёрзнуть
PRES.	мёрзну	
	мёрзнешь	
	мёрзнут	
PAST	мёрзнул, мёрз	замёрз
FUT.	бу́ду мёрзнуть	замёрзну
	бу́дешь мёрзнуть	замёрзнешь
	бу́дут мёрзнуть	замёрзнут
COND.	мёрзнул, мёрз бы	замёрз бы
IMP.	мёрзни (те)	замёрзни (те)
	DEVERBALS	
PRES. ACT.	мёрзнущий	
PAST ACT.	мёрзнувший, мёрзший	замёрзший
PAST PASS.		
VERBAL ADVERB	мёрзнув	замёрзнув, замёрзши

модернизи́ровать / модернизи́ровать
to modernize

	IMPERFECTIVE ASPECT	PERFECTIVE ASPECT
INF.	модернизи́ровать	модернизи́ровать
PRES.	модернизи́рую	
	модернизи́руешь	
	модернизи́руют	
PAST	модернизи́ровал	модернизи́ровал
FUT.	бу́ду модернизи́ровать	модернизи́рую
	бу́дешь модернизи́ровать	модернизи́руешь
	бу́дут модернизи́ровать	модернизи́руют
COND.	модернизи́ровал бы	модернизи́ровал бы
IMP.	модернизи́руй (те)	модернизи́руй (те)
	DEVERBALS	
PRES. ACT.	модернизи́рующий	
PAST ACT.	модернизи́ровавший	модернизи́ровавший
PAST PASS.		модернизи́рованный
VERBAL ADVERB	модернизи́руя	модернизи́ровав

модернизи́ровать что

модифици́ровать / модифици́ровать
to modify

	IMPERFECTIVE ASPECT	PERFECTIVE ASPECT
INF.	модифици́ровать	модифици́ровать
PRES.	модифици́рую	
	модифици́руешь	
	модифици́руют	
PAST	модифици́ровал	модифици́ровал
FUT.	бу́ду модифици́ровать	модифици́рую
	бу́дешь модифици́ровать	модифици́руешь
	бу́дут модифици́ровать	модифици́руют
COND.	модифици́ровал бы	модифици́ровал бы
IMP.	модифици́руй (те)	модифици́руй (те)
	DEVERBALS	
PRES. ACT.	модифици́рующий	
PAST ACT.	модифици́ровавший	модифици́ровавший
PAST PASS.		модифици́рованный
VERBAL ADVERB	модифици́руя	модифици́ровав

модифици́ровать что

молоде́ть / помолоде́ть
to look younger, grow younger

	IMPERFECTIVE ASPECT	PERFECTIVE ASPECT
INF.	молоде́ть	помолоде́ть
PRES.	молоде́ю	
	молоде́ешь	
	молоде́ют	
PAST	молоде́л	помолоде́л
FUT.	бу́ду молоде́ть	помолоде́ю
	бу́дешь молоде́ть	помолоде́ешь
	бу́дут молоде́ть	помолоде́ют
COND.	молоде́л бы	помолоде́л бы
IMP.	молоде́й (те)	помолоде́й (те)
	DEVERBALS	
PRES. ACT.	молоде́ющий	
PAST ACT.	молоде́вший	помолоде́вший
PAST PASS.		
VERBAL ADVERB	молоде́в	помолоде́в

мотиви́ровать / мотиви́ровать
to motivate

	IMPERFECTIVE ASPECT	PERFECTIVE ASPECT
INF.	мотиви́ровать	мотиви́ровать
PRES.	мотиви́рую	
	мотиви́руешь	
	мотиви́руют	
PAST	мотиви́ровал	мотиви́ровал
FUT.	бу́ду мотиви́ровать	мотиви́рую
	бу́дешь мотиви́ровать	мотиви́руешь
	бу́дут мотиви́ровать	мотиви́руют
COND.	мотиви́ровал бы	мотиви́ровал бы
IMP.	мотиви́руй (те)	мотиви́руй (те)
	DEVERBALS	
PRES. ACT.	мотиви́рующий	
PAST ACT.	мотиви́ровавший	мотиви́ровавший
PAST PASS.		мотиви́рованный
VERBAL ADVERB	мотиви́руя	мотиви́ровав

мотиви́ровать кого-что

нажима́ть / нажа́ть
to press

	IMPERFECTIVE ASPECT	PERFECTIVE ASPECT
INF.	нажима́ть	нажа́ть
PRES.	нажима́ю	
	нажима́ешь	
	нажима́ют	
PAST	нажима́л	нажа́л
FUT.	бу́ду нажима́ть	нажму́
	бу́дешь нажима́ть	нажмёшь
	бу́дут нажима́ть	нажму́т
COND.	нажима́л бы	нажа́л бы
IMP.	нажима́й (те)	нажми́ (те)
	DEVERBALS	
PRES. ACT.	нажима́ющий	
PAST ACT.	нажима́вший	нажа́вший
PAST PASS.		нажа́тый
VERBAL ADVERB	нажима́я	нажа́в

нажима́ть что, на что, нажимать клавишу

намерева́ться
to intend to

	IMPERFECTIVE ASPECT	PERFECTIVE ASPECT
INF.	намерева́ться	
PRES.	намерева́юсь	
	намерева́ешься	
	намерева́ются	
PAST	намерева́лся	
FUT.	бу́ду намерева́ться	
	бу́дешь намерева́ться	
	бу́дут намерева́ться	
COND.	намерева́лся бы	
IMP.	намерева́йся (тесь)	
	DEVERBALS	
PRES. ACT.	намерева́ющийся	
PAST ACT.	намерева́вшийся	
PAST PASS.		
VERBAL ADVERB	намерева́ясь	

намерева́ться + infinitive

нотифици́ровать / нотифици́ровать
to notify

	IMPERFECTIVE ASPECT	PERFECTIVE ASPECT
INF.	нотифици́ровать	нотифици́ровать
PRES.	нотифици́рую	
	нотифици́руешь	
	нотифици́руют	
PAST	нотифици́ровал	нотифици́ровал
FUT.	бу́ду нотифици́ровать	нотифици́рую
	бу́дешь нотифици́ровать	нотифици́руешь
	бу́дут нотифици́ровать	нотифици́руют
COND.	нотифици́ровал бы	нотифици́ровал бы
IMP.	нотифици́руй (те)	нотифици́руй (те)
	DEVERBALS	
PRES. ACT.	нотифици́рующий	
PAST ACT.	нотифици́ровавший	нотифици́ровавший
PAST PASS.		нотифици́рованный
VERBAL ADVERB	нотифици́руя	нотифици́ровав

нотифици́ровать кого-что

обнару́живать (ся) / обнару́жить (ся)
to reveal, discover

	IMPERFECTIVE ASPECT	PERFECTIVE ASPECT
INF.	обнару́живать (ся)	обнару́жить (ся)
PRES.	обнару́живаю	
	обнару́живаешь	
	обнару́живают (ся)	
PAST	обнару́живал (ся)	обнару́жил (ся)
FUT.	бу́ду обнару́живать	обнару́жу
	бу́дешь обнару́живать	обнару́жишь
	бу́дут обнару́живать (ся)	обнару́жат (ся)
COND.	обнару́живал (ся) бы	обнару́жил (ся) бы
IMP.	обнару́живай (те)	обнару́жь (те)
	DEVERBALS	
PRES. ACT.	обнару́живающий (ся)	
PAST ACT.	обнару́живавший (ся)	обнару́живший (ся)
PAST PASS.		обнару́женный
VERBAL ADVERB	обнару́живая (сь)	обнару́жив (шись)

обнару́живать что

одобря́ть / одо́брить
to approve, support

	IMPERFECTIVE ASPECT	PERFECTIVE ASPECT
INF.	одобря́ть	одо́брить
PRES.	одобря́ю	
	одобря́ешь	
	одобря́ют	
PAST	одобря́л	одо́брил
FUT.	бу́ду одобря́ть	одо́брю
	бу́дешь одобря́ть	одо́бришь
	бу́дут одобря́ть	одо́брят
COND.	одобря́л бы	одо́брил бы
IMP.	одобря́й (те)	одо́бри (те)
	DEVERBALS	
PRES. ACT.	одобря́ющий	
PAST ACT.	одобря́вший	одо́бривший
PAST PASS.		одо́бренный
VERBAL ADVERB	одобря́я	одо́брив

одобря́ть что

ориенти́ровать (ся) / сориенти́ровать (ся)

to guide toward (manage, cope)

	IMPERFECTIVE ASPECT	PERFECTIVE ASPECT
INF.	ориенти́ровать (ся)	сориенти́ровать (ся)
PRES.	ориенти́рую (сь)	
	ориенти́руешь (ся)	
	ориенти́руют (ся)	
PAST	ориенти́ровал (ся)	сориенти́ровал (ся)
FUT.	бу́ду ориенти́ровать (ся)	сориенти́рую (сь)
	бу́дешь ориенти́ровать (ся)	сориенти́руешь (ся)
	бу́дут ориенти́ровать (ся)	сориенти́руют (ся)
COND.	ориенти́ровал (ся) бы	сориенти́ровал (ся) бы
IMP.	ориенти́руй (ся) (те) (сь)	сориенти́руй (ся) (те) (сь)
	DEVERBALS	
PRES. ACT.	ориенти́рующий (ся)	
PAST ACT.	ориенти́ровавший (ся)	сориенти́ровавший (ся)
PAST PASS.		сориенти́рованный
VERBAL ADVERB	ориенти́руя (сь)	сориенти́ровав (шись)

ориенти́ровать кого-что в чем

отпуска́ть / отпусти́ть

to release

	IMPERFECTIVE ASPECT	PERFECTIVE ASPECT
INF.	отпуска́ть	отпусти́ть
PRES.	отпуска́ю	
	отпуска́ешь	
	отпуска́ют	
PAST	отпуска́л	отпусти́л
FUT.	бу́ду отпуска́ть	отпущу́
	бу́дешь отпуска́ть	отпу́стишь
	бу́дут отпуска́ть	отпу́стят
COND.	отпуска́л бы	отпусти́л бы
IMP.	отпуска́й (те)	отпусти́ (те)
	DEVERBALS	
PRES. ACT.	отпуска́ющий	
PAST ACT.	отпуска́вший	отпусти́вший
PAST PASS.		отпу́щеннный
VERBAL ADVERB	отпуска́я	отпусти́в

отпуска́ть кого-что, отпуска́ть клавишу

оты́скивать (ся) / отыска́ть (ся)
to search / find

	IMPERFECTIVE ASPECT	PERFECTIVE ASPECT
INF.	оты́скивать (ся)	отыска́ть (ся)
PRES.	оты́скиваю (сь)	
	оты́скиваешь (ся)	
	оты́скивают (ся)	
PAST	оты́скивал (ся)	отыска́л (ся)
FUT.	бу́ду оты́скивать (ся)	отыщу́ (сь)
	бу́дешь оты́скивать (ся)	оты́щишь (ся)
	бу́дут оты́скивать (ся)	оты́щат (ся)
COND.	оты́скивал (ся) бы	отыска́л (ся) бы
IMP.	оты́скивай (ся) (те) (сь)	отыщи́ (сь) (те) (сь)
	DEVERBALS	
PRES. ACT.	оты́скивающий (ся)	
PAST ACT.	оты́скивавший (ся)	отыска́вший (ся)
PAST PASS.		оты́сканный
VERBAL ADVERB	оты́скивая (сь)	отыска́в (шись)

оты́скивать кого-что

очища́ть (ся) / очи́стить (ся)
to clean

	IMPERFECTIVE ASPECT	PERFECTIVE ASPECT
INF.	очища́ть (ся)	очи́стить (ся)
PRES.	очища́ю (сь)	
	очища́ешь (ся)	
	очища́ют (ся)	
PAST	очища́л (ся)	очи́стил (ся)
FUT.	бу́ду очища́ть (ся)	очи́щу (сь)
	бу́дешь очища́ть (ся)	очи́стишь (ся)
	бу́дут очища́ть (ся)	очи́стят (ся)
COND.	очища́л (ся) бы	очи́стил (ся) бы
IMP.	очища́й (ся) (те) (сь)	очи́сти (сь) (те) (сь)
	DEVERBALS	
PRES. ACT.	очища́ющий (ся)	
PAST ACT.	очища́вший (ся)	очи́стивший (ся)
PAST PASS.		очи́щенный
VERBAL ADVERB	очища́я (сь)	очи́стив (шись)

очища́ть кого-что, очища́ть корзину means ***to empty trash.***

плани́ровать / сплани́ровать
to plan

	IMPERFECTIVE ASPECT	PERFECTIVE ASPECT
INF.	плани́ровать	сплани́ровать
PRES.	плани́рую	
	плани́руешь	
	плани́руют	
PAST	плани́ровал	сплани́ровал
FUT.	бу́ду плани́ровать	сплани́рую
	бу́дешь плани́ровать	сплани́руешь
	бу́дут плани́ровать	сплани́руют
COND.	плани́ровал бы	сплани́ровал бы
IMP.	плани́руй (те)	сплани́руй (те)
	DEVERBALS	
PRES. ACT.	плани́рующий	
PAST ACT.	плани́ровавший	сплани́ровавший
PAST PASS.		сплани́рованный
VERBAL ADVERB	плани́руя	сплани́ровав

плани́ровать что

подключа́ть (ся) / подключи́ть (ся)
to connect

	IMPERFECTIVE ASPECT	PERFECTIVE ASPECT
INF.	подключа́ть (ся)	подключи́ть (ся)
PRES.	подключа́ю (сь)	
	подключа́ешь (ся)	
	подключа́ют (ся)	
PAST	подключа́л (ся)	подключи́л (ся)
FUT.	бу́ду подключа́ть (ся)	подключу́ (сь)
	бу́дешь подключа́ть (ся)	подключи́шь (ся)
	бу́дут подключа́ть (ся)	подключа́т (ся)
COND.	подключа́л (ся) бы	подключи́л (ся) бы
IMP.	подключа́й (ся) (те) (сь)	подключи́ (сь) (те) (сь)
	DEVERBALS	
PRES. ACT.	подключа́ющий (ся)	
PAST ACT.	подключа́вший (ся)	подключи́вший (ся)
PAST PASS.		подключённый
VERBAL ADVERB	подключа́я (сь)	подключи́в (шись)

подключа́ть кого-что к чему, к Сети means ***connected to the internet***

подкрепля́ть (ся) / подкрепи́ть (ся)
to fortify, refresh

	IMPERFECTIVE ASPECT	PERFECTIVE ASPECT
INF.	подкрепля́ть (ся)	подкрепи́ть (ся)
PRES.	подкрепля́ю (сь)	
	подкрепля́ешь (ся)	
	подкрепля́ют (ся)	
PAST	подкрепля́л (ся)	подкрепи́л (ся)
FUT.	бу́ду подкрепля́ть (ся)	подкреплю (сь)
	бу́дешь подкрепля́ть (ся)	подкрепи́шь (ся)
	бу́дут подкрепля́ть (ся)	подкрепя́т (ся)
COND.	подкрепля́л (ся) бы	подкрепи́л (ся) бы
IMP.	подкрепля́й (ся) (те) (сь)	подкрепи́ (сь) (те) (сь)
	DEVERBALS	
PRES. ACT.	подкрепля́ющий (ся)	
PAST ACT.	подкрепля́вший (ся)	подкрепи́вший (ся)
PAST PASS.		подкреплённый
VERBAL ADVERB	подкрепля́я (сь)	подкрепи́в (шись)

подкрепля́ть кого-что

подозрева́ть (ся)
to suspect, assume

	IMPERFECTIVE ASPECT	PERFECTIVE ASPECT
INF.	подозрева́ть (ся)	
PRES.	подозрева́ю (сь)	
	подозрева́ешь (ся)	
	подозрева́ют (ся)	
PAST	подозрева́л (ся)	
FUT.	бу́ду подозрева́ть (ся)	
	бу́дешь подозрева́ть (ся)	
	бу́дут подозрева́ть (ся)	
COND.	подозрева́л (ся) бы	
IMP.	подозрева́й (ся) (те) (сь)	
	DEVERBALS	
PRES. ACT.	подозрева́ющий (ся)	
PAST ACT.	подозрева́вший (ся)	
PAST PASS.		
VERBAL ADVERB	подозрева́я (сь)	

подозрева́ть кого-что в чём

подтвержда́ть (ся) / подтверди́ть (ся)

to confirm, reaffirm

	IMPERFECTIVE ASPECT	PERFECTIVE ASPECT
INF.	подтвержда́ть (ся)	подтверди́ть (ся)
PRES.	подтвержда́ю	
	подтвержда́ешь	
	подтвержда́ют (ся)	
PAST	подтвержда́л (ся)	подтверди́л (ся)
FUT.	бу́ду подтвержда́ть	подтвержу́
	бу́дешь подтвержда́ть	подтверди́шь
	бу́дут подтвержда́ть (ся)	подтвердя́т (ся)
COND.	подтвержда́л (ся) бы	подтверди́л (ся) бы
IMP.	подтвержда́й (те)	подтверди́ (те)
	DEVERBALS	
PRES. ACT.	подтвержда́ющий (ся)	
PAST ACT.	подтвержда́вший (ся)	подтверди́вший (ся)
PAST PASS.		подтверждённый
VERBAL ADVERB	подтвержда́я (сь)	подтверди́в (шись)

подтвержда́ть что

превраща́ть (ся) / преврати́ть (ся)

to change, transform

	IMPERFECTIVE ASPECT	PERFECTIVE ASPECT
INF.	превраща́ть (ся)	преврати́ть (ся)
PRES.	превраща́ю (сь)	
	превраща́ешь (ся)	
	превраща́ют (ся)	
PAST	превраща́л (ся)	преврати́л (ся)
FUT.	бу́ду превраща́ть (ся)	превращу́ (сь)
	бу́дешь превраща́ть (ся)	преврати́шь (ся)
	бу́дут превраща́ть (ся)	превратя́т (ся)
COND.	превраща́л (ся) бы	преврати́л (ся) бы
IMP.	превраща́й (ся) (те) (сь)	преврати́ (сь) (те) (сь)
	DEVERBALS	
PRES. ACT.	превраща́ющий (ся)	
PAST ACT.	превраща́вший (ся)	преврати́вший (ся)
PAST PASS.		превращённый
VERBAL ADVERB	превраща́я (сь)	преврати́в (шись)

превраща́ть кого-что в кого-что

прекраща́ть (ся) / прекрати́ть (ся)

to stop, put an end to

	IMPERFECTIVE ASPECT	PERFECTIVE ASPECT
INF.	прекраща́ть (ся)	прекрати́ть (ся)
PRES.	прекраща́ю	
	прекраща́ешь	
	прекраща́ют (ся)	
PAST	прекраща́л (ся)	прекрати́л (ся)
FUT.	бу́ду прекраща́ть	прекращу́
	бу́дешь прекраща́ть	прекрати́шь
	бу́дут прекраща́ть (ся)	прекратя́т (ся)
COND.	прекраща́л (ся) бы	прекрати́л (ся) бы
IMP.	прекраща́й (те)	прекрати́ (те)
	DEVERBALS	
PRES. ACT.	прекраща́ющий (ся)	
PAST ACT.	прекраща́вший (ся)	прекрати́вший (ся)
PAST PASS.		прекращённый
VERBAL ADVERB	прекраща́я (сь)	прекрати́в (шись)

прекраща́ть что + infinitive

приватизи́ровать / приватизи́ровать

to privatize

	IMPERFECTIVE ASPECT	PERFECTIVE ASPECT
INF.	приватизи́ровать	приватизи́ровать
PRES.	приватизи́рую	
	приватизи́руешь	
	приватизи́руют	
PAST	приватизи́ровал	приватизи́ровал
FUT.	бу́ду приватизи́ровать	приватизи́рую
	бу́дешь приватизи́ровать	приватизи́руешь
	бу́дут приватизи́ровать	приватизи́руют
COND.	приватизи́ровал бы	приватизи́ровал бы
IMP.	приватизи́руй (те)	приватизи́руй (те)
	DEVERBALS	
PRES. ACT.	приватизи́рующий	
PAST ACT.	приватизи́ровавший	приватизи́ровавший
PAST PASS.		приватизи́рованный
VERBAL ADVERB	приватизи́руя	приватизи́ровав

приватизи́ровать что

прово́цировать / спрово́цировать

to provoke

	IMPERFECTIVE ASPECT	PERFECTIVE ASPECT
INF.	провоци́ровать	спровоци́ровать
PRES.	провоци́рую	
	провоци́руешь	
	провоци́руют	
PAST	провоци́ровал	спровоци́ровал
FUT.	бу́ду провоци́ровать	спровоци́рую
	бу́дешь провоци́ровать	спровоци́руешь
	бу́дут провоци́ровать	спровоци́руют
COND.	провоци́ровал бы	спровоци́ровал бы
IMP.	провоци́руй (те)	спровоци́руй (те)
	DEVERBALS	
PRES. ACT.	провоци́рующий	
PAST ACT.	провоци́ровавший	спровоци́ровавший
PAST PASS.		спровоци́рованный
VERBAL ADVERB	провоци́руя	спровоци́ровав

провоци́ровать кого-что
провоци́ровать can also be a perfective verb

программи́ровать / запрограмми́ровать

to program

	IMPERFECTIVE ASPECT	PERFECTIVE ASPECT
INF.	программи́ровать	запрограмми́ровать
PRES.	программи́рую	
	программи́руешь	
	программи́руют	
PAST	программи́ровал	запрограмми́ровал
FUT.	бу́ду программи́ровать	запрограмми́рую
	бу́дешь программи́ровать	запрограмми́руешь
	бу́дут программи́ровать	запрограмми́руют
COND.	программи́ровал бы	запрограмми́ровал бы
IMP.	программи́руй (те)	запрограмми́руй (те)
	DEVERBALS	
PRES. ACT.	программи́рующий	
PAST ACT.	программи́ровавший	запрограмми́ровавший
PAST PASS.		запрограмми́рованный
VERBAL ADVERB	программи́руя	запрограмми́ровав

программи́ровать что

протестова́ть / протестова́ть
to protest, dispute, contest

	IMPERFECTIVE ASPECT	PERFECTIVE ASPECT
INF.	протестова́ть	протестова́ть
PRES.	протесту́ю	
	протесту́ешь	
	протесту́ют	
PAST	протестова́л	протестова́л
FUT.	бу́ду протестова́ть	протесту́ю
	бу́дешь протестова́ть	протесту́ешь
	бу́дут протестова́ть	протесту́ют
COND.	протестова́л бы	протестова́л бы
IMP.	протесту́й (те)	протесту́й (те)
	DEVERBALS	
PRES. ACT.	протесту́ющий	
PAST ACT.	протестова́вший	протестова́вший
PAST PASS.		протесто́ванный
VERBAL ADVERB	протесту́я	протестова́в

протестова́ть против кого-чего
протестова́ть / опротестова́ть что

публикова́ть / опубликова́ть
to publish

	IMPERFECTIVE ASPECT	PERFECTIVE ASPECT
INF.	публикова́ть	опубликова́ть
PRES.	публику́ю	
	публику́ешь	
	публику́ют	
PAST	публикова́л	опубликова́л
FUT.	бу́ду публикова́ть	опублику́ю
	бу́дешь публикова́ть	опублику́ешь
	бу́дут публикова́ть	опублику́ют
COND.	публикова́л бы	опубликова́л бы
IMP.	публику́й (те)	опублику́й (те)
	DEVERBALS	
PRES. ACT.	публику́ющий	
PAST ACT.	публикова́вший	опубликова́вший
PAST PASS.		опублико́ванный
VERBAL ADVERB	публику́я	опубликова́в

публикова́ть что

развёртывать (ся) / разверну́ть (ся)
to display, unfold

	IMPERFECTIVE ASPECT	PERFECTIVE ASPECT
INF.	развёртывать (ся)	разверну́ть (ся)
PRES.	развёртываю (сь)	
	развёртываешь (ся)	
	развёртывают (ся)	
PAST	развёртывал (ся)	разверну́л (ся)
FUT.	бу́ду развёртывать (ся)	разверну́ (сь)
	бу́дешь развёртывать (ся)	развернёшь (ся)
	бу́дут развёртывать (ся)	разверну́т (ся)
COND.	развёртывал (ся) бы	разверну́л (ся) бы
IMP.	развёртывай (ся) (те) (сь)	разверни́ (сь) (те) (сь)
	DEVERBALS	
PRES. ACT.	развёртывающий (ся)	
PAST ACT.	развёртывавший (ся)	разверну́вший (ся)
PAST PASS.		развёрнутый
VERBAL ADVERB	развёртывая (сь)	разверну́в (шись)

развёртывать что, разверну́ть means to ***maximize the window***

расширя́ть (ся) / расши́рить (ся)
to widen, expand, increase

	IMPERFECTIVE ASPECT	PERFECTIVE ASPECT
INF.	расширя́ть (ся)	расши́рить (ся)
PRES.	расширя́ю	
	расширя́ешь	
	расширя́ют (ся)	
PAST	расширя́л (ся)	расши́рил (ся)
FUT.	бу́ду расширя́ть	расши́рю
	бу́дешь расширя́ть	расши́ришь
	бу́дут расширя́ть (ся)	расши́рят (ся)
COND.	расширя́л (ся) бы	расши́рил (ся) бы
IMP.	расширя́й (те)	расши́рь (те)
	DEVERBALS	
PRES. ACT.	расширя́ющий (ся)	
PAST ACT.	расширя́вший (ся)	расши́ривший (ся)
PAST PASS.		расши́ренный
VERBAL ADVERB	расширя́я (сь)	расши́рив (шись)

расширя́ть что

реаги́ровать / отреаги́ровать
to react to

	IMPERFECTIVE ASPECT	PERFECTIVE ASPECT
INF.	реаги́ровать	отреаги́ровать
PRES.	реаги́рую	
	реаги́руешь	
	реаги́руют	
PAST	реаги́ровал	отреаги́ровал
FUT.	бу́ду реаги́ровать	отреаги́рую
	бу́дешь реаги́ровать	отреаги́руешь
	бу́дут реаги́ровать	отреаги́руют
COND.	реаги́ровал бы	отреаги́ровал бы
IMP.	реаги́руй (те)	отреаги́руй (те)
	DEVERBALS	
PRES. ACT.	реаги́рующий	
PAST ACT.	реаги́ровавший	отреаги́ровавший
PAST PASS.		отреаги́рованный
VERBAL ADVERB	реаги́руя	отреаги́ровав

реаги́ровать на что

регистри́ровать (ся) / зарегистри́ровать (ся)
to register

	IMPERFECTIVE ASPECT	PERFECTIVE ASPECT
INF.	регистри́ровать (ся)	зарегистри́ровать (ся)
PRES.	регистри́рую (сь)	
	регистри́руешь (ся)	
	регистри́руют (ся)	
PAST	регистри́ровал (ся)	зарегистри́ровал (ся)
FUT.	бу́ду регистри́ровать (ся)	зарегистри́рую (сь)
	бу́дешь регистри́ровать (ся)	зарегистри́руешь (ся)
	бу́дут регистри́ровать (ся)	зарегистри́руют (ся)
COND.	регистри́ровал (ся) бы	зарегистри́ровал (ся) бы
IMP.	регистри́руй (ся) (те) (сь)	зарегистри́руй (ся) (те)(сь)
	DEVERBALS	
PRES. ACT.	регистри́рующий (ся)	
PAST ACT.	регистри́ровавший (ся)	зарегистри́ровавший (ся)
PAST PASS.		зарегистри́рованный
VERBAL ADVERB	регистри́руя (сь)	зарегистри́ровав (шись)

регистри́ровать что

регламенти́ровать / регламенти́ровать
to regulate

	IMPERFECTIVE ASPECT	PERFECTIVE ASPECT
INF.	регламенти́ровать	регламенти́ровать
PRES.	регламенти́рую	
	регламенти́руешь	
	регламенти́руют	
PAST	регламенти́ровал	регламенти́ровал
FUT.	бу́ду регламенти́ровать	регламенти́рую
	бу́дешь регламенти́ровать	регламенти́руешь
	бу́дут регламенти́ровать	регламенти́руют
COND.	регламенти́ровал бы	регламенти́ровал бы
IMP.	регламенти́руй (те)	регламенти́руй (те)
	DEVERBALS	
PRES. ACT.	регламенти́рующий	
PAST ACT.	регламенти́ровавший	регламенти́ровавший
PAST PASS.		
VERBAL ADVERB	регламенти́руя	регламенти́ровав

редакти́ровать / отредакти́ровать
to edit

	IMPERFECTIVE ASPECT	PERFECTIVE ASPECT
INF.	редакти́ровать	отредакти́ровать
PRES.	редакти́рую	
	редакти́руешь	
	редакти́руют	
PAST	редакти́ровал	отредакти́ровал
FUT.	бу́ду редакти́ровать	отредакти́рую
	бу́дешь редакти́ровать	отредакти́руешь
	бу́дут редакти́ровать	отредакти́руют
COND.	редакти́ровал бы	отредакти́ровал бы
IMP.	редакти́руй (те)	отредакти́руй (те)
	DEVERBALS	
PRES. ACT.	редакти́рующий	
PAST ACT.	редакти́ровавший	отредакти́ровавший
PAST PASS.		отредакти́рованный
VERBAL ADVERB	редакти́руя	отредакти́ровав

редакти́ровать что
редакти́ровать is also a perfective verb

рекламúровать / рекламúровать
to advertise, make a complaint, seek compensation

	IMPERFECTIVE ASPECT	PERFECTIVE ASPECT
INF.	рекламúровать	рекламúровать
PRES.	рекламúрую	
	рекламúруешь	
	рекламúруют	
PAST	рекламúровал	рекламúровал
FUT.	бýду рекламúровать	рекламúрую
	бýдешь рекламúровать	рекламúруешь
	бýдут рекламúровать	рекламúруют
COND.	рекламúровал бы	рекламúровал бы
IMP.	рекламúруй (те)	рекламúруй (те)
	DEVERBALS	
PRES. ACT.	рекламúрующий	
PAST ACT.	рекламúровавший	рекламúровавший
PAST PASS.		рекламúрованный
VERBAL ADVERB	рекламúруя	рекламúровав

рекламúровать что

рисковáть / рискнýть
to risk

	IMPERFECTIVE ASPECT	PERFECTIVE ASPECT
INF.	рисковáть	рискнýть
PRES.	рискýю	
	рискýешь	
	рискýют	
PAST	рисковáл	рискнýл
FUT.	бýду рисковáть	рискнý
	бýдешь рисковáть	рискнёшь
	бýдут рисковáть	рискнýт
COND.	рисковáл бы	рискнýл бы
IMP.	рискýй (те)	рискнú (те)
	DEVERBALS	
PRES. ACT.	рискýющий	
PAST ACT.	рисковáвший	рискнýвший
PAST PASS.		
VERBAL ADVERB	рискýя	рискнýв

рисковáть чем + infinitive
рискнýть на что + infinitive

русифици́ровать / русифици́ровать
to Russify, Russianize

	IMPERFECTIVE ASPECT	PERFECTIVE ASPECT
INF.	русифици́ровать	русифици́ровать
PRES.	русифици́рую	
	русифици́руешь	
	русифици́руют	
PAST	русифици́ровал	русифици́ровал
FUT.	бу́ду русифици́ровать	русифици́рую
	бу́дешь русифици́ровать	русифици́руешь
	бу́дут русифици́ровать	русифици́руют
COND.	русифици́ровал бы	русифици́ровал бы
IMP.	русифици́руй (те)	русифици́руй (те)
	DEVERBALS	
PRES. ACT.	русифици́рующий	
PAST ACT.	русифици́ровавший	русифици́ровавший
PAST PASS.		русифици́рованный
VERBAL ADVERB	русифици́руя	русифици́ровав

русифици́ровать кого-что

свёртывать (ся) / сверну́ть (ся)
to roll up, conceal

	IMPERFECTIVE ASPECT	PERFECTIVE ASPECT
INF.	свёртывать (ся)	сверну́ть (ся)
PRES.	свёртываю (сь)	
	свёртываешь (ся)	
	свёртывают (ся)	
PAST	свёртывал (ся)	сверну́л (ся)
FUT.	бу́ду свёртывать (ся)	сверну́ (сь)
	бу́дешь свёртывать (ся)	свернёшь (ся)
	бу́дут свёртывать (ся)	сверну́т (ся)
COND.	свёртывал (ся) бы	сверну́л (ся) бы
IMP.	свёртывай (ся) (те) (сь)	сверни́ (сь) (те) (сь)
	DEVERBALS	
PRES. ACT.	свёртывающий (ся)	
PAST ACT.	свёртывавший (ся)	сверну́вший (ся)
PAST PASS.		свёрнутый
VERBAL ADVERB	свёртывая (сь)	сверну́в (шись)

свёртывать что, сверну́ть means ***to minimize the window***

симпатизи́ровать
to sympathize with, like

	IMPERFECTIVE ASPECT	PERFECTIVE ASPECT
INF.	симпатизи́ровать	
PRES.	симпатизи́рую	
	симпатизи́руешь	
	симпатизи́руют	
PAST	симпатизи́ровал	
FUT.	бу́ду симпатизи́ровать	
	бу́дешь симпатизи́ровать	
	бу́дут симпатизи́ровать	
COND.	симпатизи́ровал бы	
IMP.	симпатизи́руй (те)	
	DEVERBALS	
PRES. ACT.	симпатизи́рующий	
PAST ACT.	симпатизи́ровавший	
PAST PASS.		
VERBAL ADVERB	симпатизи́руя	

симпатизи́ровать кому-чему

снижа́ть (ся) / сни́зить (ся)
to reduce, lower

	IMPERFECTIVE ASPECT	PERFECTIVE ASPECT
INF.	снижа́ть (ся)	сни́зить (ся)
PRES.	снижа́ю (сь)	
	снижа́ешь (ся)	
	снижа́ют (ся)	
PAST	снижа́л (ся)	сни́зил (ся)
FUT.	бу́ду снижа́ть (ся)	сни́жу (сь)
	бу́дешь снижа́ть (ся)	сни́зишь (ся)
	бу́дут снижа́ть (ся)	сни́зят (ся)
COND.	снижа́л (ся) бы	сни́зил (ся) бы
IMP.	снижа́й (ся) (те) (сь)	сни́зь (ся) (те) (сь)
	DEVERBALS	
PRES. ACT.	снижа́ющий (ся)	
PAST ACT.	снижа́вший (ся)	сни́зивший (ся)
PAST PASS.		сни́женный
VERBAL ADVERB	снижа́я (сь)	сни́зив (шись)

снижа́ть кого-что

сокраща́ть (ся) / сократи́ть (ся)

to shorten, reduce

	IMPERFECTIVE ASPECT	PERFECTIVE ASPECT
INF.	сокраща́ть (ся)	сократи́ть (ся)
PRES.	сокраща́ю	
	сокраща́ешь	
	сокраща́ют (ся)	
PAST	сокраща́л (ся)	сократи́л (ся)
FUT.	бу́ду сокраща́ть	сокращу́
	бу́дешь сокраща́ть	сократи́шь
	бу́дут сокраща́ть (ся)	сократя́т (ся)
COND.	сокраща́л (ся) бы	сократи́л (ся) бы
IMP.	сокраща́й (те)	сократи́ (те)
	DEVERBALS	
PRES. ACT.	сокраща́ющий (ся)	
PAST ACT.	сокраща́вший (ся)	сократи́вший (ся)
PAST PASS.		сокращённый
VERBAL ADVERB	сокраща́я (сь)	сократи́в (шись)

сокраща́ть кого-что

сосредото́чивать (ся) / сосредото́чить (ся)

to concentrate

	IMPERFECTIVE ASPECT	PERFECTIVE ASPECT
INF.	сосредото́чивать (ся)	сосредото́чить (ся)
PRES.	сосредото́чиваю (сь)	
	сосредото́чиваешь (ся)	
	сосредото́чивают (ся)	
PAST	сосредото́чивал (ся)	сосредото́чил (ся)
FUT.	бу́ду сосредото́чивать (ся)	сосредото́чу (сь)
	бу́дешь сосредото́чивать (ся)	сосредото́чишь (ся)
	бу́дут сосредото́чивать (ся)	сосредото́чат (ся)
COND.	сосредото́чивал (ся) бы	сосредото́чил (ся) бы
IMP.	сосредото́чивай (ся) (те) (сь)	сосредото́чь (ся) (те) (сь)
	DEVERBALS	
PRES. ACT.	сосредото́чивающий (ся)	
PAST ACT.	сосредото́чивавший (ся)	сосредото́чивший (ся)
PAST PASS.		сосредото́ченный
VERBAL ADVERB	сосредото́чивая (сь)	сосредото́чив (шись)

сосредото́чивать кого-что на чём

старе́ть / постаре́ть
to grow old, age

	IMPERFECTIVE ASPECT	PERFECTIVE ASPECT
INF.	старе́ть	постаре́ть
PRES.	старе́ю	
	старе́ешь	
	старе́ют	
PAST	старе́л	постаре́л
FUT.	бу́ду старе́ть	постаре́ю
	бу́дешь старе́ть	постаре́ешь
	бу́дут старе́ть	постаре́ют
COND.	старе́л бы	постаре́л бы
IMP.	старе́й (те)	постаре́й (те)
	DEVERBALS	
PRES. ACT.	старе́ющий	
PAST ACT.	старе́вший	постаре́вший
PAST PASS.		
VERBAL ADVERB	старе́в	постаре́в

стимули́ровать / стимули́ровать
to stimulate, encourage

	IMPERFECTIVE ASPECT	PERFECTIVE ASPECT
INF.	стимули́ровать	стимули́ровать
PRES.	стимули́рую	
	стимули́руешь	
	стимули́руют	
PAST	стимули́ровал	стимули́ровал
FUT.	бу́ду стимули́ровать	стимули́рую
	бу́дешь стимули́ровать	стимули́руешь
	бу́дут стимули́ровать	стимули́руют
COND.	стимули́ровал бы	стимули́ровал бы
IMP.	стимули́руй (те)	стимули́руй (те)
	DEVERBALS	
PRES. ACT.	стимули́рующий	
PAST ACT.	стимули́ровавший	стимули́ровавший
PAST PASS.		стимули́рованный
VERBAL ADVERB	стимули́руя	стимули́ровав

стимули́ровать что

толка́ть (ся) / толкну́ть (ся)
to push, shove

	IMPERFECTIVE ASPECT	PERFECTIVE ASPECT
INF.	толка́ть (ся)	толкну́ть (ся)
PRES.	толка́ю (сь)	
	толка́ешь (ся)	
	толка́ют (ся)	
PAST	толка́л (ся)	толкну́л (ся)
FUT.	бу́ду толка́ть (ся)	толкну́ (сь)
	бу́дешь толка́ть (ся)	толкнёшь (ся)
	бу́дут толка́ть (ся)	толкну́т (ся)
COND.	толка́л (ся) бы	толкну́л (ся) бы
IMP.	толка́й (ся) (те) (сь)	толкни́ (сь) (те) (сь)
	DEVERBALS	
PRES. ACT.	толка́ющий (ся)	
PAST ACT.	толка́вший (ся)	толкну́вший (ся)
PAST PASS.		то́лкнутый
VERBAL ADVERB	толка́я (сь)	толкну́в (шись)

толка́ть кого-что

толсте́ть / потолсте́ть
to gain weight, grow fat

	IMPERFECTIVE ASPECT	PERFECTIVE ASPECT
INF.	толсте́ть	потолсте́ть
PRES.	толсте́ю	
	толсте́ешь	
	толсте́ют	
PAST	толсте́л	потолсте́л
FUT.	бу́ду толсте́ть	потолсте́ю
	бу́дешь толсте́ть	потолсте́ешь
	бу́дут толсте́ть	потолсте́ют
COND.	толсте́л бы	потолсте́л бы
IMP.	толсте́й (те)	потолсте́й (те)
	DEVERBALS	
PRES. ACT.	толсте́ющий	
PAST ACT.	толсте́вший	потолсте́вший
PAST PASS.		
VERBAL ADVERB	толсте́в	потолсте́в

трансли́ровать / трансли́ровать

to transmit, relay

	IMPERFECTIVE ASPECT	PERFECTIVE ASPECT
INF.	трансли́ровать	трансли́ровать
PRES.	трансли́рую	
	трансли́руешь	
	трансли́руют	
PAST	трансли́ровал	трансли́ровал
FUT.	бу́ду трансли́ровать	трансли́рую
	бу́дешь трансли́ровать	трансли́руешь
	бу́дут трансли́ровать	трансли́руют
COND.	трансли́ровал бы	трансли́ровал бы
IMP.	трансли́руй (те)	трансли́руй (те)
	DEVERBALS	
PRES. ACT.	трансли́рующий	
PAST ACT.	трансли́ровавший	трансли́ровавший
PAST PASS.		трансли́рованный
VERBAL ADVERB	трансли́руя	трансли́ровав

трансли́ровать что

увели́чивать (ся) / увели́чить (ся)

to increase, enlarge

	IMPERFECTIVE ASPECT	PERFECTIVE ASPECT
INF.	увели́чивать (ся)	увели́чить (ся)
PRES.	увели́чиваю	
	увели́чиваешь	
	увели́чивают (ся)	
PAST	увели́чивал (ся)	увели́чил (ся)
FUT.	бу́ду увели́чивать	увели́чу
	бу́дешь увели́чивать	увели́чишь
	бу́дут увели́чивать (ся)	увели́чат (ся)
COND.	увели́чивал (ся) бы	увели́чил (ся) бы
IMP.	увели́чивай (те)	увели́чь (те)
	DEVERBALS	
PRES. ACT.	увели́чивающий (ся)	
PAST ACT.	увелии́чивавший (ся)	увели́чивший (ся)
PAST PASS.		увели́ченный
VERBAL ADVERB	увели́чивая (сь)	увели́чив (шись)

увеличивать кого-что

удаля́ть (ся) / удали́ть (ся)

to remove, delete

	IMPERFECTIVE ASPECT	PERFECTIVE ASPECT
INF.	удаля́ть (ся)	удали́ть (ся)
PRES.	удаля́ю (сь) удаля́ешь (ся) удаля́ют (ся)	
PAST	удаля́л (ся)	удали́л (ся)
FUT.	бу́ду удаля́ть (ся) бу́дешь удаля́ть (ся) бу́дут удаля́ть (ся)	удалю (сь) удали́шь (ся) удаля́т (ся)
COND.	удаля́л (ся) бы	удали́л (ся) бы
IMP.	удаля́й (ся) (те) (сь)	удали́ (сь) (те) (сь)
	DEVERBALS	
PRES. ACT.	удаля́ющий (ся)	
PAST ACT.	удаля́вший (ся)	удали́вший (ся)
PAST PASS.		удалённый
VERBAL ADVERB	удаля́я (сь)	удали́в (шись)

удаля́ть кого-что , удаля́ть вирус

уде́рживать (ся) / удержа́ть (ся)

to hold down, restrain

	IMPERFECTIVE ASPECT	PERFECTIVE ASPECT
INF.	уде́рживать (ся)	удержа́ть (ся)
PRES.	уде́рживаю (сь) уде́рживаешь (ся) уде́рживают (ся)	
PAST	уде́рживал (ся)	удержа́л (ся)
FUT.	бу́ду уде́рживать (ся) бу́дешь уде́рживать (ся) бу́дут уде́рживать (ся)	удержу́ (сь) уде́ржишь (ся) уде́ржат (ся)
COND.	уде́рживал (ся) бы	удержа́л (ся) бы
IMP.	уде́рживай (ся) (те) (сь)	удержи́ (сь) (те) (сь)
	DEVERBALS	
PRES. ACT.	уде́рживающий (ся)	
PAST ACT.	уде́рживавший (ся)	удержа́вший (ся)
PAST PASS.		уде́ржанный
VERBAL ADVERB	уде́рживая (сь)	удержа́в (шись)

уде́рживать кого-что, уде́рживать кнопку

ула́живать (ся) / ула́дить (ся)
to settle, resolve, arrange

	IMPERFECTIVE ASPECT	PERFECTIVE ASPECT
INF.	ула́живать (ся)	ула́дить (ся)
PRES.	ула́живаю	
	ула́живаешь	
	ула́живают (ся)	
PAST	ула́живал (ся)	ула́дил (ся)
FUT.	бу́ду ула́живать	ула́жу
	бу́дешь ула́живать	ула́дишь
	бу́дут ула́живать (ся)	ула́дят (ся)
COND.	ула́живал (ся) бы	ула́дил (ся) бы
IMP.	ула́живай (те)	ула́дь (те)
	DEVERBALS	
PRES. ACT.	ула́живающий (ся)	
PAST ACT.	ула́живавший (ся)	ула́дивший (ся)
PAST PASS.		ула́женный
VERBAL ADVERB	ула́живая (сь)	ула́див (шись)

ула́живать что

формати́ровать / отформати́ровать
to format

	IMPERFECTIVE ASPECT	PERFECTIVE ASPECT
INF.	формати́ровать	отформати́ровать
PRES.	формати́рую	
	формати́руешь	
	формати́руют	
PAST	формати́ровал	отформати́ровал
FUT.	бу́ду формати́ровать	отформати́рую
	бу́дешь формати́ровать	отформати́руешь
	бу́дут формати́ровать	отформати́руют
COND.	формати́ровал бы	отформати́ровал бы
IMP.	формати́руй (те)	отформати́руй (те)
	DEVERBALS	
PRES. ACT.	формати́рующий	
PAST ACT.	формати́ровавший	отформати́ровавший
PAST PASS.		отформати́рованный
VERBAL ADVERB	формати́руя	отформати́ровав

формати́ровать что

формирова́ть (ся) / сформирова́ть (ся)

to form, formulate

	IMPERFECTIVE ASPECT	PERFECTIVE ASPECT
INF.	формирова́ть (ся)	сформирова́ть (ся)
PRES.	формиру́ю (сь)	
	формиру́ешь (ся)	
	формиру́ют (ся)	
PAST	формирова́л (ся)	сформирова́л (ся)
FUT.	бу́ду формирова́ть (ся)	сформиру́ю (сь)
	бу́дешь формирова́ть (ся)	сформиру́ешь (ся)
	бу́дут формирова́ть (ся)	сформиру́ют (ся)
COND.	формирова́л (ся) бы	сформирова́л (ся) бы
IMP.	формиру́й (ся) (те) (сь)	сформиру́й (ся) (те)(сь)
	DEVERBALS	
PRES. ACT.	формиру́ющий (ся)	
PAST ACT.	формирова́вший (ся)	сформирова́вший (ся)
PAST PASS.		сформиро́ванный
VERBAL ADVERB	формиру́я (сь)	сформирова́в (шись)

формирова́ть что

фотографи́ровать (ся) / сфотографи́ровать (ся)

to photograph, take a picture

	IMPERFECTIVE ASPECT	PERFECTIVE ASPECT
INF.	фотографи́ровать (ся)	сфотографи́ровать (ся)
PRES.	фотографи́рую (сь)	
	фотографи́руешь (ся)	
	фотографи́руют (ся)	
PAST	фотографи́ровал (ся)	сфотографи́ровал (ся)
FUT.	бу́ду фотографи́ровать (ся)	сфотографи́рую (сь)
	бу́дешь фотографи́ровать (ся)	сфотографи́руешь (ся)
	бу́дут фотографи́ровать (ся)	сфотографи́руют (ся)
COND.	фотографи́ровал (ся) бы	сфотографи́ровал (ся) бы
IMP.	фотографи́руй (ся) (те) (сь)	сфотографи́руй (ся) (те)(сь)
	DEVERBALS	
PRES. ACT.	фотографи́рующий (ся)	
PAST ACT.	фотографи́ровавший (ся)	сфотографи́ровавший (ся)
PAST PASS.		сфотографи́рованный
VERBAL ADVERB	фотографи́руя (сь)	сфотографи́ровав (шись)

фотографи́ровать кого-что

функциони́ровать
to function

	IMPERFECTIVE ASPECT	PERFECTIVE ASPECT
INF.	функциони́ровать	
PRES.	функциони́рую	
	функциони́руешь	
	функциони́руют	
PAST	функциони́ровал	
FUT.	бу́ду функциони́ровать	
	бу́дешь функциони́ровать	
	бу́дут функциони́ровать	
COND.	функциони́ровал бы	
IMP.	функциони́руй (те)	
	DEVERBALS	
PRES. ACT.	функциони́рующий	
PAST ACT.	функциони́ровавший	
PAST PASS.	функциони́ровавший	
VERBAL ADVERB	функциони́руя	

худе́ть / похуде́ть
to grow thin, lose weight

	IMPERFECTIVE ASPECT	PERFECTIVE ASPECT
INF.	худе́ть	похуде́ть
PRES.	худе́ю	
	худе́ешь	
	худе́ют	
PAST	худе́л	похуде́л
FUT.	бу́ду худе́ть	похуде́ю
	бу́дешь худе́ть	похуде́ешь
	бу́дут худе́ть	похуде́ют
COND.	худе́л бы	похуде́л бы
IMP.	худе́й (те)	похуде́й (те)
	DEVERBALS	
PRES. ACT.	худе́ющий	
PAST ACT.	худе́вший	похуде́вший
PAST PASS.		
VERBAL ADVERB	худе́в	похуде́в

штрафова́ть / оштрафова́ть

to fine

	IMPERFECTIVE ASPECT	PERFECTIVE ASPECT
INF.	штрафова́ть	оштрафова́ть
PRES.	штрафу́ю	
	штрафу́ешь	
	штрафу́ют	
PAST	штрафова́л	оштрафова́л
FUT.	бу́ду штрафова́ть	оштрафу́ю
	бу́дешь штрафова́ть	оштрафу́ешь
	бу́дут штрафова́ть	оштрафу́ют
COND.	штрафова́л бы	оштрафова́л бы
IMP.	штрафу́й (те)	оштрафу́й (те)
	DEVERBALS	
PRES. ACT.	штрафу́ющий	
PAST ACT.	штрафова́вший	оштрафова́вший
PAST PASS.		оштрафо́ванный
VERBAL ADVERB	штрафу́я	оштрафова́в

штрафова́ть кого-что

щёлкать / щёлкнуть

to click

	IMPERFECTIVE ASPECT	PERFECTIVE ASPECT
INF.	щёлкать	щёлкнуть
PRES.	щёлкаю	
	щёлкаешь	
	щёлкают	
PAST	щёлкал	щёлкнул
FUT.	бу́ду щёлкать	щёлкну
	бу́дешь щёлкать	щёлкнешь
	бу́дут щёлкать	щёлкнут
COND.	щёлкал бы	щёлкнул бы
IMP.	щёлкай (те)	щёлкни (те)
	DEVERBALS	
PRES. ACT.	щёлкающий	
PAST ACT.	щёлкавший	щёлкнувший
PAST PASS.		щёлкнутый
VERBAL ADVERB	щёлкая	щёлкнув

щёлкать кого-что чем, щёлкать мышью means ***to click with the mouse***

эконо́мить (ся) / сэконо́мить
to save, economize

	IMPERFECTIVE ASPECT	PERFECTIVE ASPECT
INF.	эконо́мить (ся)	сэконо́мить
PRES.	эконо́млю	
	эконо́мишь	
	эконо́мят (ся)	
PAST	эконо́мил (ся)	сэконо́мил
FUT.	бу́ду эконо́мить	сэконо́млю
	бу́дешь эконо́мить	сэконо́мишь
	бу́дут эконо́мить (ся)	сэконо́мят
COND.	эконо́мил (ся) бы	сэконо́мил бы
IMP.	эконо́мь (те)	сэконо́мь (те)
	DEVERBALS	
PRES. ACT.	эконо́мящий (ся)	
PAST ACT.	эконо́мивший (ся)	сэконо́мивший
PAST PASS.		сэконо́мленный
VERBAL ADVERB	эконо́мя (сь)	сэконо́мив

эконо́мить что на чем

эмигри́ровать / эмигри́ровать
to emigrate

	IMPERFECTIVE ASPECT	PERFECTIVE ASPECT
INF.	эмигри́ровать	эмигри́ровать
PRES.	эмигри́рую	
	эмигри́руешь	
	эмигри́руют	
PAST	эмигри́ровал	эмигри́ровал
FUT.	бу́ду эмигри́ровать	эмигри́рую
	бу́дешь эмигри́ровать	эмигри́руешь
	бу́дут эмигри́ровать	эмигри́руют
COND.	эмигри́ровал бы	эмигри́ровал бы
IMP.	эмигри́руй (те)	эмигри́руй (те)
	DEVERBALS	
PRES. ACT.	эмигри́рующий	
PAST ACT.	эмигри́ровавший	
PAST PASS.		
VERBAL ADVERB	эмигри́руя	

501 Verb Drills and Exercises

The following drills and exercises will help you review and practice the material presented in the book. You will have an opportunity to work with the forms required to speak and write Russian correctly. The answers to all the exercises are found beginning on page 632. As you work your way through each of these exercises, be sure to re-read the material contained in the introductory pages. If you have any doubts, you can always look up the verb form in the *Index of Russian Verbs*.

Tip: Russian, like other languages, is a system. There is a reason for everything. Before you can use the correct form, you must have a reason for selecting that person, number, gender, tense, and aspect. Only then can you apply the rules for the proper endings. Verbs are key words in the Russian sentence, but their form and function are normally dependent on the grammatical subject of the sentence. So first identify that subject, then examine the context, and then select the correct form. Keep in mind the consonant changes that require special handling. Good luck, and enjoy yourself on your way to mastery of the Russian verb forms!

Exercise 1

THE INFINITIVE

The **Infinitive** is a key form of the Russian verbal system. In addition to its grammatical uses in the Russian sentence, the **Infinitive** is normally the form found in dictionaries, word lists, indexes, etc. Since you will frequently encounter a verb in a form other than the **Infinitive**, it is important to be able to identify or construct the **Infinitive**. In the sentences below you will find conjugated forms of Russian verbs. First identify the verb, and then provide the **Infinitive** in the space provided.

Hint: Most **Infinitives** end in **–ть.** A few others end in **–чь** or **–ти.** Remember that the particles **–ся** and **–сь** are attached to the verb endings.

1. Он решает все вопросы. ____________________
2. Я слушаю музыку. ____________________
3. Иван посылает посылку. ____________________
4. Нина показывает сестре книгу. ____________________
5. Вы поднимаете по лифту? ____________________
6. Мы его хорошо помним. ____________________
7. Мальчик уже ходит в школу. ____________________
8. Кого ты просишь? ____________________
9. Они его любят. ____________________
10. Где находится библиотека? ____________________
11. Кому ты пишешь? ____________________
12. Что он держит в руке? ____________________

13. Я прихожу после фильма. ________________
14. Я готовлю суп. ________________
15. Они живут в Москве. ________________
16. Куда вы идёте? ________________
17. Что они едят? ________________
18. Куда они едут? ________________
19. Ты хочешь плавать? ________________
20. Я вас познакомлю. ________________
21. Лекция начинается в 9 часов. ________________
22. Кто пьёт молоко? ________________
23. Она прекрасно поёт. ________________
24. Мы кладём книги на стул. ________________
25. Мы ждём его брата. ________________
26. Кто ведёт этот курс? ________________
27. Они берут с собой деньги. ________________
28. Я тебе даю хороший совет. ________________
29. Она мне советует. ________________
30. С кем он танцует? ________________

Exercise 2

THE INFINITIVE FROM THE PAST TENSE FORMS

The Past Tense is formed from the **Past Tense** stem, which most often is obtained by dropping the **–ть, –чь, –ти** from the **Infinitive** and then adding the **Past Tense** endings. There are some exceptions. The first fifteen **Past Tense** verbs should easily yield the **Infinitive**. The final ten are a challenge. In the sentences below you will find **Past Tense** forms of Russian verbs. First identify the verb, and then provide the **Infinitive** in the space provided.

1. Он писал письмо. ________________
2. Она открыла дверь. ________________
3. Они смотрели фильм вместе. ________________
4. Я подняла этот вопрос. ________________
5. Я беспокоился. ________________
6. Ты послал открытку? ________________
7. Кто его видел? ________________

8. С кем они разговаривали? ____________

9. Ты включил телевизор? ____________

10. Нина ходила в библиотеку? ____________

11. Они продолжили разговор? ____________

12. Она стирала весь день. ____________

13. Книга стоила 100 рублей. ____________

14. Они съели всю рыбу. ____________

15. Она долго ухаживала за ним. ____________

16. Куда она пошла? ____________

17. Что он принёс? ____________

18. Я там раньше жила. ____________

19. Она не смогла. ____________

20. Они легли очень поздно. ____________

21. Он совсем исчез. ____________

22. Они уже привыкли? ____________

23. Кто украл ее сумку? ____________

24. Кто-нибудь нашёл кошелек? ____________

25. Он пропал. ____________

Exercise 3

THE PRESENT TENSE

The **Present Tense** can only be formed from **Imperfective Verbs**. The **Present Tense** forms are conjugated according to **Person** (First, Second, Third) and **Number** (Singular and Plural). Find the verb in the first clause or sentence and then insert the correct form in blank space.

Hint: Except for the **First Person Singular** and **Third Person Plural**, any of the other **Present Tense** forms can help you predict the remaining forms. Look at the vowel **–е–**, **–ё–**, or **–и–** preceding the endings: **–шь, –т, –м, –те**. That vowel will remain constant, **е** or **ё** for the **First Conjugation**, **и** for the **Second Conjugation**.

1. Я всегда читаю книги, которые она ____________.

2. Она много говорит. Почему вы так мало ________?

3. Они не понимают, что мы ____________.

4. Она не хочет смотреть, что я ____________ смотреть.

5. Они не идут, куда ты ____________.

6. Кто видит картину, которую я _______?

7. Он едет сейчас, а мы _____ после обеда.
8. Я люблю есть мороженое. Что вы _________?
9. Я никогда не пью кофе. Ты _________ кофе?
10. Слушайте, а то твой брат не _________.
11. Они знают, что мама __________?
12. Я встаю в 7 часов. А когда ты _________?
13. Папа пишет романы, а я __________ стихи.
14. Делайте так, как они ________.
15. Дети приходят в 5 часов, а когда ты __________?
16. Если вы садитесь на диване, где я _______?
17. Странно что вы слышите музыку. Я ничего не ________.
18. Я стою здесь уже час. Вы давно здесь _______?
19. Ты просишь его, а я ________ ее.
20. Я показываю свои фотографии, а они _______ свои.
21. Я беру только одну книгу. Сколько вы _______?
22. Я не отвечаю за его поведение. Он сам ________.
23. Она любит смотреть баскетбол, а я _______ играть в баскетбол.
24. Кого вы ждёте? Я _______ сестру.
25. Как вы чувствуете себя? Я _______ себя плохо.

Exercise 4

THE COMPOUND FUTURE

The **Compound Future** combines a conjugated form of the verb **быть** with the **Imperfective Infinitive** of the verb. For the conjugated form in parentheses, form the **Compound Future** by providing the conjugated form of **быть** along with the **Infinitive**.

Example: (говорю) Я ______ ________ с ним завтра.

Я **буду говорить** с ним завтра.

Hint: This exercise requires two steps. First identify the **Imperfective Infinitive**. Only then can you add it to the correct form of **быть**.

1. (ищу) я ______ ________ его.
2. (забываем) Мы никогда не ______ ________.
3. (исправляют) Учителя ______ ________ всю неделю.
4. (катаешься) Ты ______ ________ с ними.
5. (бьём) Мы чужих ______ ________ .

6. (беспокою) Я не ______ ________ птиц.
7. (бледнею) Утром я ______ ________ перед женой.
8. (боремся) ______ ________ со спамом?
9. (решают) Они ______ ________ эти задачи.
10. (путешествуете) Вы здесь ______ ________ по Азии?
11. (спят) Дети ______ ________ по пути домой.
12. (опаздываем) Что делать если мы ______ ________?
13. (стоишь) Сколько времени ты ______ ________ здесь?
14. (собираем) Мы ______ ________ подписи.
15. (сажают) За это ______ ________?
16. (стирает) Когда мама в больнице, кто ______ ________?
17. (работаем) Где мы завтра ______ ________?
18. (угощаете) Чем ______ ________?
19. (принадлежу) ______ ________только вам.
20. (машут) Им ______ ________ рукой.
21. (желаешь) Ты ничего не ______ ________ .
22. (выигрывать) Хочу и ______ ________.
23. (жалуются) Учителя ______ ________.
24. (танцую) Я ______ ________ весь вечер.
25. (возвращаете) Как вы ______ ________ эти средства?

Exercise 5

THE SIMPLE FUTURE

The **Simple Future** is formed by conjugating **Perfective Verbs** without the addition of the auxiliary verb **быть**. Provide in the space provided the correct **Simple Future** form of the **Infinitive** in parentheses.

Example: (поговорить) Я ________ с ним завтра.
Я **поговорю** с ним завтра.

Hint: In *501 Russian Verbs* the verbs are alphabetically arranged by the **Imperfective Infinitives**. If you need to check for the correct verbal forms, you can find where the **Perfective Infinitive** is found in the *Index of Russian Verbs*.

1. (встать) Они ________ в пять часов.
2. (забыть) Вы не ______ ?
3. (получить) Дети ________ красивые подарки.

4.	(найти)	Автор ________время для встречи с читателями.
5.	(начать)	Когда вы ________ новый проект?
6.	(послушать)	Сперва мы ______ музыку, а потом в ресторан.
7.	(попросить)	Я ______ его.
8.	(пойти)	Куда вы _____ ?
9.	(решить)	Они _______ этот вопрос до вечера.
10.	(постоять)	Я здесь ______, а потом пойду в зал.
11.	(стать)	Он ______ знаменитым писателем.
12.	(спросить)	Кого мы _______?
13.	(узнать)	Вскоре ты ______ правду.
14.	(послать)	Я ______ вам наше предложение завтра.
15.	(продолжить)	Когда мы _______ этот разговор?
16.	(поставить)	Он ______ крест на это дело.
17.	(показать)	Вы нам ____ вашу работу?
18.	(ответить)	Я категорически не _____ .
19.	(назвать)	Как ты ______ ребенка?
20.	(смочь)	Вы _____ добиться идеальной фигуры.
21.	(заметить)	Она тебя обязательно_______ .
22.	(остаться)	Мы ______ там до понедельника.
23.	(подержать)	Они нас ______.
24.	(выйти)	Когда она _____ замуж?
25.	(поблагодарить)	Я вас _______ .

Exercise 6

THE PAST TENSE

The **Past Tense** of **Imperfective and Perfective Verbs** is formed from the **Infinitive Stem**. In the **Past Tense**, verbal forms agree in **Number** (Singular or Plural) and in the singular they also agree in **Gender** (Masculine, Feminine, Neuter) with the grammatical subject. For most verbs, after dropping the ending **–ть, –чь, –ти**, add **–л, –ла, –ло, –ли**. Some **Past Tense Stems** end in a consonant, and you might want to refer to them in the *501 Russian Verbs* listings.

Insert in the space provided the correct **Past Tense** form of the **Infinitive** in parentheses.

Hint: Be sure to find the grammatical subject. Remember that the subject can often be omitted for the **Third Person Plural** form. When the **я** or **ты** forms are used, the **Gender** depends upon whether that person is a male or female.

1. (взять) Она __________ все деньги.
2. (разбудить) Мама их ___________ рано.
3. (увидеть) Они своих друзей ________ издалека.
4. (бросить) Мы все _________ курить.
5. (сорвать) Ты нам __________.
6. (заказать) Я _________ суп и салат.
7. (встретить) Новый профессор ________ своих студентов.
8. (завтракать) Дети долго ________ .
9. (любить) Она его ________ все эти годы.
10. (организовать) Кто _______ эту встречу?
11. (пригласить) Кого ________ на собрание?
12. (закрыть) Папа ________ окно.
13. (заработать) Мы________ тысячу рублей.
14. (играть) Мальчики _______ весь день на дворе.
15. (кончить) Они _______ до утра.
16. (наступить) Зима давно ________ .
17. (кормить) Она меня _______ с детства.
18. (поймать) Его ________ в парке.
19. (кричать) Все _________ в один голос.
20. (молчать) Он _______ во время лекции.
21. (начаться) Концерт _______ ровно в 8 часов.
22. (освободиться) Они наконец _______.
23. (понравиться) Всё им _______.
24. (одеться) Она ________ тепло.
25. (обниматься) Мама с дочкой ______ дольше всех других.

Exercise 7

THE PAST TENSE OF PROBLEM VERBS

Some **Past Tense Stems** end in a consonant. Some verbs that end in **–нуть** drop the **–ну–** before adding the **Past Tense** endings. Some others simply have to be learned. Insert in the space provided the correct **Past Tense** form of the **Infinitive** in parentheses.

Hint: If you can't find the verb form easily in the main pages of *501 Russian Verbs,* look in the *Index of Russian Verbs*.

1. (везти) Он ___________ меня домой.
2. (нести) Она ___________ покупки в квартиру.
3. (вести) Кто его сюда ________ ?
4. (идти) Они ________ медленно по дороге.
5. (лезть) Куда он ночью __________ ?
6. (привыкнуть) Мы уже давно _________.
7. (отвыкнуть) Вы ________ от Интернета?
8. (отдохнуть) Они все хорошо ________.
9. (вздохнуть) Она ________ с облегчением.
10. (грызть) Собаки _______ кости.
11. (есть) Мы _________ и пили.
12. (мочь) Я не _________ понять ее.
13. (исчезнуть) Они просто ________.
14. (класть) Она _______ все книги на пол.
15. (кончиться) Рассказ _______ неожиданно.
16. (махнуть) Он ________ рукой.
17. (смочь) Она не _______ купить билет.
18. (найтись) Где ________ лишний билет?
19. (сойтись) Он _________ во мнении с своим другом.
20. (погибнуть) Она трагически _______.
21. (выйти) Зачем ты _______ ?
22. (привлечь) Их _______ ее обещание.
23. (произнести) Директор _______ прощальную речь.
24. (провести) Они ________ переговоры.
25. (прийти) Она ______ поздно.

Exercise 8

IMPERFECTIVE AND PERFECTIVE VERBAL PAIRS

All Russian verbs have **Aspect**. This may be either **Imperfective** or **Perfective**. Most often Russian verbs have an aspectual pair. Many of these are readily identifiable, based on the root of the verb. Others are more complicated. We have listed each verb in the traditional presentation of the **Imperfective** verb followed by the **Perfective** verb. The *Index of Russian Verbs* lists these forms separately with reference to the specific page in *501 Russian*

Verbs where they can be found. Match the **Imperfective** verbs of Column A with their **Perfective** partners in Column B.

	A		B
1.	отвечать	а.	упасть
2.	хватать	б.	сшить
3.	спрашивать	в.	защитить
4.	избегать	г.	ответить
5.	шить	д.	украсть
6.	делать	е.	выпить
7.	красть	ж.	узнать
8.	изменять	з.	дать
9.	лишать	и.	изменить
10.	падать	к.	зажарить
11.	строить	л.	лишить
12.	защищать	м.	хватить
13.	терпеть	н.	избежать
14.	писать	о.	выбрать
15.	пить	п.	приказать
16.	узнавать	р.	копнуть
17.	приказывать	с.	потерпеть
18.	копать	т.	одобрить
19.	начинать	у.	построить
20.	одобрять	ф.	начать
21.	выбирать	х.	спросить
22.	давать	ц.	съесть
23.	украшать	ч.	написать
24.	есть	ш.	сделать
25.	жарить	щ.	украсить

Exercise 9

FINDING THE IMPERFECTIVE OF PERFECTIVE VERBS

Frequently you may encounter a **Perfective** verb. Most Russian dictionaries list verbs by their **Imperfective** partner. You will need to be able to identify the **Imperfective** form of the

Perfective verb. The *Index of Russian Verbs* lists **Perfective** verbs separately with reference to the specific page in *501 Russian Verbs* where they can be found. Match the **Perfective** verbs of Column A with their **Imperfective** partners in Column B.

A		B	
1.	поужинать	а.	загорать
2.	выстирать	б.	привлекать
3.	привлечь	в.	жарить
4.	записать	г.	повторять
5.	достать	д.	дрожать
6.	погибнуть	е.	стирать
7.	послать	ж.	исчезать
8.	создать	з.	ужинать
9.	уехать	и.	записывать
10.	вспахать	к.	покупать
11.	простить	л.	создавать
12.	загореть	м.	погибать
13.	повторить	н.	доставать
14.	взять	о.	посылать
15.	полить	п.	признавать
16.	признать	р.	прощать
17.	наказать	с.	уезжать
18.	произнести	т.	пахать
19.	кончить	у.	наказывать
20.	сохранить	ф.	поливать
21.	вывести	х.	произносить
22.	дрогнуть	ц.	выводить
23.	купить	ч.	брать
24.	исчезнуть	ш.	сохранять
25.	зажарить	щ.	кончать

Exercise 10

A WORD MAZE OF IMPERFECTIVE VERBAL ADVERBS

The **Imperfective Verbal Adverb** is formed from the **Present Tense Stem** of **Imperfective** verbs by adding **–я** after a vowel and most consonants or **–а** after the consonants **ш, щ, ж,**

ч. Find the **Imperfective Verbal Adverb** forms of the **Imperfective Infinitives** in the maze below.

Hint: The answers may read from left to right, right to left, top to bottom, or bottom to top.

1. жарить
2. бегать
3. говорить
4. решать
5. сидеть
6. гулять
7. ловить
8. дуть
9. брить
10. дарить
11. падать
12. видеть
13. ломать
14. сметь
15. варить
16. глядеть
17. рубить
18. любить
19. висеть
20. ранить
21. служить
22. курить
23. возить
24. носить
25. проезжать

С	Л	У	Ж	А	Л	О	В	Я	К
И	Ч	Л	Ю	Б	Я	Р	О	Я	П
Д	С	Щ	Й	Р	П	У	З	Л	Р
Я	М	Ч	В	Е	А	Б	Я	У	О
Б	Е	Г	А	Я	Д	Я	Л	Г	Е
Х	Я	Ц	Р	Е	А	Я	К	О	З
Д	А	Р	Я	Ж	Я	С	И	В	Ж
У	Л	О	М	А	Я	О	Ф	О	А
Я	А	Ш	Е	Р	Я	Н	А	Р	Я
М	В	И	Д	Я	К	У	Р	Я	З

Exercise 11

THE PRESENT / SIMPLE FUTURE TENSE OF VERBS ENDING IN –авать/–ать

One set of Russian verbs, those pairs ending in **–авать/–ать**, may present a particular problem. Since in printed text Russians normally do not include the two dots over the letter **ё**, it may be difficult to distinguish between the **Present Tense** and the **Simple Future** of some verbs. The exercises below and the explanations accompanying the answers should be useful to you. Put in the space provided the **Present** (if the verb is **Imperfective**) or the **Simple Future** tense (if the verb is **Perfective**) of the **Infinitive** in parentheses.

Hint: Several of the verbs below are derived from the highly irregular verb **дать.** Be sure to check its forms in the listing for **давать/дать**.

1. (узнавать) Как мы ______ о погоде?
2. (узнать) Результаты мы ______ в понедельник.
3. (признавать) Он не _______ себя виновным.
4. (признать) Мы уверены, что они нас не _______.
5. (уставать) Отдыхаю хорошо, только ______ очень.
6. (устать) Не _______ родину любить.
7. (доставать) Мы их вам _______.
8. (достать) Мы _______ и дома.
9. (оставаться) Я ухожу, а ты ________.
10. (остаться) Зайдёшь раз и _______ навсегда.
11. (попадать) Европа _______ в Сеть.
12. (издавать) Вы ______ журнал, который я люблю читать.
13. (издать) Когда вы его ________ ?
14. (давать) Я ________ уроки живописи.
15. (дать) Я вам ссылочку _______.
16. (задавать) Ты _________ много вопросов.
17. (задать) Ты _________ тот же вопрос?
18. (отдавать) Книгу _______ в перевод.
19. (отдать) Деньги им завтра _______ .
20. (подаваться) Мясо _______ с картофелем.
21. (податься) Куда________ экономика?
22. (продавать) Мы ________ бассейны.
23. (продать) Завтра мы _______ ноутбуки.
24. (передаваться) Проблемы _______ по наследству.
25. (передаться) Какие гены _______ ребенку?

Exercise 12

THE PRESENT / SIMPLE FUTURE TENSE OF VERBS ENDING IN –овать/–ировать

Many Russian verbs derived from other languages end in **–овать/–ировать**. The following exercise will provide some practice and review for many of the verbs found in the section *100 Russian Verbs for the 21st Century.* Write in the space provided the correct conjugated **Present** or **Simple Future** form of the **Infinitive** in parentheses.

Hint: The **Present Tense** stem of these verbs replaces the **–ов–** of the **Infinitive** with **–у–**, after which one uses the regular **First Conjugation** endings.

1. (администрировать) Я только ______.
2. (адресовать) Мы ______ наш проект бизнесменам.
3. (интегрировать) Телефон _______ новую технологию.
4. (консультироваться) Специалисты по безопасности _______ сегодня.
5. (модернизировать) В один день ты не ______.
6. (протестовать) Она ________ против снижения качества.
7. (арендовать) Мы ________ квартиры и комнаты.
8. (рекламировать) Как вы себя _______ ?
9. (сфотографироваться) Мы ______ на память.
10. (базировать) Я всегда _________ свои аргументы на фактах.
11. (эмигрировать) Она _______ в Америку.
12. (голосовать) Избиратели _______ за личности и идеи.
13. (доминировать) Я _______ на карте.
14. (штрафовать) За курение серьезно _______.
15. (форматировать) Мы ________ электронные книги.
16. (иммигрировать) В Канаду я _______.
17. (стимулировать) Как ты _______ развитие экономики?
18. (рисковать) Чем вы ______?
19. (регистрироваться) Как долго _______ домен?
20. (программировать) Я _______ с удовольствием.
21. (комбинировать) Мы _______ текст и иллюстрации.
22. (скопировать) Что она ________ на компьютере?
23. (спланировать) Врачи _______ операцию.
24. (мотивировать) Мы _______ людей.
25. (модифицировать) Американцы генетически _______ пшеницу.

Exercise 13

THE IMPERATIVE

The Imperative Mood is used to give commands. Both **Imperfective** and **Perfective** verbs can form the **Imperative**. The rules for formation of most **Imperatives** can be found on pages xvii–xviii.

Insert in the space provided the **Imperative** form of the **Infinitive** in parentheses. *For the first ten exercises use the **Singular Informal** form.*

Hint: The **Imperative** is formed from the **Present / Simple Future Stem**. This can normally be found by dropping the **–ут, –ют, –ят, –ат** ending of the **Third Person Plural** form.

1. (мешать) Не ______ мне играть.
2. (узнать) _____ свою судьбу.
3. (мечтать) _____ в другом месте.
4. (снимать) ______ лыжи.
5. (повторить) ______, пожалуйста.
6. (уходить) Остановись, не ______.
7. (сказать) _______ наркотикам «Нет».
8. (спать) ______ спокойно.
9. (купить) ______ э–книгу.
10. (кричать) Не ______ так громко.

*(For the next fifteen sentences use the **Plural** or **Polite Formal** form.)*

11. (послушать) _______, что папа говорит.
12. (повторять) Не _____ ошибок.
13. (пообедать) ________ дома.
14. (бегать) _______ на коньках.
15. (гулять) _______ с животными.
16. (ждать) ______ солнца.
17. (дышать) _______ глубже.
18. (жарить) _______ картофель и рыбу.
19. (защитить) _____ свою семью.
20. (извинить) _____, пожалуйста.
21. (бояться) Не _______ изменений.
22. (заниматься) _______ спортом.
23. (учиться) _______ летать.
24. (стараться) ______ понять.
25. (садиться) _______ сюда.

Exercise 14

MORE IMPERATIVES

Forming the **Imperative** can be a challenge for students of Russian. Here are a number of verbs that require special attention. When in doubt, consult the appropriate pages in *501 Russian Verbs*.

Insert in the space provided the **Imperative** form for the **Infinitive** in parentheses. *For the first ten exercises use the **Singular Informal** form.*

Hint: Don't forget that verbs are usually listed by the **Imperfective** form. If the **Infinitive** is a **Perfective** verb you may want to look in the *Index of Russian Verbs*.

1. (давать) ______ еще.
2. (съесть) _____ пирожок.
3. (целовать) _____ меня снова.
4. (снять) Шляпу ______.
5. (взять) ______ с собой музыку.
6. (танцевать) ______ со мной.
7. (аплодировать) _______ себе.
8. (послать) ______ нам терпение.
9. (готовить) ______ лыжи осенью.
10. (ввести) ______ свое имя и дату рождения.

*(For the next fifteen sentences use the **Plural** or **Polite Formal** form.)*

11. (перестать) _______ спорить.
12. (дать) _____ ему календарь.
13. (поверить) ________, это классно.
14. (познакомиться) _______, пожалуйста.
15. (выйти) _______ на улицу.
16. (выпить) ______ чаю.
17. (написать) _______ детям.
18. (плакать) _______ с нами.
19. (открыть) _____ дверь.
20. (задать) _____ свой вопрос.
21. (позволить) ____ себе больше.
22. (приблизиться) _______ к камину.
23. (спрятать) _______ все свои заботы.
24. (прыгнуть) ______ выше.
25. (нарисовать) _______ мне дом.

Exercise 15

A WORD MAZE OF PERFECTIVE VERBAL ADVERBS

The **Perfective Verbal Adverb** is formed from the **Past Tense Stem** of a **Perfective** verb by adding **–в** after a vowel, or **–ши** after a consonant. Find the **Perfective Verbal Adverb** forms of the **Perfective Infinitives** in the maze below.

Hint: We have included only those forms ending in **–в.** Remember that words can be found from left to right, right to left, top to bottom, and bottom to top.

1. купить
2. обнять
3. взять
4. суметь
5. побить
6. заснуть
7. сшить
8. повесить
9. посметь
10. бросить
11. задать
12. овладеть
13. успеть
14. избежать
15. повоевать
16. сделать
17. узнать
18. улететь
19. убить
20. поймать

П	О	Б	И	В	П	В	К	В	О
О	М	П	О	В	О	Е	В	А	В
В	У	Б	И	В	С	Т	А	М	Л
Е	Ш	Р	Т	А	М	Е	Л	Й	А
С	Ш	И	В	Ж	Е	Л	Е	О	Д
И	У	С	П	Е	В	У	Д	П	Е
В	З	Я	В	Б	Р	О	С	И	В
В	А	Д	А	З	А	С	Н	У	В
З	К	У	П	И	В	Я	Н	Б	О
С	У	М	Е	В	У	З	Н	А	В

Exercise 16

PRACTICE WITH VERBS ENDING IN –ся/–сь

The particle **–ся/–сь** has multiple functions (see pages xix–xx). A verb is conjugated in regular fashion, and the particle changes according to the final letter. If the final letter is a consonant or **–ь**, add **–ся**. If the final letter is a vowel, add **–сь**.

Insert in the space provided the correct conjugated form of the **Infinitive** in parentheses.

Hint: Getting back to basics requires you to identify the grammatical subject of the sentence first. (You might want to underline it.) Only then can you proceed to identify the correct endings.

*(The first ten sentences are in the **Present** or **Simple Future Tenses**.)*

1. (видеться) Как Земля ___________ с Марса?
2. (взяться) Я ___________ переводить эту книгу.
3. (забываться) Все прощается, все ___________.
4. (замечаться) Запах ___________ потребителем.
5. (казаться) Иногда ___________, что ты один.
6. (находиться) Где ___________ библиотека?
7. (начинаться) Так ___________ войны.
8. (подниматься) Цены ___________.
9. (получаться) Как он ___________ у меня?
10. (получиться) Что из этого ___________?

*(The next ten sentences are in the **Past Tense**.)*

11. (продолжаться) Стачка ___________.
12. (решиться) Наконец ___________ вопрос моего участия.
13. (слушаться) В суде ___________ дело.
14. (слышаться) Что-то ___________ родное.
15. (называться) Город ___________ Петроградом.
16. (найтись) Преступник ___________ в больнице.
17. (остаться) Подписчики ___________ без газет.
18. (показываться) Рядом с текстом ___________ ее фотография.
19. (появиться) В магазинах ___________ живые манекены.
20. (решаться) Их судьба ___________ в Кремле.

*(For the next five sentences use the **Imperative Polite/Plural** form.)*

21. (бросаться) Не ___________ на людей.
22. (появляться) Без брата не ___________.
23. (остаться) ___________.
24. (бояться) Не ___________ мобильных телефонов.
25. (садиться) ___________, пожалуйста.

Exercise 17

VERBS WITH CONSONANT CHANGES

Often the consonant of the **Present/Simple Future Stem** changes. In **Second Conjugation** verbs this occurs *only* in the **First Person Singular**.

Insert in the space provided the correct **Present / Simple Future** form of the **Infinitive** in parentheses.

Hint: See the **Rules for Consonant Change** on page xxv.

1. Они не могут, и ты не _____.
2. Кто водит машину? Я ее _____.
3. Они не ответят, но я _____.
4. Я пеку торт, а мама _____ пирожки.
5. Кто может искать ключ? Почему ты не _____?
6. Папа чистит зубы, и я _____ зубы.
7. Она нам поможет, а я ему _____.
8. Она любит писать стихи, а он _____ прозу.
9. Они сказали правду, и я _____ правду.
10. Кто хочет заказать музыку? Я _____.
11. Что ты видишь? Я ничего не _____.
12. Он уже ходит в школу, а я еще не _____.
13. Она махает правой рукой, а я левой рукой _____.
14. Кто носит шляпу? Я не _____.
15. Папа бросит мяч, а я не так хорошо _____.
16. Куда вы летите? Я _____ в Москву.
17. Если ты его простишь, то я его _____.
18. Когда он приходит? Я _____ раньше.
19. Они согласятся, когда я _____.
20. Я спущусь по лестнице. А как вы _____?
21. Ты ее спросишь, а я его _____.
22. Мы схватим его, а я _____ ее.
23. Мы хотим гулять в парке. Что ты _____ делать?
24. Они угостят студентов, а я их родителей _____.
25. Не шути. Я не _____.

Exercise 18

THE CONDITIONAL

The **Conditional** is composed of a **Past Tense** of either an **Imperfective** or a **Perfective** verb form plus **бы**.

Insert in the space provided the **Conditional** for the **Infinitive** in parentheses.

Hint: Remember that to form the Russian **Past Tense** you need to identify the **Number** and in the singular the **Gender** of the grammatical subject.

1. (хотеть) Я ______ _______ играть в футбол.
2. (лежать) Она ______ _______ на берегу моря.
3. (писать) Ты ______ _______ детские книги?
4. (узнать) ______ _______ вся школа о ней.
5. (побриться) ______ _______ ты?
6. (сделать) Что ______ _______ он в таком случае?
7. (быть) ______ _______ хорошо.
8. (скучать) Я ______ _______ без нее.
9. (кататься) Она ______ _______, но не было снега.
10. (спасти) Одно слово ______ _______ его.
11. (купить) ______ _______ акции.
12. (мечтать) До сих пор она ______ _______ о нем.
13. (сломать) Такой темп ______ _______ меня.
14. (выйти) За кого ты не ______ _______ замуж?
15. (знать) ______ _______ мы, купили бы мы больше.
16. (попросить) Что ______ _______ вы на моем месте?
17. (заказать) Если бы у меня были деньги, я ______ _______ билет.
18. (закрыть) ______ _______эту газету?
19. (любить) ______ _______ я рисовать?
20. (учиться) ______ _______ мы вместе.
21. (уехать) ______ _______ вы из страны?
22. (дать) Эта победа ______ _______ нам уважение.
23. (перебить) ______ _______ мы всю посуду.
24. (бросить) ______ _______ он курить.
25. (искать) Они ______ _______ его через знакомых.

Exercise 19

FUN WITH IDIOMS

Russians love a number of stock phrases that you may want to learn. The ones we have chosen need a verb form. Insert in the space provided the correct form of the **Infinitive** in parentheses.

Hint: Many of these can be found in our selection of *55 Essential Verbs*.

1.	(держать)	_________ язык за зубами.
2.	(видеть)	Рыбак рыбака _________ издалека.
3.	(говорить)	Поменьше _________, побольше услышишь.
4.	(бояться)	Бойся жить, а умирать не _________.
5.	(встать)	Солнце _________, да и утро настанет.
6.	(забывать)	Добро помни, зло _________.
7.	(дать)	Бог _________. Бог взял.
8.	(полежать)	_________, да и встань.
9.	(хотеть)	Что _________, то и могу.
10.	(получиться)	Никак не _________.
11.	(слышать)	Душа видит, сердце _________.
12.	(думать)	_________о других, не только о себе.
13.	(выйти)	Из этого ничего не _________.
14.	(бегать)	Дела не делай, а от дела не _________.
15.	(просить)	_________ к столу.
16.	(делать)	Дело _________, а правды не забывай.
17.	(ставиться)	Часы не _________ по солнцу.
18.	(слушать)	Больше _________, меньше говори.
19.	(стать)	_________ в очередь.
20.	(кончать)	Легко начать, да не легко _________.
21.	(прийти)	Весна _________ — на все пошла.
22.	(знать)	Кто много _________, с того много спрашивается.
23.	(быть)	Жив _________, не забуду.
24.	(любить)	Ешь с голоду, а _________ с молоду.
25.	(глядеть)	И _________, да не видит.
26.	(учить)	_________ других, и сам поймёшь.
27.	(творить)	Золото не говорит, а много _________.

Exercise 20

A FINAL MAZE OF COMMON INFINITIVES

Find **Infinitive** forms in the maze below for the **First Person Singular** form of some very frequently encountered verbs.

Hint: For many verbs that are used frequently, the **First Person Singular** form does not always provide a clue to identifying the **Infinitive**. If you have gotten this far in *501 Russian Verbs,* these should pose no problem. Good luck!

1. пью
2. бью
3. живу
4. лью
5. пишу
6. сяду
7. кладу
8. вожу
9. несу
10. куплю
11. иду
12. еду
13. сплю
14. веду
15. выпью
16. дам
17. хочу
18. могу
19. лягу
20. возьму
21. ношу
22. лечу
23. улечу
24. ем

В	З	Я	Т	Ь	Н	Л	Е	Ч	Ь
О	Ь	Т	А	Х	Е	Ы	Б	М	З
Д	Ь	Т	А	П	С	Ж	И	Т	Ь
И	Т	У	Л	Е	Т	Е	Т	Ь	Т
Т	С	В	Ы	П	И	Т	Ь	Ч	И
Ь	А	Ь	Т	И	П	У	К	О	Л
Т	Л	В	Е	С	Т	И	Ф	М	К
С	К	Ш	Щ	А	Ю	Д	А	Т	Ь
Е	З	Х	О	Т	Е	Т	Ь	Я	Э
С	Е	С	Т	Ь	Т	И	С	О	Н

Exercise 1

THE INFINITIVE

1.	**решать**	The ending **–ет** indicates a **First Conjugation** verb, many of which have an **Infinitive** ending in **–ать.**
2.	**слушать**	This is a regular **First Conjugation** verb with the **Infinitive** ending in **–ать.** The **First Person Singular** ending is the same for both conjugations, and therefore does not provide a clear indication of which conjugation a verb belongs to.
3.	**посылать**	The ending **–ет** indicates a **First Conjugation** verb with an **Infinitive** ending in **–ать.**
4.	**показывать**	The ending **–ет** indicates a **First Conjugation** verb with an **Infinitive** ending in **–ать.**
5.	**поднимать**	The ending **–ете** indicates a **First Conjugation** verb with an **Infinitive** ending in **–ать.**
6.	**помнить**	The ending **–им** indicates a **Second Conjugation** verb, many of which have an **Infinitive** ending in **–ить.**
7.	**ходить**	The ending **–ит** indicates a **Second Conjugation** verb with an **Infinitive** ending in **–ить.**
8.	**просить**	The ending **–ишь** indicates a **Second Conjugation** verb with an **Infinitive** ending in **–ить.**
9.	**любить**	The ending **–ят** indicates a **Second Conjugation** verb with an **Infinitive** ending in **–ить.**
10.	**находиться**	The ending **–ит** before the particle **–ся** indicates a **Second Conjugation** verb with an **Infinitive** ending in **–ить.**
11.	**писать**	The ending **–ешь** indicates a **First Conjugation** verb, many of which have an **Infinitive** ending in **–ать.** Notice the consonant change from **с** to **ш** throughout the conjugation.
12.	**держать**	The ending **–ит** indicates a **Second Conjugation** verb. This verb is one of a few **Second Conjugation** verbs where the **Infinitive** ends in **–ать.**
13.	**приходить**	This is a **Second Conjugation** verb with the **Infinitive** ending in **–ить.** The **First Person Singular** ending is the same for both conjugations, and therefore does not provide a clear indication of which conjugation a verb belongs to. The consonant change from **д** to **ж** exclusively in the **First Person Singular** form is an indication of the **Second Conjugation.**
14.	**готовить**	This is a **Second Conjugation** verb with the **Infinitive** ending in **–ить.** The **First Person Singular** ending is the same for both conjugations, and therefore does not provide a clear indication of which conjugation a verb belongs to. The addition of the consonant **л** exclusively in the **First Person Singular** form is an indication of the **Second Conjugation.**

15. **жить** The ending **–ут** indicates a **First Conjugation** verb, but the **Present Tense** stem must be learned.

16. **идти** The ending **–ёте** indicates a **First Conjugation** verb. The **Infinitive** of this and a small number of other verbs is **–ти.**

17. **есть** This verb meaning "to eat" in Russian is **irregular** and the forms simply must be learned.

18. **ехать** The ending **–ут** indicates a **First Conjugation** verb, but the **Present Tense** stem must be learned. Be careful not to confuse the forms, especially in the plural, with those of the verb **есть.**

19. **хотеть** This verb meaning "to want" is **irregular** and its forms must simply be learned.

20. **познакомить** This is a **Second Conjugation** verb with the **Infinitive** ending in **–ить.** The **First Person Singular** ending is the same for both conjugations, and therefore does not provide a clear indication of which conjugation a verb belongs to. The addition of the consonant **л** exclusively in the **First Person Singular** form is an indication of the **Second Conjugation.**

21. **начинаться** The ending **–ет** before the particle **–ся** indicates a **First Conjugation** verb with an **Infinitive** ending in **–ать.**

22. **пить** The ending **–ёт** indicates a **First Conjugation** verb, but note carefully the **Infinitive** ending.

23. **петь** The ending **–ёт** indicates a **First Conjugation** verb, but note carefully the **Infinitive** ending.

24. **класть** The ending **–ём** indicates a **First Conjugation** verb, but note carefully the **Infinitive.**

25. **ждать** The ending **–ём** indicates a **First Conjugation** verb.

26. **вести** The ending **–ёт** indicates a **First Conjugation** verb. This is another verb whose **Infinitive** ends in **–ти.**

27. **брать** The ending **–ут** indicates a **First Conjugation** verb, but note the difference between the **Present Stem** and the **Infinitive.**

28. **давать** A **First Conjugation** verb in which the **Infinitive** has **–ав–** not found in the **Present Stem.**

29. **советовать** A **First Conjugation** verb in which the **Infinitive** has **–ов–** not found in the **Present Stem,** where it is replaced by **–у–** before the regular **First Conjugation** endings.

30. **танцевать** A **First Conjugation** verb in which the **Infinitive** has **–ев–** not found in the **Present Stem,** where it is replaced by **–у–** before the regular **First Conjugation** endings.

Exercise 2

THE INFINITIVE FROM THE PAST TENSE FORMS

Since the **Past Tense** stem most often is obtained by dropping the **–ть, –чь, –ти** from the **Infinitive,** one can usually drop the **Past Tense** endings of **–л, –ла, –ло, –ли,** and then form the **Infinitive** by adding **–ть, –чь, –ти.** The first fifteen **Past Tense** verbs should easily yield the **Infinitive.**

The final ten are a challenge. Look first at the beginning of the word; it should help you locate the verb in our *Index of Russian Verbs*.

In the sentences below you will find **Past Tense** forms of Russian verbs in **boldface,** followed by the **Infinitive.**

1.	Он **писал** письмо.	**писать**
2.	Она **открыла** дверь.	**открыть**
3.	Они **смотрели** фильм вместе.	**смотреть**
4.	Я **подняла** этот вопрос.	**поднять**
5.	Я **беспокоился**.	**беспокоиться**
6.	Ты **послал** открытку?	**послать**
7.	Кто его **видел**?	**видеть**
8.	С кем они **разговаривали**?	**разговаривать**
9.	Ты **включил** телевизор?	**включить**
10.	Нина **ходила** в библиотеку?	**ходить**
11.	Они **продолжили** разговор?	**продолжить**
12.	Она **стирала** весь день.	**стирать**
13.	Книга **стоила** 100 рублей.	**стоить**
14.	Они **съели** всю рыбу.	**съесть**
15.	Она долго **ухаживала** за ним.	**ухаживать**
16.	Куда она **пошла**?	**пойти**
17.	Что он **принёс**?	**принести**
18.	Я там раньше **жила**.	**жить**
19.	Она не **смогла**.	**смочь**
20.	Они **легли** очень поздно.	**лечь**
21.	Он совсем **исчез**.	**исчезнуть**
22.	Они уже **привыкли**?	**привыкнуть**
23.	Кто **украл** ее сумку?	**украсть**
24.	Кто-нибудь **нашёл** кошелек?	**найти**
25.	Он **пропал**.	**пропасть**

Exercise 3

THE PRESENT TENSE

The **Present Tense** can only be formed from **Imperfective Verbs.** The **Present Tense** forms are conjugated according to **Person** (First, Second, Third) and **Number** (Singular and Plural).

Hint: Except for the **First Person Singular** and **Third Person Plural,** any of the other **Present Tense** forms can help you predict the remaining forms. Look at the vowel **–е–, –ё–,** or **–и–** preceding the endings: **–шь, –т, –м, –те.** That vowel will remain constant, **е** or **ё** for the **First Conjugation, и** for the **Second Conjugation.**

We have identified the **verb** in the first clause or sentence and the **correct answer** in **boldface.**

1. Я всегда **читаю** книги, которые она **читает**. The **First Person Singular** form is not an indicator of conjugation, so you must know this verb belongs to the **First Conjugation.**
2. Она много **говорит**. Почему вы так мало **говорите**? This is a regular **Second Conjugation** verb.
3. Они не **понимают**, что мы **понимаем**. The **Third Person Plural** ending in **–ут** or **–ют** identifies the verb as belonging to the **First Conjugation.**
4. Она не **хочет** смотреть, что я **хочу** смотреть. The forms of this verb are **irregular** and simply must be learned. The **Singular** endings are like those of **First Conjugation** verbs; the **Plural** endings are like those of **Second Conjugation** verbs.
5. Они не **идут**, куда ты **идёшь**. The **Third Person Plural** ending in **–ут** identifies the verb as belonging to the **First Conjugation.** Because the ending is stressed, it has **ё**.
6. Кто **видит** картину, которую я **вижу**? This is a **Second Conjugation** verb where consonant alternation occurs in the **First Person Singular** form.
7. Он **едет** сейчас, а мы **едем** после обеда. A regular **First Conjugation** verb.
8. Я люблю **есть** мороженое. Что вы **едите**? This verb is **irregular.** Do not confuse it with the forms of the previous verb.
9. Я никогда не **пью** кофе. Ты **пьёшь** кофе? Note the **Present Tense** stem that differs from the **Past Tense** stem and the **Infinitive.** The endings are those of the **First Conjugation.**
10. **Слушайте**, а то твой брат не **слушает**. The forms of the **Imperative** do not always reveal the conjugation. This verb is a regular **First Conjugation** verb.
11. Они **знают**, что мама **знает**? The **Third Person Plural** ending in **–ют** identifies the verb as belonging to the **First Conjugation.**
12. Я **встаю** в 7 часов. когда ты **встаёшь**? Those verbs whose **Infinitive** ends in **–авать** have a **Present Tense** stem that drops the **–ав–** before adding regular **First Conjugation** endings.
13. Папа **пишет** романы, а я **пишу** стихи. A regular **First Conjugation** verb where the **с** of the **Past Tense** stem and **Infinitive** is replaced by **ш** in the **Present Tense** stem.
14. **Делайте** так, как они **делают**. The forms of the **Imperative** do not always reveal the conjugation. This verb is a regular **First Conjugation** verb.
15. Дети **приходят** в 5 часов, а когда ты **приходишь**? The **Third Person Plural** ending in **–ат** or **–ят** identifies the verb as belonging to the **Second Conjugation.**
16. Если вы **садитесь** на диване, где я **сажусь**? This is a **Second Conjugation** verb where consonant alternation occurs in the **First Person Singular** form.
17. Странно что вы **слышите** музыку. Я ничего не **слышу**. This is a **Second Conjugation** verb, but one of a handful whose **Infinitive** ends in **–ать.**
18. Я **стою** здесь уже час. Вы давно здесь **стоите**? The **First Person Singular** form is not an indicator of conjugation, so you must know this verb belongs to the **Second Conjugation.**
19. Ты **просишь** его, а я **прошу** ее. This is a **Second Conjugation** verb where consonant alternation occurs in the **First Person Singular** form.
20. Я **показываю** свои фотографии, а они **показывают** свои. The **First Person**

Singular form is not an indicator of conjugation, so you must know this verb belongs to the **First Conjugation.**

21. Я **беру** только одну книгу. колько вы **берёте**? You must know that this is a regular **First Conjugation** verb and that the **Present Tense** stem differs significantly from the **Past Tense** stem and **Infinitive.**
22. Я не **отвечаю** за его поведение. Он сам **отвечает**. The **First Person Singular** form is not an indicator of conjugation, so you must know this verb belongs to the **First Conjugation.**
23. Она **любит** смотреть баскетбол, **а я люблю** играть в баскетбол. This is a **Second Conjugation** verb where the additional consonant **–л–** occurs in the **First Person Singular** form.
24. Кого вы **ждёте**? Я **жду** сестру. This is a regular **First Conjugation** verb.
25. Как вы **чувствуете** себя? Я **чувствую** себя плохо. This is a regular **First Conjugation** verb where the **–ов–** of the **Infinitive** is replaced in the conjugated forms of the **Present** by **–у–.**

Exercise 4

THE COMPOUND FUTURE

The **Compound Future** combines a conjugated form of the verb **быть** with the **Imperfective Infinitive** of the verb.

This exercise required two steps: indentifying the **Imperfective Infinitive** and supplying the correct form of **быть,** a regular **First Conjugation** verb with the **Present Stem** being **буд-.**

я буду, ты будешь, он/она/оно будет, мы будем, вы будете, они будут

Answers are in **boldface.**

1. (ищу) Я **буду искать** его.
2. (забываем) Мы никогда не **будем забывать.**
3. (исправляют) Учителя **будут исправлять** всю неделю.
4. (катаешься) Ты **будешь кататься** с ними.
5. (бьём) Мы чужих **будем бить.**
6. (беспокою) Я не **буду беспокоить** птиц.
7. (бледнею) Утром я **буду бледнеть** перед женой.
8. (боремся) **Будем бороться** со спамом?
9. (решают) Они **будут решать** эти задачи.
10. (путешествуете) Вы здесь **будете путешествовать** по Азии?
11. (спят) Дети **будут спать** по пути домой.
12. (опаздываем) Что делать если мы **будем опаздывать**?
13. (стоишь) Сколько времени ты **будешь стоять** здесь?
14. (собираем) Мы **будем собирать** подписи.
15. (сажают) За это **будут сажать**?
16. (стирает) Когда мама в больнице, кто **будет стирать**?
17. (работаем) Где мы завтра **будем работать**?

18.	(угощаете)	Чем **будете угощать**?
19.	(принадлежу)	**Буду принадлежать** только вам.
20.	(машут)	Им **будут махать** рукой.
21.	(желаешь)	Ты ничего не **будешь желать**.
22.	(выигрывать)	Хочу и **буду выигрывать**.
23.	(жалуются)	Учителя **будут жаловаться**.
24.	(танцую)	Я **буду танцевать** весь вечер.
25.	(возвращаете)	Как вы **будете возвращать** эти средства?

Exercise 5

THE SIMPLE FUTURE

The **Simple Future** is formed by conjugating **Perfective Verbs** without the addition of the auxiliary verb **быть.** You must learn the **Future Tense Stem** that may differ from the **Past Tense Stem** and **Infinitive.** If you need to check for the correct verbal forms, you can find where the **Perfective Infinitive** is found in the *Index of Russian Verbs*.

1.	(встать)	Они **встанут** в пять часов.
2.	(забыть)	Вы не **забудете**?
3.	(получить)	Дети **получат** красивые подарки.
4.	(найти)	Автор **найдет** время для встречи с читателями.
5.	(начать)	Когда вы **начнёте** новый проект?
6.	(послушать)	Сперва мы **послушаем** музыку, а потом в ресторан.
7.	(попросить)	Я **попрошу** его.
8.	(пойти)	Куда вы **пойдёте**?
9.	(решить)	Они **решат** этот вопрос до вечера.
10.	(постоять)	Я здесь **постою**, а потом пойду в зал.
11.	(стать)	Он **станет** знаменитым писателем.
12.	(спросить)	Кого мы **спросим**?
13.	(узнать)	Вскоре ты **узнаешь** правду.
14.	(послать)	Я **пошлю** вам наше предложение завтра.
15.	(продолжить)	Когда мы **продолжим** этот разговор?
16.	(поставить)	Он **поставит** крест на это дело.
17.	(показать)	Вы нам **покажете** вашу работу?
18.	(ответить)	Я категорически не **отвечу**.
19.	(назвать)	Как ты **назовёшь** ребенка?
20.	(смочь)	Вы **сможете** добиться идеальной фигуры.
21.	(заметить)	Она тебя обязательно **заметит**.
22.	(остаться)	Мы **останемся** там до понедельника.
23.	(подержать)	Они нас **подержат**.
24.	(выйти)	Когда она **выйдет** замуж?
25.	(поблагодарить)	Я вас **поблагодарю**.

Exercise 6

THE PAST TENSE

The **Past Tense** of **Imperfective** and **Perfective Verbs** is formed from the **Infinitive Stem**. For most verbs, after dropping the ending **–ть, –чь, –ти,** add **–л, –ла, –ло, –ли** in agreement with the **Number** (Singular or Plural) and in the singular also with the **Gender** (Masculine, Feminine, Neuter) of the grammatical subject. For **Past Tense Stems** that end in a consonant, refer to them in the *501 Russian Verbs* listings.

Remember that the subject can often be omitted for the **Third Person Plural** form. When the **я** or **ты** forms are used, the **Gender** depends upon whether that person is male or female.

1.	(взять)	Она **взяла** все деньги.
2.	(разбудить)	Мама их **разбудила** рано.
3.	(увидеть)	Они своих друзей **увидели** издалека.
4.	(бросить)	Мы все **бросили** курить.
5.	(сорвать)	Ты нам **сорвал/сорвала**.
6.	(заказать)	Я **заказала/заказал** суп и салат.
7.	(встретить)	Новый профессор **встретил/встретила** своих студентов.
8.	(завтракать)	Дети долго **завтракали**.
9.	(любить)	Она его **любила** все эти годы.
10.	(организовать)	Кто **организовал** эту встречу?
11.	(пригласить)	Кого **пригласили** на собрание? Note that since no subject is specified in the sentence, it is assumed to be the **Third Person Plural.**
12.	(закрыть)	Папа **закрыл** окно. In spite of its ending, **папа** is always masculine.
13.	(заработать)	Мы **заработали** тысячу рублей.
14.	(играть)	Мальчики **играли** весь день на дворе.
15.	(кончить)	Они **кончили** до утра.
16.	(наступить)	Зима давно **наступила**.
17.	(кормить)	Она меня **кормила** с детства.
18.	(поймать)	Его **поймали** в парке. Note that since no subject is specified in the sentence, it is assumed to be the **Third Person Plural.**
19.	(кричать)	Все **кричали** в один голос. **Все** is plural.
20.	(молчать)	Он **молчал** во время лекции.
21.	(начаться)	Концерт **начался** ровно в 8 часов.
22.	(освободиться)	Они наконец **освободились**.
23.	(понравиться)	Всё им **понравилось. Всё** is singular and neuter.
24.	(одеться)	Она **оделась** тепло.
25.	(обниматься)	Мама с дочкой **обнималась** дольше все других.

Exercise 7

THE PAST TENSE OF PROBLEM VERBS

If you are having difficulties, review the actual entries in *501 Russian Verbs*. For some you will have to look in the *Index of Russian Verbs*.

1.	(везти)	Он **вёз** меня домой.
2.	(нести)	Она **несла** покупки в квартиру.
3.	(вести)	Кто его сюда **вёл**?
4.	(идти)	Они **шли** медленно по дороге.
5.	(лезть)	Куда он ночью **лез**?
6.	(привыкнуть)	Мы уже давно **привыкли**.
7.	(отвыкнуть)	Вы **отвыкли** от Интернета?
8.	(отдохнуть)	Они все хорошо **отдохнули**.
9.	(вздохнуть)	Она **вздохнула** с облегчением.
10.	(грызть)	Собаки **грызли** кости.
11.	(есть)	Мы **ели** и пили.
12.	(мочь)	Я не **мог/могла** понять ее.
13.	(исчезнуть)	Они просто **исчезли**.
14.	(класть)	Она **клала** все книги на пол.
15.	(кончиться)	Рассказ **кончился** неожиданно.
16.	(махнуть)	Он **махнул** рукой.
17.	(смочь)	Она не **смогла** купить билет.
18.	(найтись)	Где **нашёлся** лишний билет?
19.	(сойтись)	Он **сошёлся** во мнении с своим другом.
20.	(погибнуть)	Она трагически **погибла**.
21.	(выйти)	Зачем ты **вышел/вышла**?
22.	(привлечь)	Их **привлекло** ее обещание.
23.	(произнести)	Директор **произнёс/произнесла** прощальную речь.
24.	(провести)	Они **провели** переговоры.
25.	(прийти)	Она **пришла** поздно.

Exercise 8

IMPERFECTIVE AND PERFECTIVE VERBAL PAIRS

It should be simple to match the **Imperfective** verbs of Column A with their **Perfective** partners in Column B. If in doubt, consult the entries, which are listed alphabetically according to the **Imperfective.**

A		B	
1.	отвечать	**г.**	**ответить**
2.	хватать	**м.**	**хватить**
3.	спрашивать	**х.**	**спросить**
4.	избегать	**н.**	**избежать**
5.	шить	**б.**	**сшить**
6.	делать	**ш.**	**сделать**
7.	красть	**д.**	**украсть**
8.	изменять	**и.**	**изменить**
9.	лишать	**л.**	**лишить**
10.	падать	**а.**	**упасть**
11.	строить	**у.**	**построить**
12.	защищать	**в.**	**защитить**
13.	терпеть	**с.**	**потерпеть**
14.	писать	**ч.**	**написать**
15.	пить	**е.**	**выпить**
16.	узнавать	**ж.**	**узнать**
17.	приказывать	**п.**	**приказать**
18.	копать	**р.**	**копнуть**
19.	начинать	**ф.**	**начать**
20.	одобрять	**т.**	**одобрить**
21.	выбирать	**о.**	**выбрать**
22.	давать	**з.**	**дать**
23.	украшать	**щ.**	**украсить**
24.	есть	**ц.**	**съесть**
25.	жарить	**к.**	**зажарить**

Exercise 9

FINDING THE IMPERFECTIVE OF PERFECTIVE VERBS

Matching the **Perfective** verbs of Column A with their **Imperfective** partners in Column B can be a challenge. First find the **Perfective Infinitive** in the *Index of Russian Verbs,* then go to the page listed to find its **Imperfective** partner.

A		B	
1.	поужинать	**з.**	**ужинать**
2.	выстирать	**е.**	**стирать**
3.	привлечь	**б.**	**привлекать**
4.	записать	**и.**	**записывать**
5.	достать	**н.**	**доставать**

6.	погибнуть	м.	**погибать**
7.	послать	о.	**посылать**
8.	создать	л.	**создавать**
9.	уехать	с.	**уезжать**
10.	вспахать	т.	**пахать**
11.	простить	р.	**прощать**
12.	загореть	а.	**загорать**
13.	повторить	г.	**повторять**
14.	взять	ч.	**брать**
15.	полить	ф.	**поливать**
16.	признать	п.	**признавать**
17.	наказать	у.	**наказывать**
18.	произнести	х.	**произносить**
19.	кончить	щ.	**кончать**
20.	сохранить	ш.	**сохранять**
21.	вывести	ц.	**выводить**
22.	дрогнуть	д.	**дрожать**
23.	купить	к.	**покупать**
24.	исчезнуть	ж.	**исчезать**
25.	зажарить	в.	**жарить**

Exercise 10

A WORD MAZE OF IMPERFECTIVE VERBAL ADVERBS

Here are the **Imperfective Verbal Adverb** forms of the **Imperfective Infinitives.** Find them in the following maze.

1.	**жаря**	**14.**	**смея**
2.	**бегая**	**15.**	**варя**
3.	**говоря**	**16.**	**глядя**
4.	**решая**	**17.**	**рубя**
5.	**сидя**	**18.**	**любя**
6.	**гуляя**	**19.**	**вися**
7.	**ловя**	**20.**	**раня**
8.	**дуя**	**21.**	**служа**
9.	**брея**	**22.**	**куря**
10.	**даря**	**23.**	**возя**
11.	**падая**	**24.**	**нося**
12.	**видя**	**25.**	**проезжая**
13.	**ломая**		

С	Л	У	Ж	А	Л	О	В	Я	К
И	Ч	Л	Ю	Б	Я	Р	О	Я	П
Д	С	Щ	Й	Р	П	У	З	Л	Р
Я	М	Ч	В	Е	А	Б	Я	У	О
Б	Е	Г	А	Я	Д	Я	Л	Г	Е
Х	Я	Ц	Р	Е	А	Я	К	О	З
Д	А	Р	Я	Ж	Я	С	И	В	Ж
У	Л	О	М	А	Я	О	Ф	О	А
Я	А	Ш	Е	Р	Я	Н	А	Р	Я
М	В	И	Д	Я	К	У	Р	Я	З

Exercise 11

THE PRESENT/ SIMPLE FUTURE TENSE OF VERBS ENDING IN –авать/–ать

The first eleven verbs ending in **–авать/–ать** distinguish between the **Present** and **Future** by the placement of the stress that results in the vowel **ё** or **е.** We have provided the two dots over the letter **ё** even though it is not usually found in written or printed **Russian** text. The sentences beginning with #12 consist of pairs derived from **давать/дать.** Be sure to review the highly irregular verb **дать.**

1. (узнавать) Как мы **узнаём** о погоде?
2. (узнать) Результаты мы **узнаем** в понедельник.
3. (признавать) Он не **признаёт** себя виновным.
4. (признать) Мы уверены, что он нас не **признает**.
5. (уставать) Отдыхаю хорошо, только **устаю** очень.
6. (устать) Не **устану** родину любить.
7. (доставать) Мы их вам **достаём**.
8. (достать) Мы **достанем** и дома.
9. (оставаться) Я ухожу, а ты **остаёшься**.
10. (остаться) Зайдешь раз и **останешься** навсегда.
11. (попадать) Европа **попадает** в Сеть.
12. (издавать) Вы **издаёте** журнал, который я люблю читать.
13. (издать) Когда вы его **издадите**?
14. (давать) Я **даю** уроки живописи.
15. (дать) Я вам ссылочку **дам**.
16. (задавать) Ты **задаёшь** много вопросов.

17.	(задать)	Ты **задашь** тот же вопрос?
18.	(отдавать)	Книгу **отдают** в перевод.
19.	(отдать)	Деньги им завтра **отдадут**.
20.	(подаваться)	Мясо **подаётся** с картофелем.
21.	(податься)	Куда **подастся** экономика?
22.	(продавать)	Мы **продаём** бассейны.
23.	(продать)	Завтра мы **продадим** ноутбуки.
24.	(передаваться)	Проблемы **передаются** по наследству.
25.	(передаться)	Какие гены **передадутся** ребенку?

Exercise 12

THE PRESENT/ SIMPLE FUTURE TENSE OF VERBS ENDING IN –овать/–ировать

This exercise provides review for many of the verbs found in the section *100 Russian Verbs for the 21st Century.* Many Russian verbs derived from other languages end in **–овать/–ировать** and form the **Present** or **Simple Future** by replacing the **–ов–** with **–у–** and then adding **First Conjugation** endings.

1.	(администрировать)	Я только **администрирую**.
2.	(адресовать)	Мы **адресуем** наш проект бизнесменам.
3.	(интегрировать)	Телефон **интегрирует** новую технологию.
4.	(консультироваться)	Специалисты по безопасности **консультируются** сегодня.
5.	(модернизировать)	В один день ты не **модернизируешь.**
6.	(протестовать)	Она **протестует** против снижения качества.
7.	(арендовать)	Мы **арендуем** квартиры и комнаты.
8.	(рекламировать)	Как вы себя **рекламируете**?
9.	(сфотографироваться)	Мы **сфотографируемся** на память.
10.	(базировать)	Я всегда **базирую** свои аргументы на фактах.
11.	(эмигрировать)	Она **эмигрирует** в Америку.
12.	(голосовать)	Избиратели **голосуют** за личности и идеи.
13.	(доминировать)	Я **доминирую** на карте.
14.	(штрафовать)	За курение серьезно **штрафуют**.
15.	(форматировать)	Мы **форматируем** электронные книги.
16.	(иммигрировать)	В Канаду я **иммигрирую**.
17.	(стимулировать)	Как ты **стимулируешь** развитие экономики?
18.	(рисковать)	Чем вы **рискуете**?
19.	(регистрироваться)	Как долго **регистрируется** домен?
20.	(программировать)	Я **программирую** с удовольствием.
21.	(комбинировать)	Мы **комбинируем** текст и иллюстрации.

22.	(скопировать)	Что она **скопирует** на компьютере?
23.	(спланировать)	Врачи **спланируют** операцию.
24.	(мотивировать)	Мы **мотивируем** людей.
25.	(модифицировать)	Американцы генетически **модифицируют** пшеницу.

Exercise 13

THE IMPERATIVE

Both **Imperfective** and **Perfective** verbs can form the **Imperative.** The rules for formation of most **Imperatives** can be found on page xvii–xviii.

The **Imperative** of most verbs is formed from the **Present/Simple Future Stem.** This can normally be found by dropping the **–ут, –ют, –ят, –ат** ending of the **Third Person Plural** form. We have replaced the **Infinitive** form of the drill with the **Present/Simple Future Stem** in parentheses, followed by the correct answer.

*The first ten exercises use the **Singular Informal** form.*

1.	(меша-)	Не **мешай** мне играть.
2.	(узна-)	**Узнай** свою судьбу.
3.	(мечта-)	**Мечтай** в другом месте.
4.	(снима-)	**Снимай** лыжи.
5.	(повтор-)	**Повтори**, пожалуйста.
6.	(уход-)	Остановись, не **уходи**.
7.	(скаж-)	**Скажи** наркотикам «Нет».
8.	(сп-)	**Спи** спокойно.
9.	(куп-)	**Купи** э–книгу.
10.	(крич-)	Не **кричи** так громко.

*The next fifteen sentences use the **Plural** or **Polite Formal** form.*

11.	(послуша-)	**Послушайте**, что папа говорит.
12.	(повторя-)	Не **повторяйте** ошибок.
13.	(пообеда-)	**Пообедайте** дома.
14.	(бега-)	**Бегайте** на коньках.
15.	(гуля-)	**Гуляйте** с животными.
16.	(жд-)	**Ждите** солнца.
17.	(дыш-)	**Дышите** глубже.
18.	(жар-)	**Жарите** картофель и рыбу.
19.	(защит-)	**Защитите** свою семью.
20.	(извин-)	**Извините**, пожалуйста.
21.	(бо- ся)	Не **бойтесь** изменений.
22.	(занима- ся)	**Занимайтесь** спортом.
23.	(уч- ся)	**Учитесь** летать.
24.	(стара- ся)	**Старайтесь** понять.
25.	(сад- ся)	**Садитесь** сюда.

Exercise 14

MORE IMPERATIVES

These **Imperatives** are a challenge for students of Russian. You will simply have to learn them. When in doubt, consult the appropriate pages in *501 Russian Verbs*.

*The first ten exercises use the **Singular Informal** form.*

1.	(давать)	**Давай** еще.
2.	(съесть)	**Съешь** пирожок.
3.	(целовать)	**Целуй** меня снова.
4.	(снять)	Шляпу **сними**.
5.	(взять)	**Возьми** с собой музыку.
6.	(танцевать)	**Танцуй** со мной.
7.	(аплодировать)	**Аплодируй** себе.
8.	(послать)	**Пошли** нам терпение.
9.	(готовить)	**Готовь** лыжи осенью.
10.	(ввести)	**Введи** свое имя и дату рождения.

*The next fifteen exercises use the **Plural** or **Polite Formal** form.*

11.	(перестать)	**Перестаньте** спорить.
12.	(дать)	**Дайте** ему календарь.
13.	(поверить)	**Поверьте**, это классно.
14.	(познакомиться)	**Познакомьтесь**, пожалуйста.
15.	(выйти)	**Выйдите** на улицу.
16.	(выпить)	**Выпейте** чаю.
17.	(написать)	**Напишите** детям.
18.	(плакать)	**Плачьте** с нами.
19.	(открыть)	**Откройте** дверь.
20.	(задать)	**Задайте** свой вопрос.
21.	(позволить)	**Позвольте** себе больше.
22.	(приблизиться)	**Приблизьтесь** к камину.
23.	(спрятать)	**Спрятьте** все свои заботы.
24.	(прыгнуть)	**Прыгните** выше.
25.	(нарисовать)	**Нарисуйте** мне дом.

Exercise 15

A WORD MAZE OF PERFECTIVE VERBAL ADVERBS

Here are the **Perfective Verbal Adverbs** for you to find in the maze below.

1. **купив**
2. **обняв**
3. **взяв**
4. **сумев**
5. **побив**
6. **заснув**
7. **сшив**
8. **повесив**
9. **посмев**
10. **бросив**
11. **задав**
12. **овладев**
13. **успев**
14. **избежав**
15. **повоевав**
16. **сделав**
17. **узнав**
18. **улетев**
19. **убив**
20. **поймав**

П	О	Б	И	В	П	В	К	В	О
О	М	П	О	В	О	Е	В	А	В
В	У	Б	И	В	С	Т	А	М	Л
Е	Ш	Р	Т	А	М	Е	Л	Й	А
С	Ш	И	В	Ж	Е	Л	Е	О	Д
И	У	С	П	Е	В	У	Д	П	Е
В	З	Я	В	Б	Р	О	С	И	В
В	А	Д	А	З	А	С	Н	У	В
З	К	У	П	И	В	Я	Н	Б	О
С	У	М	Е	В	У	З	Н	А	В

Exercise 16

PRACTICE WITH VERBS ENDING IN –ся/–сь

The particle **–ся/–сь** has multiple functions (see pages xix–xx). A verb is conjugated in regular fashion, and the particle changes according to the final letter. If the final letter is a consonant or **ь**, add **–ся.** If the final consonant is a vowel, add **–сь.**

*The first ten sentences are in the **Present** or **Simple Future Tenses.***

1. (видéться) — Как Земля **видится** с Марса?
2. (взяться) — Я **возьмусь** переводить эту книгу.
3. (забываться) — Все прощается, все **забывается**.
4. (замечаться) — Запах **замечается** потребителем.
5. (казаться) — Иногда **кажется**, что ты один.
6. (находиться) — Где **находится** библиотека?
7. (начинаться) — Так **начинаются** войны.
8. (подниматься) — Цены **поднимаются**.

9.	(получаться)	Как он **получается** у меня?
10.	(получиться)	Что из этого **получится**?

*The next ten sentences are in the **Past Tense.***

11.	(продолжаться)	Стачка **продолжалась**.
12.	(решиться)	Наконец **решился** вопрос моего участия.
13.	(слушаться)	В суде **слушалось** дело.
14.	(слышаться)	Что-то **слышалось** родное.
15.	(называться)	Город **назывался** Петроградом.
16.	(найтись)	Преступник **нашёлся** в больнице.
17.	(остаться)	Подписчики **остались** без газет.
18.	(показываться)	Рядом с текстом **показывалась** ее фотография.
19.	(появиться)	В магазинах **появились** живые манекены.
20.	(решаться)	И судьба **решалась** в Кремле.

*For the next five sentences use the **Imperative Polite/Plural** form.*

21.	(бросаться)	Не **бросайтесь** на людей.
22.	(появляться)	Без брата не **появляйтесь**.
23.	(остаться)	**Останьтесь**.
24.	(бояться)	Не **бойтесь** мобильных телефонов.
25.	(садиться)	**Садитесь**, пожалуйста.

Exercise 17

VERBS WITH CONSONANT CHANGES

When a consonant change does occur in the **Present/Simple Future Stem** in **Second Conjugation** verbs, the change happens *only* in the **First Person Singular.**

You will want to review the **Rules for Consonant Change** on page xxv.

1.	Они не могут, и ты не **можешь**.	**г – ж**
2.	Кто водит машину? Я ее **вожу**.	**д – ж**
3.	Они не ответят, но я **отвечу**.	**т – ч**
4.	Я пеку торт, а мама **печет** пирожки.	**к – ч**
5.	Кто может искать ключ? Почему ты не **ищешь**?	**ск – щ**
6.	Папа чистит зубы, и я **чищу** зубы.	**ст – щ**
7.	Она нам поможет, а я ему **помогу**.	**г – ж**
8.	Она любит писать стихи, а он **пишет** прозу.	**с – ш**
9.	Они сказали правду, и я **скажу** правду.	**з – ж**
10.	Кто хочет заказать музыку? Я **закажу**.	**з – ж**
11.	Что ты видишь? Я ничего не **вижу**.	**д – ж**
12.	Он уже ходит в школу, а я еще не **хожу**.	**д – ж**
13.	Она махает правой рукой, а я левой рукой **машу**.	**х – ш**
14.	Кто носит шляпу? Я не **ношу**.	**с – ш**

15.	Папа бросит мяч, а я не так хорошо **брошу**.	**с – ш**
16.	Куда вы летите? Я **лечу** в Москву.	**т – ч**
17.	Если ты его простишь, то я его **прощу**.	**ст – щ**
18.	Когда он приходит? Я **прихожу** раньше.	**д – ж**
19.	Они согласятся, когда я **соглашусь**.	**с – ш**
20.	Я спущусь по лестнице. А как вы **спуститесь**?	**ст – щ**
21.	Ты ее спросишь, а я его **спрошу**.	**с – ш**
22.	Мы схватим его, а я **схвачу** ее.	**т – ч**
23.	Мы хотим гулять в парке. Что ты **хочешь** делать?	**т – ч**
24.	Они угостят студентов, а я их родителей **угощу**.	**ст – щ**
25.	Не шути. Я не **шучу**.	**т – ч**

Exercise 18

THE CONDITIONAL

The **Conditional** is composed of a **Past Tense** of either an **Imperfective** or a **Perfective** verb form plus **бы**.

Review the formation of the **Past Tense** and remember to identify the **Number** and in the singular the **Gender** of the grammatical subject.

1.	(хотеть)	Я **хотел/хотела бы** играть в футбол.
2.	(лежать)	Она **лежала бы** на берегу моря.
3.	(писать)	Ты **писала/писал бы** детские книги?
4.	(узнать)	**Узнала бы** вся школа о ней.
5.	(побриться)	**Побрился/Побрилась бы** ты?
6.	(сделать)	Что **сделал бы** он в таком случае?
7.	(быть)	**Было бы** хорошо.
8.	(скучать)	Я **скучала/скучал бы** без нее.
9.	(кататься)	Она **каталась бы**, но не было снега.
10.	(спасти)	Одно слово **спасло бы** его.
11.	(купить)	**Купили бы** акции.
12.	(мечтать)	До сих пор она **мечтала бы** о нем.
13.	(сломать)	Такой темп **сломал бы** меня.
14.	(выйти)	За кого ты не **вышла бы** замуж?
15.	(знать)	**Знали бы** мы, купили бы мы больше.
16.	(попросить)	Что **попросили бы** вы на моем месте?
17.	(заказать)	Если бы у меня были деньги, **я заказал/заказала бы** билет.
18.	(закрыть)	**Закрыли бы** эту газету?
19.	(любить)	**Любил/Любила бы** я рисовать?
20.	(учиться)	**Учились бы** мы вместе.

21. (уехать) **Уехали бы** вы из страны?
22. (дать) Эта победа **дала бы** нам уважение.
23. (перебить) **Перебили бы** мы всю посуду.
24. (бросить) **Бросил бы** он курить.
25. (искать) Они **искали бы** его через знакомых.

Exercise 19

FUN WITH IDIOMS

Russians love a number of stock phrases that you may want to learn. The ones we have chosen need a verb form. Insert in the space provided the correct form of the **Infinitive** in parentheses.

Hint: Many of these can be found in our selection of *55 Essential Verbs*.

1. **Держи** язык за зубами.
2. Рыбак рыбака **видит** издалека.
3. Поменьше **говори**, побольше услышишь.
4. Бойся жить, а умирать не **бойся**.
5. Солнце **встанет**, да и утро настанет.
6. Добро помни, зло **забывай**.
7. Бог **дал**. Бог взял.
8. **Полежи**, да и встань.
9. Что **хочу**, то и могу.
10. Никак не **получится**.
11. Душа **видит**, сердце слышит.
12. **Думай** о других, не только о себе.
13. Из этого ничего не **выйдет**.
14. Дела не делай, а от дела не **бегай**.
15. **Просим** к столу.
16. Дело **делай**, а правды не забывай.
17. Часы не **ставятся** по солнцу.
18. Больше **слушай**, меньше говори.
19. **Станьте** в очередь.
20. Легко **начать**, да не легко кончать.
21. Весна **пришла** — на все пошла.
22. Кто много **знает**, с того много спрашивается.
23. Жив **буду**, не забуду.
24. Ешь с голоду, а **люби** с молоду.
25. И **глядит**, да не видит.
26. **Учи** других, и сам поймёшь.
27. Золото не говорит, а много **творит**.

Exercise 20

A FINAL MAZE OF COMMON INFINITIVES

The **Infinitive** forms are provided for you to find in the maze below.

1. **пить**
2. **бить**
3. **жить**
4. **лить**
5. **писать**
6. **сесть**
7. **класть**
8. **водить**
9. **нести**
10. **купитъ**
11. **идти**
12. **ехать**
13. **спать**
14. **вести**
15. **выпить**
16. **дать**
17. **хотеть**
18. **мочь**
19. **лечь**
20. **взять**
21. **носить**
22. **лететь**
23. **улететь**
24. **есть**

В	З	Я	Т	Ь	Н	Л	Е	Ч	Ь
О	Ь	Т	А	Х	Е	Ы	Б	М	З
Д	Ь	Т	А	П	С	Ж	И	Т	Ь
И	Т	У	Л	Е	Т	Е	Т	Ь	Т
Т	С	В	Ы	П	И	Т	Ь	Ч	И
Ь	А	Ь	Т	И	П	У	К	О	Л
Т	Л	В	Е	С	Т	И	Ф	М	К
С	К	Ш	Щ	А	Ю	Д	А	Т	Ь
Е	З	Х	О	Т	Е	Т	Ь	Я	Э
С	Е	С	Т	Ь	Т	И	С	О	Н

If you have been counting, that's 501 Russian Verb exercises. Congratulations.

Желаю вам успеха в учебе.

English-Russian Verb Index

This index contains all the Russian verbs found in the book. The English meanings are provided as a guide; for further meanings of Russian verbs, consult a good dictionary.

The preposition *to* of the English infinitive form has been omitted. In most cases, both the imperfective and the perfective verb forms are provided, separated by a slash /. Parentheses around (ся) indicate verbs that can be used both with and without the reflexive particle. For more complete information, consult the page(s) listed after the verbs.

A

abandon оставля́ть / оста́вить 260

accept принима́ть (ся) / приня́ть (ся) 369

accompany провожа́ть / проводи́ть 378

ache боле́ть / заболе́ть 10

achieve достига́ть / дости́гнуть – дости́чь 107

acquaint знако́мить (ся) / познако́мить (ся) 161

act де́йствовать / поде́йствовать 93, поступа́ть / поступи́ть 340

adapt адапти́ровать (ся) / адапти́ровать (ся) 561

add добавля́ть (ся) / доба́вить (ся) 99, прибавля́ть (ся) / приба́вить (ся) 352

address адресова́ть (ся) / адресова́ть (ся) 562

administer администри́ровать 561, управля́ть (ся) / упра́вить (ся) 527

admire восхища́ть (ся) / восхити́ть (ся) 46

advance наступа́ть / наступи́ть 225

advertise реклами́ровать / реклами́ровать 598

advise сове́товать (ся) / посове́товать (ся) 453

agree соглаша́ться / согласи́ться 454

agree on догова́ривать (ся) / договори́ть (ся) 102

allow разреша́ть (ся) / разреши́ть (ся) 411

annotate аннoти́ровать / аннoти́ровать 562

annoy серди́ть (ся) / рассерди́ть (ся) 435

answer отвеча́ть / отве́тить 263

apologize извиня́ть (ся) / извини́ться 167

appear появля́ться / появи́ться 343

applaud аплоди́ровать / зааплоди́ровать 1

B

begin talking заговáривать (ся) / заговорúть (ся) 136
begin to work зарабóтать 151
believe вéрить / повéрить 25
belong to принадлежáть 368
beware of берéчься / поберéчься 4
blacken чернéть / почернéть 547
blockade блокúровать / блокúровать 565
blow дýть / дýнуть 114
boil варúть (ся) / сварúть (ся) 23
borrow занимáть (ся) / занять (ся) 148
bother надоедáть / надоéсть 217
break ломáть (ся) / сломáть (ся) 203, разбивáть (ся) / разбúть (ся) 403
breakfast зáвтракать / позáвтракать 135
breathe дышáть / подышáть 115
bring приводúть / привестú 356
bring, carry to приносúть / принестú 370
bring by vehicle привозúть / привезтú 357
bring in вводúть / ввестú 24, вносúть / внестú 35
bring out выводúть / вы́вести 57
bring up воспúтывать (ся) / воспитáть (ся) 45
broadcast передавáть (ся) / передáть (ся) 286
build стрóить (ся) / пострóить (ся) 486
burn горéть / сгорéть 84, жéчь (ся) / сжéчь (ся) 127
buy покупáть / купúть 322

C

call звáть (ся) / позвáть 157
call, send for вызывáть / вы́звать 61
calm успокáивать (ся) / успокóить (ся) 529
captivate увлекáть (ся) / увлéчь (ся) 509
carry носúть (ся) – нестú (сь) / понестú (сь) 231
carry in вносúть / внестú 35
carry off, away относúть (ся) / отнестú (сь) 273
carry out выносúть (ся) / вы́нести (сь) 66
carry over переносúть / перенестú 289
catch ловúть / поймáть 201
catch a cold простужáться / простудúться 392
catch fire, burn загорáться / загорéться 137
catch sight of увúдеть 29
cease переставáть / перестáть 294
celebrate прáздновать / отпрáздновать 346
change изменять (ся) / изменúть (ся) 169

D

E

F

find out находи́ть (ся) / найти́ (сь) 226
fine штрафова́ть / оштрафова́ть 609
finish зака́нчивать (ся) / зако́нчить (ся) 141, конча́ть (ся) / ко́нчить (ся) 187
finish talking догова́ривать (ся) / договори́ть (ся) 102
fly лета́ть – лете́ть / полете́ть 198
fly in прилета́ть / прилете́ть 198
fly off, away улета́ть / улете́ть 519
fly out, take off вылета́ть / вы́лететь 64
follow сле́довать / после́довать 438
force заставля́ть / заста́вить 152
forget забыва́ть (ся) / забы́ть (ся) 130
forgive проща́ть / прости́ть 395
form формирова́ть (ся) / сформирова́ть (ся) 607
form a bloc блоки́роваться / сблоки́роваться 565
formalize оформля́ть (ся) / офо́рмить (ся) 279
format формати́ровать / отформати́ровать 606
fortify подкрепля́ть (ся) / подкрепи́ть (ся) 590
found осно́вывать (ся) / основа́ть (ся) 257
freeze замерза́ть / замёрзнуть 145
freeze мёрзнуть / замёрзнуть 582
frighten пуга́ть (ся) / испуга́ть (ся) 398
fry жа́рить / зажа́рить 120
fulfil выполня́ть / вы́полнить 69
function функциони́ровать 608

G

gain одéрживать / одержа́ть 245
gain weight толсте́ть / потолсте́ть 603
get a haircut стри́чься / остри́чься 485
get a job устра́иваться / устро́иться 532
get angry серди́ться / рассерди́ться 435
get dressed одева́ться / оде́ться 244
get lost заблужда́ться / заблуди́ться 572
get ready to собира́ться / собра́ться 451
get up встава́ть / вста́ть 49
get used to привыка́ть / привы́кнуть 358
give дава́ть / да́ть 88
give a present дари́ть / подари́ть 90
give back, give away отдава́ть (ся) / отда́ть (ся) 266
give birth to рожда́ть / роди́ть 426
gladden ра́довать (ся) / обра́довать (ся) 402
glow горе́ть / сгоре́ть 84

gnaw гры́зть / разгры́зть 86
go as far as доходи́ть / дойти́ 108
go away расходи́ться / разойти́сь 420
go by foot ходи́ть – идти́ / пойти́ 541
go out выходи́ть / вы́йти 75
go swimming купа́тся / вы́купаться 193
grab схва́тывать (ся) / схвати́ть (ся) 490
greet здоро́ваться / поздоро́ваться 160
grow thin худе́ть / похуде́ть 608
grow old старе́ть / постаре́ть 602
grow up расти́ / вы́расти 419
guard бере́чь (ся) / побере́чь (ся) 4
guess дога́дываться / догада́ться 570
guide towards ориенти́ровать (ся) / сориенти́ровать (ся) 587

H

halt остана́вливать (ся) / останови́ть (ся) 261
hand over сдава́ть (ся) / сда́ть (ся) 434
hang ве́шать (ся) / пове́сить (ся) 27, висе́ть / повисе́ть 31
happen быва́ть 21, происходи́ть / произойти́ 387, случа́ться / случи́ться 440
hate ненави́деть / возненави́деть 230
have име́ть (ся) 172
have a meal поеда́ть / пое́сть 317
have to приходи́ться / прийти́сь 372
hear слы́шать (ся) / услы́шать (ся) 443
help помога́ть / помо́чь 330
hide пря́тать (ся) / спря́тать (ся) 397
hinder меша́ть (ся) / помеша́ть (ся) 210
hit би́ть / поби́ть 6, попада́ть (ся) / попа́сть (ся) 335
hold держа́ть (ся) / подержа́ть (ся) 97
hold down уде́рживать (ся) / удержа́ть (ся) 605
hope наде́яться / понаде́яться 216
hurry спеши́ть / поспеши́ть 465, торопи́ть (ся) / поторопи́ть (ся) 500

I

illuminate освеща́ть (ся) / освети́ть (ся) 254
illustrate иллюстри́ровать / иллюстри́ровать 574
immigrate иммигри́ровать / иммигри́ровать 575
include включа́ть (ся) / включи́ть (ся) 32

increase увели́чивать (ся) / увели́чить (ся) 604
indicate ука́зывать / указа́ть 517
infect заража́ть (ся) / зарази́ть (ся) 574
infect инфици́ровать / инфици́ровать 576
inform сообша́ть (ся) / сообщи́ть (ся) 458
insert вставля́ть / вста́вить 567
insist наста́ивать / настоя́ть 224
insult обижа́ть (ся) / оби́деть (ся) 236
integrate интегри́ровать / интегри́ровать 576
intend to намерева́ться 585
interest интересова́ть (ся) / заинтересова́ть (ся) 173
interrupt перебива́ть (ся) / переби́ть (ся) 283
interrupt oneself остана́вливаться / останови́ться 261
invent изобрета́ть / изобрести́ 170
invest инвести́ровать / инвести́ровать 575
invite приглаша́ть / пригласи́ть 359
iron гла́дить / погла́дить 77

J

joke шути́ть / пошути́ть 555
judge рассу́живать / рассуди́ть 418, суди́ть (ся) 488
jump пры́гать / пры́гнуть 592
justify опра́вдывать (ся) / оправда́ть (ся) 250

K

keep silent молча́ть / помолча́ть 211
kill убива́ть / уби́ть 507
kiss целова́ть (ся) / поцелова́ть (ся) 546
knock стуча́ть (ся) / постуча́ть (ся) 487
know зна́ть 162
know how уме́ть / суме́ть 522

L

labor труди́ться / потруди́ться 503
land приземля́ть (ся) / приземли́ть (ся) 364
laugh смея́ться / засмея́ться 446
launder стира́ть (ся) / вы́стирать (ся) 477
lead води́ть – вести́ / повести́ 36
lead across переводи́ть (ся) / перевести́ (сь) 284
lead out выводи́ть / вы́вести 57
lead up подводи́ть / подвести́ 309
lead, conduct up to поводи́ть / довести́ 101
learn научи́ть (ся) 537
legalize легализи́ровать (ся) / легализи́ровать (ся) 580

M

N

O

P

Q

R

S

T

U

understand понима́ть / поня́ть 332
undress раздева́ть (ся) / разде́ть (ся) 408
unite соединя́ть (ся) / соедини́ть (ся) 455
use употребля́ть (ся) / употреби́ть (ся) 526
utilize испо́льзовать (ся) / испо́льзовать 176

V

vacation отдыха́ть / отдохну́ть 267
visit посеща́ть / посети́ть 339
vote голосова́ть / проголосова́ть 569
vote for баллоти́ровать 564

W

wage war воева́ть / повоева́ть 38
wait жда́ть / подожда́ть 123
wait for дожида́ться / дожда́ться 104
wake up буди́ть / разбуди́ть 20
walk ходи́ть – идти́ / пойти́ 541
walk away уходи́ть / уйти́ 535
walk away, walk off отходи́ть / отойти 278
walk through проходи́ть / пройти́ 394
wander броди́ть – брести́ / побрести́ 17
want хоте́ть (ся) / захоте́ть (ся) 543
warn предупрежда́ть / предупреди́ть 350
wash мы́ть (ся) / помы́ть (ся) 214
wash up умыва́ть (ся) / умы́ть (ся) 524
watch смотре́ть (ся) / посмотре́ть (ся) 447
wave маха́ть / махну́ть 206
weigh ве́сить 26
weld свари́ть (ся) 23
widen расширя́ть (ся) / расши́рить (ся) 595
win выи́грывать / вы́играть 62
wipe dry вытира́ть (ся) / вы́тереть (ся) 74
wish for жела́ть / пожела́ть 125
work рабо́тать / порабо́тать 400
work out разраба́тывать / разрабо́тать 410
worry беспоко́ить (ся) / побеспоко́ить (ся) 5, волнова́ть (ся) / взволнова́ть (ся) 44
wound ра́нить / ра́нить 414
write писа́ть (ся) / написа́ть 299
write down запи́сывать (ся) / записа́ть (ся) 149

Y

yield уступа́ть / уступи́ть 533

Index of Russian Verbs

The index of Russian verbs is an alphabetical list of all the verbs found in *501 Russian Verbs*. Each verb is followed by the page number where the verbal forms can be found. When a verb is used both with and without the reflexive particle, (ся) is found in parentheses. When the ся is not set off by parentheses, the verb is not used without this particle.

А

Б

В

Г

Д

Е

Ж

З

И

К

Л

М

Н

О

П

Р

С

Т

У

Ф

Х

Ц

Ч

Ш

Щ

Э

Я

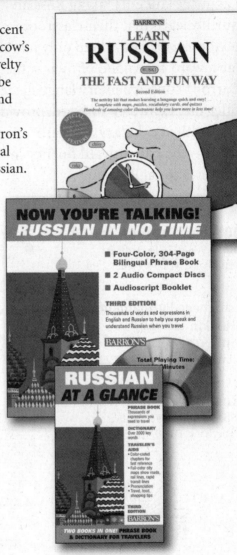

Students of Russian Can Count on Barron's For That All-Important Extra Help

Language students taking Russian quickly learn that their classroom textbook can carry them only just so far toward command of their subject. Barron's supplementary language texts offer that extra step forward, providing help with vocabulary and verb usage—the path toward fluency in conversational Russian.

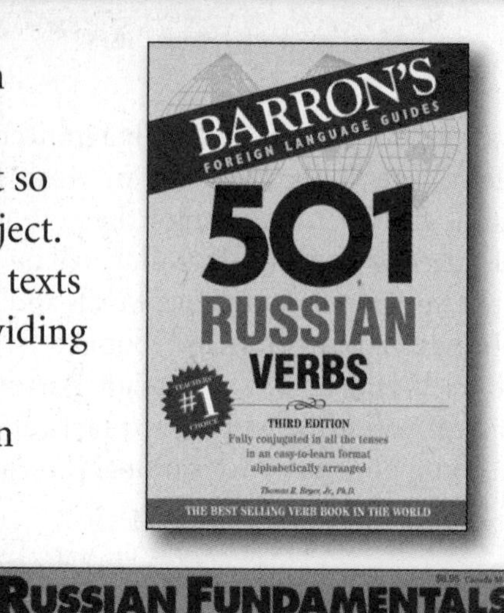

501 Russian Verbs, 3rd Ed.
ISBN: 978-0-7641-3743-3
Paperback, $18.99, *Can$22.99*

Language Fundamentals: Russian
ISBN: 978-0-8120-6309-7
Vinyl card, $7.99, *Can$8.99*

Russian Vocabulary, 2nd Ed.
ISBN: 978-0-7641-3970-3
Paperback, $9.99, *Can$11.99*

Barron's Educational Series, Inc.
250 Wireless Blvd.
Hauppauge, NY 11788
Order toll-free: 1-800-645-3476
Order by fax: 1-631-434-3217

In Canada:
Georgetown Book Warehouse
34 Armstrong Ave.
Georgetown, Ontario L7G 4R9
Canadian orders: 1-800-247-7160
Order by fax: 1-800-887-1594

Available at your local book store or visit
www.barronseduc.com

Prices subject to change without notice.

(#271) R11/14

Notes